·高等师范教师教育类示范教材·

赵晓梅　冒　键　总主编

阅读指要

第3版

陈艺鸣　编著

READING
SUPERVISOR

南京师范大学出版社

NANJING NORMAL UNIVERSITY PRESS

本书收入的部分文字作品稿酬已委托本丛书的编著者支付,敬请相关著作权人联系。联系电话:0513－85120135,联系地址:江苏省南通市城山路 24 号(226006),电子信箱:ntgsrwx@163.com。

图书在版编目(CIP)数据

阅读指要 / 陈艺鸣编著. —3 版. —南京:南京
师范大学出版社,2020.1
高等师范教师教育类示范教材 / 赵晓梅,冒键主编
ISBN 978-7-5651-4242-0

Ⅰ.①阅… Ⅱ.①陈… Ⅲ.①汉语－阅读教学－师范
大学－教材 Ⅳ.①H193.7

中国版本图书馆 CIP 数据核字(2019)第 121740 号

书　　名	阅读指要(第 3 版)	
编　　著	陈艺鸣	
责任编辑	柯　琳	
出版发行	南京师范大学出版社	
地　　址	江苏省南京市玄武区后宰门西村 9 号(邮编:210016)	
电　　话	(025)83598919(总编办)　83598412(营销部)　83373872(邮购部)	
网　　址	http://press.njnu.edu.cn	
电子信箱	nspzbb@njnu.edu.cn	
印　　刷	启东市人民印刷有限公司	
开　　本	787 毫米×1092 毫米　1/16	
印　　张	23	
字　　数	477 千	
版　　次	2020 年 1 月第 3 版　2020 年 1 月第 1 次印刷	
书　　号	ISBN 978-7-5651-4242-0	
定　　价	48.00 元	
出 版 人	彭志斌	

编 写 说 明

从课程设计的角度看,本教材的教学对象是在校就读高职高专及本科的学生,教学的基本目标不是为了有助于考试,甚至也不是为了培养未来的学者或作家,而是要着眼于现在,切切实实地培养一批批阅读爱好者。因此,本教材尽量以学生喜闻乐见或易于接受的体裁、题材,来引导他们开展范围广泛的,以知识性为主(适当兼顾学术性)的阅读学习;所选课文及推荐书目,注重基础性、普及性、经典性。

由于教学的基准设计是侧重一般性阅读,而非专业阅读,所以,尽管本教材所涉及的内容相当广泛,有些甚至超出了整个教学方案,但并无必须由专业教师来执教的规定和要求。就这一点而言,教师和学生可以说是站在"阅读爱好者"的同一条起跑线上,只不过教师的经验更丰富、责任更重些。与其说这是对教师提出了更高的要求,毋宁说是在明确语文教学的基本要求:倘若所教所学尚不能有效地让学生独立阅读学习其他各科的基础知识,那么无论是从教还是从学的角度来评价,都是失败的。

上述两点又决定了以本教材为教学辅助手段的本课程与传统文选课程的根本不同:没有专门的参考书,没有规定的讲授要求,没有明确的、可以通过考试或其他量化手段来测试的教学标高;但是会有很多疑问和问题提出,而这些来自教师和学生的疑问、问题,并不要求在课内外给予一个明确的标准答案。其实,本课程的主要教学目的,就是要使教师和学生通过课内外的阅读而产生疑问、问题、看法,有所感觉、有所兴趣、有所收获——包括去找寻其他相关的书籍,包括把一些没弄明白的问题放到后面再学。所以说,本课程完全是开放式的。

然而,这并不意味着教师有理由放弃指导学生阅读的职责。除了相关内容的介绍、知识的补充和方法的指导等之外,教师的作用更多体现在使自己成为讨论的组织者、交流的参与者、思路的点拨者、方向的引导者和进一步阅读学习的建议者。传道、授业、解惑,在本课程中,应当有新的理解和实践。事实上,教师在许多方面是"术业有专攻"的,我们鼓励和提倡对学生的阅读学习进行有针对性的专门、深入的指导和训练。

对一般同学来说,本教材充其量也只是普及读物的选本而已。即使有些篇章专业性强了点,但教材对作者、作品的介绍和提示等补充内容,已经做了必要的说明和辅导，只要认真阅读，是能够读通读懂的。"阅读提示"的要点和问题，尽可能地结合学生们的阅读认知心理、习惯和思维特点，针对文章的主旨、形式、风格、意义等要点，从思想内容和阅读方法两个方面进行具体的指导。阅读学习时，可以全部或部分地利用，也可以根据自己的理解另行归纳，把握重点和难点。

为顾及教师和学生双方的实际，以及所涉学科内容广泛的特点，本教材中不同专业选篇的难度、深度也是有所不同的，这算是因人而异的参差不齐。在阅读教学中，可以结合实际，根据需要，另行调整。包括"导语"在内的补充文字，都只是阅读时的参考，而并非学习研究该学科知识的专业指导；有些阅读材料的篇幅较长，只是出于使有关交待相对完整的需要，并无课上必须讲完的要求。另外，有些内容却是点到为止，或有所省略，则是为了给教学双边活动留下更大的空间。总之，这是一本应试教育体制之外的教材。教学、考试等环节，都是开放的，允许哪怕是较大程度的调整、取舍。

人类的精神财富极其丰富，可读、必读的名著汗牛充栋、举不胜举，而在有限篇幅内，只能是挂一漏万。即使从某种角度看，选入本教材的文本对特定的阅读群体来说是比较适合的，也并不意味着对未被选用的有所忽视或轻视。事实上，很可能是名头更响亮，影响更深远。同样，推荐书目也是程度不一，深浅各异，可凭自己的喜好及理解能力选读。有的科目列举了不少，并非都要去读，只是考虑有些书学生们未必能顺利地借到，故多推荐一些。至于那些课文节选的作品，及简介、要览中提及的，自在推荐之列，不另举。所推荐的书目，如果版本较多，一般不具体标明版本。此外，因无学术考据论证的需要，故教材的引文一般只注明作者而省略了文献详细出处。

毋庸讳言，对指导学生阅读的课程的设计及其教材的编写，都是尚未成熟的尝试和探索，由于经验缺乏，水平不高，肯定有不少不足和谬误，真诚地希望老师和同学们批评指正。另外，在教材编写过程中，我们借鉴了许多专家和同仁的成果，由于种种原因未能一一注明出处，在此一并致歉、致谢！

绪 言

一

读书，这么好的事！——这原是另一本关于阅读的书的标题，本书特地引来作为全书的第一句话，因为它确实精练地概括了许多人对读书的美好感受。例如著名出版家张元济先生就说过："天下第一好事，还是读书。"作家王安忆曾感慨："这样不停地用着已有的东西，好像快用光了，应该去读些书！真要去读书的时候我就非常兴奋，仿佛自己将面对一个很盛大的节日，非常的愉悦！我觉得自己要开始过一段'好'日子了。"①

为什么读书是"好事"？六百多年前一位英国大主教理查德·德·伯利这样回答："书籍是幸福时期的欢乐，痛苦时期的慰藉。"

其实读书的好处远远不仅如此。当代作家余秋雨的理解很有代表性和启发性："阅读的最大理由是想摆脱平庸。一个人如果在青年时期就开始平庸，那么今后要摆脱平庸就十分困难。只有书籍，能把辽阔的空间和漫长的时间浇灌给你，能把一切高贵生命早已飘散的信号传递给你，能把无数的智慧和美好对比着愚昧和丑陋一起呈现给你。区区五尺之躯，短短几十年光阴，居然能驰骋古今，经天纬地，这种奇迹的产生，至少有一半要归功于阅读。如此好事，如果等到成年后再来匆匆弥补就有点可惜了，最好在青年时就进入。"②

读书，的确是很好的事！

我们真的应该尽早把阅读当作一件人生大事来做！

二

史载宋太宗赵光义每天公务之余，必读书二卷，并说"开卷有益，朕不以为劳也"，

---

① 见王安忆《小说家的十三堂课》（上海文艺出版社，2005）。
② 见巴丹主编《阅读改变人生——中国当代文化名人读书启示录》（东方出版社，2004）。

传为经典。然而，"开卷有益"只是条原则，实际的问题是要开什么"卷"？也就是，该读什么书？这是阅读的核心问题。

鲁迅在某次给中学生的演讲中提过，"说到读书，似乎是很明白的事，只要拿书来读就是了，但是并不这样简单。至少，就有两种：一是职业的读书，一是嗜好的读书。所谓职业的读书者，譬如学生因为升学，教员因为要讲功课，不翻翻书，就有些危险的就是。我想在坐的诸君之中一定有些这样的经验，有的不喜欢算学，有的不喜欢博物，然而不得不学，否则，不能毕业，不能升学，和将来的生计便有妨碍了。我自己也这样，因为做教员，有时即非看不喜欢看的书不可，要不这样，怕不久便会于饭碗有妨"①。对学生来说，那种"职业的读书"，即指各阶段学历教育的教科书之类，是非读不可的，哪怕是"被阅读"，否则连"被毕业"都难以做到。我们说的阅读，主要不是这类书。那第二种，即"嗜好的读书"，才是我们所关注的重点，也是难点。鲁迅继而以文学为例，介绍自己的阅读经验，"我常被询问：要弄文学，应该看什么书？这实在是一个极难回答的问题。……倘要看看文艺作品呢，则先看几种名家的选本，从中觉得谁的作品自己最爱看，然后再看这一个作者的专集，然后再从文学史上看看他在史上的位置；倘要知道得更详细，就看一两本这人的传记，那便可以大略了解了。如果专是请教别人，则各人的嗜好不同，总是格不相入的"。的确，阅读是自由的、个性化的活动，因人而异，不可能有适合所有人的万能处方（如必读书目等）。但老师的指导还是有益的、必不可少的。梁实秋曾说过，"那么读什么书呢？这就要看各人的兴趣和需要。在学校里，如果能在教师里遇到一两位有学问的，那是最幸运的事，他能适当的指点我们读书的门径。离开学校就只有靠自己了。读书，永远不恨其晚。晚，比永远不读强。有一个原则也许是值得考虑的：作为一个道地的中国人，有些部书是非读不可的。这与行业无关。理工科的、财经界的、文法门的，都需要读一些蔚成中国文化传统的书。经书当然是其中重要的一部分，史书也一样的重要"②。

这段话里提到，"有些部书是非读不可的"；这"非读不可的"，指的就是经典名著。这些经典名著传载着人类文化的核心，浓缩着精神财富的精髓，是书中的恒星，挥发着永恒的光芒和热量，使我们的生活更具有意义、更充满活力。所以，经典名著，是我们阅读学习的最重要的内容。诚如余秋雨所说，"大学生的课外阅读，是走向精神成熟的起点，因而先要做一点垫底的工作。垫什么样的底，就会建什么样的楼，因此尽量要把底垫得结实一点。时间少，要寻找一种省俭方式。最省俭的垫底方式，是选读名著。名著因被很多人反复阅读，已成为当代社会词语的前提性素材。如果不了解名著，就会在文化沟通中产生严重障碍。名著和其他作品在文化方位上是不平等的，

---

① 见鲁迅《而已集·读书杂谈》（人民文学出版社，1980）。
② 见梁实秋《漫谈读书》（载于《梁实秋读书与做人》，国际文化出版公司，2014）。

它们好像军事上的制高点，占领了它们，很大一片土地就不在话下了。对于专业之外的文化领地，我们没有时间去一寸一寸占领，收取几个制高点就可以了"①。

俗话说，"师傅领进门，修行在各人"。阅读名著只是入门而已。入门之后，得靠自己，就像别林斯基说的那样："我们必须学会这样一种本领，选择有价值、最适合自己所需要的读物。"相信你一定会按照自己的人生设计，结合生活和事业的具体追求，通过丰富多彩的阅读学习，达到突破自我、飞越腾升的境界。

三

跟要做好任何一件事一样，读书也要讲究方法。正如英国哲学家博克所说，"有了正确的方法，你就能在茫茫的书海中采撷到斑斓多姿的贝壳。否则，就常会像瞎子一样在黑暗中摸索一番之后仍然空手而回"。

博克说得很好，但也容易引起错觉，以为只要找到一种好的阅读方法，就能解决所有的读书问题。其实没这么简单。由于阅读具有个性化强、作用因素多等特点，所以，人们寄予厚望的方法，往往是因人而异、因书而异，甚至是因"读"而异的。比如说，即使是同一个读者，阅读的目的不同，其适合的方法也就有所不同。郭沫若在《我的读书经验》中就说："读书的方法大体上要看自己是为了什么目的，有为学习而读书，有为研究而读书，有为创作而读书，有为娱乐而读书。目的不同，方法也就不免有些差异。"接着，他分别介绍了自己根据不同的阅读目的而采取的相应的读书方法（或要求）：其一，"为学习而读书，可以说是每一个人的基本要求。……进步的国家要培养健全的国民，一定有周密的国民教育课程，每个人都必须经历，这是无庸置疑的"。其二，"为研究而读书，我的方法是（一）直探本源，不受前人的束缚；（二）搜罗一切资料，集腋成裘；（三）对于资料毫不容情、毫不惜力地加以检查，而且必须彻底，绝不放松。这样研究才会有成绩"。其三，"为创作而读书，……我自己在写作上每每有这样的一种准备的步骤。譬如我要写剧本，我便先把莎士比亚或莫里哀的剧本读它一两本；要写小说，我便先把托尔斯泰或福楼拜的小说读它一两篇。读时也不必全部读完，有时仅仅读几页或几行，便可以得到一些启示，而不可遏止地刺激我写作的兴趣。别的朋友有没有这种习性，我不知道，但我感觉到这的确是很有效的一种读书方法"。其四，"为娱乐而读书，这应该是人人所有的经验。……的确，读书本身就是一种娱乐。文体轻松的书，插图多的书，读熟了自己喜欢的书，版本好、装潢精美的书，研究有素而资料丰富的书……在工作的闲暇，读起来的确可以使人忘却疲劳而增进生活乐趣。当然，这是应该有限制的。书本种类繁多，质素不一，必须加以选择。滥读一

---

① 见巴丹主编《阅读改变人生——中国当代文化名人读书启示录》（东方出版社，2004）。

些无病呻吟，而又对身心有害的读物，反而会得不偿失，弄巧成拙"。

读者的不同气质、风格和追求，自然会形成不同的阅读方式。例如，毛泽东主张认真读、反复读，读韩愈诗文全集时，几乎篇篇认真细读，字词句章，面面俱到，而且反复诵读，大多诗文都能背诵；一部《昭明文选》，他上学时读，五十年代读，六十年代读，到了七十年代还读过好几次；《红楼梦》则读过十种以上的版本。诸葛亮的阅读策略则截然不同。《三国演义》第三十七回这样描述——"孔明与博陵崔州平、颍川石广元、汝南孟公威与徐元直四人为密友。此四人务于精纯，惟孔明独观其大略。尝抱膝长吟，而指四人曰：'公等仕进可至刺史、郡守。'众问孔明之志若何，孔明但笑而不答。每常自比管仲、乐毅，其才不可量也。"而闲散隐逸的陶渊明，读书更是其生活的主要乐趣，他的阅读方法则越发体现出遁世高人的隐者风范："好读书，不求甚解；每有会意，便欣然忘食。"

至于阅读不同体裁、不同题材的书，更不可胶柱鼓瑟，必须因"书"制宜地采用相应的阅读方法。例如，阅读文学作品，托尔斯泰的方法是：既关心作品的人物性格，更要注意作者的性格。他在1853年的日记中写道："读书，尤其读纯文学的书——要把主要的注意力放在该作品中所表现的作者的性格上。"阅读文学作品是这样，而阅读其他学术著作，方法可能就大相径庭了。语言学家王力在阅读学术著作时，总是一丝不苟地先读序言和凡例，就是写在书末的跋或后记，也都要先阅读。因为"序、例常常讲到写书的纲领、目的"，读了才能先在总体上把握全书的特点和大致内容，以便准确高效地理解书中理论；譬如，研读我国第一部用近代理论研究古汉语规律的著作《马氏文通》，如果不读序，用传统汉字学的眼光看正文，就很费力，甚至不知所云。反之，如果先读序，那么序里的一句话"会集众字以成文，其道终不变"就会使我们明白，许多单词集合起来组成文章，语法有其稳定性。所以，王力要求他的研究生在阅读学术著作时，也要采用这样的方法。

这些事例告诉我们，阅读的"正确的方法"确实是有的，也确实值得我们去探索。然而，我们肯定已经注意到了：上述各家的阅读方法最明显的特点是相对性和差异性。相对性：这些方法对该读者来说是好的，但对他人就未必；反之亦然。差异性：各种不同因素，都可能导致采取不同的阅读方法。这类例证举不胜举：前几年，中央电视台《东方书城》节目组曾以"阅读改变人生"为专题，采访了费孝通、张光斗、金庸等三十三位学者、作家，在演播室里，当被问及"您读书的方法是什么"时，他们的回答几乎是没有相同的。看来，要想找到适合自己的阅读方法，光靠模仿和借鉴是不够的，还得靠自己在阅读实践中不断摸索和总结。

更有必要提醒大家的是，读书最要紧的其实并不是方法。方法毕竟只是个"法"，倘若读书没有坚定的"心"、"志"、"力"，再好的阅读方法对你来说还是等于零。

四

那么,阅读学习真的是"法无定法"吗? 倒也未必尽然。要说那种广泛适用的秘诀式的方法,确实并不存在。而反映阅读活动的普遍规律,体现阅读学习的基本原则、原理,能够切实可行地提高读书效率的经验做法,还是值得总结和借鉴的。例如宋代朱熹就在自己多年苦读的基础上,总结归纳出"二十四字"阅读法:"循序渐进、熟读精思、虚心涵泳、切己体察、著紧用力、须教有疑。"陶行知则概括提炼出"读书十诀":"一序,由浅入深,循序渐进;二勤,业精于勤,荒于嬉;三恒,持之以恒,锲而不舍;四博,从精而发,博览群书;五问,不耻下问;六记,多动笔墨,多记笔记;七习,温故而知新;八专,专心致志,专一博广;九思,多加思索,学会运用;十创,触类旁通,敢创新路。"这些阅读经验和方法,帮助和指导了许多读者在阅读实践中取得令人满意的成绩,被证明是有益有效的。但是,这些方法,大多是浑然的、粗线条的,传神有余,而不够细致、明确,读者在实践中往往不得要领,难以具体落实。相比之下,国外的一些阅读方法却比较规范、直捷、具体,具有较强的操作性、实用性和指导性。例如美国学者所写的《如何阅读一本书》[①],数十年前初版发行后,立刻成为畅销书,此后不断再版印行,并被译成多种文字,在世界范围内产生较大影响;而后又为新一代的读者重新改写、编排,再度大受欢迎,并迅速出现多种模仿之作。这些现象说明了这样的事实:人们确实需要阅读指导,而好的阅读指导是"供不应求"的。下面将该书对一般阅读的分类及指导做些最基本的介绍,以供参考。

《如何阅读一本书》将阅读按深入程度分为四个层次:基础阅读、检视阅读、分析阅读和主题阅读。

第一层次基础阅读,是指识字以后的初级、基本的阅读,主要解决"这个句子在说什么"的问题。该层次一般在小学阶段就完成了,这里不再涉及。

第二层次检视阅读,也叫预读或略读,算是真正进入阅读的层次。其典型问题是:"这本书在谈什么?"检视阅读又有两种情形。

第一种:有系统的略读或粗读。可以按如下步骤去做:(1)看书名页,读序。(2)看目录页,概括地了解本书基本架构。(3)检阅一下书中所附的索引。(4)读一下出版者的介绍。(5)依照目录,挑几个跟主题关系密切的篇章看看。(6)翻翻全书,看一两段,或读几页,随时寻找主要论点的讯号,留意主题的基本脉动。

第二种:粗浅的阅读。可以遵循一个简单而重要的规则:头一次面对一本难读的

---

① 见［美］莫提默·J.艾德勒、查尔斯·范多伦《如何阅读一本书》(郝明义、朱衣译,商务印书馆,2004)。

书的时候,从头到尾先读完一遍,碰到不懂的地方不要停下来查询或思索。(譬如,阅读莎士比亚的戏剧,本该获得极大的快乐。但是一代代的中学生被逼着一个生字接一个生字地查、一个注脚接一个注脚地去读,这种快乐就被破坏了。)

第三层次分析阅读,是指尽可能深刻理解并完整阅读,就是要咀嚼与消化一本书。这一层次又分三个阶段。

第一阶段:了解这本书在谈些什么。可以应用以下四条规则:(1)依照书本的种类与主题作分类。(2)用最简短的句子说出整本书在谈些什么。(3)按照顺序与关系,列出全书的重要部分。将全书的纲要拟出来之后,再将各个部分的纲要也一一列出。(4)找出作者要问的问题,或想要解决的问题。

第二阶段:比较细致地诠释作品。也有四条阅读规则:(1)找出作者用来表达概念的术语或其他语词,正确地诠释并理解,保证词、义一致。(2)找出最重要的语句,从中提炼出作者的题旨。(3)找出作者的论述,用自己的语言重新架构这些论述的前因后果,进一步明确作者的观点。(4)找出解答,确定作者解决或未解决哪些问题,哪些是作者认为自己无法解决的。

第三阶段:恰当地评价作品。从阅读中受教也是一种美德,最后的评论也应该像是沟通知识,要讲究智慧礼节。所以,这组阅读规则,其实是引导读者在最后一个阶段训练自己受教的能力:(1)除非你已经完成大纲架构,也能诠释整本书了,否则不要轻易批评。(2)不要争强好胜,非辩到底不可。(3)在说出评论之前,你要能证明自己分得清个人观点与真正的知识之间的不同;你的任何评断,都要有理论基础。(4)证明作者的知识不足。(5)证明作者的知识错误。(6)证明作者不合逻辑。(7)证明作者的分析与理由是不完整的。——后四条实际是对作品做出否定性评论的必要条件。

第四层次主题阅读,也可称之为比较阅读,是指与同一个主题相关两本以上的书的阅读。这是所有阅读中最复杂也最系统化的阅读,也是最主动、最花力气的一种阅读。在明确了"应该读的是哪些书"之后,就可以进行了。一般可采取五个步骤:(1)在所有相关书籍中,找到相关的章节;(2)根据主题,设立一套能够明确表达概念、词义一致、对所涉及的所有作者作品都能进行诠释的语汇;(3)厘清问题——围绕所研讨的题旨,列出一系列相关问题;(4)界定议题——根据作者作品的各种观点进行分门别类,分清主次;(5)分析讨论——公正、客观和辩证地分析、归纳、综合,完成一份全面而深刻的主题阅读书面报告。

从上述介绍可以明显地看出这套方法的优点:要求明确、顺序清楚、做法具体、操作便捷,而且具有较强的规范化、形式化特点,有利于标准化的检测和评估。这些都是值得我们借鉴引用的。当然,阅读活动形形色色、千差万别,上述方法的适用范围也是有限的。作者自己也承认,有些设想可能难以做到,例如"分析阅读的规则是一个理想化的阅读"。另一方面,它的特点和优点,又被当今应试教育机制看好和利用,迅速将其异化和改造为应试教学、应试阅读的工具。我们将摒弃这种做法。

五

最后,该回到我们手上的这本《阅读指要》上来了。顾名思义,本书力求从内容和方法两个方面对同学们进行课内外的阅读示范、训练,使大家基本具备能够"广泛阅读、正确领悟、深入思考"的阅读素养。

出于突破课程、课堂、课本的狭窄单调的局限,拓展多维视野和掌握辐射性知识的目的,本书的选材范围比较广泛,包括了文学、艺术、语言、逻辑、教育、心理、历史、哲学、人类、宗教、政治、经济、法律、天文、地理、数学、物理、化学、生物、医学、军事等学科,尽量覆盖现阶段可以并且应该接触涉及的认知领域(因限于篇幅还是有所或缺),而且部分作品具有一定的难度深度,以期引起大家兴趣,开展更广泛的阅读。实事求是地说,这些著作,此时不读,也许在你的一生中再也没有机会去主动接触它们了;它们就像一座座高山,在山脚下看上去望而生畏,但是,只要舍得力气肯登攀,"攻书莫畏难"(叶剑英),就能征服一座座看似无法登顶的山峰,给自己一个又一个的惊喜。所以,读和不读,苦读和"被阅读",效果绝对是不一样的,在你生活中产生的影响也肯定是不一样的。我们希望在课堂教学和课外学习中,教师和学生一起努力,以刻苦笃实、具体有效的阅读积累来培养自身的人文素养和科学精神,从而培养出知识丰富、素质全面、观念先进、敢于创新的新型人才。

当然,本书既是教材,就有个怎么教、怎么学的问题。"教",主要体现在阅读指导上。我们认为,阅读指导不宜浮泛空洞,而事实上也不存在可以游离于作品之外的抽象的万能的方法。所以,本书提倡的做法是:把指导和提示落实在具体的作品解读活动之中。就本课程及本教材的性质而言,"作品解读"活动就是教师"教导学生如何读这部(类)作品",教学过程侧重于方法指导和要点提示,这是与一般的文选课程的实质区别所在。而"方法指导和要点提示",则以单元为单位,以作品为重点,有层次、有侧重地进行。以课文《赵氏孤儿》为例:第一,可以指导学生采用本绪言中介绍的方法大致了解故事梗概(注意避免犯绪言已提示的阅读莎士比亚戏剧作品时通常出现的错误)。第二,参照单元导语中关于戏剧文体特点的介绍加以指点。阅读时,要重点抓住戏剧冲突;还要注意,元杂剧是包括唱、念、做、打的综合艺术形式。第三,在作家作品情况介绍的前提下,具体指导学生在阅读该剧时,结合剧情,把握和分析戏剧冲突、人物形象以及戏剧结构形式等。这样的三个层次,从戏剧的一般阅读,到富于特色的中国古典戏剧的阅读,再到个别优秀剧目的阅读,对学生进行了由面到点、由浅入深的指导。在具体的文本阅读指导之后,"推荐书目"作为指导的最后一个环节,给学生在课后的拓展阅读需要检索相关讯息时提供一些帮助。

至于"怎么学",所涉及的则不仅仅是阅读方法或技巧的问题。最重要的是应当主动地阅读。阅读越主动,效果越好。如果你比别人更主动一些,那么你在阅读世界里面的探索能力就更强一些,收获更多一些,因而见解就更高明一些。读者对自己,以及自己面前的书籍,要求的越多,获得的就越多。潜下心来主动阅读,你完全可以做到:在没有任何外力的帮助下,只凭着内心的力量,玩味着眼前的字句,就能慢慢地提升自己,从只有模糊的概念到更清楚地理解句子、段意及题旨,进入一个新的阅读境界。当然,如果掌握了正确的方法,将会使阅读学习取得事半功倍的效果。本书已经或详或略地介绍了一些阅读方法,可供大家参考借鉴。而作为一本指导阅读的教科书,则应该具备与本课程体系相适应的具有特色的阅读方法,但为了避免落入窠臼,或形成新的教条,我们在这儿谨向大家提出一些有助于提高阅读效果的最基本的做法:(一)知人论世——了解作者身世和时代背景;(二)说文解义——了解体裁特点,厘清相关语词、概念、语句、命题等;(三)识书达理——明确作品内容,理解观点题旨;(四)"得陇望蜀"——延展阅读,深入研究;(五)举一反三——多方面、多角度参验思辨,融会贯通;(六)去伪存真——以实事求是的精神,大胆怀疑、批判和扬弃;(七)推陈出新——否定旧识,超越前人,提出新观念、新见解。而(八)、(九)等其他具体做法,则可以由本书的阅读者、使用者继续提出,因为在我们的设计中,《阅读指要》是一门应试教育机制外的基础通识必修课程,与之相应的教法、学法以及阅读方法,无论对教师,还是对学生而言,都是开放的、不拘一格的。我们提倡减掉应试负担去阅读,我们更鼓励教师和学生满怀想象力和创造力去阅读。

在所有的动物中,唯有人能制造出书籍这种精神食粮,也唯有人需要阅读这种智慧活动。阅读看似简单,其实是一个精巧有致的系统工程。阅读又是一门艺术,是需要艺术灵性且能培养艺术灵性的文化活动,是亲历了文字魅力之后的玩味、赏析、思考、超越,是心灵的对话和交流,也是人的本质及自我意识的飞跃。愿美好的阅读伴随我们的一生,使我们的生命之泉永不枯竭!

目 录

小说不"小"

我们首先进入的是小说殿堂。在所有的文学样式中,小说因其栩栩如生的人物形象、曲折动人的故事情节和丰富多彩的背景环境,成为最能吸引读者、影响读者的一种文体。

小说是什么?——当我们这样提出问题之时,意味着已不仅仅满足于小说"是以刻画人物为中心,通过完整的故事情节和具体的环境描写来反映社会生活的一种文学体裁"的一般答案了。作家王安忆在复旦大学课堂上提出并回答了这一问题:"小说不是现实,它是个人的心灵世界,这个世界有着另一种规律、原则、起源和归宿。但是铸造心灵世界的材料却是我们所赖以生存的现实世界。小说的价值是开拓一个人类的神界。"而"真正的心灵世界它解决不了任何问题,手头的问题它一个也解决不了,它告诉你根本看不见的东西,这东西需要你付出思想和灵魂的劳动去获取,然后它会照亮你的生命,永远照亮你的生命"。(《小说家的十三堂课》)乍听起来,这些说法确实有些另类,但能够"招惹"我们思考。这就够了。凑巧的是,本单元所选的《倪焕之》和《荒野的呼唤》这两部中外名著,正好可以印证"心灵世界"的说法:《倪焕之》描述了"五四"前后一个青年知识分子心灵世界由朦胧、憧憬而充实、满足,终至迷茫、崩溃的历程;《荒野的呼唤》则选取了一个奇特的视角,通过一条狗在经历了种种磨难之后,心灵听从荒野的神秘的呼唤,终于回归自然的故事,折射了人类社会"神界"的缺失。

如此说来,阅读小说并非仅仅是欣赏而已,而是要去感受、领略作者所构建的心灵世界。然而,一部具有艺术价值的文学作品,往往不会轻易地展示它的内在含义,而是以独特的方式使读者积极地参与,去挖掘各种隐蔽的意义,探索进入极富个性的心灵世界。既然如此,阅读小说岂不是一件困难甚至可怕的事?其实不用担心,大多数小说并不难读,都是以普通读者喜闻乐见的表达方法来讲述故事、引起共鸣的,只要读法合适,都能读通读懂。

于是,如何阅读小说,似乎成了一个绕不过去的问题。一般答案是现成的、通用的:要了解时代背景,要读懂故事情节,要掌握人物形象,要思考主题思想,等等。但是这些对达到"心灵世界"境界的要求来说,还都不够。事实上,我们(老师和同学)也得在阅读实践中不断摸索总结,以期找到最适合自己实际的阅读方法。在这儿,不妨将在本书"绪言"中提到的《如何阅读一本书》里的有关建议介绍给大家,以供参考:

小说主要是运用想象力。这也是为什么称之为想象文学的原因,这与理性的科学或哲学相反。有关想象文学的事实,带引出我们要建议的否定的指令:不要抗拒想象文学带给你的影响力。我们讨论过很多主动的阅读方法。这适用于任何一本书。但在论说性作品与想象文学中,适用的方法却不大相同。阅读论说性作品,读者应该像个捕食的小鸟,经常保持警觉,随时准备伸出利爪。在阅读诗与小说时,相同的活动却有不同的表现方法。如果容许的话,我们可以说那是有点被动的活动,或者,更恰当的说法应该是,那是带着活力的热情。在阅读一个故事时,我们一定要用那样的方式来表现,让故事在我们身上活动。我们要让故事贯穿我们,做任何它想要做的事。我们一定得打开心灵,接纳它。

我们应该感激论说性的作品——哲学、科学、数学——这些学科塑造出我们活着的真实世界。但我们也不能活在一个完全是这些东西的世界里,偶尔我们也要摆脱一下这些东西。我们并不是说想象文学永远或基本上是逃避现实的。如果从一般的观点来看,逃避的概念是很可鄙的。但事实上就算我们真的要逃避现实,应该也是逃避到一个更深沉、或更伟大的真实里。这是我们内在的真实世界,我们独特的世界观。发现这个真相让我们快乐。这个经验会深深满足我们平时未曾接触的部分自我。总之,阅读一部伟大的文学作品的规则应该以达成某种深沉的经验为目标。

相信大家已经感觉到了,之所以摘录这一段,是因为它与"心灵世界"的理论接近。假如你对这样阅读小说还是不得要领的话,那么,我们再给你一个最简单,也最有用的办法,那就是:把书中人物当作身边的朋友或熟人,走进他们的生活,与他们一起喜怒哀乐……

倪焕之(节选)*

叶圣陶

镇上传布着一种流言,茶馆里讲,街头巷口讲,甚至小衙的角落里矮屋的黝暗里也讲。流言没有翅膀,却比有翅膀的飞得还快;流言没有尖锐的角,却深深地刺入人们的心。大家用好奇惊诧的心情谈着,听着,想着,同时又觉得这不是谈谈听听想想就了的事,自己的命运,全镇的命运,都同它联系着,像形同影一样不可分离,于是把它看作自己的危害和仇敌,燃烧着恐惧、忿恨、敌视的感情。

开始是学生夸耀地回家去说,学校里在开辟农场,将要种各种的菜蔬瓜果;大家都得动手,翻土,下种,浇水,加肥,将是今后的新功课。又说从场地里掘起棺木,有的棺木破烂了,就捡起里边的死人骨头。这是梦想不到的新闻,家属们惟恐延迟地到处传说。经这一传说,镇上人方才记起,学校旁边有一块荒地,荒地上有好些坟墓。什么农场不农场的话倒还顺耳,最可怪的是掘起棺木,捡起骨头。这样贸贸然大规模地发掘,也不看看风水,卜个吉凶,如果因此而凝成一股厉气,知道钟在谁的身上!这在没有看见下落以前,谁都有倒霉的可能。于是惴惴不安的情绪,像蛛丝一样,轻轻地可是粘粘地纠缠着每个人的心。

传说的话往往使轮廓扩大而模糊。迁葬,渐渐转成随便抛弃在另一处荒地了;捡起骨头来重葬,渐渐转成一畚箕一畚箕往河里倒了。好事的人特地跑到学校旁边去看,真的!寂寞可怜的几具棺木纵横地躺在已经翻过的泥地上,仿佛在默叹它们的恶运;几处坑洼里残留着腐烂棺木的碎片,尸骨哪里去了呢?——一定丢在河里了!他们再去说给别人听时,每一句话便加上个"我亲眼看见的";又描摹掘起的棺木怎样七横八竖地乱摆,草席也不盖一张,弄破了的棺木怎样碎乱不成样,简直是预备烧饭的木柴。这还不够叫人相信么?

这种行为与盗贼没有两样,而且比盗贼更凶;盗贼发掘坟墓是偷偷地做的,现在学校里竟堂而皇之地做。而且那些坟墓是无主的,里边的鬼多少带点儿浪人气质,随便打人家一顿,或者从人家沾点便宜,那是寻常的事;不比那些有子孙奉祀的幸运鬼,"衣食足而后知礼义"。以往他们没有出来寻事,大概因为起居安适,心气和平,故而与世相忘;这正是全镇的幸运。现在,他们的住所被占据了,他们的身体被颠荡了,他们的骸骨被拆散了。风雨飘零,心神不宁,骨节疼痛,都足以引起他们剧烈的忿怒:"你们,阳世的人,这样地可恶,连我们一班倒运鬼的安宁都要剥夺了么!好,跟你们

---

* 节选自《倪焕之》(叶圣陶,人民文学出版社,2000)。

捣蛋就是了,看你们有多大能耐!"说得出这种无赖话的,未必懂得"冤各有头,债各有主"的道理;他们的行径一定是横冲直撞,乱来一阵。于是,撞到东家,东家害病,冲到西家,西家倒运;说不定所有的鬼通力合作,搅一个全镇大瘟疫!——惴惴然的镇上人这样想时,觉得学校里的行为不仅同于盗贼,而且危害公众,简直是全镇的公敌。

学校里的教师经过市街时,许多含怒的目光便向他们身上射过来;这里头还搀杂着生疏不了解的意味,好像说,"你们,明明是看熟了的几个人,但从最近的事情看,你们是远离我们的;你们犹如外国人,犹如生番蛮族!"外国人或生番蛮族照例是没法与他计较的;所以虽然怀恨,但怒目相看而外再没什么具体的反抗行动。待那可恨的人走过了,当然,指点着那人的背影,又是一番议论,一番谩骂。

教师如刘慰亭①,在茶馆里受人家的讥讽责难时,他自有辩解的说法。他说:"这完全不关我的事。我们不过是伙计,校长才是老板;料理一个店铺,老板要怎么干就怎么干,伙计作不得主。当然,会议的时候我也曾举过手,赞成这么干。若问我为什么举手,要知道提议咯,通过咯,只是一种形式,老蒋心里早已决定了,你若给他个反驳,他就老大不高兴;这又何苦呢!"

别人又问他道:"你知道这件事情很不好么?"

他机警地笑着回答:"鬼,我是不相信的。不过安安顿顿葬在那里的棺木,无端掘起来让它们经一番颠簸,从人情上讲,我觉得不大好。"

这样的说法飞快地传入许多人的耳朵,于是众怒所注的目标趋于单纯,大家这样想:"干这害人的没良心的事,原来只是老蒋一个人!"可是依然没有什么具体行动表现出来。在一般人心目中,蒋冰如②有田地,有店铺,又是旧家,具有特殊地位;用具体行动同具有特殊地位的人捣蛋,似乎总不大妥当。

直到蒋老虎③心机一动,饱满的头脑里闪电似地跃动着计谋,结果得意地一笑,开始去进行拟定的一切,蒋冰如才遇到了实际上的阻碍。

蒋老虎在如意茶馆里有意无意地说:"蒋冰如干事太荒唐了。地皮又不在他那学校里,也不问问清楚,就动手开垦,预备做什么农场。"

"怎么?"赵举人④回过头来问,"记得那块地方向来是荒地,我小时候就看见尽是些荒坟,直到后来建筑校舍,那里总是那副老样子。"

"荒地!"蒋老虎啐了一口说,似乎他的对手并不是在镇上有头等资望的老辈,只是个毫不知轻重的小子。"荒地就可以随便占有么?何况并不是荒地,明明有主人的!"

---

① 刘慰亭,和下文的徐佑甫、刘慰亭、陆三复、李毅公等都是教师,倪焕之的同事。——编者
② 蒋冰如,倪焕之所在小学的校长。——编者
③ 蒋老虎,即蒋士镖,镇上一霸。——编者
④ 赵举人,和下文的金树伯等都是镇上有头脸的居民。——编者

"那末是谁家的,我们倒要听听,"金树伯严正地问,近视眼直望着蒋老虎圆圆的脸。

"就是我的,"蒋老虎冷峻地一笑,"还是先曾祖手里传下来的。只是一向没想到去查清楚,究竟是哪一块地皮;入了民国也没去税过契。最近听见他们学校里动手开农场,我心里想,不要就是我家那块地皮吧?倘如是我家的,当然,犯不着让人家占了去;你们想是不是?于是我捡出那张旧契来看。上边载明的'四至'同现在不一样了;百多年来人家兴的兴,败的败,房子坍的坍,造的造,自然不能一样。可是我检查过志书,又按照契上所载的'都图'仔细考核,一点也不差,正就是那块地皮。"

"唔,原来这样,"赵举人和金树伯同声说,怀疑的心情用确信的声气来掩没了。

蒋老虎接着慷慨地说:"人家买不起坟地,就在那里埋葬棺木,那叫无可奈何,我决不计较;反正我也没有闲钱来起房子。做农场就不同了,简直把它看作学校的产业;隔不多时,一定会造一道围墙索性圈进学校里去。这样强占诈取,不把人放在眼里;我自己知道不是个好惹的,哪里就肯罢休?我去告他个占夺地产,盗掘坟墓,看他怎么声辩!"

他真有点像老虎的样子,说到对付敌人偏有那样从容的态度;他从一个玛瑙鼻烟瓶里倒出一点鼻烟在一个象牙小碟子里,用右手的中指蘸着往鼻孔里送,同时挤眉眯眼地一嗅。

"不必就去起诉吧,"赵举人向来主张多一事不如少一事,老来看了些佛经,更深悟仇怨宜解不宜结的道理,"向冰如说一声,叫他还了你就是。把许多棺木尸骨掘起来,本来也不是个办法。我们人要安适,他们鬼也要安适。这种作孽的事不应该做的。"

"说一声!"蒋老虎看一看那个忠厚老人的瘦脸,"说得倒容易。他存心要占夺,说一声就肯死了心么?与其徒费唇舌,不如经过法律手续来得干脆。"

赵举人和金树伯于是知道蒋老虎是同往常一样,找到题目,决不肯放手,不久就可以看见他的新文章了。

不到一天工夫,镇上就有好多人互相传告:"老蒋简直不要脸,占夺人家的地皮!他自己有田有地,要搞什么农场,捐一点出来不就成了么?他小器,他一钱如命,哪里肯!他宁可干那不要脸的事……那地皮原来是蒋老虎蒋大爷的。蒋大爷马上要进城去起诉了。"

同时街头巷口发见些揭帖,字迹有潦草的,有工整的,文理有拙劣的,有通顺的;一律不署姓名,用"有心人""不平客"等等来代替。揭帖上的话,有的说蒋冰如发掘多数坟墓,镇上将因而不得太平;有的说学校在蒋冰如手里办得乱七八糟,子弟在里边念书的应该一律退学;有的说像蒋冰如那样占夺地产、盗掘坟墓的人,哪里配作镇上最高级学校的校长;这些话代表了所有的舆论。

一班"白相人"①没有闲工夫写什么揭帖，只用嘲讽挑拨的调子说："他干那种恶事，叫人家不得太平，先给他尝尝我们的拳头，看他太平不太平！他得清醒一点，不要睡在鼓里；惹得我们性起时，就把他那学校踏成一片平地！"

当然，听得这番话的都热烈地叫"好"，仿佛面对着捍卫国家的英雄。

校里的学生也大半改变了平时的态度。他们窃窃私议的无非外间的流言，待教师走近身旁时便咽住了，彼此示意地狡狯地一笑；那笑里又仿佛含着一句话："你们现在被大众监视了；再不要摆什么架子吧。"——这正是视学员来到学校时，学生看着未免窘迫拘束的教员，常常会想起的心情。——而教师的训诲与督责，效果显然减到非常少，好像学生都染上了松弛懈怠的毒气。

蒋老虎的儿子蒋华同另外五六个学生有好几天不来上学；虽然并没明白地告退，也是遵从揭帖上的舆论的一种表示。

这几乎成了"四面楚歌"的局面，开垦的工作不得不暂时中止。为了商量对付方法，冰如召开教职员会议。

在冰如简直梦想不到会有这一回风潮。迁去几具棺木，竟至震荡全镇的人心；一般人常识缺乏，真可骇怪。但事实上还没有什么阻碍，也就不去管它。接着地权问题发生了，"有心人""不平客"的揭帖出现了，一般人对于"白相人"尝尝拳头把学校踏成平地的话热烈地叫"好"了，就不是一味不管可了的了，这不但使新事业因而挫折，连学校本身也因而动摇；一定要解决了这个风潮，一切才可以同健康的人一样继续他的生命。

而风潮中出首为难的就是向来最看不起的蒋士镖，这使冰如非常生气。什么曾祖手里传下来的，什么旧契所载都图一点不差，明明是一派胡说，敲诈的伎俩！但想到将要同一个神通广大绰号"老虎"的人对垒，禁不住一阵馁怯涌上心头："我是他的对手么？他什么都来，欺诈，胁迫，硬功，软功……而我只有这么一副平平正正的心思和态度。会不会终于被他占了胜利？"这个疑问他不能解决，也盼望在教职员会议里，同事们给他有力的帮助。

冰如说："在一般人方面，完全是误会和迷信在那里作梗，以致引起这一回风潮。误会，自然得给他们解释；棺木并不是随便抛弃，骸骨也没有丢在河里，一说就可以明白。迷信，那是必须破除的；从学校的立场说，应该把破除迷信的责任担在自己肩膀上。什么鬼咯，不得太平咯，大家既然在那里虚构，在那里害怕，我们就得抓住这个机会，给他们事实上的教训，——按照我们的计划干，让他们明白决没有什么鬼祟瘟疫跟在后头。请诸位想想，是不是应该这样？"

他说完了，激动而诚挚地环看着围坐的同事们。他相信，自从分送教育意见书给

---

① "白相人"，指当地一帮游手好闲的地痞混混。——编者

同事们之后,他们都无条件地接受,这无异缔结了一种盟誓,彼此在同一目标之下,完全无私地团结起来了。所以他认为这个会议不是办事上的形式,而是同志间心思谋划的交流。

"这倒很难说定的,"徐佑甫冷冷地接上说,"鬼祟固然不会有,瘟疫却常常会突然而来的;又或者事有凑巧,镇上还会发生什么别的不幸事件。那时候就是有一千张嘴,能辩得明白同迁移棺木的事没有关系么?"他说着,用询问的眼光看着各人,表示独有他想得周到;虽然他未必意识到,这中间实在还含有对于校里的新设施的反感。

"那是管不了这许多的!"焕之怀着与冰如同样的气愤,而感觉受挫折的苦闷更深,听了信甫的话,立刻发言驳斥。他为了这件事,心里已有好几天失了平静。他深恨镇上的一般人;明明要他们的子弟好,明明给的是上好的营养料,他们却盲目阻挠,以为是一服毒药!一镇的社会这样,全中国的社会又何尝不是这样;希望岂不是很淡薄很渺茫么!但是他又转念,如果教育永远照老样子办下去,至多只在名词上费心思,费笔墨,费唇舌,从这样这样的教育到那样那样的教育,而决不会从实际上生活上着手,让学生有一种新的合理的生活经验;那岂不是一辈子都不会有健全开明的社会了么?于是对于目前的新设施,竟同爱着生命一样,非坚决地让它确立根基不可。这好比第一块砖头,慢慢儿一块一块叠起来,将成巍巍然的新房子;这好比投到海洋中的一块小石,动荡的力扩展开来,将会无穷地远。至于对阻挠的力量,退缩当然不是个办法;你退缩一步,那力量又进迫一步,结果只有消灭了你!他严正地继续说:"现在,一个问题应该先决,就是:我们这个学校到底要转移社会还是要迁就社会?如果要转移社会,那末我们认为不错而社会不了解的,就该抱定宗旨做去,让社会终于了解。如果要迁就社会,那当然,凡是社会不了解的只好不做,一切都该遵从社会的意见。"

他那种激昂急切的态度,使同事们发生各不相同的感想,却同样射过眼光来朝他看。

"我们自然要转移社会,"冰如好像恐怕别人说出另外的答语,故而抢先说。

席间诸人有的点了头,不点头的也没有不同意的表示。

"那末依照我们的原计划做下去,"焕之仿佛觉得胸膈间舒畅了一点,"场地还是要开垦,棺木还是要迁。"

刘慰亭轻轻咳了一声嗽,这是将要发言的表示。他轻描淡写地说:"外间不满意我们,好像不单为迁移棺木一桩,兴办农场的事也在里头。他们说:'把子弟送进学校,所为何事?无非要他们读书上进;得一点学问,将来可以占个好一些的地位。假如只想种种田,老实说,他们就用不着进什么学校。十几岁的年纪,即使送出去帮人家看看牛,至少也省了家里的饭。'这当然是很无聊的话,不过我既然听见了,应该说出来供大家参考。"

他又咳了一声嗽，意思当然是发言终结；便若无其事地递次剔两只手的指甲。

"我的意思，"陆三复因为要开口，先涨红了脸，声音吞吞吐吐，这是他发表意见时的常态，"农场还是暂缓兴办的好。这是事实问题，事实上不容我们不暂缓。蒋士镖出来说这块地皮是他的，要同我们打官司；在官司没有打清楚以前，硬要兴办也不定心，李先生，你说是不是？"说到末了一句，他回转头看坐在旁边的李毅公，转为对话的语调。

李毅公是只等下个月到来，进公司去干那又新鲜又丰富的另一种工作；对于这里学校的困难境遇，他看得同邻人的不幸一样，虽也同情地听着，但不预备在同情以外再贡献什么。他向陆三复点点头。

"完全是敲诈，流氓的行为！"冰如听三复提起蒋立镖，一阵怒火又往上冒，"哪里是他的地皮！我一向知道是学校里的。他就惯做这种把戏；不然他怎么能舒舒服服地过活？他无端兴风作浪，要打官司，想好处，我们就同他打；我们理直气壮，难道让他欺侮不成！"

他的感情一时遏止不住，又提高了嗓门说："这班东西真是社会的蟊贼，一切善的势力的障碍者！我们要转移社会、改善社会，就得迎上前去，同这班东西接战，杀得他们片甲不还！"

"我不知道学校里有这块地皮的契券么？如果有，不妨同他打官司。"徐佑甫像旁观者一样，老成地提供这样的意见。

"契券可没有。但是历任的校长都可以出来证明。若说是蒋士镖的，哪有历久不想查明，直到此刻才知道是他的？"

"可疑诚然可疑。然而他有契券在手里，我们没有。"

"那一定是假造的！"

"我们没有真的，哪里断得定他手里的是假？"

冰如爽然若失了。几天以来，由于愤懑，他只往一边想；蒋士镖是存心敲诈，而敲诈是徒劳的，因为地皮属于学校是不容怀疑的事实。他没想到蒋士镖抓住的正在这方面，学校没有那证明所有权的契券。现在听徐佑甫那样说，禁不住全身一凛；好像有一个声音在心里响着："你会输给他的！"

同样爽然若失的是焕之。他虽然说"教育界的黑暗看得多了"，眼前这样的纠纷却没有遇到过。他几乎不相信世间会有那样无中生有寻事胡闹的人，然而眠思梦想的新鲜境界农场的实现，的确因蒋士镖而延迟了。将怎样排除障碍呢？将怎样帮助冰如呢？在他充满着理想和概念的头脑中，搜寻，搜寻，竟没有答案的一丝儿根苗。若说管不了这许多，只要照合理的做去，依理说自然如此；但事实上已成了不容不管的情势。然而又怎么管呢？从闷郁的胸次爆发出来似地，他叫一声"麻烦！"

陆三复咬着舌头，狡狯地射过来冷冷的一眼，好像说："诸葛亮，为什么叫麻烦？

你的锦囊妙计在哪里呢?"

沉默暂时占领了预备室。

刘慰亭向冰如望了望,又咳嗽一声,冲破了沉默说:"而且,外面很有些谣言,说要打到学校里来,说要给某人某人吃拳头。那些没头没脑的人吃饱了饭没事做,也许真会做出来呢。"

"那我们只有叫警察保护。"冰如冤苦地说。

"警察保护有什么用? 最要紧的在熄灭那班捣乱的人的心。"刘慰亭的话总是那样含有不同的两种作用,说是关切固然对,说是嘲讽也不见得错。

"好几个学生连日不到校,打听出来并不为生病或者有别的事,而且蒋华也在里边,那显然是一种抵抗的表示。"焕之连类地想起了这一桩,感伤地说;学生对他采取罢工似的手段,在几年的教师生涯中,确是从未尝过的哀酸。

"唉! 我不明白!"冰如声音抖抖地说,脸上现出惨然的神态,"我相信我们没有做错,为什么一霎时群起而攻,把我们看作公敌?"

失望的黑幔一时蒙上他的心。他仿佛看见许多恶魔,把他的教育意见书撕得粉碎,丢在垃圾堆里,把他将要举办的新设施,一一放在脚爪下贱踏。除了失望,无边的失望,终于什么也得不到,什么也不会成功!"放弃了这学校吧?"这样的念头像小蛇一样从黑幔里向外直钻。

但是另一种意念随即接替了前者。"两个孩子正在这学校里。如果让别人接办这学校,决不能十分满意。而且,自己离开了教育事业又去干什么? 管理那些琐琐屑屑的田务店务么? 在茶馆里,在游手好闲者的养成所里坐上一天半天么? 那真无异狱囚的生活! 而且,酝酿了许久的教育意见正在开始实行,成效怎样,现在固然不知道,但十分美满也并非过分的妄想。为什么要在未见下落之前就放弃了呢?"

他又想到揭帖上写的蒋冰如那样的人哪里配作校长的话。"这里大说不定藏着又一种阴谋,有人想攫取这个校长位置呢。"偏不肯堕入圈套的一种意识使他更振作一点,他压住小蛇一样钻出来的念头,决意不改变方针;当前的障碍自然要竭力排除,哪怕循着细微委宛的途径。他渐渐趋于"为了目的,手段不妨变通"的见地了;自己的教育理想是最终目的,要达到它,得拣平稳便当的道路走。

他的感情平静一点了,又发言说:"我们谈了半天,还没有个具体的对付方法。但是今天必须商量停当。请诸位再发表意见。"

于是一直不曾开口的算学教师开始发表意见。他说:"我们学校里将有种种新设施,这根据着一种教育理想,原是不错的。但社会的见识追随不上,以为我们是胡闹。隔膜,反感,就是从这里产生的。可巧荒地上有的是坟墓,迁棺检骨又触犯了社会的迷信。隔膜,反感,再加上对灾害的顾虑,自然把我们看作异类,群起而攻了。我以为农场还是要办,其它拟定的新设施也要办;但有些地方要得到社会谅解,有些地方竟要对社会让步。譬如,农场在教育上有什么意义,让学生在农场里劳动,同光念理科书有什么不同,应该使社会明了;这在蒋先生的意见书里说得很明白,节录钞印,分发出去就是。坟墓,社会以为动不得的,我们就不动,好在地面并不窄,而且在坟墓上种些花木,也可以观赏;一定要违反社会的旧习,以示破除迷信,何必呢? 这样的办法,不知各位以为用得用不得。"

他又向大家提示说:"一种现象应该注意,就是所有的抵抗力显然是有组织的;而惟一的从中主持的,不容怀疑,是蒋士镖。蒋士镖乘机捣乱,何所为而然,自不用说。但如果真同他打官司,在他是高兴不过的;他口口声声说诉讼,就可以证明。我以为应该请适当的人向他疏通;疏通不是低头服小,是叫他不要在这桩事上出花头,阻挠我们的新发展。只要他肯答应,我相信其余的抵抗力也就消散了。这是'擒贼擒王'的办法,又不知各位以为何如。"

"好得很,"徐佑甫咽住了一个呵欠说,"好得很,面面俱到,又十分具体。"

"就这样决定吧,"刘慰亭想起约定在那里的三个消遣的同伴。

陆三复不说什么;鞋底在地板上拖动,发出使别人也会不自主地把脚拖动的声音。

几个始终没开口的都舒畅地吐了一口气。

倪焕之当然很不满意这种太妥协的办法。但是苦苦地想了又想,只有这种太妥协的办法还成个办法;于是含羞忍辱似地低下了头。

解去了最后的束缚似地,蒋冰如仿佛已恢复平日的勇气。但一阵无聊立即浮上心来,不免微露阑珊的神情。他说:"没有异议,就这样通过吧。"

📖 作者简介

叶圣陶(1894—1988),原名叶绍钧,江苏苏州人。著名作家,教育家。1911 年毕业于苏州公立第一中学(草桥中学),先后在苏州、上海、杭州等地任小学、中学教师。1914 年开始文学创作,发表新诗、剧本、小说等作品。1921 年与茅盾(沈雁冰)、郑振铎等人发起成立文学研究会,次年与朱自清等人组织中国新诗社,创办了中国新文坛上第一个诗刊《诗》,并任北京大学预科讲师。1923 年,进入商务印书馆国文部任编辑,主编《小说月报》等杂志,当年出版《稻草人》,这是我国第一部童话集,后又发表长篇小说《倪焕之》和许多短篇小说。1930 年,他转入开明书店。他主办的《中学生》杂志,是 20 世纪三四十年代最受青年学生欢迎的读物。"九一八"后,参加发起成立文艺界反帝抗日大联盟。抗日战争中,先后在重庆中央戏剧学校、武汉大学任教。1946 年,回上海继续开明书店的编辑工作,还担任了中华全国文艺界协会总务部主任。新中国成立后,历任出版总署副署长、教育部副部长、人民教育出版社社长,第一至第五届全国人大常委、全国政协第六届委员会副主席,中国作家协会顾问,教育部顾问,中央文史研究馆馆长,中国民主促进会主席、名誉主席等职。1988 年逝世于北京。

叶圣陶曾说自己的第一职业是编辑,第二职业是教师。早在1915年任上海商务印书馆尚公学校国文教员时,就开始为商务印书馆编小学国文课本。数十年来,为全国中小学生编辑出版了许多优秀教材和文艺作品。作为我国新文学运动的先驱者之一,叶圣陶创作发表了大量优秀作品,具有较高的艺术成就。重要著作有《雪朝》(诗集,与朱自清等人合著)、《隔膜》(小说集)、《稻草人》(童话集)、《火灾》(小说集)、《倪焕之》(长篇小说)、《古代英雄的石像》(童话)、《潘先生在难中》(短篇小说)、《箧存集》(诗)、《叶圣陶散文》等。

作品要览

叶圣陶是新文学史上最早出现和最有成就的"教育小说家"。《倪焕之》是他最重要的作品,不仅是他唯一的一部长篇,而且也是新文学早期最成熟的长篇小说之一。叶圣陶的《倪焕之》和茅盾的《子夜》一道,成为中国现代文学长篇小说的真正开端。这部以小学教员倪焕之为主人公的小说,表现了具有崇高理想追求的知识分子坎坷的奋斗之路。通过倪焕之形象的刻画,作者比较典型地写出了知识分子从辛亥革命到1927年大革命失败期间的追求和遭遇。

倪焕之出生于小康之家,是一个向往革命的青年知识分子,他在辛亥革命时期就热情奋发,富有理想。中学毕业后到乡村高等小学任教,决心以教育救国。在此期间结识了正在师范学校读书的金佩璋,因志趣相投而相恋、结婚。然而,严酷的现实,打破了倪焕之的许多不切实际的空想。在教育事业上,因旧势力旧思想顽固强大,改良实验屡屡碰壁受挫,理想教育遭到失败。虽然婚后初期生活幸福,但妻子生育之后,被家庭琐事磨掉了昔日的理想、志趣和追求。倪焕之为"有了一个妻子,但失去了一个恋人、一个同志"而深感失望和痛苦。"五四"运动爆发,又点燃了倪焕之心中的希望。在进步知识分子王乐山影响下,他毅然离开闭塞落后的家乡,来到上海一所女子中学任教,开始投身革命斗争。但随着大革命的失败,革命处于低潮,倪焕之深受刺激,悲观失望,没有像王乐山那样坚持斗争,而是借酒浇愁,感慨"太变幻了","什么时候会见到光明"? 意志薄弱、精神崩溃,导致倪焕之一病不起,不久去世。而他的妻子,却决心面对现实,振作起来,踏踏实实为社会做点实事。

《倪焕之》标志着叶圣陶现实主义创作的成熟,被茅盾誉为中国现代文学史上的"扛鼎之作"。作者在该书出版的《自记》中说:"每一个人物,我都用严正的态度如实地写,不敢存着玩弄心思。"反映了他严肃认真的创作态度。

阅读提示

1. 倪焕之任教的当地公立高等学校的校长蒋冰如,是赴日归来的留学生,与倪焕之有共同语言,相信"一切的希望在教育","相信中国总有好起来的一天"。于是,他们满怀憧憬,决定立刻进行教育改革实验,规划学校要办"工场,农场,音乐院,疗病院,图书馆,商店,新闻报社",成为一个率先实施新风范的乐园。他们首先看中的是学校附近的一块曾被当做坟地的无主荒地,准备将其改造成农场:"农场已在开辟,学校里将有最有价值的新事业了;现在脚踏着的这块土将是学生们的——岂仅学生们的,也是教师、校役的——劳动、研究、游息、享乐的地方,换一句说,简直是极乐世界。"可万万没有料到,此举在当地引起了巨大的风波。本课文写的就是这场风波的始末。

2. 暴露旧中国教育界黑暗的内幕,并透过教育界而把批判的矛头指向整个旧社会,是叶圣陶"教育小说"的基调。在本课文中,作者以生动的笔触刻画出小镇愚昧保守落后的众生相。认真阅读并思考:开辟农场的阻力是怎样产生并越来越强大的?反对势力来自哪几个方面?其中威胁最大的是哪股?为什么?

3. 作者常常以身临其境般的感受和同情,反映了下层知识分子贫穷悲苦的生活状况。与此同时,他对作为知识阶层一部分的教员,也有着严峻的解剖与审视。小说对学校教师群像作了富于个性的描画,试分析其各个形象,看看他们对改革实验持何态度,以及起了什么作用?

4. 在本课文所选的一节中,主要人物形象是蒋冰如和倪焕之。而二者之间,又以蒋冰如为主。看看小说是通过怎样的手法来刻画他的形象的?

5. 虽然本节选对倪焕之着墨并不多,但这场风波对他的影响却是很深的,也是在更广阔的场景下塑造其形象,表现其性格,预示其命运,展示其心灵世界。请认真体会并加以分析。

6. 《倪焕之》所写的人和事,距今已近百年。在当前,作品是否还有着现实意义?

推荐书目

①《世说新语》(刘义庆) ②《唐宋传奇选》 ③《警世通言》(冯梦龙) ④《喻世明言》(冯梦龙) ⑤《醒世恒言》(冯梦龙) ⑥《初刻拍案惊奇》《二刻拍案惊奇》(凌濛初) ⑦《型世言》(陆人龙) ⑧《水浒传》(施耐庵) ⑨《三国演义》(罗贯中) ⑩《儒林外史》(吴敬梓) ⑪《西游记》(吴承恩) ⑫《金瓶梅》(兰陵笑笑生) ⑬《红楼梦》(曹雪芹) ⑭《聊斋志异》(蒲松龄) ⑮《阅微草堂笔记》(纪昀) ⑯《镜花缘》(李汝珍) ⑰《七侠五义》(石玉昆) ⑱《老残游记》(刘鹗) ⑲《官场现形记》(李宝嘉) ⑳《二十年目睹之怪现状》(吴沃尧) ㉑《孽海花》(曾朴) ㉒《阿Q正传》(鲁迅) ㉓《子夜》(茅盾) ㉔《家》(巴金) ㉕《四世同堂》(老舍) ㉖《莎菲女士的日记》(丁玲) ㉗《沉沦》(郁达夫) ㉘《边城》(沈从文) ㉙《围城》(钱钟书) ㉚《呼兰河传》(萧红) ㉛《金锁记》(张爱玲) ㉜《京华烟云》(林语堂) ㉝《金粉世家》(张恨水) ㉞《财主底儿女们》(路翎) ㉟《李有才板话》(赵树理) ㊱《红旗谱》(梁斌) ㊲《青春之歌》(杨沫) ㊳《红日》(吴强) ㊴《保卫延安》(杜鹏程) ㊵《林海雪原》(曲波) ㊶《红岩》(罗广斌等) ㊷《三家巷》(欧阳山) ㊸《山乡巨变》(周立波) ㊹《黄河东流去》(李准) ㊺《芙蓉镇》(古华) ㊻《许茂和他的女儿们》(周克芹) ㊼《人到中年》(谌容) ㊽《绿化树》(张贤亮) ㊾《活动变人形》(王蒙) ㊿《平凡的世界》(路遥) 51《秦腔》(贾平凹) 52《白鹿原》(陈忠实) 53《玫瑰门》(铁凝) 54《长恨歌》(王安忆) 55《红高粱家族》(莫言) 56《活着》(余华) 57《尘埃落定》(阿来) 58《来来往往》(池莉) 59《青衣》(毕飞宇) 60《曾国藩》(唐浩明) 61《亮剑》(都梁) 62《我是太阳》(邓一光)

荒野的呼唤（节选）*

［美］杰克·伦敦

巴克极其高兴，他明白，他终于回复了那种召唤他的声音。目前，他正和森林中的伙伴①朝传出那种召唤的地方一起奔去。猛地，年代久远的记忆回荡在他脑海里。他沉醉于它们，与他过去沉醉于现实相同，而它们过去不过是现实的幻象。过去，他在别的那个模模糊糊能够想起来的世界里干过这样的事，而眼下，他又在干：无拘无束地飞跑在荒原上，头上的天空十分高远，脚下是一直没有来过的土地。

在一条滚滚流淌的小河边，他们站住饮水。刚站住，巴克考虑到了桑德②，蹲了下来。

那只狼接着朝那个肯定是传出召唤声音之处赶去，然后又返回来，和巴克碰碰鼻子，摆出不同的姿势，好像在给他打气，不过，巴克调过头去，缓缓踏上回家的路。

旷野中的伙伴小声叫着陪他走了三十多分钟，蹲了下来，鼻子朝天，长叫起来。这是一种凄惨的长叫，伴着巴克毫不犹豫地往回走，这种长叫渐渐小了下来，直到在远方慢慢听不见了。

巴克返回驻地的时候，约翰·桑德正在用午餐，他带着深厚的爱撞到约翰·桑德的身上，正像桑德说的，"真真正正狂欢一回"，碰他，挠他，亲脸啃手。就在这时候，桑德也把他来回抚摸着，亲切地骂他。

整整两天，巴克一直老老实实地留在驻地，无论如何也要亲眼看着桑德的一举一动，他工作，他就陪着他；他用餐，他保护他。清晨看他起床，晚上看他进被窝。

过了两天，森林里的召唤声的回响比过去还要迫不及待，烦躁的心情再一次涌上巴克心头，对旷野中那位伙伴的思念，关于分水岭那一侧多姿多彩的土地，和旷野中的伙伴一道越过片片无垠的森林的记忆，在他的心目中连绵不绝。他开始在森林里到处探寻，不过，那位大自然中的伙伴始终再也没有碰到，虽然在漫长的难以入睡的夜里，他全神贯注地聆听：不过再也没有听到那种凄惨的长叫。

晚上，他开始夜不归宿，一连几天不返回驻地。一回，他来到小河的发源地，翻过分水岭，闯入那片河流星罗棋布、草木旺盛的土地，呆了整整七天，毫无用处地搜索着那位大自然中的伙伴的新的痕迹。

---

* 节选自《荒野的呼唤》（［美］杰克·伦敦著，胡春兰等译，人民文学出版社，2004）。有改动。

① 是一头和狼狗巴克友好的狼。——编者

② 桑德，即约翰·桑德，巴克的主人。——编者

他迈着好像一直那样自由自在、始终也不知道劳累的大步，一边弄吃的，一边往前走，四处闲逛。

他在一条不清楚在何处奔向大海的河中抓鲑鱼，在河附近猎获了一只大黑熊。这只熊在捕鱼时让蚊虫弄坏了眼睛，接着就沮丧地在森林里咆哮，这场艰苦厮杀，引发了巴克所有的隐藏着的冷酷本性。过了两天，他返回熊身边时，一群狼獾正在争夺这个庞然大物，于是他赶跑了他们，犹如挥散秕糠那样不费吹灰之力。

对搏斗的期盼前所未有地高涨起来。他是一个生杀予夺者、一只吃肉的野兽，凭借着自己的强悍和无畏，以捕获弱小的有生命力的动物维持生活，在只有强者才能维持生命的危机四伏的环境中生活着。所以，他为自己是一个强者而骄傲，这种骄傲像传染病源，又渗透到他的躯体，显示在他的举手投足间，他的每个动作中，从所有十分灵活的肌肉中能够清楚地体现出来。他的举止显示出的意思仿佛语言似的精确，而那身熠熠生辉的毛皮则更加引人注目，要是胸前没有一大片白毛，嘴巴和眉眼周围有少许棕毛的话[①]，人们也许会把他错认为一条比狼种中最大的狼还要大的狼。圣伯纳种的爸爸赋予了他这副体形和重量，牧羊犬的妈妈更让他能够保持住他那张长长的狼一样的嘴巴，比随便哪一只狼的都大；略宽的脑袋也是一个巨型的狼脑袋。

他的诡计多端正是狼性特别残酷的那种，牧羊狗与圣伯纳种狗的结合使他具备了双重的聪明才智，加上在极为残酷的环境中得到的体会，他变为在旷野上到处闲逛的最恐怖的动物之一。

作为纯粹依赖肉食维护生命的食肉动物，他正值壮年，冲劲十足，不知疲倦，生命正在顶点，桑德深情的手揉搓他的背的时候，一阵噼噼啪啪的声音伴随着手的来来回回而响起，所有毛发都在散发自己积累的磁力。头脑、肌肉、神经、筋骨，全部都处于最紧张的状态，各部分之间的自我调节，完美无缺。

他对一定要报之以动作的场面、声音和事件的反应，闪电似的飞快。尽管赫斯基狗消极防守或主动出击时蹿得极迅速，不过他还要迅速得多。他对亲眼所见的东西反应的时间，比别的狗亲眼所见所用的时间还要短，看见、打定主意和见机行事，都在一个极短的时间里结束。说真的，发现、打定主意和采取行动这三个过程是不间断发生的，仅仅由于时间间隔特别小，给人一种好像是一起发生的幻觉。

他的筋肉饱含着蓬勃的生命力，弹簧似的突然啪啪一响，马上精神百倍，神采飞扬。生命在他的身子里回荡，一浪高过一浪，粗野又让人高兴，痴迷的状态好像要吹爆了他，遍地都是，倾倒在世界上。

一天，望着巴克匆匆离开驻地，约翰·桑德说："始终没有发现过这样的狗。"

彼得说："模子在生产完他的时候，就撑坏了。"

[①]　原译文此语句生硬，据他版本改。——编者

哈斯^①深有同感地说："狗日的！我也如此认为。"

他们仅仅发现他匆匆离开驻地。他们没有发现过，如果来到森林中人迹罕至的地方，他身上马上显示出的那种巨大的不同。

他不再匆匆往前走了，而是马上化成一只旷野上的猛兽，用猫一样的脚步，悄悄地、隐蔽地潜行，如同一个幻象在不同的阴影中一闪而逝，若有若无。他像蛇一样，肚子靠着地面匍匐前进，猛地跃起来出击，清楚怎么利用所有遮挡自己的地方。他由窝里抓松鸡，弄死正在进入梦乡的兔子，跃向空中叼住因为迟了一秒而没能跑到树上的小松鼠。对他而言，没有封冻的水里的鱼游得并不很迅速，而许多加固洞口的海獭也谈不上小心。

他弄死别的动物并不是因为炫耀武力，而是为了食用。他仅仅是十分愿意享用自己猎取的动物罢了。所以，他的每个动作，也许有一点以隐藏为乐的意思。他尤其乐于无声无息地靠拢松鼠，在差不多逮到它们时再饶过它们，瞅瞅它们叽叽喳喳叫着蹿到树上。

秋天降临的时候，许许多多的麋鹿来了，为了平安过冬，他们迁徙到相对低暖的山谷。巴克击毙一只快要成年的掉队的小麋鹿，不过他期待更加巨大残忍的猎物的念头更急不可待。

一天，在小河发源地的那座分水岭上，一个二十只麋鹿组成的队伍由河流众多、森林覆盖的地方走过来，带头的是一只身材超过六尺，性格残酷的雄麋鹿。这个看样子让人害怕的猎物，正是巴克盼望已久的。

他反复摆动着他那十四根枝叉，两边七尺宽的大角，一发现巴克，他的那双小眼中就冒出一种凶狠的敌视的光芒，怒气冲天地咆哮起来。

他之所以这样凶相毕露，是由于他的腰部，腰眼略前一些的地方，一支带着羽毛的箭尾显现出来。过去在蛮荒岁月打猎一代代传下来的天性，教导着巴克把这只雄麋鹿由鹿群中逗弄出来，自然，这想法可不是很容易就能实现的。他在麋鹿的大角和突然就能置他于死地的那两只让人害怕的大蹄子恰巧达不到的地方逗留，在这庞然大物眼前又吼又蹦。因为无法甩掉这个生着獠牙的不安全的东西接着赶路，雄麋鹿火冒三丈。于是，他攻击巴克，巴克则敏捷地逃走，有意装出一副难逃一死的神情让它离群。

巴克逗弄雄麋鹿单独追赶他时，两三只年富力强的雄麋鹿就转身袭击巴克，让那个有伤在身的雄麋鹿重返队伍之中。

坚持不懈、誓不罢休，与生命本身一样古老。这种耐性儿来自于旷野，它能够让蜘蛛在网上，蛇卷成圆圈，豹子在隐蔽的情况下，始终静止不动，无尽无休，而且，这种

---

① 彼得、哈斯等，是桑德的淘金伙伴。——编者

耐性儿仅仅在那些靠捕获有生命的东西的动物身上才有。

巴克就具备这种韧劲儿。

他肯定不会接受失败,接着追赶,干扰他们往前走,点燃了许多年富力强的雄麋鹿的怒火,纠缠那些领着幼麋鹿的母麋鹿。那只雄麋鹿勃然大怒,发了疯。

这样折腾了半天,巴克闪电一般地骚扰着麋鹿群,从各个方向进行骚扰,在他的猎物重返队伍之前拦住他,让被捕捉的麋鹿丧失信心。因为,被捕捉者的韧劲儿比捕捉者的韧劲儿要差得多。

白天消失了,太阳掉进西北方向的安乐窝去(黑夜再次降临了,秋天的黑夜有六个钟头那么长),许多年富力强的雄麋鹿越来越困难地反复救护着被骚扰的领头者。他们对马上降临的冬天非常厌恶,迫不及待地前往较低的地方,可一直也甩不掉这个精力旺盛的敌人的折磨。还有,这敌人打算得到的仅仅是一只麋鹿的生命,而不是所有麋鹿的生命,所以,和自己的生命相权衡,利害是极为明显的,他们情愿把他作为放行的代价送给敌人。

到傍晚时,上了岁数的公麋鹿垂下脑袋望着自己的伙伴们——过去喜欢过的一只只母麋鹿,自己亲生的一只只幼麋鹿,还有在他领导下的一只只公麋鹿,在慢慢黑下来的夜色中迫不及待地离开他,摇晃着走了。不过,因为那个在他鼻子底下晃来晃去的敌人,这个长着獠牙的残忍的恐怖的敌人拦住了他,他无法跟着自己的伙伴一起走了。

上了岁数的公麋鹿体重一千三四百磅,在自己长久而凶悍的一辈子里,他不清楚遇到过多少次拼命,不过,最终的时候,却在这个脑袋还没有他的膝关节那么大的野兽的牙齿下面临绝境。

从此刻起,巴克日夜不停地追赶自己的猎物,形影不离,绝对不给他一点点的休养之机,不让他嚼一口树叶或杨柳的嫩芽,或在经过奔流不息的小溪时喝一口水。极为沮丧的公麋鹿总是一下子蹬开四蹄,奋力狂奔。巴克十分称心,并不去拦截他,而是随意地、自如地慢慢跑着。

公麋鹿停下时,巴克就卧下休息,要是他企图进食,巴克就残酷地发起攻击。

公麋鹿角树之下的硕大头颅渐渐低了下来,摇晃的脚步也更加虚弱不堪。鼻子触及地面,耳朵无力地垂落着,他开始长久地站着,而巴克由于这样有了更充裕的时间喝水和养精蓄锐。

巴克注视着这只庞大的公麋鹿伸着通红的舌头奄奄一息的时候,他觉得事物仿佛正在发生某种变化。他感到,那群麋鹿抵达这里的时候,还有一种动物也会尾随而至,森林、河流和空气好像由于他们的光临而惊恐不安。

他既没有发现任何情况,也没有听到任何动静,他并没有依靠听觉嗅觉,而是依靠其他一种比较细腻的感觉,感到大地不清楚怎样变化了,有一种新的不安,一些不熟悉的动物正在奔走着。

他打定主意,手头上这件事处理完后,他就弄个明明白白。第四天,他击败了这头庞大的麋鹿,吃了睡,睡了吃,在猎物的附近逗留了一整天。

经过休整,精力又旺盛了,强壮了,他调头准备返回驻地和约翰·桑德那里。

猛地,他慢慢地跑了起来。一个钟头一个钟头地消失了,他慢慢地跑着,轻快而持久,从来没有由于道路的千变万化迷失了方向,而是穿过没有来过的地域,一直朝家跑回去,其方向之丝毫不差完全可以让人类还有罗盘针因之自叹弗如。

他接着往前走,越来越强烈地发现了大地上那种新的不安,与整个夏天都在大地上活动的生物差别很明显,一种新的生物分布在大地上面。那种细腻未知的手段再也无法跟他讲清楚这个情况。百鸟在评论,许多松鼠在不停地谈论,就连轻风也在悄悄地评论。

有好几回,他站住了,用力地闻着早上清新的空气,从中探知的一切却让他抓紧每一分钟返回驻地。就算不是大难已经临头了,可是那种山雨欲来的感觉包围着他。

他翻过最后一座分水岭,更加小心地顺着通向驻地的山谷奔下去。在到驻地还有三里远的地方,一条不久前留下的足迹一直指向驻地和约翰·桑德那里。巴克脖子上的毛发竖了起来,他的头脑极为紧张,飞快而悄无声息地匆匆前进。

除了结果之外,许许多多的特别详细的迹象已经解释清楚了一个问题,嗅觉从各个方面向他提供线索,那种生物如何经过了眼下他正追赶前进的小路。

他察觉,森林里悄无声息:飞禽全都无影无踪了,松鼠也隐藏了起来。他发现,一只亮灰色的松鼠紧贴在一根灰色的干枝上,看样子如同是与树枝融为一体——一个木疙瘩。

仿佛一个一闪即逝的幻影,巴克不露踪影地匍匐前进着,猛地,鼻子好像让一种极其真切的力量牵引到一边,一股新的味道把他拉进了丛林中。

尼各①断了气。一支箭刺透了他的身体,箭的两头在身体两侧显现着,他斜着身子趴在自己勉强挣扎过的地方。

前边一百码处,巴克看到一只桑德在多盛时添置的雪橇狗,倒在路的中央,辗转反侧,进行临终前的扭动,巴克并不耽搁,在旁边走了过去。

喧嚣的人声由驻地隐隐约约地传来。毫无变化的声音呼喝着,很有节奏。巴克紧贴着地面,来到驻地的旁边,看到哈斯身上到处插着箭,好像变为一只豪猪,脸向下倒在地上。

巴克朝枞树枝搭成的小房的方向遥看了一下,那种场面让他脖子和肩上的毛发都竖了起来。对约翰·桑德的真挚感情,让他一生中冲动最后一回战胜了冷静和狡

---

① 尼各和下文的司基特,都是桑德养的猎犬,巴克的伙伴。——编者

猎,一阵无法忍受的愤慨涌上心头。

下意识地,他咆哮了一下。这咆哮声残酷、恐怖。

叶海特人正在枞树枝搭起的小房子的废墟旁手舞足蹈的时候,听到一声恐怖的咆哮,然后就发现一只从来没有看到过的怪兽向他们飞奔而至——带着所向披靡的愤慨,挟着一股愤慨的旋风。

这怪兽就是巴克。

他冲往那个领头的人(这个人是叶海特人的酋长),在喉咙上咬了一道深深的伤痕,脖子上的静脉血流如注。他并没站住接着攻击这个牺牲者,而是飞身一跃,又咬破了第二个人的喉咙,闯进人群中疯狂攻击,撕咬,切割,摧毁,碰到什么人就攻击什么人,实在是势不可挡。

他接连不断的残酷的动作之迅猛令人瞠目结舌,所以,朝他射的箭非但无一命中,却由于印第安人的拥挤,刺伤了他们自己的人。一个年纪不大的猎手把一支标枪扔往腾空而起的巴克,却扎透了另一个猎手的身体,力气猛得枪尖刺透了后背,冒出了外面。

这时的叶海特人惶恐不安了,特别害怕,好像在躲闪恶鬼,吵吵嚷嚷地奔往森林中。巴克简直是恶鬼降世,火冒三丈地穷追猛打,在他们通过森林时置他们于死地和置麋鹿于死地完全相同。

那是叶海特人的哀悼日,他们到处躲闪,逃到很远的地方。过了七天,避免一死的人们才聚拢在地势较低的山谷里,清查损失。

巴克不愿意追了以后,又返回已化为一片残垣断壁的驻地,他看到,彼得刚刚吓醒就被残害在了毯子中。桑德在地上竭尽全力搏斗的踪迹明明白白,巴克闻着零零星星的踪迹的微弱的味道,寻找到一个深水的池旁。

池旁,倒着到最后还恪尽职守的司基特,脑袋与前腿泡在水里,池水被矿槽搅得十分污浊,盖住了里面的物品。既然桑德的脚步到了水中,却并没有由水里上来,那么,约翰·桑德绝对在里面!

整整一个昼夜,巴克不是闷闷不乐地坐在池边苦苦思索,就是烦躁不安地在驻地走来走去。他明白,死亡就是运动的静止,活着的生命的完结。他也明白,约翰·桑德去世了,心里有些失落,有些类似没吃饱的感觉,不过,没吃饱弥补不了那种失落的隐隐作痛。

他站住,静静地审视着一具具叶海特人的死尸。此刻,他就姑且把难过丢在一边,而且觉得特别骄傲,这种骄傲比过去感受到的任何骄傲都更为强烈。

他咬死了人,人是世上最聪明的动物,而且他是冒着刀光剑影把他们咬死的。他闻闻一具具死尸,心里有些惊讶! 他们这样不堪一击地断了气! 咬断他们的喉咙,比咬死一条赫斯基狗还简单!

要是不用弓箭、长矛、棍棒,他们就更不堪一击了,打这儿以后,他再也不恐惧他们了,除了他们带着棍棒、长矛和弓箭。

夜晚又到了,从树梢上爬起圆圆的月亮,在天上照着大地,大地展现在凄凉的恐怖的月色中。坐在池旁默默伤心的巴克,察觉到森林中有一种声响与叶海特人那种声响迥然不同。

他站起来,全神贯注地聆听,闻了闻气味。

一声细小而刺耳的长嘶从远方响起,接着,一阵一模一样的嘶喊声的合奏随之而起,没多久,嘶喊声渐渐近了,也渐渐大了。

巴克清楚了,它们就是他在梦境中曾经听到过的声音,在他的脑海中萦绕着久久不散。他来到开阔地的中央,全神贯注地聆听。

这恰恰是那种召唤,音调众多,比过去更有吸引力,也更有逼迫力。他始终没有像眼下这样甘心顺从。

约翰·桑德去世了。巴克最后的牵挂也没有了。人类与人类的权力,再也控制不住他了。

如同叶海特人一样,狼群紧随在迁徙的麋鹿群的旁边,围攻它们,穿过森林密布、河流众多的地带,赶到了巴克所处的山谷。

他们如同一股银色的潮水,朝月光如水的扎营开阔地漫过来。巴克雕像一样立于开阔地的中央,那么庞大,静静地,迎接他们的光临。

狼群被惊呆了,呆了一阵儿,最勇敢的一只狼朝巴克冲过去,巴克闪电似的当头一棒,弄折了他的脖子,接着又静静地站着,和过去一样,遭到重创的狼在他背后挣扎着,极为凄惨。别的三只狼接着冲过来攻击,不是被咬破了喉咙,就是被弄伤了肩膀,全都重伤而归。

于是,所有的狼都一块冲上来,纷纷集在一块,因为迫不及待地杀伤猎物,他们自己彼此碰撞,毫无章法。巴克依靠惊人的速度和灵活处于有利地位。他以后腿为轴心,飞快地转圈,又咬又扯,抵挡各个方向的攻击,滴水不露的防守形成了一条密不透风的防线,坚不可摧。

为了防备身后的偷袭,他不得不往后退,路过水池旁边,来到河床上,抵住一座高高的沙石河岸停下了。他一边打一边往后走,退到河岸一个人们采矿挖出的直角形的旮旯里,凭借地形应付攻击,这样,三面有了屏障,仅要反击前面的进攻就行了,而他又反击得毫不费力,所以,三十分钟以后,狼群败了下去。

所有的狼都吐出舌头来气喘吁吁,在月色中,白森森的牙齿闪着惨白的光,有的仰着脑袋趴在地上,耳朵往前支楞着,有的站着望着他,还有的喝池子中的水。

一只瘦长的狼用一种特别和善的神情谨慎地走上前来。巴克看出来了,他就是那位大自然中的朋友——他们曾共同呆了一整天。他呜呜地小声叫着,巴克也呜呜地回应着。他们触触鼻子。

此刻，一只身体干瘪，浑身带伤的老狼走上前来。巴克龇牙咧嘴，打算怒吼，却与他触触鼻子。老狼坐在地上，鼻子冲着月亮，发出了长长的嘶叫，别的一些狼也坐下来嘶叫。

眼下，巴克听到了那种召唤，真真切切，准确无误。于是，他也坐下来嘶叫，接着就离开了旮旯，狼群们一下子冲过来，围住了他，半和善半粗鲁地与他闻闻鼻子。

狼群的首领们鼓舞狼群高声嘶喊起来，向森林中飞驰而去。群狼纷纷紧跟着，在背后一齐大声叫着。巴克和他们一道边飞驰边嘶喊，和那位在大自然中的朋友形影不离。

巴克的传说，到这里大致就完了。

过了几年，叶海特人看到大灰狼的外形有一点不同了：有的狼在嘴巴和眉眼周围有少许棕色的毛，胸口的正中有一条白色的毛。

更不可思议的是叶海特人的传说。他们说，有只"狗怪"在统率着狼群飞驰。天寒地冻时，他悄悄拿走他们驻地里的物品，抢去他们设下捕兽机关所获取的野兽，咬死他们的狗，而且，他始终没将他们最无畏的猎手当回事儿，因为，他比他们高出一筹。

他们恐惧这只"狗怪"。

传说渐渐神奇起来，有些猎手消失得无影无踪，有的被找到时，喉咙早被野蛮地咬破，附近印着的狼的痕迹比雪地上所有狼的脚印都大一圈。每年秋天，叶海特人跟随转移的麋鹿的时候，一直都害怕闯入那座山谷。坐在火堆边上的女人们，也提及不清楚为何这个"恶魔"恰恰挑选这座山谷作为栖息地，就免不了有一点儿悲哀。

不过，每当夏天，一个叶海特人陌生探望者——一条有一身美丽的毛皮的大狼——和别的任何的狼都似是而非——就来到那座山谷，孤零零地来到风光宜人的森林，来到林中一片开阔地上。这里，许多破败的鹿皮袋子中淌出一股黄水，流淌不息，渗进土中。黄水里，生着茂盛的野草，植物的污泥烂土把黄色盖得严严实实。那只狼冥想了一会儿，凄厉地嘶喊一声，就离开了。

然而，他并不始终单枪匹马。一到时间充裕的冬夜，狼群追随猎物来到相对低洼的山谷的时候，在惨白的月光或模模糊糊的北极光中，他如同巨人似的，超凡脱俗地在狼群的前边飞跑纵跃，敞开嗓门，高唱一曲狼群之歌，这是新生的荒蛮世界的歌。

📖 **作者简介**

杰克·伦敦（1876—1916），美国著名现实主义作家。出身于美国旧金山的一个破产农民家庭。少年时代就开始独立谋生，做过报童、牧童、码头小工，十四岁（不再是童工）成为奥克兰

第一单元 小说不"小" | 021

一家罐头厂工人。1892 年失业,在美国东部和加拿大各地流浪,栖身于大都市贫民窟。后来当过水手,在纺织厂和发电站做过苦工。因经济大萧条再次失业,加入失业大军组成的抗议队伍抵达华盛顿,参加工人集会,发表激烈的演说,曾以"流浪罪"被捕入狱。尽管生活贫困,谋生艰辛,却酷爱阅读学习,常常借一毛钱一本的书看,后来能在免费公共图书馆借阅,更是如饥似渴。1896 年考入加州大学,以半工半读的方式就读学习,但因经济困难,一学期后便去阿拉斯加做淘金工人;次年得坏血病而回旧金山。在打零工期间,开始写作、投稿,但屡屡被退。1899年,《大陆月刊》发表了他的第一篇小说《给猎人》(稿费仅 5 元),接着又陆续发表了数篇关于淘金工人的故事。1901 年,杰克·伦敦的第一本小说集《狼之子》出版,大受欢迎。此后进入创作高产期,发表出版了《严寒的孩子》《荒野的呼唤》《风霜儿女》《深渊中的人们》(报告文学)、《海浪》《白牙》等作品。这些作品揭露了资产阶级掠夺者的本性及虚伪的文明,也流露出强者必然支配弱者的社会达尔文主义思想倾向。1909 年,出版了代表作自传体小说《马丁·伊登》。小说取材于作者早年的生活经历和后来成名的过程,描写了一个青年作家的不幸命运,揭露了资本主义社会的残酷无情和对金钱的崇拜。功成名就之后,生活豪华,而创作出现危机,作品质量下降。1916 年去世,死因未能确定。一种说法是服用了过量的吗啡,选择的恰恰是马丁·伊登结束生命的方式。

杰克·伦敦的一生充满传奇色彩,生活经验之丰富在世界作家之中是不多见的。他也是一位多产作家,在 16 年的创作生涯中写了 150 多篇短篇小说、21 部中长篇小说、3 部剧作及其他论著。他作品中的现实主义风格和多样化的题材,以及强烈显示出来的作家的独特个性,多少年来一直深深吸引着不同时代、不同经历的读者。他的作品不仅在美国本土广泛流传,而且受到世界各国人民的欢迎,在世界文学史上享有崇高的地位。美国著名传记作家欧文·斯通称他是美国无产阶级文学之父。另外,他又是世界文学史上最早的商业作家之一,因此被誉为商业作家的先锋。

作品要览

杰克·伦敦的作品独树一帜,充满筋肉暴突的生活和阳刚之气,最受男子汉的欢迎。血管里燃烧着火焰,生气勃勃,叱咤风云,一身大丈夫气;津津乐道于粗犷强烈的生活,一旦参加争斗就要斗到极限;把冒险和困难当作享受,将拓荒的艰苦视为乐趣……这就是杰克·伦敦的风格。此外,他从小就喜欢动物,九岁时带着狗的留影就是证明。成年后尤其欣赏具有野性的狗类动物,曾写了一系列动物惊险小说。《荒野的呼唤》就是集上述两点于一身的具有代表性的作品。

《荒野的呼唤》是美国文学史上的经典之作,写于 1903 年。这部动物冒险小说,被誉为"世界上读得最多的美国小说"。小说的主题正体现了杰克·伦敦创作的一贯核心思想,那就是——凭借勇气和力量,战胜对手而自己存活。

《荒野的呼唤》讲述的是一头狼狗从人类文明社会回到狼群原始生活的故事。狼狗巴克是头体重 140 磅的十分强壮的狗,优良的血统和矫健的体格,使它在一个大法官家里过着优裕的生活。后来不幸被人偷走,辗转卖到邮局,被送到阿拉斯加严寒地区去拉运送邮件的雪橇。在野蛮残酷的买主手中,桀骜不驯的巴克多次被打得奄奄一息,最终还是学会了委曲求全。被买来的狗们,不仅受到了主人的虐待,而且同类之间为了争当狗群的头领,也无时不在互相争斗、残杀。原先的头领斯帕斯视巴克为自己地位的最大威胁者,处处排挤和欺负它。而巴克则靠着体力超群、机智勇敢,最终打败斯帕斯成为狗群的领袖。但是在更为残暴的主人手下,巴克却只能逆来顺受,九死一生。就在它被旧主人打得遍体鳞伤,眼看要断气时,约翰·桑德救了它,并悉心治好了它,成了它的新主人。这次,人狗之间产生了真挚的感情。桑德非常疼爱巴克,巴克对桑德也十分忠诚,曾数次奋不顾身救了桑德的命;并在桑德和别人打赌时,差点把命拼掉,终于把一个载有一千磅盐的雪橇拉动了一百码,为桑德赢了一大笔钱。在荒野生活中,巴克经常听到一个神秘的声音呼唤它回归自由自在的山野丛林。巴克犹豫不决,终因舍不得离开桑德而回到他的身边。不幸的是,在印第安人的一次袭击中,桑德等几个淘金伙伴被杀身亡。巴克外出归来,为时已晚。狂怒之下,巴克咬死了几个印第安人,为主人报了仇。过了一段时间,巴克才接受了桑德已死去的事实。孤独的它对这个人类社会已无所留恋。此时那神秘的声音又在呼唤。它终于回应了这个声音,进入森林,从此与狼为伍,成为狼群的头领,过着原始而又有尊严的生活。最令人感动的是,巴克每年夏天都会到桑德的葬身之处去凭吊。

📖 阅读提示

1. 本课文故事发生的背景是:历经千辛万苦,巴克的主人桑德等终于在荒山野谷中发现了一条沙金冲积矿床。在这里,"每干一天活,他们能提炼出相当于几千元的高纯度的金沙和金块。他们一天都不休息,金子每五十磅放入一个麋鹿皮的袋子里,袋袋放在枞树枝盖成的小房子外面,如同一堆木柴。他们全力以赴地工作,如同巨人似的,伴着时间一天天过去,他们的金子用难以置信的速度渐渐多了起来。"巴克则难得闲来无事,恍惚中总是感到有一种神秘的声音在呼唤他。他在森林腹地徜徉,遇上一只狼,巴克的善意赢得了这只狼的友谊。狼带他走出很远,来到了一片更为荒野的山林之中。巴克高兴地感觉到,这里正是对他发出呼唤的地方。

2. 作者采用拟人化的手法写狼狗巴克,"他"的形象和性格都被刻画描写得鲜明突出、生动细致。请加以分析。

3. 和一只大黑熊的"艰苦厮杀,引发了巴克所有的隐藏着的冷酷本性"。哪些地方显示了巴克的"冷酷本性"?为什么要如此显示?

4. 本课文的情节虽然不复杂,但具有前后呼应、设置悬念等特点。试分析巴克智斗麋鹿的那一段情节,它在各方面起到什么作用?

5. 本课文的细节描写很独到。请举例说说。

6. 除了《荒野的呼唤》,杰克·伦敦还写了《雪虎》《白牙》等动物系列小说,其中《白牙》被称为《荒野的呼唤》姊妹篇,与《荒野的呼唤》不同的是:《白牙》描写的是"白牙"在主人的感召下克服野性的故事。另外,国内近年也出版了《藏獒》《狼图腾》《黑焰》等以动物为中心的小说,建议同学们有选择地阅读欣赏。

7.下面一段介绍了杰克·伦敦写作学习的一些方法,可供同学们借鉴参考。

凡是到过美国作家杰克·伦敦家中的人都觉得很奇怪:窗帘上、衣架上、柜橱上、床头上、镜子上、墙上……到处贴满了形形色色的小纸条,初到他的房间里的人还以为那是什么特殊的装饰品呢。实际上,这些小纸条并不是空白的。上边写满了各种各样他搜集来的材料:有美妙的词汇,有生动的比喻,有五花八门的资料。杰克·伦敦没有机会系统地学习,为了掌握文化知识,实践写作,他争分夺秒地勤奋学习。他把生字写在一张一张的纸片上,插在梳妆台的镜缝里,以便在早晨修脸和穿衣时背诵;他把一串串的字用扣针悬在晒衣绳上,以便他向上看或者走过房间时可以看见这些新字;他每个衣袋中都装有写着一行行字的纸片,当他到图书馆或出外访问的途中便加以朗读,甚至在吃饭或睡觉时,也默诵着它们。他随身带着笔记本,记下了劳动时的所见所闻:景物的描绘、人物的速写、精彩的语言、谈话的片断、动人的故事……他还对他所读到的一切都作了卡片索引。日积月累,他不仅学到了文化,而且积累了大量的词汇,建立了储存写作素材的"参考阅览室",这些材料直到他逝世时都没有用完。

推荐书目

①《堂吉诃德》([西班牙]塞万提斯) ②《悲惨世界》([法]雨果) ③《包法利夫人》([法]福楼拜) ④《红与黑》([法]司汤达) ⑤《高老头》([法]巴尔扎克) ⑥《双城记》([英]狄更斯) ⑦《少年维特的烦恼》([德]歌德) ⑧《名利场》([法]萨克雷) ⑨《基督山伯爵》([法]大仲马) ⑩《茶花女》([法]小仲马) ⑪《简·爱》([英]夏洛蒂·勃朗特) ⑫《德伯家的苔丝》([英]哈代) ⑬《傲慢与偏见》([英]简·奥斯汀) ⑭《马丁·伊登》([美]杰克·伦敦) ⑮《镀金时代》([美]马克·吐温) ⑯《美国的悲剧》([美]德莱塞) ⑰《罪与罚》([俄]陀思妥耶夫斯基) ⑱《安娜·卡列尼娜》([俄]列夫·托尔斯泰) ⑲《母亲》([苏联]高尔基) ⑳《飘》([美]玛格丽特·米切尔) ㉑《百年孤独》([哥伦比亚]加西亚·马尔克斯) ㉒《麦田里的守望者》([美]塞林格) ㉓《丧钟为谁而鸣》([美]海明威) ㉔《喧哗与骚动》([美]福克纳) ㉕《生命中不能承受之轻》([捷克]米兰·昆德拉) ㉖《铁皮鼓》([德]君特·格拉斯) ㉗《挪威的森林》([日]村上春树)

第二单元 古国诗魂

　　这个单元我们将漫步于诗坛和剧苑，享受阅读闻一多的诗歌和纪君祥的杂剧所带来的乐趣。

　　诗歌是起源最早、历史最为悠久的一种文学样式。在文字产生之前，已有了诗歌。"诗言志"（《尚书》）是中国诗论的"开山的纲领"（朱自清）。据诗人兼学者闻一多考证，"诗"与"志"原是同一个字，而"志"从"心"，表示记在心里。后来有了文字，就不必都记在心里了。于是把一切文字记录都叫"志"。"志"就是"诗"，"诗者，志之所之也，在心为志，发言为诗"（《毛诗序》）。把诗配上音乐唱出来，就是"歌"，故曰"歌咏言"（《尚书》）。无论是东方还是西方，诗歌一直是数千年文学史的主流，成为人类精神生活的重要组成部分。关于诗歌的功能，尽管众说纷纭，但在根本处中西方还是基本一致的。孔子说"诗可以兴，可以观，可以群，可以怨"，认为诗歌具有表达喜怒哀乐和促进政治改善的社会作用。亚里士多德说"诗人在给人教益的本领上远比历史家优越"，突出了诗歌的教育功能。卡斯特尔维特罗则强调："诗人的功能在于对人们从命运得来的遭遇，作出逼真的描绘，并且通过这种逼真的描绘，使读者得到娱乐。"在这方面论述中，我们认为别林斯基说得最为直接和贴切："诗是生活的表现，或则说得更好一点，诗就是生活本身。还不仅此，在诗里生活比现实本身里还显得更是生活。"的确如此，我们的生活离不开诗歌！

　　然而，令人惋惜的是，诗歌与生活在当代的人们渐行渐远了。大家都深感遗憾和痛心。读者把责任归之于诗人："不是大众抛弃了诗人，而是诗人抛弃了大众。"而诗人则反过来归罪读者："不是诗歌在疏远大众，而是大众在堕落。"中国曾以诗歌的国度为傲，而眼下"我们浩荡的诗歌传统面临着前所未有的危机"。如果我们可以说"诗歌兴亡，匹夫有责"的话，那么这正是本教材、本单元一点小小的私愿。

戏剧也是人类文化的一个重要组成部分。从源头上看,诗歌与戏剧堪称姐妹艺术。因为无论是中国的戏曲,还是西方国家的戏剧,其起源都可以追溯到古代祭祀性的歌舞。而在那时,诗歌与音乐、舞蹈是三位一体的。中国的戏曲可以远溯到与图腾崇拜相关的巫觋歌舞。欧洲的戏剧发端于古代希腊祭祀大典上的歌舞表演,最初都是宗教仪式而来,有着娱神的宗教意义。所不同的是,作为古代欧洲戏剧代表的古希腊戏剧迅速发展,早在公元前5世纪便进入了繁荣时期。而中国戏曲却从一开始就被排斥在正统主流文化之外,难登大雅之堂。直到元代才开始成熟,落后了将近两千年。元杂剧是中国最早成熟的戏剧形式,它的出现,迎来了中国戏剧第一个黄金时代,同时也是中国伟大古典戏剧的开端。当时,元杂剧的繁荣,完全可以同世界戏剧史上任何一个国家的戏剧黄金时代媲美。美国西莱尔·波奇在《元杂剧·前言》里,就把13世纪的元大都比作伯里克利统治下的雅典、伊丽莎白时代的伦敦和路易十四当政时期的凡尔赛宫。

元杂剧的优秀剧目不胜枚举。本单元选取了《赵氏孤儿》的片段,因为《赵氏孤儿》不仅是元杂剧还是中国古典戏剧中著名的历史悲剧,而悲剧是"将人生有价值的东西毁灭给人看"(鲁迅),在当前流行得一塌糊涂的"无厘头"搞笑时尚中,恐怕是话不投机的。这也算是本教材、本单元微弱的一嗓子"呐喊"吧!

中国的诗歌与戏剧的血缘关系极其密切深厚,以致有学者指出"作为诗歌艺术,元杂剧长期以来被认为是抒情美的最高形式"。既然如此,那么阅读诗歌和戏剧的方法,也是大致相通的。

最本质的是二者的语言一致。海德格尔说:"诗的活动领域是语言,因此,诗的本质必须通过语言的本质去理解。"而诗的语言则是创造元杂剧文学的基本材料;杂剧的美、杂剧的意味,重要是靠诗的唱词表现的。(其他戏剧也有大致类似,如莎士比亚戏剧。)所以,对诗歌语言的解读,乃是阅读诗歌和戏剧的关键。我们提出三点建议供大家参考:(一)着重理解语词意象,"意象是一种在刹那间表现出来的理性和感性的集合体"(庞德),通过意象,诗人内心涌动的情感和抽象的思想得以形象化,读者又往往由这些意象引发联想,玩味更深,感悟更多,于是丰富新奇的意象带来了诗歌无穷的魅力。(二)熟悉、掌握诗歌独特的创作方法和艺术手段,除了常见的比喻、夸张、排比等修辞手法外,通感、象征、隐喻、符号、意识流、蒙太奇、语言变形、时空错位、意象叠加和撞击等现代化艺术手法也越来越广泛地被运用于诗歌创作中,使得诗歌的意象、形象和意境,都成为需要解构和破译才能理解的"有意味的形式"。(三)切身感受诗歌所蕴涵的思想感情,诗歌应该是思想和情感的综合物,诗歌是用思的状态去阐释生命的情感的,思和情的有机结合才是诗的最高境界;意象、隐喻等一切,其根本目的都是为了表达思想感情。

上述三点是阅读诗歌(尤其是现代诗歌)最需解决的问题。不过,诗歌阅读的情况也不可一概而论,至少有欣赏阅读和功利阅读之分。上述方法或许适用于后者,即为了教学、研究、考试等目的而阅读。对一般以欣赏为目的的读者来说,完全可以不必强求,最好的方法也许就是诵读、感受和感悟,能理解多少就多少,能体会多深就多深。

戏剧剧本的阅读,除了对其诗歌语言的解读外,还要重视以下两点:(一)抓住戏剧冲突。戏剧冲突重要表现为人物的性格冲突,对立性格的人物发生面对面的矛盾冲突就构成了戏剧冲突。戏剧冲突的过程和结果,直接体现了人物命运和作品主题。(二)元杂剧等中国古典戏剧,是包括唱、念、做、打的综合艺术形式,广义地说,这些都是人物的舞台语言,对展示环境背景,交待故事情节,表现人物性格,刻画人物形象有着具体、细致、生动和完整等表达效果。

忆菊（附二首）*

——重阳前一日作①

闻一多

插在长颈的虾青瓷的瓶里，

六方的水晶瓶里的菊花，

攒在紫藤仙姑篮里的菊花；

守着酒壶的菊花，

陪着螯盏的菊花；

未放，将放，半放，盛放的菊花。

镶着金边的绛色的鸡爪菊；

粉红色的碎瓣的绣球菊！

懒慵慵的江西腊哟；

倒挂着一饼蜂窠似的黄心，

仿佛是朵紫的向日葵呢。

长瓣抱心，密瓣平顶的菊花；

柔艳的尖瓣攒蕊的白菊

如同美人底蜷着的手爪，

拳心里攥着一撮儿金粟。

檐前，阶下，篱畔，圃心底菊花：

霭霭的淡烟笼着的菊花，

丝丝的疏雨洗着的菊花，——

金底黄，玉底白，春酿底绿，秋山底紫，……

剪秋萝似的小红菊花儿；

从鹅绒到古铜色的黄菊；

带紫茎的微绿色的"真菊"，

是些小小的玉管儿缀成的，

---

　　* 选自《闻一多全集》第一卷（湖北人民出版社，1993）。《忆菊》选自《红烛》；《你看》和《忘掉她》选自《死水》。

　　① 本诗最初发表于 1923 年 1 月 13 日《清华周刊》第 267 期《文艺增刊》第 3 期，署名一多。原诗题下无"重阳前一日作"，诗后写有"一九二二年十月二十七日美国芝城"。——原著

为的是好让小花神儿
夜里偷去当了笙儿吹着。

大似牡丹的菊王到底奢豪些，
他的枣红色的瓣儿，铠甲似的，
张张都装上银白的里子了；
星星似的小菊花蕾儿
还拥着褐色的萼被睡着觉呢。

啊！自然美底总收成啊！
我们祖国之秋底杰作啊！
啊！东方底花，骚人逸士底花啊！
那东方底诗魂陶元亮
不是你的灵魂底化身罢？
那祖国底登高饮酒的重九
不又是你诞生底吉辰吗？

你不像这里的热欲的蔷薇，
那微贱的紫萝兰更比不上你。
你是有历史，有风俗的花。
啊！四千年的华胄底名花呀！
你有高超的历史，你有逸雅的风俗！

啊！诗人底花呀！我想起你，
我的心也开成顷刻之花，
灿烂的如同你的一样；
我想起你同我的家乡，
我们的庄严灿烂的祖国，
我的希望之花又开得同你一样。

习习的秋风啊！吹着，吹着！
我要赞美我祖国底花！
我要赞美我如花的祖国！
请将我的字吹成一簇鲜花，
金底黄，玉底白，春酿底绿，秋山底紫，……
然后又统统吹散，吹得落英缤纷，
弥漫了高天，铺遍了大地！

秋风啊！习习的秋风啊！
我要赞美我祖国底花！
我要赞美我如花的祖国！

你　看①

你看太阳像眠后的春蚕一样，
镇日吐不尽黄丝似的光芒；
你看负暄的红襟在电杆梢上，
酣眠的锦鸭泊在老柳根旁。

你眼前又陈列着青春的宝藏，
朋友们，请就在这眼前欣赏；
你有眼睛请再看青山的峦障，
但莫向那山外探望你的家乡。

你听听那枝头颂春的梅花雀，
你得揩干眼泪，和他一只歌。
朋友，乡愁最是个无情的恶魔，
他能教你眼前的春光变作沙漠。

你看春风解放了冰镇的寒溪，
半溪白齿琮琮的漱着涟漪，
细草又织就了釉釉的绿意，
白杨枝上招展着么小的银旗。

朋友们，等你看到了故乡的春，
怕不要老尽春光老尽了人？
呵，不要探望你的家乡，朋友们，
家乡是个贼，他能偷去你的心！

---

① 本诗最初发表于 1925 年 3 月 27 日《清华周刊·文艺增刊》第 9 期，署名一多，原副题"春日寄慰在美的友人"。——原著

忘掉她

忘掉她，像一朵忘掉的花，——
　　那朝霞在花瓣上，
　　那花心的一缕香——
忘掉她，像一朵忘掉的花！

忘掉她，像一朵忘掉的花！
　　像春风里一出梦，
　　像梦里的一声钟，
忘掉她，像一朵忘掉的花！

忘掉她，像一朵忘掉的花！
　　听蟋蟀唱得多好，
　　看墓草长得多高，
忘掉她，像一朵忘掉的花！

忘掉她，像一朵忘掉的花！
　　她已经忘记了你，
　　她什么都记不起，
忘掉她，像一朵忘掉的花！

忘掉她，像一朵忘掉的花！
　　年华那朋友真好，
　　他明天就教你老，
忘掉她，像一朵忘掉的花！

忘掉她，像一朵忘掉的花！
　　如果是有人要问，
　　就说没有那个人，
忘掉她，像一朵忘掉的花！

忘掉她，像一朵忘掉的花！

像春风里一出梦，

像梦里的一声钟，

忘掉她，像一朵忘掉的花！

作者简介

　　闻一多（1899—1946），湖北浠水人。诗人，古典文学研究家。出生于浠水县巴河镇闻家铺的一个"世家望族、书香门第"之家。早年就读于武昌两湖师范学校附属高等小学。1912 年考入清华留美预备学校，"五四"运动时积极参加学生运动，曾代表学校出席全国学联会议。1920年 4 月，发表第一篇白话文《旅客式的学生》。1921 年与梁实秋等人发起成立清华文学社。1922 年赴美留学，先后在芝加哥美术学院、科罗拉多大学美术系学习；其间创作了许多爱国思乡的诗歌，1923 年出版第一部诗集《红烛》，把反帝爱国的主题和唯美主义的形式典范地结合在一起。1925 年回国，任北京艺术专科学校教务长。1927 年赴武汉，任北伐军总政治部艺术股股长。1928 年参加新月社，与徐志摩等创办《新月》杂志，出版第二部诗集《死水》。此后历任武汉大学、青岛大学、清华大学教授等职，致力于古典文学的研究，对《周易》、《诗经》、《庄子》、《楚辞》四大古籍进行整理研究，后汇集成为《古典新义》。抗日战争时期在昆明西南联大任教。1941 年皖南事变后积极投身民主斗争。1944 年加入中国民主同盟，曾任民盟中央执行委员、民盟云南省负责人兼任昆明《民主周刊》社长。抗战胜利后坚决反对国民党反动派发动内战和压迫人民。1946 年 7 月 15 日在悼念被国民党特务暗杀的李公朴的大会上，发表了著名的《最后一次的演讲》，随后被国民党特务杀害。

　　闻一多多才多艺，既是才华横溢的艺术家，又是研究成果丰硕的学者。重要著作有《红烛》（诗集）、《死水》（诗集）、《楚辞校补》、《神话与诗》、《唐诗杂论》、《诗选与校笺》、《闻一多诗文选集》等；湖北人民出版社 1993 年出版《闻一多全集》（十二卷）。

作品要览

　　闻一多是前期新月派的代表诗人，也是中国现代诗歌代表人物之一。《忆菊》、《你看》和《忘掉她》三首诗分别选自闻一多诗集《红烛》和《死水》。

　　《红烛》是闻一多第一部诗集，集中连序诗共六十二首，分《李白》、《雨夜》、《青春》、《孤雁》、《红豆》五篇，大多为诗人留学美国时所作；反映了诗人强烈的反封建意识、在异国他乡的孤寂以及对祖国的眷恋之情。《红烛》（序诗）、《忆菊》、《太阳吟》和《孤雁》等为代表性的篇章。这些诗歌以新奇大胆的艺术表现手法，将诗人内在的情感和精巧的艺术构思融为一体，反映了五四以后进步青年的苦恼与追求，体现了鲜明的爱国主义思想。

　　《死水》收录了诗人《红烛》以来、归国两年之后的诗作，共二十八首。比较起来看，《红烛》

主要反映了诗人求学时期的思想感情,更多地抒写幻想;而《死水》则是诗人面对丑恶现实所发出的深沉的抗争。诗集中的大部分作品,在思想深度、题材广度和表现手法等方面,都超越了《红烛》。对祖国的历史和文化的酷爱、自豪和骄傲以及对祖国的动荡、贫困、落后现实的痛心,在这部诗集里极其鲜明和十分强烈地表现出来,思想感情挣扎在现实矛盾的痛苦之中,博大深厚的爱国情怀贯串整部诗集。其中《发现》、《一句话》、《死水》等诗篇,写得或悲痛、或激愤、或豪迈热烈,抒发了诗人对祖国命运的忧虑与关切,表达了诗人强烈的爱国热情。《死水》的确是中国诗坛上不可多得的杰作,它进一步确立了闻一多在中国诗坛上的领军地位。

从艺术创作实践的角度看,这两部诗集对中国现代新诗革命作出了重要贡献。闻一多是新格律诗理论的倡导者。他古典传统诗歌功底非常深厚,早年发表过《律诗底研究》,对旧体诗形式特征有着透彻的研究。同时,他又汲取了大量外国诗歌的新鲜营养:从济慈那里,他接受了唯美的诗学观;从哈代、豪斯曼、勃朗宁那里,他意识到了以理性约束情感的重要性;从波特莱尔那里,他获得了寓愤激于沉静的抒情方式和由丑恶开垦美的现代艺术经验;丁尼生诗歌辞藻华丽,富有音乐性,这对闻一多颇有启发;拜伦、雪莱、华兹华斯、史文朋等人的诗歌对闻一多的影响也很大。在广泛借鉴中外诗歌艺术的基础上,他提出了"新诗格律化"的主张,要求新诗应具有"音乐的美(音节),绘画的美(辞藻),并且还有建筑的美(节的匀称和句的均齐)"。闻一多在自己的创作实践中对这三种"美"作了努力的探求,被人们称为"格律诗派"。《红烛》和《死水》都较好地贯彻实践了他的这一理论。尤其是《死水》,艺术表现更为成熟,被认为是体现"三美"格律诗的典型。这些作品体式齐整,色彩斑斓,音韵和谐;尽管仍须遵守一定的规矩,"戴着镣铐跳舞",并非绝对自由,却并不觉得它是桎梏,反而显出高超绝妙的艺术境界,为新诗发展提供了一种新的路径、样本与经验,有力地推动了新诗的发展。

📖 阅读提示

1."诗言志,歌咏言"。阅读诗歌最要紧的手段便是朗读吟诵。这个不可或缺的环节,可以使你从语言的音韵要素开始,无拘无束、最纯粹地领略诗歌的美,自然而然地引起共鸣,渐入佳境地领会诗人所表达的思想感情。《忆菊》这首诗写得明丽清朗、舒展灿烂,充分体现了诗人所倡导的"音乐美"。投入的朗读,一定会首先给你带来听觉上的美好感受。

2.闻一多曾专攻美术,对色彩非常敏感,特别擅长以富丽的"辞藻",勾勒线条,描绘形象,创造意境,使诗中有画,呈现出一种"绘画美"。《忆菊》形真神浓、色艳泽润,画意盎然,试具体分析。

3.诗人创作诗歌离不开意象,而读者"披文以入情"也必须从意象入手。所谓"意象",简单地说,就是文学家、艺术家将抽象的主观情思寄托于具体的客观物象而创作出来的艺术形象。例如,《忆菊》中的菊花就是一个典型的意象,因为在诗中,它看上去还是那可感可触的现实生活中的菊花,但实际上已经不是,而是客观形象与主观心灵融合成的带有某种意蕴与情调的东西,读者必须经过感性和理性的综合活动才能理解它的真正含义。试分析《忆菊》中"菊花"、"蔷薇"和"紫罗兰"等意象,看看它们分别蕴涵、寄托了怎样的思想感情。

4.当"东方底诗魂陶元亮"作为中国"骚人逸士"知识分子的代表出现以后,诗中的菊花又有了新的精神内涵。认真思考,具体说说其精神内涵是什么。

5.《你看》是写给仍在美国的朋友,以抚慰他们强烈的思乡之情的一首诗,风格与《忆菊》不同。全诗采用第二人称的方式,平和冲淡、娓娓道来,像在与稔熟的友人低声谈心,又似与热情的读者窃窃私语,剖白肺腑。巧妙的叙述角度,构筑了一种特殊的语言环境,亲切自然,温馨恬静。它仿佛一个花园敞开了月亮门,使读者很容易读得进;但其间珍草异卉,曲径通幽,又使人徘徊其间,很难读得出。请细细体味。

6.有人认为,《忘掉她》是诗人为悼念早逝的女儿而作。余光中先生则别具诗心慧眼:"就诗论诗,予人的印象毋宁更近于爱情。"我们也不妨将其看作是一首独特奇妙的情诗,诗中展示了一种悖论式的凄美的绝诀之情。一方面,诗人采用最古老的一唱三叹的手法表现绝诀的决心,另一方面,反复咏叹表明的又恰恰是难以忘怀;一方面,以"蟋蟀"、"墓草"等意象来比喻爱情的死亡,另一方面,又以"朝霞"、"春风"和"花瓣"等象征爱情的美好永恒;一方面,要像"没有那个人"般地忘掉,另一方面,偏偏却又强迫自己用不可能忘掉的方式去"忘掉她"……

7.《忘掉她》的句式排列也很特别(原著即如此),整齐、对称,从中可以领略到诗人营造的"建筑美"。闻一多的诗大多具有这种美的特质,阅读时可以留意欣赏。试将《忆菊》的句式按这首诗的格局排列,看看会产生怎样的视觉效果?

推荐书目

①《诗经选》(余冠英,人民文学出版社,1979)　②《楚辞选》(马茂元,人民文学出版社,1998)　③《汉魏六朝诗选》(余冠英,人民文学出版社,1978)　④《乐府诗选》(曹道衡,人民文学出版社,2007)　⑤《唐诗选》(中国社会科学院文学研究所,人民文学出版社,1978)　⑥《李白诗选》(复旦大学中文系古典文学教研组,人民文学出版社,1977)　⑦《杜甫诗选》(萧涤非,人民文学出版社,1985)　⑧《李贺诗选》(李贺诗选注组,人民文学出版社,1978)　⑨《李商隐诗选》(刘学锴,人民文学出版社,2004)　⑩《唐宋词选》(中国社会科学院文学研究所,人民文学出版社,1997)　⑪《宋诗选注》(钱钟书,人民文学出版社,1988)　⑫《苏轼诗选》(陈迩冬,人民文学出版社,1984)　⑬《陆游诗选》(游国恩等,人民文学出版社,1982)　⑭《宋词选》(胡云翼,上海古籍出版社,1978)　⑮《东坡乐府》(苏轼,上海古籍出版社,1978)　⑯《稼轩长短句》(辛弃疾,上海人民出版社,1975)　⑰《元明清散曲选》(王起等,人民文学出版社,1988)　⑱《明诗选》(杜贵晨,人民文学出版社,2003)　⑲《清诗选》(福建师范大学中文系古典文学教研室,人民文学出版社,2009)　⑳《金元明清词选》(夏承焘等,人民文学出版社,1983)　㉑《女神》(郭沫若,人民文学出版社,2003)　㉒《湖畔》(湖畔诗社出版,1922)　㉓《繁星》(冰心,人民文学出版社,2000)　㉔《昨日之歌》(冯至,人民文学出版社,2000)　㉕《徐志摩诗集》(四川人民出版社,1982)　㉖《戴望舒诗集》(四川人民出版社,1982)　㉗《汉园集》(何其芳等,上海商务印书馆,1936)　㉘《马凡陀山歌》(袁水拍,人民文学出版社,1955)　㉙《王贵与李香香》(李季,人民文学出版社,2000)　㉚《漳河水》(阮章竞,人民文学出版社,1950)　㉛《艾青诗选》(艾

青,人民文学出版社,2004） ㉜《贺敬之诗选》（贺敬之,人民文学出版社,1997） ㉝《郭小川诗选》（郭小川,人民文学出版社,1977） ㉞《九叶集》（辛笛等,江苏人民出版社,1981） ㉟《食指诗集》（食指,人民文学出版社,2009） ㊱《北岛诗集》（北岛,南海出版社,2003） ㊲《舒婷的诗》（舒婷,人民文学出版社,1994） ㊳《海子的诗》（海子,人民文学出版社,1995） ㊴《顾城的诗》（顾城,人民文学出版社,1998） ㊵《第三代诗人探索诗选》（溪萍,中国文联出版社,1988） ㊶《余光中诗选》（余光中,中国青年出版社,2000） ㊷《七里香》（席慕蓉,花城出版,1987） ㊸《郑愁予诗选》（郑愁予,中国友谊出版社,1984） ㊹《神曲》（[意]但丁,人民文学出版社,2002） ㊺《失乐园》（[英]弥尔顿,上海译文出版社,2012） ㊻《歌德诗集》（[德]歌德,上海译文出版社,1982） ㊼《席勒诗选》（[德]席勒,人民文学出版社,1984） ㊽《德国——一个冬天的童话》（（[德]海涅,人民文学出版社,1990） ㊾《拜伦诗选》（[英]拜伦,上海译文出版社,1982） ㊿《雪莱诗选》（[英]雪莱,人民文学出版社,2012） ○51《彭斯诗选》（[英]彭斯,人民文学出版社,1998） ○52《裴多菲诗选》（[匈牙利]裴多菲,上海译文出版社,1990） ○53《密茨凯维支诗选》（[波兰]密茨凯维支,人民文学出版社,1958） ○54《华兹华斯抒情诗选》（[英]华兹华斯,上海译文出版社,2000） ○55《莱蒙托夫诗选》（[俄]莱蒙托夫,人民文学出版社,2004） ○56《普希金诗选（[俄]普希金,人民文学出版社,2012）》 ○57《英国宪章派诗选》（袁可嘉编译,上海译文出版社,1984） ○58《草叶集》（[美]惠特曼,人民文学出版社,1998） ○59《泰戈尔诗选》（[印度]泰戈尔,人民文学出版社,2003） ○60《叶塞宁诗选》（[苏]叶塞宁,外国文学出版社,1991） ○61《马雅可夫斯基诗选》（[苏]马雅可夫斯基,人民文学出版社,1959） ○62《尼采诗选》（[德]尼采,花城出版社,1986） ○63《荒原与爱情》（[瑞典]卡尔费尔德,漓江出版社,1992） ○64《四个四重奏》（[英]艾略特,漓江出版社,1985） ○65《里尔克诗选》（[奥地利]里尔克,人民文学出版社,1999） ○66《聂鲁达诗选》（[智利]聂鲁达,河北教育出版社,2003） ○67《索德格朗诗选》（[芬兰]索德格朗,外国文学出版社,1987） ○68《美国自白派诗选》（赵琼等译,漓江出版社,1987） ○69《英国现代诗选》（查良铮编译,湖南人民出版社,1985） ○70《当代欧美诗选》（王家新等编选,春风文艺出版社,1989） ○71《法国近代名家诗选》（范希衡译,外国文学出版社,1981） ○72《意象派诗选》（[英]琼斯编、裘小龙译,漓江出版社,1986） ○73《象征派诗选》（孙玉石编选,人民文学出版社,1986） ○74《现代派诗选》（蓝棣之编选,人民文学出版社,2009） ○75《跨世纪抒情——俄苏先锋派诗选》（[俄]安年斯基等著、荀红军译,工人出版社,1989） ○76《拉丁美洲诗选》（赵振江编译,云南人民出版社,1996）

赵氏孤儿*

纪君祥

楔　子

（净①扮屠岸贾领卒子上，诗云）人无害虎心，虎有伤人意；当时不尽情，过后空淘气。某乃晋国大将屠岸贾是也。俺主灵公在位，文武千员，其信任的只有一文一武：文者是赵盾，武者即某矣。俺二人文武不和，常有伤害赵盾之心，争奈不能入手。那赵盾儿子唤做赵朔，现为灵公驸马。某也曾遣一勇士钮麑②，仗着短刀，越墙而过，要刺杀赵盾，谁想钮麑触树而死。那赵盾为劝农出到郊外，见一饿夫在桑树下垂死，将酒饭赐他饱餐了一顿，其人不辞而去。后来西戎国进贡一犬，呼曰神獒，灵公赐与某家。自从得了那个神獒，便有了害赵盾之计。将神獒锁在净房中，三五日不与饮食。于后花园中扎下一个草人，紫袍玉带，象简乌靴，与赵盾一般打扮。草人腹中悬一付羊心肺。某牵出神獒来，将赵盾紫袍剖开，着神獒饱餐一顿，依旧锁入净房中。又饿了三五日，复行牵出那神獒，扑着便咬，剖开紫袍，将羊心肺又饱餐一顿。如此试验百日，度其可用。某因入见灵公，只说今时不忠不孝之人，甚有欺君之意。灵公一闻其言，不胜大恼，便向某索问其人。某言西戎国进来的神獒，性最灵异，他便认的。灵公大喜，说"当初尧舜之时，有獬豸③能触邪人。谁想我晋国有此神獒，今在何处？"某牵上那神獒去。其时赵盾紫袍玉带，正立在灵公坐榻之边。神獒见了，扑着他便咬。灵公言："屠岸贾，你放了神獒，兀的不是谗臣也！"某放了神獒，赶着赵盾绕殿前走。争奈傍边恼了一人，乃是殿前太尉提弥明，一爪揣打倒神獒，一手揪住脑构皮，一手扳住下嗑子，只一劈将那神獒分为两半。赵盾出的殿门，便寻他原乘的驷马车。某已使人将驷马摘了二马，双轮去了一轮，上的车来，不能前去。傍边转过一个壮士，一臂扶轮，一手策马，逢山开路，救出赵盾去了。你道其人是谁？就是那桑树下饿夫灵辄。

---

* 节选自《赵氏孤儿》（元代纪君祥，载自王季思主编《中国十大古典悲剧集》，上海文艺出版社，1981）。

① 净，与下文的"末"、"旦"等都是元杂剧中角色名。净，大多扮演反面人物或滑稽角色。末，扮演正面男主角；冲末、外末和副末都是男配角。旦，扮演正面女主角。外，扮演中年或老年人物。此外，还有丑、杂等。

② 钮麑（chúní），晋国力士，屠岸贾派其刺杀赵盾。

③ 獬豸（xièzhì），又称任法兽，古代传说中的异兽，头上有独角，善辩曲直，见人争斗即以角触不直者。

某在灵公跟前说过，将赵盾三百口满门良贱，诛尽杀绝。只有赵朔与公主在府中，为他是个驸马，不好擅杀。某想剪草除根，萌芽不发，乃诈传灵公的命，差一使臣将着三般朝典①，是弓弦、药酒、短刀，着赵朔服那一般朝典身亡。某已吩咐他疾去早来，回我的话。（诗云）三百家属已灭门，只有赵朔一亲人；不论那般朝典死，便教剪草尽除根。（下）（冲末扮赵朔，同旦公主上）（赵朔云）小官赵朔，官拜都尉之职。谁想屠岸贾与我父文武不和，搬弄灵公，将俺三百口满门良贱，诛尽杀绝了也。公主，你听我遗言：你如今腹怀有孕，若是你添个女儿，更无话说；若是个小厮儿呵，我就腹中与他个小名，唤做赵氏孤儿。待他长立成人，与俺父母雪冤报仇也。（旦儿哭科②，云）兀的不痛杀我也！（外扮使命，领从人上，云）小官奉主公的命，将三般朝典是弓弦、药酒、短刀，赐与驸马赵朔，随他服那一般朝典，取速而亡，然后将公主囚禁府中。小官不敢久停久住，即刻传命走一遭去，可早来到他府门首也。（见科，云）赵朔跪者，听主公的命。为您一家不忠不孝，欺公坏法，将您满门良贱，尽行诛戮，尚有余辜。姑念赵朔有一脉之亲，不忍加诛，特赐三般朝典，随意取一而死。其公主囚禁在府，断绝亲疏，不许往来。兀那赵朔，圣命不可违慢，你早早自尽者！（赵朔云）公主，似此可怎了也！（唱）

【仙吕·赏花时】枉了我报主的忠良一旦休！只他那蠹国的奸臣权在手。他平白地使机谋，将俺云阳市斩首！兀的是出气力的下场头！

（旦儿云）天那，可怜害的俺一家死无葬身之地也！（赵朔唱）

【幺篇】落不的身埋在故丘。（云）公主，我嘱付你的说话，你牢记着。（旦儿云）妾身知道了也。（赵朔唱）吩咐了腮边雨泪流，俺一句一回愁。待孩儿他年长后，着与俺这三百口，可兀的报冤仇！（做死科，下）

（旦儿云）驸马，则被你痛杀我也！（下）（使命云）赵朔用短刀身亡了也，公主已囚在府中。小官须回主公的话去来。（诗云）西戎当日进神獒，赵家百口命难逃；可怜公主犹囚禁，赵朔能无决短刀。（下）

第一折

（屠岸贾上，云）某屠岸贾，只为公主怕他添了个小厮儿，久以后成人长大，他不是我的仇人？我已将公主囚在府中，这些时该分娩了。怎么差去的人去了许久，还不见来回报？（卒子上，报科，云）报的元帅得知：公主囚在府中，添了个小厮儿，唤做赵氏孤儿哩。（屠岸贾云）是真个唤做赵氏孤儿？等一月满足，杀这小厮也不为迟。令人，

---

① 朝典，指与执行朝廷法律有关之物。

② 科，元杂剧剧本中关于动作、表情的舞台提示。

传我的号令去，着下将军韩厥，把住府门；不搜进去的，只搜出来的。若有盗出赵氏孤儿者，全家处斩，九族不留。一壁①与我张挂榜文，遍告诸将，休得违误，自取其罪。（词云）不争晋公主怀孕在身，产孤儿是我仇人；待满月钢刀铡死，才称我削草除根。（下）（旦儿抱俫儿②上，诗云）天下人烦恼，都在我心头；犹如秋夜雨，一点一声愁。妾身晋室公主，被奸臣屠岸贾将俺赵家满门良贱，诛尽杀绝。今日所生一子，记的驸马临亡之时，曾有遗言：若是添个小厮儿，唤做赵氏孤儿，待他久后成人长大，与父母雪冤报仇。天那，怎能够将这孩儿送出的这府门去，可也好也！我想起来，目下再无亲人，只有俺家门下程婴，在家属上无他的名字。我如今只等程婴来时，我自有个主意。（外扮程婴背药箱上，云）自家程婴是也，原是个草泽医人，向在驸马府门下，蒙他十分优待，与常人不同。可奈屠岸贾贼臣，将赵家满门良贱，诛尽杀绝，幸得家属上无有我的名字。如今公主因在府中，是我每日传茶送饭。那公主眼下虽然生的一个小厮，取名赵氏孤儿，等他长立成人，与父母报仇雪冤。只怕出不得屠贼之手，也是枉然。闻的公主呼唤，想是产后要甚么汤药，须索③走一遭去。可早来到府门首也。不必报复，径自过去。（程婴见科，云）公主呼唤程婴有何事？（旦儿云）俺赵家一门，好死的苦楚也！程婴，唤你来别无甚事，我如今添了个孩儿，他父临亡之时，取下他一个小名，唤做赵氏孤儿。程婴，你一向在俺赵家门下走动，也不曾歹看承你。你怎生将这个孩儿掩藏出去，久后成人长大，与他赵氏报仇。（程婴云）公主，你还不知道：屠岸贾贼臣闻知你产下赵氏孤儿，四城门张挂榜文，但有掩藏孤儿的，全家处斩，九族不留。我怎么掩藏的他出去？（旦儿云）程婴，（诗云）可不道"遇急思亲戚，临危托故人"。你若是救出亲生子，便是俺赵家留得这条根。（做跪科，云）程婴，你则可怜见，俺赵家三百口，都在这孩儿身上哩！（程婴云）公主请起，假若是我掩藏出小舍人④去，屠岸贾得知，问你要赵氏孤儿，你说道："我与了程婴也。"俺一家儿便死了也罢，这小舍人休想是活的。（旦儿云）罢、罢、罢！程婴，我教你去的放心。（诗云）程婴心下且休慌，听吾说罢泪千行。他父亲身在刀头死，（做拿裙带缢死科）罢，罢，罢！为母的也相随一命亡！（下）（程婴云）谁想公主自缢死了也！我不敢久停久住，打开这药箱，将小舍人放在里面，再将些生药遮住身子。天也！可怜见赵家三百余口，诛尽杀绝，只有一点点孩儿。我如今救的他出去，你便有福，我便成功；若是搜将出来呵，你便身亡，俺一家儿都也性命不保。（诗云）程婴心下自裁划，赵家门户实堪哀；只要你出的九重帅府连环寨，便是脱却天罗地网灾。（下）（正末扮韩厥领卒子上，云）某下将军韩厥是也。佐于屠岸贾麾下。着某把守公主的府门，可是为何？只因公主生下一子，唤做赵

---

① 一壁，一边。

② 俫（lái）儿，元杂剧扮演儿童的角色；这里指小孩。

③ 须索，必须。

④ 小舍人，宋元以来称贵显人家子弟为舍人、小舍人。

氏孤儿,恐怕有人递盗将去,着某在府门上搜出来时,将他全家处斩,九族不留。小校,将公主府门把的严整者。嗨,屠岸贾,都似你这般损坏忠良,几时是了也呵!(唱)

【仙吕·点绛唇】列国纷纷,莫强于晋。才安稳,怎有这屠岸贾贼臣,他则把忠孝的公卿损。

【混江龙】不甫能风调雨顺,太平年宠用着这般人。忠孝的在市曹中斩首,奸佞的在帅府内安身。现如今全作威来全作福,还说甚半由君也半由臣!他他他,把爪和牙布满在朝门,但违拗的早一个个诛夷尽。多咱是人间恶煞,可甚么阃外将军。

(云)我想屠岸贾与赵盾两家儿结下这等深仇,几时可解也!(唱)

【油葫芦】他待要剪草防芽绝祸根,使着俺把府门。俺也是于家为国旧时臣。那一个藏孤儿的便不合将他隐,这一个杀孤儿的你可也心何忍。(带云)屠岸贾,你好狠也!(唱)有一日怒了上苍,恼了下民,怎不怕沸腾腾万口争谈论,天也显着个青脸儿不饶人。

【天下乐】却不道远在儿孙近在身,哎,你个贼也波臣①!和赵盾,岂可二十载同僚没些儿义分?便兴心使歹心,指贤人作歹人。他两个细评论还是那个狠。

(云)令人,门首觑者,看有甚么人出府门来,报复某家知道。(卒子云)理会的。(程婴做慌走上,云)我抱着这药箱,里面有赵氏孤儿。天也可怜,喜的韩厥将军把住府门,他须是我老相公抬举来的。若是撞的出去,我与小舍人性命都得活也。(做出门科)(正末云)小校,拿回那抱药箱儿的人来。你是甚么人?(程婴云)我是个草泽医人,姓程,是程婴。(正末云)你在那里去来?(程婴云)我在公主府内煎汤下药来。(正末云)你下甚么药?(程婴云)下了个益母汤。(正末云)你这箱儿里面甚么对象?(程婴云)都是生药。(正末云)是甚么生药?(程婴云)都是桔梗、甘草、薄荷。(正末云)可有甚么夹带?(程婴云)并无夹带。(正末云)你去。(程婴做走,正末叫科,云)程婴回来!你这其中必有暗昧。我着你去呵,似弩箭离弦,叫你回来呵,便似毡上拖毛。程婴,你则道我不认的你哩!(唱)

【河西后庭花】你本是赵盾家堂上宾,我须是屠岸贾门下人。你便藏着那未满月麒麟种,(带云)程婴,你见么?(唱)怎出的这不通风虎豹屯?我不是下将军,也不将你来盘问。(云)程婴,我想你多曾受赵家恩来。(程婴云)是。知恩报恩,何必要说。(正末唱)你道是既知恩合报恩,只怕你要脱身难脱身。前和后把住门,地和天那处奔?若拿回审个真,将孤儿往报闻,生不能,死有准。

(云)小校靠后,唤您便来,不唤您休来。(卒子云)理会的。(正末做揭箱子见科,云)程婴,你道是桔梗、甘草、薄荷,我可搜出人参来也。(程婴做慌跪伏科)(正末唱)

【金盏儿】见孤儿额颅上汗津津,口角头乳食喷,骨碌碌睁一双小眼儿将咱认,悄

---

① 波臣,原指水族中的臣仆奴隶;亦指淹死者。这里是对屠岸贾的诅咒。

促促箱儿里似把声吞；紧绑绑难展足，窄狭狭怎翻身？他正是"成人不自在，自在不成人。"

（程婴词云）告大人停嗔息怒，听小人从头分诉：想赵盾晋室贤臣，屠岸贾心生嫉妒；遣神獒扑害忠良，出朝门脱身逃去；驾单轮灵辄报恩，入深山不知何处。奈灵公听信谗言，任屠贼横行独步。赐驸马伏剑身亡，灭九族都无活路。将公主囚禁冷宫，那里讨亲人照顾。遵遗嘱唤做孤儿，子共母不能完聚。才分娩一命归阴，着程婴将他掩护。久以后长立成人，与赵家看守坟墓。肯分的遇着将军，满望你拔刀相助。若再剪除了这点萌芽，可不断送他灭门绝户？（正末云）程婴，我若把这孤儿献将出去，可不是一身富贵？但我韩厥是一个顶天立地的男儿，怎肯做这般勾当！（唱）

【醉中天】我若是献出去图荣进，却不道利自己损别人。可怜他三百口亲丁尽不存，着谁来雪这终天恨？（带云）那屠岸贾若见这孤儿呵，（唱）怕不就连皮带筋捻成齑粉。我可也没来由，立这样没眼的功勋。

（云）程婴，你抱的这孤儿出去。若屠岸贾问呵，我自与你回话。（程婴云）索谢了将军。（做抱箱儿走出，又回，跪科）（正末云）程婴，我说放你去，难道要你？可快出去！（程婴云）索谢了将军。（做走，又回，跪科）（正末云）程婴，你怎生又回来？（唱）

【金盏儿】敢猜着我调假不为真，那知道蕙叹惜芝焚①。去不去我几回家将伊尽，可怎生到门前兜的又回身？（带云）程婴，（唱）你既没包身胆，谁着你强做保孤人？可不道"忠臣不怕死，怕死不忠臣"！

（程婴云）将军，我若出的这府门去，你报与屠岸贾知道，别差将军赶来拿住我程婴，这个孤儿万无活理。罢，罢，罢！将军你拿将程婴去，请功受赏；我与赵氏孤儿，情愿一处身亡便了。（正末云）程婴，你好去的不放心也！（唱）

【醉扶归】你为赵氏存遗胤，我于屠贼有何亲？却待要乔做人情遣众军，打一个回风阵。你又忠我可也又信，你若肯舍残生，我也愿把这头来刎。

【青歌儿】端的是一言一言难尽，（带云）程婴，（唱）你也忒眼内眼内无珍。将孤儿好去深山深处隐，那其间教训成人。演武修文；重掌三军，拿住贼臣；碎首分身，报答亡魂。也不负了我和你硬踹着是非门，担危困。

（带云）程婴，你去的放心者。（唱）

【赚煞尾】宁可在我身儿上讨明白，怎肯向贼子行揸推问。猛拚着撞阶基图个自尽，便留不得香名万古闻，也好伴钮麂共做忠魂。你你你要殷勤，照觑晨昏，他须是赵氏门中一命根。直等待他年长进，才说与从前话本。是必教报仇人，休忘了我这大恩人。（自刎下）

（程婴云）呀，韩将军自刎了也！则怕军校得知，报与屠岸贾知道，怎生是好？我

---

① 蕙叹惜芝焚，蕙和芝都是香草，比喻忠臣。

抱着孤儿，须索逃命去来。（诗云）韩将军果是忠良，为孤儿自刎身亡。我如今放心前去，太平庄再做商量。（下）

作者简介

纪君祥（生卒年不详），元大都（今北京）人，杂剧作家。约于元世祖忽必烈中统（1260—1264）初期前后在世，与李寿卿（著有《伍员吹箫》）、郑廷玉（著有《看钱奴》）同时期。生平事迹无考。著有杂剧6种，现仅存《赵氏孤儿》一种及《陈文图悟道松阴梦》残曲（见《元人杂剧钩沉》）；其他五种《韩退之》《松阴梦》《错勘赃》《贩茶船》《驴皮记》全部散佚。《太和正音谱》评其词曲风格"如雪里梅花"。

作品要览

《赵氏孤儿》全名为《冤报冤赵氏孤儿》，一作《赵氏孤儿大报仇》。剧本取材于《左传》《史记》《新序》《说苑》等书，经提炼、加工、改造和虚构，叙述了一个正义战胜邪恶的复仇故事：春秋时晋国武将屠岸贾忌恨忠良，设计陷害文臣赵盾，数次谋害未果，竟向晋灵公诬陷赵盾欺君谋反，致使赵家三百余口满门抄斩，并假传圣旨，将赵盾之子——驸马赵朔赐死。赵朔之妻公主产下遗腹子，即赵氏一门唯一存留的骨血，遵照赵朔生前遗愿，唤做赵氏孤儿，以期长大报仇雪恨。屠岸贾为斩草除根，派将军韩厥把守公主府，囚禁公主，准备在孤儿满月时将其杀掉。公主把孤儿托付给医生程婴后自缢身亡。程婴把孤儿藏在药箱企图带出时，被韩厥搜出。正直的韩厥深明大义，放走程婴，拔剑自刎。为不漏掉赵氏孤儿，残忍的屠岸贾竟下令全国搜索，捉拿所有一月以上半岁以下幼儿，见一个剁三剑。程婴为救孤儿，决心用自己的孩子顶替，并承担罪名。赵盾好友、老臣公孙杵臼为保全正值壮年的程婴以便将孤儿抚养成人，让程婴去告密，揭发自己隐藏了孤儿。结果公孙杵臼撞阶而死，程婴的孩子也当着程婴的面被残杀。程婴告密有功，被屠岸贾视为心腹留在帅府，其子（赵氏孤儿）也被屠岸贾认作义子。二十年后，孤儿长大成人，在程婴的精心培养下，能文能武。程婴将其身世以实相告。孤儿如梦方醒，悲愤万分，擒杀屠岸贾，终于报仇雪恨。王国维在《宋元戏曲史》评价道："剧中虽有恶人交构其间，而其赴汤蹈火者，仍由于其主人翁之意志，即列于世界大悲剧之中，亦无愧也。"

《赵氏孤儿》是第一部传入欧洲的中国戏剧。早在1735年，由传教士J.普雷马雷（汉名马若瑟）译成法文；后由英国剧作家威廉·赫察特改编译为英文版《中国孤儿》，1741年由伦敦科贝特印刷企所出版，在英国文化界引起重大反响，他在献词中说："其中有些合理的东西，英国名剧也比不上。"后来还被翻译成德语、俄语等文字。法国著名文学家伏尔泰将其翻译成《中国孤儿》，1775年出版；德国大文豪歌德把它改编为《埃尔佩诺》（有1783年版，残本）。《赵氏孤儿》是最早在西方戏剧界和文学界产生较大影响的中国古典戏剧作品。

《赵氏孤儿》与元杂剧一般结构"四折——楔子"略有不同，是"五折——楔子"。

阅读提示

1.《赵氏孤儿》最鲜明的特点是通过强烈尖锐的戏剧冲突构成惊心动魄的悲剧效果。剧中一方面是屠岸贾的残忍凶恶,灭绝人性;另一方面是韩厥、程婴、公孙杵臼等人为支持和声张正义而不惜自我牺牲,双方形成尖锐剧烈的对立冲突。随着矛盾冲突的层层展开、升级,逐步把剧中人物推向风口浪尖,造成危若累卵、千钧一发的紧张情势,从而渲染了惊险感人的悲剧气氛,歌颂了英雄人物自我牺牲精神,表现出一种悲剧的崇高美。阅读时,要关注戏剧冲突的发生发展过程。

2. 在元杂剧中,"说白(也叫宾白)"是展开情节、塑造形象的重要手段。说白可分为韵白和散白。韵白包括上场诗、下场诗等。散白有独白、对白、带白和插白等。独白是角色自言,是向观众作交待;对白是对话;带白和插白指唱中的说白。请分析课文"楔子"中屠岸贾独白是怎样交待故事情节、刻画人物性格的。

3. 剧中公主和程婴的对白不长,却准确生动地勾勒出各自的性格特点。请具体分析各自性格特点。

4. 塑造人物形象离不开心理描写。在戏剧舞台上,词曲演唱是描写人物心理、揭示人物内心世界的重要手段。与中国其他传统戏剧一样,元杂剧的词曲实质是配乐演唱的诗歌,具有秾丽的音乐美、文字美和演唱美。试以第一折中韩厥的唱词为例,分析其对描写心理、塑造形象的作用。

5. 在课文所选段落中,程婴是唯一贯穿始终的人物(在全剧中亦是),也是一个最关键、最重要的人物。在他身上,不仅担负着这剧中赵氏一门忠烈的复仇希望,而且还寄托了作者戏外的更为广阔、深层的期盼和愿望。抗元英雄文天祥曾作诗:"英雄未死心为碎,父老相逢鼻欲辛。夜读程婴存赵事,一回惆怅一沾巾。"可谓作者知音!试重点分析程婴的性格发展过程,看看他是怎样从犹豫到坚定的。

6. 元杂剧一种称一"本",一场(幕)称一"折",不能单独成折的开场或过场戏称"楔子"。本四折加楔子,是元杂剧的基本结构形式。《赵氏孤儿》则是五折加楔子,本文节选仅节选了楔子和第一折,建议同学们课后继续阅读该剧全本。

推荐书目

①《窦娥冤》(关汉卿,吉林文史出版社,2004) ②《西厢记》(王实甫,上海古籍出版社,1978) ③《琵琶记》(高明,吉林文史出版社,2012) ④《元曲选》([明]臧懋循辑,中华书局,1958) ⑤《牡丹亭》(汤显祖,人民文学出版社,1978) ⑥《桃花扇》(孔尚任,人民文学出版社,1982) ⑦《长生殿》(洪昇,人民文学出版社,1983) ⑧《雷雨》(曹禺,人民文学出版社) ⑨《日出》(曹禺,人民文学出版社,1994) ⑩《屈原》(郭沫若,人民文学出版社,2000) ⑪《茶馆》(老舍,人民文学出版社,2002) ⑫《智取威虎山》(人民出版社,1970) ⑬《红灯记》(湖南人民出版社,1970) ⑭《杜鹃山》(上海人民出版社,1975) ⑮《于无声处》(宗福先,人民文学

出版社,1978)　⑯《台湾剧作选》(李曼瑰等,中国戏剧出版社,1987)　⑰《中国当代十大悲剧集》(江苏文艺出版社,1993)　⑱《中国当代十大喜剧集》(江苏文艺出版社,1993)　⑲《中国当代十大正剧集》(江苏文艺出版社,1993)　⑳《古希腊戏剧选》(人民文学出版社,1998)　㉑《莎士比亚悲剧集》(中国戏剧出版社,2005)　㉒《莎士比亚喜剧集》(中国戏剧出版社,2005)　㉓《高乃依、拉辛戏剧选》(人民文学出版社,2001)　㉔《莫里哀喜剧选》(人民文学出版社,2001)　㉕《易卜生戏剧选》(人民文学出版社,2001)　㉖《契诃夫戏剧集》(上海译文出版社,1980)　㉗《萨特戏剧集》(人民文学出版社,1985)　㉘《推销员之死》([美]阿瑟·米勒,上海译文出版社,2008)　㉙《中锋在黎明前死去》([阿根廷]库赛尼,中国戏剧出版社,2012)　㉚《老妇还乡:迪伦马特喜剧选》([瑞士]迪伦马特,外国文学出版社,2002)　㉛《荒诞派戏剧集》([爱尔兰]贝克特,上海译文出版社,1980)　㉜《二十世纪外国戏剧经典》(北京师范大学出版社,2004)　㉝《西方现代戏剧流派作品选》(中国戏剧出版社,2005)　㉞《外国当代剧作选》(中国戏剧出版社,1992)

"匕首"和"投枪"

第三单元

当我们步入本书的散文园地时,所看到的并不是大家已熟悉的模山范水、叙事抒情、写人记物的那种散文,而是平时接触较少的两类。韩愈的《论佛骨表》,是一篇疏奏,是对迎佛骨问题上对皇帝提意见,其大胆、尖锐、深刻,以致封建时代的经典文选没有哪家敢将其选入,哪怕这是一篇极好文章。鲁迅的《关于中国的两三件事》是篇杂文,而深奥难懂的鲁迅杂文似乎早就让人望而生畏。也正是由于平时不大接触,所以在这儿我们特意和大家一起选读,因为这两位作家的作品,凝聚着极其宝贵的文化和精神财富,也是古代和现代散文宝藏的最璀璨的代表。

或许同学首先提出的问题是:疏奏和杂文是散文吗?答案是肯定的。广义散文的外延要比我们以往学过的散文的"井口"大得多。公文类的疏奏和随感类的杂文都属于散文。不过,它们的文学性相对淡化、而社会性、战斗性、论辩性较强。这是由它们的特定功能所决定的。

韩愈的《论佛骨表》直接痛切,酣畅淋漓地陈说己见,驳斥异端,充分体现了韩愈文章气势扬厉、咄咄逼人的风骨,是韩愈散文的典范之作。我们希望同学们借此而进一步阅读韩愈的其他篇章,更希望能够阅读唐宋八大家以及其他更多的古代作家的优秀作品,以汲取传统文化丰富的营养,夯实自己的文史基础。

鲁迅的杂文可以说是中国现代文化的一部"史诗",它不但记录了鲁迅一生战斗的业绩,同时也记录了鲁迅那个时代中国的思想史和文化史。用鲁迅自己的话来说,"所写的常是一鼻,一嘴,一毛,但合起来,已几乎是或一形象的全体"(《准风月谈·后记》),写出了整整一个时代的风貌。在当时新旧文化、新旧思想斗争荆棘交织,错综复杂,没有固定不变的战线、没有固定不变的论敌的特定环境下,鲁迅选择了"古已有之"的杂文,继承了"有不平,有讽刺,有攻击,有破坏"(《小品文的危机》)的传统;在他手中,杂文"是匕首,是投枪,能和读者一同杀出一条自下而上的血路来的东西"(《小品文的危机》)。

虽然杂文对生活的反映敏锐迅速、泼辣犀利、战斗性强,但它毕竟是"艺术品",所以,杂文展开逻辑的方式和一般政论文有所不同。鲁迅说过:"此种猛烈的攻击,只宜用散文,如'杂感'之类,而造语还须曲折。"(《两地书》)"曲折"是在特殊战场上所采用的一种特殊方式。于是,鲁迅在杂文里一般不给出直接的结论式的答案,而往往采用对比、暗示、取譬、借喻等手段,通过客观的叙述揭示事物本质及内在矛盾,使读者通过深入的思考而从中得到启发。

必须强调,阅读以韩愈文章为代表的古代散文和鲁迅的杂文,是要下一番功夫的。对古文阅读,我们建议:(一)比较系统地学习古代汉语,提高基本阅读能力,主要是积累词汇,掌握语法,熟悉典故,了解文化常识。(二)加大古文阅读量,多读、熟读、反复读,丰富语料,增强语感;尤其在初读阶段,要参照注解,逐字逐句,读懂读通。(三)知人论世,了解作者情况和时代背景。(四)选择高质量的、权威的版本阅读。

鲁迅杂文的阅读,在语言上无大障碍,值得提醒的有如下三个方面:(一)认识鲁迅对社会思想、传统文化和国民性深刻批判的价值和意义。李泽厚曾说:"鲁迅叫我冷静地、批判地、愤怒地对待世界,冰心以纯真的爱和童心的美给我以慰藉与温暖。"唯有批判,社会才会进步。鲁迅的批判是广泛而深刻的。这是鲁迅对中国历史最大的贡献。那种认为鲁迅是纠缠于个人恩怨而争吵不休的看法,是肤浅的、错误的。(二)熟悉和理解鲁迅杂文的特殊笔法,准确、深刻地把握其观点和思想。(三)扩大阅读范围,学习相关文学史、社会史和革命史,以历史唯物主义观点对人物、事件、社会及时代作出正确的认识和评价。

论佛骨表*

韩　愈

臣某言：伏以佛者，夷狄①之一法耳。自后汉时流入中国，上古未尝有也。昔者黄帝在位百年，年百一十岁；少昊在位八十年，年百岁；颛顼在位七十九年，年九十八岁；帝喾在位七十年，年百五岁；帝尧在位九十八年，年百一十八岁；帝舜及禹，年皆百岁。此时天下太平，百姓安乐寿考，然而中国未有佛也。其后殷汤亦年百岁；汤孙太戊，在位七十五年，武丁在位五十九年，书史不言其年寿所极，推其年数，盖亦俱不减百岁；周文王年九十七岁，武王年九十三岁，穆王②在位百年：此时佛法亦未入中国，非因事佛而致然也。

汉明帝时，始有佛法，明帝在位，才十八年耳。其后乱亡相继，运祚③不长。宋、齐、梁、陈、元魏已下，事佛渐谨，年代尤促。惟梁武帝在位四十八年，前后三度舍身施佛，宗庙之祭，不用牲牢，昼日一食，止于菜果；其后竟为侯景所逼，饿死台城，国亦寻灭④。事佛求福，乃更得祸。由此观之，佛不足事，亦可知矣！

高祖始受隋禅，则议除之。当时群臣，材识不远，不能深知先王之道，古今之宜，推阐圣明，以救斯弊，其事遂止。臣常恨焉！

伏惟睿圣文武皇帝陛下，神圣英武，数千百年已来，未有伦比。即位之初，即不许度人为僧尼道士，又不许创立寺观。臣常以为高祖之志，必行于陛下之手，今纵未能即行，岂可恣之转令盛也！

今闻陛下令群僧迎佛骨于凤翔，御楼以观，舁入大内，又令诸寺递迎供养。臣虽至愚，必知陛下不惑于佛，作此崇奉，以祈福祥也。直以年丰人乐，徇人之心，为京都士庶，设诡异之观，戏玩之具耳。安有圣明若此，而肯信此等事哉！然百姓愚冥，易惑难晓，苟见陛下如此，将谓真心事佛。皆云："天子大圣，犹一心敬信，百姓何人，岂合更惜身命？"焚顶烧指，百十为群，解衣散钱，自朝至暮，转相仿效，惟恐后时，老少奔波，弃其业次。若不即加禁遏，更历诸寺，必有断臂脔身⑤，以为供养者。伤风败俗，

---

* 　节选自《韩愈文选》(人民文学出版社，1980)。

①　夷、狄，古代对东方、北方少数民族的称呼，这里指一般外国，是含有鄙夷侮辱性的字眼。

②　黄帝、少昊(hào)、颛顼(zhuānxū)、帝喾(kù)、尧、舜、禹，皆为传说中上古时代部落联盟的首领。殷汤、太戊、武丁，是商代几位君王。文王、武王、穆王，都是周代君王。

③　运，国运。祚(zuò)，福禄。

④　侯景，怀朔镇(今内蒙古包头市东北)人。原为北魏将领，后降梁，不久又起兵叛乱，将梁武帝围困在台城。梁武帝竟饿死。台城，即宫城；一说为建康(南京)附郭的小城。

⑤　脔身，从自己身上割下肉来。脔(luán)，把肉切成小块。

传笑四方,非细事也。

夫佛①本夷狄之人,与中国言语不通,衣服殊制,口不言先王之法言,身不服先王之法服,不知君臣之义,父子之情。假如其身至今尚在,奉其国命,来朝京师,陛下容而接之,不过宣政一见,礼宾一设,赐衣一袭,卫而出之于境,不令惑众也。况其身死已久,枯朽之骨,凶秽之余,岂宜令入宫禁!

孔子曰:"敬鬼神而远之。"古之诸侯,行吊于其国,尚令巫祝先以桃茢祓除不祥②,然后进吊。今无故取朽秽之物,亲临观之,巫祝不先,桃茢不用,群臣不言其非,御史不举其失,臣实耻之。乞以此骨付之有司③,投诸水火,永绝根本,断天下之疑,绝后代之惑。使天下之人,知大圣人之所作为,出于寻常万万也。岂不盛哉!岂不快哉!佛如有灵,能作祸祟,凡有殃咎,宜加臣身,上天鉴临,臣不怨悔。无任感激恳悃④之至,谨奉表以闻。臣某诚惶诚恐。

作者简介

韩愈(768—824),字退之,号昌黎,唐代文学家、诗人,古文运动倡导者。三岁而孤,由兄嫂抚养长大。自幼刻苦好学。十九岁始连续四次参加进士考试,于贞元八年(792)登进士第。又连续三次应吏部博学鸿词科考试,皆不中。29岁时谋得宣武军节度府观察推官一职。累迁四门博士、监察御史。贞元十九年(803),因奏呈《御史台上论天旱人饥状》触怒德宗,被贬为距长安三千八百多里的连州阳山(今广东连阳)县令。顺宗即位,改任江陵府法曹参军。宪宗元和元年(806),召为国子博士;累官河南令、职方员外郎、比部郎中、史馆修撰、中书舍人等职。元和十二年(817),协助再行裴度平定淮西藩镇之乱,迁为刑部侍郎,进入朝廷上层。元和十四年(819),因上《论佛骨表》激怒宪宗,被下令处死;幸得裴度等人营救而免去死罪,贬为七千六百多里外的潮州刺史。翌年宪宗被害,穆宗立,被召回,历任国子祭酒、兵部侍郎、京兆尹、吏部侍郎等职。长庆四年(824)病逝于长安;赠礼部尚书,谥曰"文",世称韩文公。

韩愈是继司马迁之后我国古代最重要的散文作家。唐代杜牧把韩文与杜(甫)诗并列,称为"杜诗韩笔"。宋代苏轼称他"文起八代之衰"。明人推崇他为唐宋散文八大家(韩愈、柳宗元、欧阳修、王安石、苏轼、苏辙、苏洵、曾巩)之首,与柳宗元并称"韩柳",有"文章巨公"和"百代文宗"之名。诸如《师说》、《祭十二郎文》、《张中丞传后叙》、《进学解》、《原道》等,都是传世名篇。著有《昌黎先生集》,收录文三百九十余篇,诗四百余首。

---

① 佛,指佛教创始者释迦牟尼,他是天竺(印度)北部迦毗罗卫国(今尼泊尔境内)净饭王之子,出生与活动的时期稍早于孔子。

② 桃,桃枝,古人认为鬼怕桃木;茢(liè),笤帚,用以扫除不祥;祓(fú),除,驱除。

③ 有司,主办的官吏。

④ 恳悃(kǔn),恳切忠诚。

作品要览

《论佛骨表》堪称奇文,是韩愈散文中战斗性最强的一篇,也是因其有违"温柔敦厚"传统、"忠犯人主之怒"而历遭冷遇的一篇。该文缘起于"佛骨事件":

长安西北的凤翔(今属陕西)著名的佛教名刹法门寺颇有来历。据记载,此寺始建于东汉天竺佛教沿丝绸之路东来中国之际,已有两千年历史了。尤其是寺中"大圣真身宝塔"因埋藏着释迦牟尼的遗骨而闻名天下。传说古天竺(印度)国王阿育王笃信佛法,在释迦牟尼灭度(死)后,为了将佛法发扬光大,故在全世界修造了八万四千塔,分葬释迦牟尼的舍利(梵语:佛的真身)。因为有神力役使鬼神劳动,所以这八万四千塔能在同日建成。凤翔的"大圣真身宝塔"就是其中一座,塔的底层埋藏着释迦牟尼灭度后的一节手指骨,故有其名,亦被尊为"圣冢",并被认为是极为神奇灵验的宝塔,据传"三十年开视迎取一次舍利佛骨,则岁岁丰收政通人和"。武则天在天授年间曾迎奉法门寺佛骨至东京(洛阳)明堂供养,并赐绢三千匹修葺寺塔。中宗于景龙年间表彰塔寺为"大唐圣朝无忧王寺",题舍利宝塔为"大圣真身宝塔",寺内已是"僧徒济济,几百共众;梵宇(庙堂殿宇)嗷嗷,数千其多"。肃宗在上元元年(760)迎奉无忧王寺佛骨至宫内道场供养,并赐金玉佛像、金银用具及宝石念珠一挂,还有更为珍贵的金栏袈裟一袭,成为自唐以来的最丰厚的赏赐。宪宗则于元和十四年(819)令太监杜英奇率宫人三十持香花前去法门寺迎舍利佛骨,并下诏,令京城及沿途府县之民于路旁垒土为香刹,高一二丈,全部用金翠彩缎装饰,上列金佛玉炉,名香红烛。当由数百夫役抬着的安置着佛骨的金珠宝刹进入长安开远门时,全城一片疯狂!为了向佛骨表示虔诚,许多人不惜倾家荡产、献儿献女、割残肢体。佛骨被迎到了大明宫中,宪宗李纯一直亲自供奉了三天,这三天内不理朝政,不管国事,一心礼佛。

就是在这般举国狂热礼佛的境况下,以孔孟道统的继承者自居的韩愈,却极不合时宜地打出了尊儒排佛的旗号,直接上书宪宗李纯,毫无顾忌地大唱反调,极力劝阻。此举无异于向皇权公然叫板,其胆识和勇气是极其罕见且可贵的。

《论佛骨表》旗帜鲜明,态度强硬,说理透彻,言辞激切,从先王的圣明传统、沉痛的历史教训、伤风败俗的现实和祸国殃民的后果等方面论证了"佛不足信",痛斥了诡异迷信的荒唐。虽然韩愈忠心耿耿,剖肝沥胆,其告诫道理也言之凿凿,但有些地方未能婉转,过于尖刻,深深地戳到了宪宗的痛处。宪宗说:"愈言我奉佛太过,我犹为容之。至谓东汉奉佛之后,帝王咸致夭促,何言之乖刺也?愈为人臣,敢尔狂妄,固不可赦!"(《旧唐书·韩愈传》)幸亏多方援手,韩愈最终免死而远谪。根据当时情况,贬逐到南荒之地,是很少能生还的。于是韩愈在途中写下那首著名的《左迁至蓝关示侄孙湘》:"一封朝奏九重天,夕贬潮州路八千。欲为圣明除弊事,肯将衰朽惜残年!云横秦岭家何在?雪拥蓝关马不前。知汝远来应有意,好收吾骨瘴江边。"其实,韩愈谏迎佛骨,其本意还是为了"攘夷狄"而捍卫"先王之道",维护封建统治的最高利益。这点宪宗也是明白的。所以,当韩愈到达潮州立即奏《谢上表》认错、请罪之后,宪宗真的原谅了他,甚至说:"韩愈大是爱我。"

韩愈的散文大气雄浑,汪洋恣肆;直言雄辩,锐不可当;语言生动,新颖精炼,富于创造。这些特点在《论佛骨表》中亦充分体现。

必须强调的是,我们选编了《论佛骨表》,并不意味着赞同韩愈的政治思想和信仰主张。阅读学习《论佛骨表》,主要着眼于韩愈敢于为真理而挺身而出、奋不顾身的精神,和文章奔放的气势、严谨的论证和周密的章法。而对"真理"的具体认识,应该说韩愈是有其主观局限的。事实上,思想界、学术界对韩愈对佛教的态度、佛教在唐代的发展,以及佛教对中国传统文化的影响,都不是简单片面地一概而论的。

阅读提示

1. "表"是古代文体,属上行公文,是臣子上给皇帝的奏章的一种。如《出师表》(诸葛亮)、《陈情表》(李密)。特定的对象,决定了"表"的写作,必须按照特定的格式,采用特定的语气,从特定的角度来阐述问题,表明态度,说服对方。应当说,"表"是比较难写却又不得不写的一种文体。聪明的作者往往揣摩君主心理,"投其所好",或委婉含蓄,或拐弯抹角,或直截了当。阅读时,要设身处地体会作者策略,才能准确理解文章主旨。当然,大多数表仅是官场文字,冠冕堂皇而味同嚼蜡。

2. 我们已经知道,这篇"表"是写给皇帝看的论说文。要说服皇帝,一般的论据和平庸的论证方法显然是达不到目的的。认真阅读本文,看看针对特殊的对象,作者选用了哪些论据,运用了怎样的论证方法?

3. 请分析本文的整体论证结构。你认为文中哪些地方的论据最有力?哪些地方说到了宪宗最为忌讳之处?哪些地方又突出表现了作者的一片赤诚?

4. 韩愈因《论佛骨表》被贬的二十六年后,发生了历史上著名的"武宗灭佛"事件。会昌五年(845),唐武宗下令没收寺院土地财产,毁坏佛寺、佛像,强迫僧尼归俗。据记载,当时被毁的大、中寺院四千六百多所,小庙四百多座,没收寺院土地数千万顷,还俗僧尼达二十六万余人,解放寺院奴婢十五万余人。有兴趣的话,可查阅相关史料,看看这前后两个事件之间,是否有所关联。

5. 包括韩愈在内的唐宋八大家的散文,各具特色,分领风骚。如柳宗元的散文高古峭拔、意新文简;欧阳修委婉流畅、平易简洁;王安石新警超卓、锋芒犀利;苏轼奇纵恣肆、波澜迭出……这些对后世散文的发展,产生了重大影响,建议广泛而有选择地阅读。

6. 在中国,佛教是影响最为广泛、深远的外来宗教。佛教的传播,不仅推进了我国与外来文化的交流,而且还丰富了我国本土文化,成为中华传统文化的一个重要组成部分。有兴趣的同学,可以结合第十单元的有关材料进一步地阅读学习。

推荐书目

①《先秦文举要》(高步瀛选注,中华书局,1991) ②《两汉文举要》(高步瀛选注,中华书局,1990) ③《魏晋文举要》(高步瀛选注,中华书局,1989) ④《南北朝文举要》(高步瀛选注,

中华书局,1998) ⑤《韩愈文选》(童第德选注,人民文学出版社,1980) ⑥《柳宗元选集》(人民文学出版社,1998) ⑦《欧阳修文选》(人民出版社,1982) ⑧《王安石文选译》(刘学锴等注,人民出版社,1998) ⑨《三苏文选》(牛宝彤选注,四川人民出版社,1983) ⑩《唐宋八大家文集》(郭预衡主编,人民日报出版社,2000) ⑪《唐宋文举要》(高步瀛选注,上海古籍出版社,1982) ⑫《明清八大家文钞》(清·王文濡编,上海古籍出版社,2008) ⑬《桐城派名家文选》(程根荣编,安徽人民出版社,2008) ⑭《清文举要》(钱仲联编,安徽教育出版社,1989) ⑮《古文观止》(吴楚材等编著,中华书局,2008) ⑯《古文鉴赏辞典》(陈振鹏等主编,上海辞书出版社,1997)

关于中国的两三件事 *

鲁 迅

一　关于中国的火

希腊人所用的火，听说是在一直先前，普洛美修斯①从天上偷来的，但中国的却和它不同，是燧人氏②自家所发见——或者该说是发明罢。因为并非偷儿，所以拴在山上，给老雕去啄的灾难是免掉了，然而也没有普洛美修斯那样的被传扬，被崇拜。

中国也有火神③的。但那可不是燧人氏，而是随意放火的莫名其妙的东西。

自从燧人氏发见，或者发明了火以来，能够很有味的吃火锅，点起灯来，夜里也可以工作了，但是，真如先哲之所谓"有一利必有一弊"罢，同时也开始了火灾，故意点上火，烧掉那有巢氏④所发明的巢的了不起的人物也出现了。

和善的燧人氏是该被忘却的。即使伤了食，这回是属于神农氏⑤的领域了，所以那神农氏，至今还被人们所记得。至于火灾，虽然不知道那发明家究竟是什么人，但祖师总归是有的，于是没有法，只好漫称之曰火神，而献以敬畏。看他的画像，是红面孔，红胡须，不过祭祀的时候，却须避去一切红色的东西，而代之以绿色。他大约像西班牙的牛一样，一看见红色，便会亢奋起来，做出一种可怕的行动的。

他因此受着崇祀。在中国，这样的恶神还很多。

然而，在人世间，倒似乎因了他们而热闹。赛会也只有火神的，燧人氏的却没有。倘有火灾，则被灾的和邻近的没有被灾的人们，都要祭火神，以表感谢之意。被了灾还要来表感谢之意，虽然未免有些出于意外，但若不祭，据说是第二回还会烧，所以还是感谢了的安全。而且也不但对于火神，就是对于人，有时也一样的这么办，我想，大约也是礼仪的一种罢。

---

* 选自《鲁迅全集·且介亭杂文》（人民文学出版社，2005）第六卷。

①　普洛美修斯，通译普罗米修斯，希腊神话中的神。相传他从主神宙斯那里偷了火种给人类，受到宙斯的惩罚，被钉在高加索山的岩石上，让神鹰啄食他的肝脏。

②　燧人氏，我国传说中最早钻木取火的人，远古三王之一。

③　火神，传说不一。一说指祝融，见罗泌《路史·前纪》卷八；一说指回禄，见《左传》昭公十八年及其注疏。

④　有巢氏，我国传说中发明树上搭巢居住的人，远古三王之一。

⑤　神农氏，我国传说中发明制作农具、教人耕种的人，远古三王之一。又传说他曾尝百草，发现药材，教人治病。

其实,放火,是很可怕的,然而比起烧饭来,却也许更有趣。外国的事情我不知道,若在中国,则无论查检怎样的历史,总寻不出烧饭和点灯的人们的列传来。在社会上,即使怎样的善于烧饭,善于点灯,也毫没有成为名人的希望。然而秦始皇一烧书,至今还俨然做着名人,至于引为希特拉①烧书事件的先例。假使希特拉太太善于开电灯,烤面包罢,那么,要在历史上寻一点先例,恐怕可就难了。但是,幸而那样的事,是不会哄动一世的。

烧掉房子的事,据宋人的笔记说,是开始于蒙古人的。因为他们住着帐篷,不知道住房子,所以就一路的放火。② 然而,这是诳话。蒙古人中,懂得汉文的很少,所以不来更正的。其实,秦的末年就有着放火的名人项羽在,一烧阿房宫,便天下闻名,至今还会在戏台上出现,连在日本也很有名。然而,在未烧以前的阿房宫里每天点灯的人们,又有谁知道他们的名姓呢?

现在是爆裂弹呀,烧夷弹呀之类的东西已经做出,加以飞机也很进步,如果要做名人,就更加容易了。而且如果放火比先前放得大,那么,那人就也更加受尊敬,从远处看去,恰如救世主③一样,而那火光,便令人以为是光明。

二 关于中国的王道

在前年,曾经拜读过中里介山氏④的大作《给支那及支那国民的信》。只记得那里面说,周汉都有着侵略者的资质。而支那人都讴歌他,欢迎他了。连对于朔北的元和清,也加以讴歌了。只要那侵略,有着安定国家之力,保护民生之实,那便是支那人民所渴望的王道,于是对于支那人的执迷不悟之点,愤慨得非常。

那"信",在满洲出版的杂志上,是被译载了的,但因为未曾输入中国,所以像是回信的东西,至今一篇也没有见。只在去年的上海报上所载的胡适⑤博士的谈话里,有的说,"只有一个方法可以征服中国,即彻底停止侵略,反过来征服中国民族的心。"不

---

① 希特拉,通译希特勒。德国纳粹党头子。一九三三年他担任内阁总理后,实行法西斯统治,烧毁进步书籍和一切所谓"非德国思想"的书籍。关于引秦始皇为希特勒焚书先例的论调,作者在《准风月谈·华德焚书异同论》中曾作过分析,可参看。

② 宋代庄季裕《鸡肋编》卷中载:"靖康之后,金虏侵凌中国,露居异俗,凡所经过,尽皆焚爇。"

③ 救世主,基督教徒对耶稣的称呼。《新约·马太福音》说基督所在之处,都有大光照耀。

④ 中里介山(1885—1944),日本通俗小说家,著有历史小说《大菩萨山卡》。他的《给支那和支那国民的一封信》,一九三一年(昭和六年)日本春阳堂出版。

⑤ 胡适(1891—1962),字适之,安徽绩溪人。早年留学美国,曾获美国哥伦比亚大学哲学博士学位,回国后任北京大学教授。这里所引的这段话,是他一九三三年三月十八日在北平对记者的谈话,载同年三月二十二日《申报·北平通讯》。下文的"有历史癖和考据癖",是他在一九二〇年七月所写的《〈水浒传〉考证》中的话:"我最恨中国史家说的什么'作史笔法',但我却有点'历史癖';我又最恨人家咬文啮字的评文,但我却又有点'考据癖'!"

消说,那不过是偶然的,但也有些令人觉得好像是对于那信的答复。

征服中国民族的心,这是胡适博士给中国之所谓王道所下的定义,然而我想,他自己恐怕也未必相信自己的话的罢。在中国,其实是彻底的未曾有过王道,"有历史癖和考据癖"的胡博士,该是不至于不知道的。

不错,中国也有过讴歌了元和清的人们,但那是感谢火神之类,并非连心也全被征服了的证据。如果给与一个暗示,说是倘不讴歌,便将更加虐待,那么,即使加以或一程度的虐待,也还可以使人们来讴歌。四五年前,我曾经加盟于一个要求自由的团体①,而那时的上海教育局长陈德征氏勃然大怒道,在三民主义的统治之下,还觉得不满么?那可连现在所给与着的一点自由也要收起了。而且,真的是收起了的。每当感到比先前更不自由的时候,我一面佩服着陈氏的精通王道的学识,一面有时也不免想,真该是讴歌三民主义的。然而,现在是已经太晚了。

在中国的王道,看去虽然好像是和霸道对立的东西,其实却是兄弟②,这之前和之后,一定要有霸道跑来的。人民之所讴歌,就为了希望霸道的减轻,或者不更加重的缘故。

汉的高祖,据历史家说,是龙种,但其实是无赖出身,说是侵略者,恐怕有些不对的。至于周的武王,则以征伐之名入中国,加以和殷似乎连民族也不同,用现代的话来说,那可是侵略者。然而那时的民众的声音,现在已经没有留存了。孔子和孟子确曾大大的宣传过那王道,但先生们不但是周朝的臣民而已,并且周游历国,有所活动,所以恐怕是为了想做官也难说。说得好看一点,就是因为要"行道",倘做了官,于行道就较为便当,而要做官,则不如称赞周朝之为便当的。然而,看起别的记载来,却虽是那王道的祖师而且专家的周朝,当讨伐之初,也有伯夷和叔齐扣马而谏③,非拖开不可;纣的军队也加反抗,非使他们的血流到漂杵④不可。接着是殷民又造了反,虽

---

① 指中国自由运动大同盟,中国共产党支持和领导下的革命群众团体,一九三〇年二月成立于上海,它的宗旨是争取言论、出版、结社、集会等自由,反对国民党的反动统治。

② 关于王道和霸道之说,《孟子·公孙丑》载有孟轲的话:"以力假仁者霸,霸必有大国;以德行仁者王,王不待大……以力服人者,非心服也,力不赡也;以德服人者,中心悦而诚服也。"又《汉书·元帝纪》:"汉家自有制度,本以霸王道杂之。"

③ 伯夷和叔齐扣马而谏,据《史记·伯夷列传》载:"伯夷、叔齐,孤竹君之二子也。……闻西伯昌善养老,盍往归焉。及至,西伯卒,武王载木主,号为文王,东伐纣。伯夷、叔齐叩马而谏曰:'父死不葬,爰及干戈,可谓孝乎?以臣弑君,可谓仁乎?'左右欲兵之。太公曰:'此义人也,扶而去之。'"

④ 血流到漂杵,据《尚书·武成》载:"甲子昧爽,受(纣)率其旅若林,会于牧野。罔有敌于我师,前徒倒戈,攻于后以北,血流漂杵。"

然特别称之曰"顽民"①,从王道天下的人民中除开,但总之,似乎究竟有了一种什么破绽似的。好个王道,只消一个顽民,便将它弄得毫无根据了。

儒士和方士,是中国特产的名物。方士的最高理想是仙道,儒士的便是王道。但可惜的是这两件在中国终于都没有。据长久的历史上的事实所证明,则倘说先前曾有真的王道者,是妄言,说现在还有者,是新药。孟子生于周季,所以以谈霸道为羞②,倘使生于今日,则跟着人类的智识范围的展开,怕要羞谈王道的罢。

三 关于中国的监狱

我想,人们是的确由事实而从新省悟,而事情又由此发生变化的。从宋朝到清朝的末年,许多年间,专以代圣贤立言的"制艺"③这一种烦难的文章取士,到得和法国打了败仗④,这才省悟了这方法的错误。于是派留学生到西洋,开设兵器制造局,作为那改正的手段。省悟到这还不够,是在和日本打了败仗之后⑤,这回是竭力开起学校来。于是学生们年年大闹了。从清朝倒掉,国民党掌握政权的时候起,才又省悟了这错误,作为那改正的手段的,是除了大造监狱之外,什么也没有了。

在中国,国粹式的监狱,是早已各处都有的,到清末,就也造了一点西洋式,即所谓文明式的监狱。那是为了示给旅行到此的外国人而建造,应该与为了和外国人好互相应酬,特地派出去,学些文明人的礼节的留学生,属于同一种类的。托了这福,犯人的待遇也还好,给洗澡,也给一定分量的饭吃,所以倒是颇为幸福的地方。但是,就在两三礼拜前,政府因为要行仁政了,还发过一个不准克扣囚粮的命令。从此以后,可更加幸福了。

至于旧式的监狱,则因为好像是取法于佛教的地狱的,所以不但禁锢犯人,此外还有给他吃苦的职掌。挤取金钱,使犯人的家属穷到透顶的职掌,有时也会兼带的。

---

① "顽民",据《史记·殷本纪》载:"周武王崩,武庚(商纣之子)与管叔、蔡叔作乱,成王命周公诛之。"又《尚书·多士》载:"成周(今洛阳)既成,迁殷顽民。"据唐代孔颖达疏:"顽民,谓殷之大夫、士从武庚叛者;以其无知,谓之顽民。"

② 以谈霸道为羞,据《孟子·梁惠王》载,"齐宣王问曰:'齐桓、晋文之事,可得闻乎?'孟子对曰:'仲尼之徒,无道桓、文之事者,是以后世无传焉,臣未之闻也。'"据宋代朱熹《集注》:"仲尼之门,五尺童子羞称五霸,为其先诈力而后仁义也。"

③ "制艺"也称制义。科举考试时规定的文体。在明清两代指摘取"四书"、"五经"中文句命题、立论的八股文。

④ 指一八八四年至一八八五年的中法战争。战争的结果是清政府与法国签订了不平等的《中法新约》。

⑤ 指一八九四年至一八九五年的中日战争(即甲午战争)。清政府在战败后与日本签订了丧权辱国的《马关条约》。

但大家都以为应该。如果有谁反对罢，那就等于替犯人说话，便要受恶党①的嫌疑。然而文明是出奇的进步了，所以去年也有了提倡每年该放犯人回家一趟，给以解决性欲的机会的，颇是人道主义气味之说的官吏②。其实，他也并非对于犯人的性欲，特别表着同情，不过因为总不愁竟会实行的，所以也就高声嚷一下，以见自己的作为官吏的存在。然而舆论颇为沸腾了。有一位批评家，还以为这么一来，大家便要不怕牢监，高高兴兴的进去了，很为世道人心愤慨了一下③。受了所谓圣贤之教那么久，竟还没有那位官吏的圆滑，固然也令人觉得诚实可靠，然而他的意见，是以为对于犯人，非加虐待不可，却也因此可见了。

从别一条路想，监狱确也并非没有不像以"安全第一"为标语的人们的理想乡的地方。火灾极少，偷儿不来，土匪也一定不来抢。即使打仗，也决没有以监狱为目标，施行轰炸的傻子；即使革命，有释放囚犯的例，而加以屠戮的是没有的。当福建独立④之初，虽有说是释放犯人，而一到外面，和他们自己意见不同的人们倒反而失踪了的谣言，然而这样的例子，以前是未曾有过的。总而言之，似乎也并非很坏的处所。只要准带家眷，则即使不是现在似的大水，饥荒，战争，恐怖的时候，请求搬进去住的人们，也未必一定没有的。于是虐待就成为必不可少了。

牛兰⑤夫妇，作为赤化宣传者而关在南京的监狱里，也绝食了三四回了，可是什么效力也没有。这是因为他不知道中国的监狱的精神的缘故。有一位官员诧异的说过：他自己不吃，和别人有什么关系呢？岂但和仁政并无关系而已呢，省些食料，倒是

---

① 恶党，这里是反语，当时国民党反动派曾用"匪党"等字眼诬称中国共产党。

② 一九三三年四月四日《申报》"南京专电"称："司法界某要人谈……壮年犯之性欲问题，依照理论，人民犯罪，失去自由，而性欲不在剥夺之列，欧美文明国家，定有犯人假期……每年得请假返家五天或七天，解决其性欲。"

③ 一九三三年八月二十日出版的《十日谈》第二期载有郭明的《自由监狱》一文，其中说："最近司法当局复有关于囚犯性欲问题之讨论……本来，囚禁制度……是国家给予犯罪者一个自省而改过的机会……监狱痛苦尽人皆知，不法犯罪，乃自讨苦吃，百姓既有戒心，或者可以不敢犯法；对付小人，此亦天机一条也。"

④ 福建独立，指一九三三年十一月在福建发生的政变。一九三二年一月二十八日在上海抗击进犯日军的十九路军，被蒋介石调往福建进行反共内战。该军广大官兵在中国共产党抗日主张的影响下，反对蒋介石投降日本的政策，不愿和红军作战。一九三三年十一月，十九路军将领联合国民党内一部分势力，在福建省成立"中华共和国人民革命政府"，并与红军成立抗日反蒋协定，但不久即在蒋介石的兵力压迫下失败。

⑤ 牛兰(Nanlen)，即保罗·鲁埃格(Paul Ruegg)，原籍波兰，"泛太平洋产业同盟"上海办事处秘书，共产国际派驻中国的工作人员。一九三一年六月十七日牛兰夫妇同在上海被国民党政府拘捕，送往南京监禁，次年七月一日以"危害民国"罪受审。牛兰不服，于七月二日起进行绝食斗争。宋庆龄、蔡元培等曾组织"牛兰夫妇营救委员会"营救。一九三七年日本侵占南京前夕出狱。

于监狱有益的。甘地①的把戏,倘不挑选兴行场②,就毫无成效了。

　　然而,在这样的近于完美的监狱里,却还剩着一种缺点。至今为止,对于思想上的事,都没有很留心。为要弥补这缺点,是在近来新发明的叫作"反省院"的特种监狱里,施着教育。我还没有到那里面去反省过,所以并不知道详情,但要而言之,好像是将三民主义时时讲给犯人听,使他反省着自己的错误。听人说,此外还得做排击共产主义的论文。如果不肯做,或者不能做,那自然,非终身反省不可了,而做得不够格,也还是非反省到死则不可。现在是进去的也有,出来的也有,因为听说还得添造反省院,可见还是进去的多了。考完放出的良民,偶尔也可以遇见,但仿佛大抵是萎靡不振,恐怕是在反省和毕业论文上,将力气使尽了罢。那前途,是在没有希望这一面的。

作者简介

　　鲁迅(1881—1936),浙江绍兴人,原名周树人。伟大的文学家、思想家和革命家。出生于封建士大夫家庭,祖父周福清是进士,曾任翰林院庶吉士、江西金溪县知县、内阁中书等职,后因科场案被判"斩监候",家道中落。六岁入书塾。十二岁进"全城中称为最严厉的书塾"——三味书屋读书。1898 年考入江南水师学堂;次年转入江南陆师学堂附设路矿学堂。1902 年由江南督练公所派赴日本留学,入东京弘文学院。1904 年至仙台医学专门学校学习。1906 年起中止学医,在东京从事创作、翻译等文艺活动,发表了《摩罗诗力说》等文章,师从章太炎,加入革命团体光复会,积极参加反帝反清斗争。1909 年回国,任浙江两级师范学堂生理学、化学教员,绍兴中学堂教员兼监学。1911 年辛亥革命成功,任山会初级师范学堂监督。次年应临时政府教育总长蔡元培之邀任教育部部员。后随部迁北京,任教育部社会教育司科长、佥事。1918 年参加《新青年》编辑工作;以鲁迅为笔名发表第一篇白话小说《狂人日记》,抨击封建礼教;此后又发表《孔乙己》、《药》、《阿 Q 正传》等小说,及《我之节烈观》、《随感录》等一系列杂文,批判旧思想、旧道德。1920 年起,先后在北京大学、北京师范大学、北京女子师范大学等校兼课。其间出版《中国小说史略》、《呐喊》、《彷徨》等著作;领导青年成立莽原社、未名社,主编刊物《莽原》,翻译和介绍外国文学。1926 年"三一八"惨案发生后,因揭露北洋政府暴行,支持学生斗争而遭通缉,遂赴厦门大学任教。1927 年应邀至广州中山大学任文学系主任兼教务主任。"四一二"反革命政变后,为营救青年而奔走,未果,愤而辞职。当年 10 月到上海,专事著述创作。在此期间,关于革命文学的论战促使鲁迅进一步学习马克思主义文艺理论,翻译了普列汉诺夫《艺术论》的经典著作;参加并领导"左联"工作,团结广大进步作家,反对国民党反动派的文化"围剿";还参加了中国自由运动大同盟、中国民权保障同盟等进步组织;先后编辑了《语丝》、《奔流》等进步文学刊物,翻译外国文学作品,扶持文学青年;拥护中国共产党关于抗日

---

　　① 甘地(M.Gandhi,1869—1948),印度民族独立运动的领袖。他主张"非暴力抵抗",倡导对英国殖民政府"不合作运动",曾屡遭监禁,在狱中多次以绝食表示反抗。

　　② 兴行场,日语,戏场的意思。

民族统一战线的方针,提出了"民族革命战争的大众文学"的口号。这段时间,是鲁迅创作的高峰时期,发表了大量的杂文及其他作品,先后结集出版了《而已集》《三闲集》等九部杂文集、一部历史小说集《故事新编》,编纂了《唐宋传奇集》,翻译出版了《毁灭》《铁流》《死魂灵》等外国作品。1936年10月19日,鲁迅因长期超负荷工作,积劳成疾,医治无效而逝世。

毛泽东曾高度评价说:"鲁迅是中国文化革命的主将,他不但是伟大的文学家,而且是伟大的思想家和伟大的革命家。鲁迅的骨头是最硬的,他没有丝毫的奴颜和媚骨,这是殖民地半殖民地人民最可宝贵的性格。鲁迅是在文化战线上,代表全民族的大多数,向着敌人冲锋陷阵的最正确、最勇敢、最坚决、最忠实、最热忱的空前的民族英雄。鲁迅的方向,就是中华民族新文化的方向。"

鲁迅著作是一笔极其宝贵的精神财富,其一生著译近一千万字,有《鲁迅全集》十八卷(人民文学出版社,2005)、《鲁迅译文全集》八卷(福建教育出版社,2008)。发行量最大的是单行本,其中小说集三部:《呐喊》《彷徨》《故事新编》;散文及散文诗二部:《野草》《朝花夕拾》;杂文集十七部:《坟》《热风》《华盖集》《华盖集续编》《而已集》《三闲集》《二心集》《南腔北调集》《伪自由书》《准风月谈》《花边文学》《且介亭杂文》《且介亭杂文二集》《且介亭杂文末编》《集外集》《集外集拾遗》《集外集拾遗补编》,等等。

作品要览

《且介亭杂文》是鲁迅的一部杂文集,收录了鲁迅在1934年所写的杂文三十六篇,1935年末经作者亲自编定,1937年7月由上海三闲书屋出版。鲁迅当时居住在上海北四川路帝国主义越界筑路区域。这是被称为"半租界"的地方,所以鲁迅称自己的住所为"且介亭",意即"半租界的亭子间"("且"、"介"为"租界"二字之各半)。住在其间写成的杂文,故名《且介亭杂文》。

杂文是鲁迅用来进行思想洗礼、文化反思和社会批判的最为得心应手的武器。因而也最遭忌恨,不断受到"更厉害的压迫"(《准风月谈·后记》)。至鲁迅写作"且介亭"杂文之际,所受打压较前更甚。鲁迅在该集序言中写道:"近几年来,所谓'杂文'的产生,比先前多,也比先前更受着攻击。"反对者们"都和杂文有切骨之仇,给了种种罪状的"。然而愈是如此,则愈是表明鲁迅杂文确是切中时弊,愈是激发了鲁迅的斗志,"况且现在是多么切迫的时候,作者的任务,是在对于有害的事物,立刻给以反响或抗争,是感应的神经,是攻守的手足。潜心于他的鸿篇巨制,为未来的文化设想,固然是很好的,但为现在抗争,却也正是为现在和未来的战斗的作者,因为失掉了现在,也就没有了未来"。对于本集的由来及价值,鲁迅坦言:"这一本集子和《花边文学》,是我在去年一年中,在官民的明明暗暗,软软硬硬的围剿'杂文'的笔和刀下的结集,凡是写下来的,全在这里面。当然不敢说是诗史,其中有着时代的眉目,也决不是英雄们的八宝箱,一朝打开,便见光辉灿烂。我只在深夜的街头摆着一个地摊,所有的无非几个小钉,几个瓦碟,但也希望,并且相信有些人会从中寻出合于他的用处的东西。"

"且介亭"杂文时期(1934—1936),是鲁迅杂文创作的高峰期,先后共有《且介亭杂文》《且介亭杂文二编》和《且介亭杂文末编》三部杂文集问世。这是鲁迅生命最后三年的杂文结集,其作品的思想内容和艺术成就都已达到巅峰状态；在这些杂文中，鲁迅总结了自己对社会、人生和文学艺术诸问题的深沉哲理思考，具有博大精深的概括和预言特点等价值，成为中国现代史上一座深刻而宏伟的理论思维的高峰。

《关于中国的两三件事》是《且介亭杂文》所收的第一篇杂文，写于1934年，是应日本《改造》杂志社所约而作，故以日文发表在《改造》当年第三期上。后由鲁迅自译为中文，收入本集。本文选取了"火"、"监狱"和"王道"三个视点，剖析、透视和揭露了自周秦以来，中国历代反动统治者以对物质肉体的摧残、虐杀和对精神文化的专制镇压等两手策略统治、迫害被奴役者和反抗者的历史和现实。文章笔触纵横自如，见解入木三分，发人深省。

阅读提示

1. 鲁迅的杂文，当局视如洪水猛兽，总在"查禁之列"（《准风月谈》后记引《人言》编者注），发表甚为困难。往往"另用各种的笔名，障住了编辑先生和检查老爷的眼睛"，才勉强得以发表，因此，话根本不能直说，只好"措辞也时常弯弯曲曲"（《华盖集·题记》），许多重要的观点只能通过隐晦曲折的语句表达出来。这就给鲁迅的表述和读者的理解都造成了极大的障碍。我们在阅读鲁迅杂文的时候，就得细致深入地咀嚼体味，举一反三，由表及里，进而明了其微言大义，领会其思想实质。下面的一些问题是理解文意的关键，请认真思考。

2. "和善的燧人氏"被忘却，而"恶神"火神却"献以敬畏"、"受着崇祀"，这样的事实说明了什么？

3. 作者列举了秦始皇、项羽、蒙古人、希特勒，甚至"希特拉太太"作为例证，论证了怎样的观点？

4. "那时的上海教育局长陈德征氏勃然大怒道，在三民主义的统治之下，还觉得不满么？那可连现在所给与着的一点自由也要收起了。而且，真的是收起了的。每当感到比先前更不自由的时候，我一面佩服着陈氏的精通王道的学识，一面有时也不免想，真该是讴歌三民主义的。"——为什么说陈氏"精通王道"？

5. "在中国的王道，看去虽然好像是和霸道对立的东西，其实却是兄弟，这之前和之后，一定要有霸道跑来的。"作者表达的意思究竟是什么？又是怎样论证的？

6. 作者以貌似轻松幽默的笔调勾勒出中国监狱沉重黑暗的状况。试分析本文是从哪些方面勾勒的？"中国的监狱的精神"是什么？

7. 怎样理解中国监狱是"近于完美的监狱"的说法？对"还剩着一种缺点"的弥补又意味着什么？

8. 在写作本文前后，鲁迅还写过《火》（《南腔北调集》）、《别一个窃火者》（《准风月谈》）、《王道诗话》（《伪自由书》）、《出卖灵魂的秘诀》（《伪自由书》）、《隔膜》（《且介亭杂文》）、《病后杂谈》、《病后杂谈之余》（《且介亭杂文》）等文章，对本文所讨论的话题有所论述，可参照阅读。

推荐书目

①《民主与科学的呐喊——陈独秀杂文代表作品选》(李伏虎编选,甘肃人民出版社,1997)
②《瞿秋白文选》(林文光选编,四川人民出版社,2010) ③《天下无不可为之事》(胡适,中国国际广播出版社,2009) ④《剪拂集》(林语堂等,人民出版社,2000) ⑤《丰子恺经典作品选》(当代世界出版社,2004) ⑥《药堂杂文》(周作人,河北教育出版社,2002) ⑦《梁实秋杂文集》(中国社会出版社,2004) ⑧《人与文化》(胡风,北京大学出版社,2007) ⑨《聂绀弩杂文集》(三联书店,1995) ⑩《吴晗杂文选》(人民文学出版社,1979) ⑪《燕山夜话》(邓拓,北京十月文艺出版社,2010) ⑫《马铁丁杂文选》(郭小川等,人民日报出版社,1984) ⑬《美先生和刺先生》(刘征,时代文艺出版社,2000) ⑭《邵燕祥杂文自选集》(百花文艺出版社,1996) ⑮《自由的笑声》(沙叶新,学林出版社,1999) ⑯《魏明伦杂文随笔选》(魏明伦等编著,作家出版社,2001) ⑰《辣味集》(舒展,重庆出版社,1985) ⑱《点灯的权利》(鄢烈山,北方文艺出版社,2011) ⑲《我的精神家园》(王小波,文化艺术出版社,1997) ⑳《淳朴的异议》(刘洪波,新疆人民出版社,2001) ㉑《多余的素材》(陈丹青,山东画报出版社,2005) ㉒《龙应台杂文精品》(杨际岚选编,海峡文艺出版社,1990) ㉓《丑陋的中国人》(柏杨,人民文学出版社,2008)

第四单元

以 史 为 鉴

　　本单元选编了两部中外历史名著的部分章节：《范滂传》节选自《后汉书》，《在斯大林格勒的惨败》节选自《第三帝国的兴亡——纳粹德国史》；两篇文章，前者写一位中国古代人物，后者写一场世界战争，都是传世之作。希望能引起读者的兴趣，并对以后的历史学习有所裨益。

　　为什么要学习历史？

　　这是个熟悉的问题。自然，答案也是我们所熟悉的。

　　"以史为鉴，可以知兴替"。人类社会历史极其纷繁复杂，治乱兴衰交错更迭。我们通过学习研究历史，探本寻根，去粗取精，由表及里，就能够总结历史发展的规律，把握社会前进的趋势，从而吸取教训，借鉴经验，少走弯路，更好更快地发展。《范滂传》所展示的是令仁人志士"叹息痛恨于桓灵"的东汉黑暗时期。在那个社会，宦官当道，邪恶横行，正派刚直人士不畏强暴，顽强抗争，但遭到残酷镇压，结局悲惨。尽管腐朽势力嚣张一时，但终究被正义进步所战胜，这再次印证了"多行不义必自毙"的道理。《在斯大林格勒的惨败》则从一场极为惨烈的战役折射出战争的走向和历史的转折，昭示了国家民族存亡兴替的不可抗拒的规律：反人类的倒行逆施，尽管可能暂时得逞，但只要人民群众敢于反抗，善于斗争，坚持真理，不屈不挠，光明必将埋葬黑暗，正义一定战胜邪恶。这就是历史告诉我们的事实和真理。从这个意义上说，学习历史，就是了解事实，学习真理。所以说，"读史使人明智"。

　　但这还不够。为了能够更好地将已经了解掌握的历史经验和教训提升为富于科学性、建设性的理性认识，以便用来指导我们不断发展前进的现实生活，我们还应该有意识地培养唯物主义历史观以及历史思维能力和品质。要做到这点并非轻而易举，但我们可以从现在开始在学习研究历史时注意以下几点。

（一）系统、全面地学习历史。零碎、片断的历史记载，哪怕是真实的，也难以反映历史真相和历史规律。应当由点及面，逐步有序地扩大阅读的范围，相对完整地形成自己的历史知识体系。避免犯盲人摸象、以偏概全的错误。

（二）科学、深刻地学习历史。对历史事件和人物的分析和评价，要充分考虑特定的历史条件、社会背景，切勿以今论古，苛求古人。例如，《范滂传》所记载的范滂作为，就不能机械地用今天的眼光去衡量。评价历史人物，要看其作为是否顺应和有利于社会的进步，这是一个重要的标准。另外，一些历史事件的发生、发展，似乎由许多偶然因素促成。例如，第二次世界大战中，在几次重大战役的关键时刻，德军重要指挥官隆美尔都恰巧不在战场，而战役结局都是德军失败。于是，有人便得出结论：是这些偶然因素导致了德国的战败；否则，胜负尚未可知。显然这种思维是肤浅的、错误的。只有透过这类表面的偶然现象，从战争的性质、人心的向背、时代的潮流等更广阔、更本质角度去深刻地考察，才能正确地发现历史真相，总结历史规律。

（三）客观、独立地学习研究历史。历史结论的得出，只能依靠事实。因此，要养成广泛收集史实，凭借确凿无误的材料来说明问题、分析推论、验证观点。对具体的人物、事件的研究中，既要不纠缠于细枝末节，又要注重细枝末节；其原则，就是客观公正，实事求是，避免犯主观臆断、一厢情愿、想当然等错误。另一方面，我们在阅读历史著作时，还要保持独立思考，不为叙述中渗透着作者主观倾向（可能是正确的，也可能是错误的）；才能最大限度地以批判的眼光去粗取精，去伪存真。

（四）欣赏、审美地阅读历史。优秀的历史著作，往往也是优秀的文学作品。在阅读中，我们完全可以借鉴文学阅读的经验和方法，从中既享受到形象、情感等因素所带来的愉悦和震撼，又能获得通过反思、审视等过程所产生的经验和启迪。

范 滂 传*

范晔

范滂字孟博,汝南征羌①人也。少厉②清节,为州里所服,举孝廉,光禄四行③。时冀州饥荒,盗贼群起,乃以滂为清诏使④,案察之。滂登车揽辔,慨然有澄清天下之志。乃至州境,守令自知臧污,望风解印绶去。其所举奏,莫不厌塞众议⑤。迁光禄勋主事。时,陈蕃⑥为光禄勋,滂执公仪诣蕃,蕃不止之,滂怀恨,投版弃官而去⑦。郭林宗闻而让蕃曰:"若范孟博者,岂宜以公礼格之?今成其去就之名,得无自取不优之议也?⑧"蕃乃谢焉。

复为太尉黄琼所辟⑨。后诏三府掾属举谣言⑩,滂奏刺史、二千石⑪权豪之党二十余人。尚书责滂所劾猥多,疑有私故。滂对曰:"臣之所举,自非叨秽奸暴,深为民害,岂以污简札哉⑫!间以会日迫促,故先举所急,其未审者,方更参实⑬。臣闻农夫去草,嘉谷必茂;忠臣除奸,王道以清。若臣言有贰,甘受显戮。"吏不能诘。

---

* 节选自《后汉书》(南朝宋·范晔,岳麓书社,1994),注解为编者所加。

① 汝南征羌,郡县名。在今河南郾城县东南一带。

② 厉,通"砺",磨炼。

③ 举孝廉,因品行"孝"、"廉"而被选拔。孝廉,汉代选拔人才的一种科目。光禄四行:光禄勋考察人才时所规定的四种品行。光禄,光禄勋,汉时官名,"掌宿卫宫殿门户,典谒署郎,更直执戟,宿卫门户,考其德行而进退之"(《后汉书·百官志》)。四行,《后汉书·党锢列传·范滂传》李贤注引《汉官仪》:光禄举敦厚、质朴、逊让、节俭四行。

④ 清诏使,东汉官名,奉皇帝旨意,到地方调查处理事件。

⑤ 厌塞众议,使大家心服,提不出不同意见。厌,通"餍",满足。塞,堵塞。

⑥ 陈蕃,字仲举,汝南平舆(今属河南)人,当时士大夫清流中的代表。桓帝时,任太尉。灵帝时,为太傅,谋诛宦官,事败被杀。

⑦ "滂执"四句,范滂按公仪拜见陈蕃,本以为陈蕃会以贤士待己,不会拘于上下级礼仪。而陈蕃却接受了范滂的礼拜,范滂心怀不满,弃官而去。公仪,属下官员参见上司的礼仪。诣,拜见。止,阻止。版,拜见上司时所持之笏版。

⑧ 郭林宗,郭太,又作郭泰,字林宗。太原界休(今山西介休县)人,当时清流领袖人物,不应官府征召,好奖拔士人。让,责怪。格,规范。去就,犹"出处",即做官或去官。古人认为决定去官或就官表现着一位士人的品行。不优之议,不好的评论。

⑨ 黄琼,字世英,江夏安陆(今属湖北)人,官至太尉。辟,聘任。

⑩ 三府,三公太尉、司徒、司空的衙门。掾(yuàn)属,属僚,下属官员。举谣言,采集反映民情的歌谣言论。

⑪ 奏,弹劾。二千石,指俸禄为二千石的官员。

⑫ 叨秽,贪赃。简札,用作书写材料的竹简和木。

⑬ 间以,加以,又因。会日,三公会议的日子。审,核实。

滂睹时方艰，知意不行，因投劾①去。太守宗资先闻其名，请署功曹②，委任政事。滂在职，严整疾恶。其有行违孝悌，不轨仁义者，皆扫迹斥逐，不与共朝。显荐异节，抽拔幽陋。③ 滂外甥西平李颂，公族子孙，而为乡曲所弃，中常侍唐衡以颂请资④，资用为吏。滂以非其人，寝⑤而不召。资迁怒，捶书佐⑥朱零。零仰曰："范滂清裁⑦，犹以利刃齿腐朽。今日宁受笞死，而滂不可违。"资乃止。郡中中人以下，莫不归怨，乃指滂之所用以为"范党"。

后牢脩诬言钩党，滂坐系黄门北寺狱。⑧ 狱吏谓曰："凡坐系皆祭皋陶⑨。"滂曰："皋陶贤者，古之直臣。知滂无罪，将理之于帝；如其有罪，祭之何益！"众人由此亦止。狱吏将加掠考，滂以同囚多婴病，乃请先就格，遂与同郡袁忠争受楚毒。⑩ 桓帝使中常侍王甫以次辨诘，滂等皆三木囊头，暴于阶下，⑪余人在前，或对或否，滂、忠于后越次而进⑫。王甫诘曰："君为人臣，不惟忠国，而共造部党⑬，自相褒举，评论朝廷，虚构无端，诸所谋结，并欲何为？皆以情对，不得隐饰。"滂对曰："臣闻仲尼之言，'见善如不及，见恶如探汤'⑭。欲使善善同其清，恶恶同其污，⑮谓王政之所愿闻，不悟更以为党。"甫曰："卿更相拔举，迭为唇齿，有不合者，见则排斥，其意如何？"滂乃慷慨仰天曰："古之循善⑯，自求多福；今之循善，身陷大戮。身死之日，愿埋滂于首阳山侧，上

---

① 投劾(hé)，呈递弹劾自己的状文。此为古代弃官的一种方式。

② 请署功曹，请来委以功曹之任。署，委任。功曹，官名，郡守的属僚。

③ 显荐异节，表彰举荐有非常节操的人。显，表彰。抽拔，提拔。幽陋，隐姓埋名者和地位低下者。指因卑微而被埋没的人才。

④ 中常侍，宦官名，主管宫中事务。以颂请资，把李颂请托给宗资，安排职位。

⑤ 寝，废止。

⑥ 书佐，属官名，掌文书。

⑦ 清裁，公正的裁决。

⑧ 牢脩诬言钩党，据《后汉书·党锢列传序》，李膺做河南尹时，杀巫师张成之子。张成衔恨，其弟子牢修因上书诬告李膺结党对抗朝廷。皇帝震怒，捕李膺等二百余党人。钩党，相互连结成朋党。钩，牵引，连结。坐，获罪。系，关押。黄门北寺狱：黄门北寺控制下的监狱，当时由宦官主管。黄门，汉代官名。寺，官署。

⑨ 皋陶，传说为尧时的执法官。

⑩ 掠考，拷打。掠，打。考，通"拷"。婴病，得病。就格，受拷打。楚毒，指酷刑。

⑪ 三木，指加在颈、手、足上的三种木制刑具。囊头，以囊蒙头。暴，凌辱。此指被辱。

⑫ 越次而进，超越囚犯队伍，走到前面。

⑬ 部党，朋党，徒党。

⑭ "见善……"，见到善事便争着去做，好像担心追不上别人一样；见到恶事，便马上躲避，好像手碰到了沸水一样。原文见《论语·季氏》。

⑮ 善善、恶恶，都作名词用，犹言每一善事、每一恶事。清，与下文"污"相对，形容善如同清澈之水洁净美好。

⑯ 循善，遵循善道，做善事。

不负皇天,下不愧夷、齐。"①甫愍然为之改容。乃得并解桎梏。

滂后事释,南归。始发京师,汝南、南阳士大夫迎之者数千两②。同囚乡人殷陶、黄穆③,亦免俱归,并卫侍于滂,应对宾客。滂顾谓陶等曰:"今子相随,是重吾祸也。"遂遁还乡里。

初,滂等系狱,尚书霍谞④理之。及得免,到京师,往候谞而不为谢。或有让滂者。对曰:"昔叔向婴罪,祁奚救之,未闻羊舌有谢恩之辞,祁老有自伐之色。"⑤竟无所言。

建宁二年,遂大诛党人,诏下急捕滂等。督邮吴导至县,抱诏书,闭传舍,⑥伏床而泣。滂闻之,曰:"必为我也。"即自诣狱。县令郭揖大惊,出解印绶,引与俱亡。⑦曰:"天下大矣,子何为在此?"滂曰:"滂死则祸塞,何敢以罪累君,又令老母流离乎!"其母就与之诀。滂白母曰:"仲博孝敬,足以供养,滂从龙舒君归黄泉,存亡各得其所。⑧惟大人割不忍之恩,勿增感戚。"母曰:"汝今得与李、杜齐名,⑨死亦何恨!既有令名,复求寿考,可兼得乎?"滂跪受教,再拜而辞。顾谓其子曰:"吾欲使汝为恶,则恶不可为;使汝为善,则我不为恶。"行路闻之,莫不流涕。时年三十三。

论曰:李膺振拔污险之中,蕴义生风,⑩以鼓动流俗,激素行以耻威权,立廉尚以振贵埶,⑪使天下之士奋迅感概,波荡而从之,幽深牢破室族而不顾,⑫至于子伏其死

---

①　首阳山,在今山西永济县南,相传商代伯夷、叔齐不食周粟,在此饿死。此句意谓自己愿同伯夷、叔齐一样守死善道,决不变心。

②　两,通"辆",指车。

③　殷陶,字仲才。黄穆,字子敬。殷有贤名,黄被举为孝廉时,甘愿让给殷。他们与范滂一起被诬陷下狱。

④　霍谞(xū),字叔智,郡□□河北临漳县人。曾任尚书仆射,后官少府廷尉。范滂下狱时,曾上表为滂辩解。《后汉书》有传。

⑤　"昔叔向"四句,《左传·襄公二十一年》载,叔向因受弟弟羊舌虎牵连,在一次党乱中被囚。祁奚请人替他在国君面前开脱,乃得以释放。祁奚"不见叔向而归,叔向亦不告免焉而朝"。杜预注:"不告谢之,明不为己。"叔向,春秋时晋国大夫,复姓羊舌。婴罪,获罪。自伐,自夸。

⑥　督邮,郡守属官,主管督察、狱讼、捕亡等事。传舍,驿舍,供传递政府文书者休息的地方。

⑦　引,自愿承当罪责。亡,逃亡。

⑧　仲博,范滂之弟。龙舒君,范滂之父范显,曾为龙舒侯相,时已故。龙舒,汉代侯国名。

⑨　李,指李膺,字元礼,颍川襄城(今属河南)人,当时士大夫清流中的代表。桓帝时,任司徒校尉。灵帝时,与陈蕃等谋诛宦官,事败,下狱死。杜,指杜密,字周甫,颍川阳城(今河南登封市)人。桓帝时官至太仆。与李膺齐名,并称"李杜"。灵帝时,因党事被征,自杀。

⑩　振拔污险之中,从污浊险恶的社会中奋然自拔。蕴义,蕴蓄道义。生风,比喻产生令人敬畏的声势或气派。

⑪　激素行,激励高尚纯洁的品行。耻威权,使有威权的人产生廉耻之心。立廉尚,树立清正廉明的风尚。振贵埶,使势位高贵的人受到震动。埶,同"势"。概,通"慨"。

⑫　幽,囚禁。破室族,使自己的家族破败。

而母欢其义。壮矣哉！子曰："道之将废也与？ 命也！"①

📖 作者简介

　　范晔（398—445），字蔚宗，南朝宋顺阳（今河南淅川）人，出生于世家大族。高祖范晷为西晋雍州刺史，加左将军。曾祖范汪官至东晋安北将军，徐、兖二州刺史，晋爵武兴县侯。祖父范宁先后出任临淮太守、豫章太守。父范泰先后任中书侍郎、南郡太守、尚书常侍兼司空等职，入宋后，官拜金紫光禄大夫加散骑常侍等。不仅官高位重，而且世代书香，父祖数辈，都是当时著名学者，著作传世。范晔天资聪慧，"少好学，博涉经史，善为文章，能隶书，晓音律"（《宋书·范晔传》），多才多艺，早负盛名。历任宋公相国掾、彭城王府参军、荆州别驾从事史、秘书丞、尚书吏部郎等职，仕途颇顺。范晔卓尔不群、恃才傲物、不拘小节。元嘉九年（432），彭城王刘义康生母彭城太妃薨。治丧期间，范晔夜饮酒酣，竟听挽歌为乐。刘义康大怒，贬范晔为宣城太守。此后数年不得志，开始《后汉书》的撰写。后逐次升至左卫将军、太子詹事。元嘉二十一年（444）以谋立刘义康为帝的罪名被杀，成了皇族之间矛盾倾轧的牺牲品。时年47岁。

📖 作品要览

　　范晔一生著述颇丰，但流传至今的只有《后汉书》这部历史名著。《后汉书》与《史记》、《汉书》和《三国志》合称"前四史"。所记史事，上自东汉光武帝建武元年（25），下至汉献帝建安二十五年（220），凡195年。

　　《后汉书》的体例大致沿袭《史记》、《汉书》。范晔撰写了纪十卷、列传八十卷和部分志，尚未写完而遭不幸。已写的部分志在他死后也散失了。后人将晋代司马彪《续汉书》的志三十卷抽出，补在《后汉书》里，"以全范史"。二书仍各自单独刊印。直到北宋年间，才将其合印，成为我们现在看到的《后汉书》。

　　范晔所处的时代，中国的"史学"开始以独立的学科面貌出现，历史研究颇受重视。范晔勤奋好学，功底厚实，史识深刻，善于吸取前人经验，敢于突破创新，所撰《后汉书》博采众长，精炼周密，文采横溢，见解深刻，成为富有鲜明特点的史学巨著。

　　范晔极其看重自己的这部著作。他在《狱中与诸甥侄书》中提及《后汉书》的写作，自诩"笔势放纵，实天下之奇作"。此言虽有狂傲之嫌，却也几近事实。范晔《后汉书》最突出的特点，就是体现了他"欲因事就卷内发论，以正一代得失"（《狱中与诸甥侄书》）的史学见识和治史思想，最早提出了编纂历史为政治服务的观点。这就超越了司马迁等人有关"天人之际"的虚幻理念，是史学指导思想上的一大进步。在这治史理念指导下，《后汉书》爱憎分明，对史实的记述贯注了褒善贬恶的感情倾向；并在序、论、赞中，议论风生，直抒胸臆，讴歌正义，鞭挞丑恶。

　　据前人统计，在范晔前后，共有十八部关于后汉的史书。范晔的《后汉书》出后，其他各

---

　　①　"道之"二句，见《论语·宪问》。

家便逐渐失传了。范书成了研究记录东汉历史仅存的一部正史,其价值和重要性是不言而喻的。

《范滂传》选自《后汉书·党锢列传》。东汉末年,政治黑暗,宦官与外戚交替专权,垄断仕进之路,甚至公开卖官鬻爵。一批士大夫愤怒而起,批评朝政,抨击宦官。宦官诬陷他们结党对抗朝廷,加以禁锢。在汉灵帝建宁二年(169)的党锢之祸中,党人李膺、范滂等百余人死于狱中,其他死徙废禁者六七百人。本文叙写范滂一生慨言直行,表彰其处污浊险恶而能振拔自立、激世励俗的非凡志节。

该传文风跌宕清峻,悲壮激越,用热烈深切的笔触,赞颂讴歌范滂等“党人”的正直高尚、英毅勇烈,以此警醒当世,激励和教育来者。千百年来,《范滂传》等优秀章节,脍炙人口;范滂等人的高风亮节流芳百世,成为各朝各代仁人志士的楷模榜样。例如,《宋史·苏轼传》载,苏轼“生十年,父洵游学四方,母程氏亲授以书,闻古今成败,辄能语其要。程氏读东汉《范滂传》,慨然太息,轼请曰:‘轼若为滂,母许之否乎?’程氏曰:“汝能为滂,吾顾不能为滂母邪?”在历经打击而坚守正道的苏轼身上,我们不难看到范滂的精神。又如与苏轼有师友之谊的黄庭坚,在绍圣、崇宁年间,被列为元祐党人而饱受权贵排挤迫害,屡遭贬斥,远窜荒服。徽宗初年,羁管宜州。在此期间,友人请书法闻名当世的黄庭坚留下墨迹。黄庭坚应允后,沉思片刻,挥毫疾书,一气呵成,默写出一千一百一十多字的《范滂传》(全篇仅误差二字)。黄庭坚所书《范滂传》,用笔紧峭圆通,瘦而不枯,点画圆满周到,顿挫而行,擒纵得当,骨肉丰均,结体筋脉舒展,变化多端,是中国书法领域中的瑰宝和珍品。可以说,黄庭坚始终以范滂的精神鼓励自己坚持操守,所谓“秉不凋之节,奉以始终(《与王子飞》)”。黄庭坚最终死于宜州贬所。

📖 **阅读提示**

1. 用简洁的语言概述范滂的事迹,并概括范滂的精神。

2. 你印象最深或感触最深的是本文哪些地方?

3. 前面介绍说,爱憎分明是《后汉书》的特点,本传中在哪些地方有所体现? 是怎样体现的?

4. 有无疑问、不解之处? 看看能否在本传中找到答案。如果仍感困难,再试试能否通过阅读《后汉书》及其他有关文献中来解决。

5. 范滂临行前“顾谓其子”的一段话,有人称之为“范滂式的疑问”,你怎么看?

6. 捕捉并记录自己关于本传的看法,哪怕是零碎片段或尚不成熟的,有兴趣的话,可以进一步整理分析,充实完善。

7. 倾听别人的看法意见,参阅其他相关资料,交流、思考。

8. 本传是文言文,语词的古今异同、对典章制度的不了解等问题,都会给阅读带来一定的困难。看注释、查工具书,可能会迅速消磨掉你的耐心和阅读兴趣。这里有两点忠告,看看是否对你有所帮助:一是,企图只靠浏览就读通此类文章是不容易的,但拘泥于语词注解确实会破坏阅读节奏;可以试试先通读全文,获得大致的总体印象,再解决语词、典章、典故等障碍,然后再细读文章,如此反复数次,当会在一定程度上独立地读懂文章。二是,阅读这篇文章所作的努力也许很辛苦,但其成绩和效果是会累积而质变的;只要不浅尝辄止、半途而废,你很快就会跨过这道语言门槛,顺利地进入阅读古籍的胜境。

推荐书目

①《史记》(司马迁,中华书局,1978) ②《汉书》(班固,中华书局,2007) ③《三国志》(陈寿,中华书局,1982) ④《新五代史》(欧阳修,中华书局,1974) ⑤《资治通鉴》(司马光,中华书局,2009) ⑥《中国通史》(十二册)(范文澜 蔡美彪等,人民出版社,2009) ⑦《中国通史》(十二卷)(白寿彝,上海人民出版社,2000) ⑧《中国史纲要》(翦伯赞,北京大学出版社,2006) ⑨《简明清史》(戴逸,人民出版社,2004) ⑩《剑桥中华人民共和国史》(费正清等,上海人民出版社,1990)。

在斯大林格勒的惨败*

[美]威廉·L.夏伊勒

11月19日黎明,俄国军队在大风雪中向顿河展开了猛烈反攻。几小时以后,消息传到伯希特斯加登,这时希特勒和最高统帅部的主要将领们正在阿尔卑斯山上胜地流连忘返。最高统帅部虽然也曾料到苏军可能在顿河地区发动进攻,但并不认为有什么大了不起,非得要希特勒于11月8日晚在慕尼黑向他的老党员同志发表了他的出名的啤酒馆演说之后,同他的主要军事顾问凯特尔和约德尔赶回东普鲁士大本营不可。因此,他们仍然在上萨尔斯堡享受山间的清新空气。

留在腊斯登堡的新任陆军参谋总长蔡茨勒将军打来的加急电话,突然打断了他们的宁静生活。蔡茨勒得到了最高统帅部的大事日记中所称的"紧急消息"。进攻开始的最初几小时中,占压倒优势的一支俄国装甲部队,在斯大林格勒西北的顿河沿岸,在谢腊菲莫维奇和克列茨卡亚之间,全面突破罗马尼亚第三军团的阵线。在这个被围城市斯大林格勒的南面,另一支强大的苏联部队正在猛攻德国第四装甲军团和罗马尼亚第四军团,眼看就要突破他们的阵线了。

只要看一看地图,便可明显看出俄国的目标所在。蔡茨勒对此更是一清二楚,因为他从陆军情报部门获悉,敌人为了达到这个目标,在斯大林格勒南面集中了13个军团,几千辆坦克。俄国人显然正以大量兵力从南北两面夹击,企图切断斯大林格勒德军的退路,逼迫德国第六军团不是仓皇向西撤退,就是束手就擒。蔡茨勒后来争辩说,他一看到这种形势,便建议希特勒同意第六军团从斯大林格勒撤退到顿河河曲一带,恢复被突破了的阵线。这么一个建议竟惹得元首大发了一顿脾气。

"我决不离开伏尔加!我决不从伏尔加后退!"他大声叫喊。事情就这样定了。他一时发疯作出的这个决定,很快就带来了灾难。他亲自下令第六军团坚守斯大林格勒周围阵地。

希特勒及其随行人员于11月22日回到大本营,这天已是苏军发动进攻的第4天,前方传来的消息很坏。南北两面的苏军已在斯大林格勒西面40英里顿河河曲上的卡拉赫会师。当晚,第六军团司令保罗斯将军发来一份无线电报,证实他的部队已被包围。希特勒立即回电,指示保罗斯把他的司令部迁入城内,布置固守,部队解围前的给养将由空运解决。

---

* 节选自《第三帝国的兴亡——纳粹德国史》([美]威廉·L.夏伊勒著,董乐山等译,世界知识出版社,2005)第26章。

　　但是这话等于白说。现在在斯大林格勒被切断了退路的德军共达 20 个师,还有罗马尼亚两个师。按照保罗斯来电要求,每天空运的军需物资至少须 750 吨。德国空军缺少足够的运输机,远不能满足这种要求。即使有足够运输机,在这样风雪交加的天气中,在苏联战斗机已占空中优势的地区,也并不是全都能完成任务的。虽然如此,戈林仍对希特勒保证,空军可以担负这项工作。可是始终没有开始这样做。

　　为第六军团解围是比空投更为切实可行和有希望的办法。

　　11 月 25 日,希特勒把最有天才的战地指挥官冯·曼施坦因元帅从列宁格勒前线调回来,委派他担任新建的顿河集团军司令。他的任务是从斯大林格勒西南向前推进,为第六军团解围。

　　但是元首现在对这位新任司令官的要求,简直是办不到的。曼施坦因竭力向他解释,唯一的成功的机会在于第六军团从斯大林格勒向西突围,另一方面曼施坦因自己的部队以第四装甲军团为前锋,向东北进攻,夹击处于这两支德军之间的俄军。但是希特勒仍然不同意从伏尔加河撤退。第六军团必须留在斯大林格勒,而曼施坦因必须杀开一条血路,打到斯大林格勒。

　　正如曼施坦因跟最高统帅争辩时所说,这种做法是行不通的。俄国人的力量太强了。尽管如此,曼施坦因还是不得不怀着沉重的心情,于 12 月 12 日发动了进攻。这次进攻称作"冬风计划",倒是名副其实,因为这时俄国的严冬的寒风已猛袭南部草原,积雪成堆,气温降到零下。反攻起初颇为得手。霍特将军所率的第四装甲军团,沿科切耳尼科夫斯基到斯大林格勒的铁路线两旁,向东北推进到离斯大林格勒约有 75 英里的地方。到 12 月 19 日,该军离斯大林格勒南郊已不到 40 英里。21 日,离城已不到 30 英里。夜晚时分,被围的第六军团部队已能看到在大雪覆盖的草原的那一边,来救他们的援兵所发的信号弹了。

　　据德国将领们后来所作的证词,第六军团这时如果从斯大林格勒向第四装甲军团的前进阵地突围,可以说肯定会获得成功。可是希特勒又一次禁止第六军团突围。12 月 21 日,由于蔡茨勒的坚持,领袖总算同意保罗斯的部队突围,但以他们也能同时守住斯大林格勒为条件。参谋总长说,这种愚蠢的想法差不多把他气疯了。

　　"第二天晚上,"蔡茨勒后来说,"我请求希特勒批准突围。我指出,这肯定是我们解救保罗斯 20 万大军的最后机会了。"

　　希特勒一点也不肯让步。我把我们这个所谓堡垒的内部情况告诉他。士兵们饥饿沮丧,对最高统帅部失去信心,伤员得不到适当照顾而奄奄一息,还有成千人在冻死。但这也没有效果。对我所说的这些活,同对我过去所提的其他论点一样,他仍然无动于衷。

　　霍特将军在正面和两翼遭到俄国人日益坚强的抵抗,再也无力越过这最后 30 英里,打到斯大林格勒。他认为,如果第六军团突围,他还是能够同它会师,然后两支部队便可以一起撤退到科切耳尼科夫斯基。这至少能挽救 20 万德军的生命。这在一两天内——12 月 21 日至 23 日——进行，也许能获得成功，但如果再晚的话，便无济于事了。因为红军这时已在更北面的地方开始进攻，威胁着曼施坦因的整个顿河集团军的左翼，这是霍特所不知道的。12 月 22 日夜间，曼施坦因打电话给霍特，要他准备按照即将颁发的完全不同的新命令行事。第二天，新命令发下来了。命令要求霍特应即停止向斯大林格勒推进，派遣他所率的 3 个装甲师中的一个师到北面的顿河前线，他自己则率其余部队就地死守。

为斯大林格勒解围的努力失败了。

曼施坦因之所以给霍特发来这项新命令，是因为他在 12 月 17 日得到一个紧急的消息。这天早晨，一支苏联军队在顿河上游地区的博古查尔突破了意大利第八军团的防线，入晚，已打开一道 27 英里宽的缺口。3 天以后，缺口扩大到 90 英里，意大利部队仓皇溃逃。南边的罗马尼亚第三军团，在 11 月 19 日苏军发动攻势的第一天就已挨了严重的打击，现在正在瓦解。因此无怪乎曼施坦因必须调出霍特的一部分装甲部队来协助堵住这个缺口。于是一连串的连锁反应发生了。

不仅顿河方面的部队向后撤退，已经进到离斯大林格勒这样近的霍特的部队也后撤了。这些撤退又转过来使高加索方面的德军受到威胁。一旦俄国人打到亚速夫海附近的罗斯托夫，高加索方面的德军将被切断。圣诞节后一两天，蔡茨勒向希特勒指出："如果你再不下令立即撤出高加索，我们就要碰到第二个斯大林格勒了。"最高统帅这才勉强于 12 月 29 日给克莱施特的 A 集团军下了必要的指示。A 集团军系由第一装甲军团和第十七军团组成，它们没有完成夺取盛产石油的格罗兹尼油田的任务。现在这支部队也在目标在望时开始大踏步后撤了。

德军在俄国受到的挫折和德、意军队在北非受到的挫折，促使墨索里尼转起念头来。希特勒曾经邀请他了 12 月中旬到萨尔斯堡会谈。当时墨索里尼正患胃病，饮食受到严格限制。他接受了邀请，但对齐亚诺说，要去的话得有一个条件，即让他单独进餐，"因为他不愿意让一帮狼吞虎咽的德国人看到他不得只吃大米和牛奶"。

墨索里尼认为，现在已经到了这样的时候：可以劝说希特勒为了避免在东线继续受到损失，与斯大林达成某种妥协，集中轴心国家的力量用于防卫北非残余地区、巴尔干和西欧。他对齐亚诺说，"1943 年将是英美作出努力的一年"。希特勒由于离不开东线的大本营，不能同墨索里尼会晤，因此齐亚诺便代表墨索里尼经过长途跋涉，于 12 月 18 日到达腊斯登堡来，把墨索里尼的建议转达给希特勒。希特勒对这些建议嗤之以鼻。他向意大利外交大臣保证，他可以向北非派出增援部队而毫不削弱俄国前线的力量，他说北非是一定要守住的。尽管希特勒作出这些信心十足的保证，齐亚诺却发现德国大本营中的士气十分低沉。

气氛是沉重的。除了消息不妙,也许还要加上潮湿不堪的森林中的凄凉景象和集体住在兵营中的沉闷生活……俄国前线被突破的消息给人们带来满腹忧愁,谁也不想对我隐瞒这种情绪。有人公然企图把失败归罪于我们。

这时,顿河一带的意大利第八军团残部正在四散逃命。齐亚诺的一个随员向最高统帅部一名军官问道,意大利部队是否遭到了重大损失,回答是:"根本没有损失,他们都拔腿溜了。"

高加索和顿河地区的德国部队,如果不说是在拔腿溜的话,也可说是在尽快脱身以免被切断。1943 年新年以后,他们天天后撤,越撤离斯大林格勒越远。现在是俄军消灭斯大林格勒的德军的时候了。但是他们首先给第六军团已处绝境的士兵一个保全生命的机会。

1943 年 1 月 8 日早晨,3 名红军青年军官带着一面白旗,进入斯大林格勒北部的德军防线,把苏军顿河前线司令罗科索夫斯基将军的一份最后通牒送交保罗斯将军。最后通牒提醒保罗斯,他的部队已被切断,解围无望,空中接济也不能保持了,然后说道:

你军已陷入绝境。你们饥寒交迫、疾病丛生,俄罗斯的寒冬还只刚刚开始。严霜、寒流、暴风雪还在后头。你的士兵缺少冬衣,卫生条件又差到极点……你们的处境已一无希望,继续抵抗下去实在毫无意义。

有鉴于此,并为了避免无谓的流血牺牲,兹建议你们接受下列投降条件……

这些条件是体面的。所有被俘人员一概发给"通常标准的口粮"。伤病员和冻伤人员将得到医治。所有被俘人员可以保留他们的军阶领章、勋章和个人财物。通牒要求保罗斯于 24 小时之内答复。

他立即将最后通牒的全文以电报发给希特勒、并要求准予便宜行事。最高统帅立即驳回了他的请求。要求投降的期满之后,又过了 24 小时,即 1 月 10 日早晨,俄国以 5 000 门大炮狂轰猛炸,展开了斯大林格勒战役的最后阶段。

这一仗打得激烈而残酷。在瓦砾成堆、遍地冰冻的城内废墟上,双方都以令人难以置信的英勇,不顾一切地进行战斗。但是战斗并没有持续多久。6 天之中,德军的袋形阵地已缩小了一半,只剩下 15 英里长、9 英里宽的一块地方。1 月 24 日,阵地又给一劈为二,最后一条小型的临时跑道也失去了。过去,飞机还运来些供应品(特别是治疗伤病员的药品),并运走了 29 000 名伤病员,现在再也不能降落了。

俄国方面再给他们这些勇敢的敌人一次投降的机会。1 月 24 日,苏联的使者带着一份新的建议来到德军阵地。保罗斯又一次感到左右为难:是向疯狂的元首尽服从的天责,还是尽责挽救残部使之免于灭亡,实在拿不定主意。他又向希特勒请示。

(他于 24 日去电)部队弹尽粮绝已无法进行有效的指挥……伤员 18 000 人,无衣无食也无药品绷带……继续抵抗下去已无意义。崩溃在所难免。部队请求立即允予投降,以挽救残部生命。

希特勒的答复至今保存着。

不许投降。第六军团必须死守阵地,直至最后一兵一卒一枪一弹。他们的英勇坚持对建立一条防线和拯救西方世界将是永志难忘的贡献。

西方世界! 不久以前,第六军团的官兵刚刚在法国和弗兰德对这个世界动过干戈。这对他们说来,真是哑子吃黄连。

继续抵抗不仅无意义、无用处,而且是办不到的事。1943 年 1 月底,这一场史诗性的战役已近尾声,像一支点完了的蜡烛,就要劈啪几声油干火灭了。1 月 28 日,这一支曾经喧赫一时的军队的残兵余卒被分割在 3 小块袋形阵地之中,保罗斯将军的司令部在南面的一块,设在当初生意鼎盛、如今已成一片废墟的"万有"百货公司的地下室里。据一个目击者说,总司令坐在黑暗角落里的行军床上,样子万分颓丧。

向他们祝贺的无线电报开始如雪片涌来,保罗斯和他的部下根本没有心情欣赏这些。戈林曾在阳光充足的意大利消磨了大半个冬天,手上摆弄着珠宝,身上穿着皮大衣,到处大摇大摆。现在,在 1 月 28 日,他也打了一个电报来:

第六军团的英勇奋战将名垂青史,后世子孙将会骄傲地谈起兰吉马克战役的大胆,阿耳卡萨尔战役的顽强,纳尔维克战役的勇敢和斯大林格勒战役的自我牺牲精神。

1943 年 1 月 30 日是纳粹党执政十周年,当晚,这位脑满肠肥的帝国元帅在无线电里大吹大擂。第六军团的将士们在这最后的一晚听了,也丝毫不感到欢欣鼓舞。

千年之后,德国人将怀着敬畏心情谈起这次战役(斯大林格勒战役)。他们将会记得,德国之所以取得最后胜利虽有种种原因,但是起决定性作用的是这一仗……将来人们将会这样谈起伏尔加河上的英雄战役:你们到德国来的时候,别忘了说一声,你们已经看到我们长眠在斯大林格勒。为了德国的更大光荣,我们的荣誉和我们的领袖们要求我们必须这样做。

第六军团的光荣和可怕的痛苦现在都快要结束了。1 月 30 日,保罗斯电告希特勒:"最后崩溃不出 24 小时之内。"

最高统帅得到这个信息,赶忙对斯大林格勒的那些死在眼前的军官们封官晋爵,显然希望这种恩典能加强他们光荣殉职的决心。希特勒对约德尔说,"在德军历史上,从来没有一个陆军元帅是被生俘的",随即给保罗斯发去一份电报,授予他令人羡慕的元帅节杖。

117 名军官也各升一级。这真是骷髅卖俏的把戏。

结局本身已经没有什么精彩场面了。1 月 31 日晚,保罗斯向总部发出最后一份电报。

第六军团忠实于自己的誓言并认识到自己所负的极为重大的使命,为了元首和祖国,已坚守自己岗位,打到最后一兵一卒、一枪一弹。

下午 7 点 45 分,第六军团司令部的发报员自己决定发出了最后一份电报:"俄国人已到了我们地下室的门口。他们正在捣毁器材。"最后写上"CL"——这是国际无线电码,表示"本台停止发报"。

在第六军团司令部并没有发生最后一分钟的战斗。保罗斯和他的参谋部并没有坚持到最后一兵一卒。总司令的地下室的黑黝黝的洞口,有一名俄国下级军官率领一班士兵来探头伸脑窥看。俄国人叫里面的人投降,第六军团的参谋长施密特将军接受了要求。保罗斯瘫软无力地坐在行军床上。施密特问他:"请问陆军元帅,还有什么话要说吗?"——保罗斯连吭一声的力气都没有了。

北面的一个德军袋形阵地中是 2 个装甲师和 4 个步兵师的全部残兵余卒,坚守在一座拖拉机工厂的废墟中。2 月 1 日夜间,部队接到希特勒总部发来的一个电报。

德国人民期望你们与守卫南面堡垒的部队一样,履行你们的职责,你们继续多坚持一天、多坚持一小时,都有利于建立一条新的战线。

2 月 2 日快到中午时分,这支部队投降了。投降之前给最高统帅发去一份电报:"已对占压倒优势的敌人战到最后一人。德国万岁!"

冰雪满地、血肉模糊的屠场似的战地,终于沉寂下来了。2 月 2 日下午 2 点 46 分,一架德国侦察机在城市高空飞过,发回电报说:"斯大林格勒已无战斗迹象。"

这时,91 000 名德军(其中包括 24 名将军),正在冰雪途中一步一拐地走向寒冷凄凉的西伯利亚战俘营。这批战俘都是饥肠辘辘,身患冻伤,大部分还负了弹伤,人入迷茫颓丧。他们抓紧了裹在头上的满是血污的毛毯,以抵御零下 24 度的严寒。两个月以前,这一支远征部队共有 285 000 人,现在除了 20 000 名左右罗马尼亚部队和 29 000 名伤员已空运回国外,残存的就尽在于此了。其余人员已全部战死。而在这年冬天正向战俘营作艰苦行军的这 91 000 人中,也只有 5 000 人有幸能回到祖国。

这时,希特勒在东普鲁士的暖气烧得热呼呼的大本营里,正在责骂进攻斯大林格勒的将领们不懂得如何和何时杀身成仁。其实,该对这次巨大灾难负责的正是希特勒自己的固执和愚蠢。

2 月 1 日,希特勒和他的将领们在最高统帅部举行会议。会议的记录尚在,它有助于我们了解这位德国独裁者在他一生中的最困难时刻,也是他的军队和国家的最困难时刻,所显示出来的性格。

他们已经在那儿投降了——正正式式、完完全全地投降了。他们本来应该团结一致,负隅顽抗,然后用最后一粒子弹自尽……那个人[保罗斯]应该举枪自戕,正像历来的司令官眼看大局已去便拔剑自刎一样……甚至瓦鲁斯①还对他的奴隶下命令说："现在杀死我吧！"

希特勒越说越对保罗斯的贪生怕死感到恨之入骨。

你们应该想象得到：他将被带到莫斯科——还可以想象到那里的陷阱。在那里，任何文件他都会签字。你们看吧，他会写自白书，发表声明。他们将从精神堕落的斜坡上一步步往下走，直到深渊的最底层……你们看吧，不出一个星期，赛德列兹、施密特甚至保罗斯就要上电台广播……他们将被送到留布兰卡，在那里将被老鼠啃掉。一个人怎会这样贪生怕死？我实在弄不明白……

生命是什么？生命就是民族。个人总是要死的。在个人生命之外，还有民族。任何人如果不是因为他的职责使他还离不开这个痛苦的现世，他怎么能害怕使自己从苦难中解脱出来的这一死亡的瞬间？不能！

……许多人已不得不牺牲自己的生命，而现在却有这样一个人、在最后时刻玷污了许许多多人的英名。他本该以一死而摆脱一切痛苦，升入永生不朽和民族长存的天国，但他却偏爱去莫斯科！……

就我个人说，使我最伤心的是，竟然提拔他这样的人当陆军元帅。我本来是想以此满足他最后欲望的。在这次战争中，我将不再任命陆军元帅了。小鸡还没孵出来，就不该先数有多少个。

希特勒和蔡茨勒将军接着就如何向德国人民公布投降消息的问题，简单地交换了意见。2月3日，即保罗斯等投降后的第3天，最高统帅部发布一项特别公报：

斯大林格勒战役已经结束。第六军在保罗斯陆军元帅的卓越领导下，忠实地履行了他们打到最后一息的誓言，为优势的敌人和不利于我军的条件所压倒。

德国广播电台在宣读这项公报时，先放送低沉的鼓声，宣读之后放送了贝多芬第五交响乐的第二乐章。希特勒宣布全国致哀4天。4天之内各地剧院、电影院和一切娱乐场所停止营业。

德国历史学家瓦尔特·戈立茨在他所写的关于参谋总部的一本历史书中认为，斯大林格勒战役"是第二个耶拿②，肯定是德国军队所曾遭到的最大的一次失败"。

还不仅如此。斯大林格勒战役与阿拉曼战役、英美在北非登陆合在一起，标志着第二次世界大战到了伟大的转折点。纳粹德国的征服达到高潮时，曾席卷大半个欧

①　瓦鲁斯是罗马帝国奥古斯都王朝的将军，负责指挥驻日耳曼的罗马军队。公元9年，日耳曼的凯鲁斯奇人部落爆发起义，瓦鲁斯率兵征讨，在条陶堡森林中了埋伏，部队全部被歼，瓦鲁斯自杀。——译者

②　耶拿，德国中东部城市，在萨勒河左岸。1806年俄普法战争期间，法国军队同普鲁士—萨克森军队在耶拿—奥厄施泰特两地同时进行了两个相互关联的战役。结果普军遭受遭毁灭性的失败。法军的胜利决定了封建普鲁士的彻底崩溃——编者

洲,打到离亚洲不远的伏尔加河,在非洲也几乎打到尼罗河,现在退潮已经开始,而且一退就再也不能回涨了。纳粹进行大规模闪电攻势,以成千上万的坦克和飞机打得敌人胆战心惊、溃不成军的时刻,现在也已告终了。当然,德军在局部地区还会作拼死的进攻,例如1943年春在哈尔科夫,1944年圣诞节前后在阿登。但这些进攻也只是以后两年、也是最后两年的战争中德军拼命进行的防御战的一部分。希特勒手中已失去了主动权,而且一失而不能再得了。现在他的敌人已夺走了主动权,而且紧紧地掌握住了主动权。这种主动权不只是在地面,而且还在空中。

1942年5月30日晚间,英国第一次以1000架飞机轰炸科隆,随后又在这多事的夏天对其他城市进行了更多的同样规模的轰炸。德国一般居民也开始和在斯大林格勒、阿拉曼的德国士兵一样,尝到了战争的恐怖。而在此以前,只有他们的军队把这种恐怖加在别国人民的头上。

纳粹的可怕的大迷梦,终于在冰天雪地的斯大林格勒,在酷热如焚的北非沙漠破灭了。保罗斯和隆美尔的失败不仅决定了第三帝国的灭亡命运,而且决定了希特勒和他的党卫队刽子手们一直忙于在占领区内建立的荒诞不经、令人毛骨悚然的所谓新秩序的灭亡命运。在本书最后一章写到第三帝国覆亡之前,我们最好先来看看这种新秩序——它的理论和它的野蛮的实践——是什么样子,看看欧洲这个古老而文明的大陆在像做了一场噩梦一般经历了新秩序的初步恐怖之后,好容易逃脱幸免的究竟是什么。不论对本书说来也好,对亲身经历过这种新秩序的或者在新秩序结束之前已遭屠杀的善良的欧洲人说来也好,这都是第三帝国全部历史中最黑暗的一章。

作者简介

威廉·夏伊勒(William L.Shirer)(1904—1993),出生于芝加哥,毕业于艾奥瓦的 Coe 学院并在那里获得名誉文学博士学位。1925年首次以一名报社记者的身份赴欧洲。此后,在将近半个世纪的时间里,他先后在法国、德国、奥地利、英国、意大利、印度和美国工作,先后受聘于《芝加哥论坛报》、纽约《先驱论坛报》(巴黎版)、环球通讯社和哥伦比亚广播公司,成为美国著名的驻外特派记者。1941年,他出版了颇有影响的《柏林日记》。从那时起,在其驻外记者和新闻评论员的经历之外,他又增加了一份历史学家的职业。在为哥伦比亚广播公司担任战地记者期间,报道了许多有关纳粹德国从柏林兴起到灭亡的经过。第二次世界大战结束后,他收集并阅读了大量的德国档案材料及其他各种文献,深入研究,潜心写作,于1959年出版了《第三帝国的兴亡——纳粹德国史》。该书立即轰动了整个世界。英国著名历史学家特雷弗·罗珀在《纽约时报》上称赞他是将"活着的证人能够与史实结为一体"的非凡杰出的历史学家。

夏伊勒还著有《柏林日记》(1941)、《第三共和国的崩溃》(1969)和关于欧洲政治、斯堪的纳维亚的著作,及三本小说。其中《第三共和国的崩溃:1940年法国沦陷之研究》"记述一个伟大的欧洲国家在以第二次世界大战为其高潮的那段岁月里的遭遇"(该书序);该书从另一侧面补充并完善了《第三帝国的兴亡——纳粹德国史》有关史实的叙述,被称作是后者的姐妹篇,也是一部当代历史的重要著作。

作品要览

《第三帝国的兴亡——纳粹德国史》(美)威廉·L.夏伊勒(William L.Shirer)著,中译本有由乐山等翻译,世界知识出版社出版。该书是颇具影响力的反映纳粹德国历史的著作。其作者搜集了极其丰富的资料,以其特有的生动、犀利的笔触,真实、精彩地记述了被希特勒称为"千秋帝国"(实际上只存在了 12 年零 4 个月)的第三帝国从兴起到覆灭的全部过程;同时描述了一个文明而有教养的民族是如何在 20 世纪中叶堕入野蛮状态的:他们甘愿舍弃自由,置人类生活中的一般行为准则于不顾,用极其粗暴残忍的手段对待其他国家和民族,而且居然对此漠然无动于衷。在短短的 12 年中,不可一世的第三帝国在人类历史上制造了惨绝人寰的灾难,留下了一段惊心动魄的历史。许多读者认为,该书比较客观、中肯、全面地叙述了希特勒的"成就"和罪行;尤其是较深刻地描述了希特勒思想如何一度主宰了德国人民的意识形态,揭示了这一发人深省的世界性的沉痛教训。该书文笔流畅生动,所记述的事件、人物、场景细致逼真,栩栩如生,读来有如身临其境,是现代历史作品中的的上乘之作。

阅读提示

1. 斯大林格勒会战,又称斯大林格勒战役,是第二次世界大战的主要转折点,也是人类历史上最为血腥和规模最人的战役之一。整个战役持续 199 天。由于战役规模太大,伤亡者人数始终无法得到准确统计。西方学者估计轴心国军队在这场战役中共伤亡 85 万人,其中 75 万人阵亡或受伤,9.1 万人被俘。而苏联方面的估计为消灭轴心国部队 150 万人。无论是哪种估计,德军在斯大林格勒战役中损失了东线南翼兵力四分之一的说法得到了大部分人的认同。斯大林格勒会战后,德军完全丧失了苏德战场的战略主动权,正如德国陆军总参谋长蔡茨勒将军所说的:"我们在斯大林格勒损失 25 万官兵,那就等于打断了我们在整个东线的脊梁骨。"本书主要从德军角度叙写战役经过。阅读时请注意,作者不仅客观记录了德军溃灭的事实,而且揭示了其必然败亡的原因,文中哪些描写对此有所体现?

2. 作者没有孤立地记述斯大林格勒战役,而是以更广阔的视野来审视此战,多视角地记叙了与此战役相关联的史实,以及所导致的一系列连锁反应。试试看,能否勾勒其视角框架?

3. 轴心国之间的各怀鬼胎、互不信任也是导致德国最终失败的因素之一。阅读时注意,本文是怎样将这方面的外交活动有机地融入本战役记叙的?

4. 本文的叙述语言生动、俏皮,不仅流畅、形象,而且深刻、传神。试举例说说。

5. 本文多次直接或间接地叙写希特勒的言行,尤其在战役的最关键时刻,其性格和形象活灵活现地呈现在读者面前。注意这类描写,并体会作者用意及效果。

6. 关于该战役的意义,不同的阵营、不同的立场,评价自然不同。战后德方观点认为,"斯大林格勒战役不配在历史上有这么高的地位。"但德方也承认,"斯大林格勒肯定是第二次世界大战的一个转折点,一个心理上和政治上的转折点。苏军在斯大林格勒的胜利极大地提高了他们的信心。相反地,德国的卫星国和中立国对希特勒的信心开始下降,墨索里尼尤为如此。……这一失败对德国民众的心理影响更为深远。尽管戈倍尔狂热地呼吁进行总体战,在斯大林格勒惨败后,那种把元首视为万无一失的天才而产生的那种神秘感和往往不可思议的信心开始消退了"[《第二次世界大战的决定性战役(德国观点)》,江苏人民出版社,1982]。你认为这种看法和选文中的观点有哪些异同之处? 有兴趣的话,可以围绕这一主题,阅读相关史料,看看能否形成自己的看法。

推荐书目

①《简明世界史》(北京大学历史系,人民出版社,1978) ②《世界通史》(崔连仲等,人民出版社,2008) ③《第二次世界大战史》(朱贵生,人民出版社,2005) ④《伯罗奔尼撒战争史》([古希腊]修昔底德,商务印书馆,2007) ⑤《路易·波拿巴的雾月十八日》(马克思,人民出版社,2001) ⑥《法国革命史》([法]乔治·勒费弗尔,商务印书馆,2010) ⑦《日本帝国的衰亡》([美]约翰·托兰,新华出版社,1994) ⑧《第三共和国的崩溃:1940年法国沦陷之研究》([美]威廉·L.夏伊勒,新星出版社,2010) ⑨《八月炮火》([美]塔奇曼,上海译文出版社,1981) ⑩《光荣与梦想:1932—1972年美国社会实录》([美]威廉·曼彻斯特,海南出版社,2006)

真理与实践

　　本单元所选三篇文章，同属"社会"领域，分别从经济活动、政治斗争和生存数量三个不同的角度研究论述社会问题，对社会产生了重大影响。

　　《资本论》是马克思最重要的著作。恩格斯曾这样评价马克思："马克思首先是一个战士。他采取各种方式参加推翻资本主义社会及其所建立的国家制度的事业，参加现代无产阶级的解放事业；他第一个使无产阶级意识到本身的地位和要求，意识到本身解放的条件。"正是在《资本论》里，马克思提出了剩余价值学说，揭示资本家剥削的秘密，吹响了唤起无产阶级解放"意识"的第一声号角。《资本论》也因此成了各国工人阶级的"圣经"。就连一些西方理论家也客观地承认，马克思以《资本论》的成就，证明了他是"无产者斗争的象征和领袖"。马克思主义的诞生是人类思想史上的伟大革命，《资本论》则是一座马克思主义理论丰碑。

　　马克思主义的传播对中国也产生了巨大影响。毛泽东思想就是马克思列宁主义普遍原理和中国革命具体实践相结合的产物。《中国革命和中国共产党》就是一个典型范例，由此可以一斑窥豹，看看毛泽东等中国共产党人是怎样创造性地运用马克思主义的立场、观点和方法，结合中国实际，分析研究中国社会性质、特点，制定方针策略，从而成功地领导了伟大的中国革命和建设的。《中国革命和中国共产党》节选自《毛泽东选集》。《毛泽东选集》集中体现了毛泽东思想，是我们学习毛泽东思想的基础，也是重要的理论读物。

　　阅读学习马克思、恩格斯、列宁和斯大林等革命导师的著作，相对困难些。因为国家、民族和文化的差异，历史、时代的距离等因素，可能会使我们感到陌生、深奥。为克服这些困难，我们建议：（一）不用孤立地阅读原著，而是应先阅读一些相关书籍，了解掌握一些背景知识，如《马克思传》《恩格斯传》《英国工人阶级的形成》《法国大革命史》、《苏联共产党（布）历史简要读本》等；（二）将马列原著相互关联、参照，系统地阅读，例如，阅读《资本论》，可做卡片、摘要等，便于和《英国工人阶级状况》（恩格斯）、《帝国主义是资本主义的最高阶段》（列宁）的阅读相对照，全面、发展地理解马克思主义原理；（三）与老师和同学讨论交流，相互启发，提高阅读学习的效率。

毛泽东著作的阅读学习，则利用和挖掘我们对本国历史和现状比较熟悉的优势，理论联系实际地深刻领会。我们也有三点建议：（一）多读、熟读中国各阶段的历史，以便真正理解毛泽东思想的重大现实意义和深远历史影响；（二）毛泽东思想是集体智慧的结晶，我们还广泛阅读其他革命前辈的著作，如刘少奇、周恩来、邓小平等人的著作，全面准确地学习毛泽东思想；（三）尤其要注意了解毛泽东等人是怎样将马列主义的普遍原理与中国革命具体实践相结合的。

马寅初的《新人口论》对中国现代社会具有重要的影响。《新人口论》因主张"提高人口质量，控制人口数量"而命途多舛，20世纪50年代发表后，即被视为谬论、毒草，受到极不公正的对待。马寅初本人和中国社会都付出了沉重的代价。数十年后才痛定思痛，承认了《新人口论》思想的科学性和真理性，必将其当作制定中国人口政策的主要指导思想，是指导中国全面推行计划生育的重要理论基础。《新人口论》离奇的遭遇给人几点启示：真理有时很简单，可是却往往历经磨难、无比艰辛；真理有时在少数人手里，然而少数不服从多数就难以自保；所以，真理有时是多难的，捍卫真理所付出的代价有时是十分沉痛的。

人口学亦属于社会学，因而具有很强的实证性和实践性。在阅读学习时，要注意了解和熟悉社会学的研究方法，否则就难以准确深刻地理解其观点和理论。社会学方法早期主要是理论研究和经验社会调查。随着社会及学科的发展，社会学方法也更加丰富多元，系统严谨。一方面，一些社会学家运用历史方法、哲学方法，以及尝试从现象学、语言学、语义哲学等学科中寻求更有效的分析手段或思想方法，对社会现象进行人文、本质的理论研究。另一方面，越来越多地借鉴、引进和运用自然科学方法，如心理学的实验法、人格测验方法、统计学方法、查数据分析方法、路径分析方法和计算机模拟方法等；实地调查技术的精密化，社会研究的数量化已经成为社会学方法的主流。这些既是我们阅读的难点，又是阅读的收获所在。

商品的两个因素：

使用价值和价值（价值实体，价值量）*

［德］马克思

资本主义生产方式占统治地位的社会的财富，表现为"庞大的商品堆积"，单个的商品表现为这种财富的元素形式。因此，我们的研究就从分析商品开始。

商品首先是一个外界的对象，一个靠自己的属性来满足人的某种需要的物。这种需要的性质如何，例如是由胃产生还是由幻想产生，是与问题无关的。这里的问题也不在于物怎样来满足人的需要，是作为生活资料即消费品来直接满足，还是作为生产资料来间接满足。

每一种有用物，如铁、纸等等，都可以从质和量两个角度来考察。每一种这样的物都是许多属性的总和，因此可以在不同的方面有用。发现这些不同的方面，从而发现物的多种使用方式，是历史的事情。为有用物的量找到社会尺度，也是这样。商品尺度之所以不同，部分是由于被计量的物的性质不同，部分是由于约定俗成。

物的有用性使物成为使用价值。但这种有用性不是悬在空中的。它决定于商品体的属性，离开了商品体就不存在。因此，商品体本身，例如铁、小麦、金刚石等等，就是使用价值，或财物。商品体的这种性质，同人取得它的使用属性所耗费的劳动的多少没有关系。在考察使用价值时，总是以它们有一定的量为前提，如几打表，几码布，几吨铁等等。商品的使用价值为商品学这门学科提供材料①。使用价值只是在使用或消费中得到实现。不论财富的社会形式如何，使用价值总是构成财富的物质内容。在我们所要考察的社会形式中，使用价值同时又是交换价值的物质承担者。

交换价值首先表现为一种使用价值同另一种使用价值相交换的量的关系或比例，这个比例随着时间和地点的不同而不断改变。因此，交换价值好像是一种偶然的、纯粹相对的东西，也就是说，商品固有的、内在的交换价值似乎是一个形容语的矛盾。现在我们进一步考察这个问题。

某种一定量的商品，例如一夸特小麦，同 x 量鞋油或 y 量绸缎或 z 量金等等交换，总之，按各种极不相同的比例同别的商品交换。因此，小麦有许多种交换价值，而不是只有一种。既然 x 量鞋油、y 量绸缎、z 量金等等都是一夸特小麦的交换价值，

---

* 节选自《资本论》第一卷《资本的生产过程》（《马克思恩格斯全集》23 卷，人民出版社，1972）第 1 章"商品"。本文删略了部分注释——编者

① 在资产阶级社会中，流行着一种法律上的假定，认为每个人作为商品的买者都具有百科全书般的商品知识。今天的消费者面临同样的问题。——著者

那末,x 量鞋油、y 量绸缎、z 量金等等就必定是能够互相代替的或同样大的交换价值。由此可见,第一,同一种商品的各种有效的交换价值表示一个等同的东西。第二,交换价值只能是可以与它相区别的某种内容的表现方式,"表现形式"。

我们再拿两种商品例如小麦和铁来说。不管二者的交换比例怎样,总是可以用一个等式来表示:一定量的小麦等于若干量的铁,如 1 夸特小麦＝α 唃铁。这个等式说明什么呢? 它说明在两种不同的物里面,即在 1 夸特小麦和 α 唃铁里面,有一种等量的共同的东西。因而这二者都等于第三种东西,后者本身既不是第一种物,也不是第二种物。这样,二者中的每一个只要是交换价值,就必定能化为这第三种东西。现代庸俗经济学用供求关系和效用来解释交换价值的形成。实际上供求关系和效用只能解释交换价值的随机部分,而不能解释交换价值内在的期望值。按现代庸俗经济学的解释,之所以 1 夸特小麦＝α 唃铁,是因为这两者带给交易者的边际效用是相同的。由于边际效用纯属个人的主观感受,因此,如果市场上都按上式进行交易,那就意味着所有的交易者的主观感受完全一致,用概率论的术语说,既然每个人的主观感觉是无限的或是可以无限细分的,因此,发生这种情况的概率为零,即它是几乎不可能的。于是,如果我们观察到某个市场上的交易都在或大多数都在按同一等式进行交换时,效用论要么破产,要么需要假定存在一个不以个人意志为转移的效用期望值,而分析这个期望值是如何存在的,就不得不回到劳动价值学说。

用一个简单的几何学例子就可以说明这一点。为了确定和比较各种直线形的面积,就把它们分成三角形,再把三角形化成与它的外形完全不同的表现——底乘高的一半。各种商品的交换价值也同样要化成一种共同东西,各自代表这种共同东西的多量或少量。

这种共同东西不可能是商品的几何的、物理的、化学的或其他的天然属性。商品的物体属性只是就它们使商品有用,从而使商品成为使用价值来说,才加以考虑。另一方面,商品交换关系的明显特点,正在于抽去商品的使用价值。在商品交换关系中,只要比例适当,一种使用价值就和其他任何一种使用价值完全相等。或者像老巴尔本说的:

"只要交换价值相等,一种商品就同另一种商品一样。交换价值相等的物是没有任何差别或区别的。"[①]

作为使用价值,商品首先有质的差别;作为交换价值,商品只能有量的差别,因而不包含任何一个使用价值的原子。

[①] "只要交换价值相等,一种商品就同另一种商品一样。交换价值相等的物是没有任何差别或区别的……价值 100 镑的铅或铁与价值 100 镑的银和金具有相等的交换价值。"(尼·巴尔本《新币轻铸论:答洛克先生关于提高货币价值的意见》第 53 页和第 7 页)——著者

如果把商品体的使用价值撇开,商品体就只剩下一个属性,即劳动产品这个属性。可是劳动产品在我们手里也已经起了变化。如果我们把劳动产品的使用价值抽去,那末也就是把那些使劳动产品成为使用价值的物质组成部分和形式抽去。它们不再是桌子、房屋、纱或别的什么有用物。它们的一切可以感觉到的属性都消失了。它们也不再是木匠劳动、瓦匠劳动、纺纱劳动,或其他某种一定的生产劳动的产品了。随着劳动产品的有用性质的消失,体现在劳动产品中的各种劳动的有用性质也消失了,因而这些劳动的各种具体形式也消失了。各种劳动不再有什么差别,全都化为相同的人类劳动,抽象人类劳动。

现在我们来考察劳动产品剩下来的东西。它们剩下的只是同一的幽灵般的对象性,只是无差别的人类劳动的单纯凝结,即不管以哪种形式进行的人类劳动力耗费的单纯凝结。这些物现在只是表示,在它们的生产上耗费了人类劳动力,积累了人类劳动。这些物,作为它们共有的这个社会实体的结晶,就是价值——商品价值。

我们已经看到,在商品的交换关系本身中,商品的交换价值表现为同它们的使用价值完全无关的东西。如果真正把劳动产品的使用价值抽去,就得到刚才已经规定的它们的价值。因此,在商品的交换关系或交换价值中表现出来的共同东西,也就是商品的价值。研究的进程会使我们再把交换价值当作价值的必然的表现方式或表现形式来考察,但现在,我们应该首先不管这种形式来考察价值。

可见,使用价值或财物具有价值,只是因为有抽象人类劳动体现或物化在里面。一个没有价值的东西可能会有交换价值。那末,它的价值量是怎样计量的呢?是用它所包含的"形成价值的实体"即劳动的量来计量。劳动本身的量是用劳动的持续时间来计量,而劳动时间又是用一定的时间单位如小时、日等作尺度。

可能会有人这样认为,既然商品的价值由生产商品所耗费的劳动量来决定,那末一个人越懒、越不熟练,他的商品就越有价值,因为他制造商品需要花费的时间越多。但是,形成价值实体的劳动是相同的人类劳动,是同一的人类劳动力的耗费。体现在商品世界全部价值中的社会的全部劳动力,在这里是当作一个同一的人类劳动力,虽然它是由无数单个劳动力构成的。每一个这种单个劳动力,同别一个劳动力一样,都是同一的人类劳动力,只要它具有社会平均劳动力的性质,起着这种社会平均劳动力的作用,从而在商品的生产上只使用平均必要劳动时间或社会必要劳动时间。社会必要劳动时间是在现有的社会正常的生产条件下,在社会平均的劳动熟练程度和劳动强度下制造某种使用价值所需要的劳动时间。例如,在英国采用蒸汽织布机以后,把一定量的纱织成布所需要的劳动可能比过去少一半。实际上,英国的手工织布工人把纱织成布仍旧要用以前那样多的劳动时间,但这时他一小时的个人劳动的产品只代表半小时的社会劳动,因此价值也降到了它以前的一半。因此,两万个手工织布工人每人一小时个人劳动的社会劳动量,只相当于一万个蒸汽织布工人每人一小时个人劳动的社会劳动量。两万个手工织布工人的社会劳动力，只相当于一万个蒸汽织布工人的社会劳动力。在资本密集型工业的劳动效率高出劳动密集型工业的劳动效率几十倍的今天，从社会劳动来看，即使劳动密集型工业中使用十几倍于资本密集型工业的（个人）劳动力，其实际的社会劳动力还不如资本密集型工业来得多，简直是人力资源的浪费。因此，劳动密集型产业只是暂时解决失业问题的过渡手段，绝对不宜作为发展的方向。

可见，只是社会必要劳动量，或生产使用价值的社会必要劳动时间，决定该使用价值的价值量。在这里，单个商品是当作该种商品的平均样品①。因此，含有等量劳动或能在同样劳动时间内生产出来的商品，具有同样的价值量。一种商品的价值同其他任何一种商品的价值的比例，就是生产前者的必要劳动时间同生产后者的必要劳动时间的比例。"作为价值，一切商品都只是一定量的凝固的劳动时间。"

因此，如果生产商品所需要的劳动时间不变，商品的价值量也就不变。但是，生产商品所需要的劳动时间随着劳动生产力的每一变动而变动。劳动生产力是由多种情况决定的，其中包括：工人的平均熟练程度，科学的发展水平和它在工艺上应用的程度，生产过程的社会结合，生产资料的规模和效能，以及自然条件。例如，同一劳动量在丰收年表现为 8 蒲式耳小麦，在歉收年只表现为 4 蒲式耳。同一劳动量用在富矿比用在贫矿能提供更多的金属等等。金刚石在地壳中是很稀少的，因而发现金刚石平均要花很多劳动时间。因此，很小一块金刚石就代表很多劳动。杰科布曾经怀疑金是否按其全部价值支付过。至于金刚石，就更可以这样说了。厄什韦葛说过，到 1823 年，巴西金刚石矿八十年的总产量的价格还赶不上巴西甘蔗种植园或咖啡种植园一年半平均产量的价格，虽然前者代表的劳动多得多，从而价值也多得多。如果发现富矿，同一劳动量就会表现为更多的金刚石，而金刚石的价值就会降低。假如能用不多的劳动把煤变成金刚石，金刚石的价值就会低于砖的价值。总之，劳动生产力越高，生产一种物品所需要的劳动时间就越少，凝结在该物品中的劳动量就越小，该物品的价值就越小。相反地，劳动生产力越低，生产一种物品的必要劳动时间就越多，该物品的价值就越大。可见，商品的价值量与体现在商品中的劳动的量成正比，与这一劳动的生产力成反比。

一个物可以是使用价值而不是价值。在这个物并不是由于劳动而对人有用的情况下就是这样。例如，空气、处女地、天然草地、野生林等等。一个物可以有用，而且是人类劳动产品，但不是商品。谁用自己的产品来满足自己的需要，他生产的就只是使用价值，而不是商品。要生产商品，他不仅要生产使用价值，而且要为别人生产使

---

① "全部同类产品其实只是一个量，这个量的价格是整个地决定的，而不以特殊情况为转移。"（列特隆《论社会利益》第 893 页）——著者

用价值,即生产社会的使用价值。(而且不只是单纯为别人。中世纪农民为封建主生产交代役租的粮食,为神父生产纳什一税的粮食。但不管是交代役租的粮食,还是纳什一税的粮食,都并不因为是为别人生产的,就成为商品。要成为商品,产品必须通过交换,转到把它当作使用价值使用的人的手里。)①最后,没有一个物可以是价值而不是使用物品。如果物没有用,那末其中包含的劳动也就没有用,不能算作劳动,因此不形成价值。

作者简介

卡尔·马克思(1818—1883),科学社会主义创始人,国际无产阶级的伟大领袖和导师。生于德国普鲁士邦莱茵省特里尔城一个律师家庭。1835 年进波恩大学读法学,后转入柏林大学学习法学、哲学、历史和文艺理论等。1841 年获哲学博士学位。毕业后担任《莱茵报》主编。1843 年与出身贵族(男爵)家庭的童年时代的女友燕妮·冯·威斯特法结婚。婚后侨居巴黎,与卢格合办《德法年鉴》,发表《〈黑格尔法哲学批判〉导言》《论犹太人问题》等重要文章。1844 年,马克思与来访的恩格斯会见,结下深厚友谊,合著发表了《神圣家族》。1845 年被法国当局驱逐,侨居布鲁塞尔。次年与恩格斯合著《德意志意识形态》,系统阐明历史唯物主义的基本原理。同年与恩格斯创建共产主义通讯委员会。1847 年与恩格斯加入正义者同盟(后更名为共产主义同盟)。1848 年,与恩格斯共同完成的同盟的纲领《共产党宣言》正式发表,标志着马克思主义的诞生。1848 年,遭比利时当局驱逐。在法国临时新政府的邀请下,回到法国巴黎。同年参加建立共产主义者同盟中央委员会,并当选主席。德国三月革命爆发后,与恩格斯一起为德国无产阶级制定了革命行动纲领《共产党在德国的要求》,并一同回到德国参加革命,创办了《新莱茵报》。1849 年革命失败后被驱逐,流亡巴黎;两个月后又遭法国当局驱逐,前往英国伦敦。在伦敦,马克思度过了一生中最困难的日子,经济拮据,疾病缠身,生活窘迫,四个孩子三个死亡。然而这一时期马克思的革命实践和理论研究也最为辉煌丰硕。为总结革命经验,发表了《1848 年至 1850 年的法兰西阶级斗争》《路易·波拿巴的雾月十八日》,并与恩格斯合写了《中央委员会告共产主义者同盟书》;后又发表《〈政治经济学批判〉导言》《政治经济学批判》《鸦片贸易史》和《资本论》第一卷,提出剩余价值理论,揭示了资本家剥削工人的秘密。马克思还参加创建国际工人协会(第一国际),当选为国际总委员会委员,起草了《成立宣言》和《临时章程》。1871 年,热情支持并帮助巴黎公社的革命斗争。公社失败后,发表《法兰西内战》,总结经验教训,提出无产阶级必须打碎资产阶级国家机器,建立无产阶级专政的理论。1875 年写了《哥达纲领批判》,进一步论述了无产阶级革命和无产阶级专政的学说。马克思的健康因贫困的生活和繁重的工作而受到严重损害;1883 年 3 月 14 日,为全世界无产阶级利益呕心沥血的马克思与世长辞。

---

① "我插进了括号里的这段话,因为省去这段话常常会引起误解,好像不是由生产者本人消费的产品,马克思都认为是商品。"——弗·恩格斯注

一代伟人马克思对人类的贡献不会因为时光的流逝而被淡忘。1999年9月,英国广播公司(BBC),评选"千年第一思想家",在全球互联网上公开征询投票一个月。汇集全球投票的结果,马克思位居第一,爱因斯坦第二。2005年7月,英国广播公司以古今最伟大的哲学家为题,调查了3万名听众,结果是马克思得票率第一、休谟第二。就连当年不断迫害、驱逐马克思的德国,也颠覆性地改变了态度。2011年年初,德国电视二台在黄金时段播出10集纪录片《马克思和阶级斗争》,片中称,"没有一个德国人对世界的影响能超过马克思。"

马克思的重要著作见《马克思恩格斯全集》(已出版50卷61册,人民出版社)。

作品要览

《资本论》是体现马克思主义核心思想的最经典的巨著。19世纪50年代起,马克思着重研究政治经济学。他日复一日地到大英博物馆广泛收集资料,经常每日工作十六个小时。马克思用了两年多时间写成《资本论》第一卷手稿(加上准备时间,共倾注十八年心血),于1867年在德国汉堡出版。此后马克思又殚精竭思整理加工以后各卷,可惜未能在生前出版。恩格斯义不容辞地接过手稿整理编辑,于1885年和1894年出版了《资本论》的第二卷和第三卷,完成了人类史上的"一大工程"。

《资本论》着重研究"资本主义生产方式及其相应的生产关系和交换关系,……最终目的是揭露近代社会的经济运动规律"(马克思《资本论》第一卷序)。该书从商品分析出发,提出了劳动价值和剩余价值的学说。这是《资本论》及马克思主义政治经济学的核心,也是马克思科学社会主义理论的基础,对社会主义革命实践具有启发性和指导性的现实意义,是马克思的重大贡献。

《资本论》共三卷,科学地说明了雇佣劳动与资本制度的社会经济结构、内在矛盾和发展趋势。第一卷主要研究资本的生产过程,在劳动价值论基础上,指出这一过程的实质是资本家剥削雇佣工人的剩余价值。而资本主义基本矛盾的发展,必然导致资本主义社会的灭亡和新社会的产生。第二卷阐述了单个资本和社会总资本的运动,指出资本主义私有制的基本矛盾必然导致社会再生产实现条件不断被破坏,引起经济危机的周期性爆发。第三卷研究了资本主义生产的总过程,以及剩余价值的分配理论,进而揭示了整个资本主义经济的社会结构。

特别发人深省的是,马克思以深沉犀利的笔触揭示了资本主义积累的普遍规律。资本家为了获取更多的剩余价值,就加紧对工人的剥削,这就决定了资本主义积累的掠夺性、垄断性和残酷性。马克思预言道:

随着那些掠夺和垄断这一转化过程的全部利益的资本巨头不断减少,贫困、压迫、奴役、退化和剥削的程度不断加深,而日益壮大的、由资本主义生产过程本身的机构所训练、联合和组织起来的工人阶级的反抗也不断增长。资本的垄断成了与这种垄断一起并在这种垄断之下繁盛起来的生产方式的桎梏。生产资料的集中和劳动的社会化,达到了同它们的资本主义外壳不能相容的地步。这个外壳就要炸毁了。资本主义私有制的丧钟就要响了。……剥夺者就要被剥夺了。

资本主义社会不断爆发的经济危机早已验证了马克思主义的预见性和正确性。尤其是近期持续的金融危机,使得《资本论》重新受到重视和肯定,从而连年成为畅销书。甚至因为《资本论》巨大销量,英国媒体称,假如马克思还在世的话,《资本论》的巨额版税收入,会让他轻松进入福布斯富豪榜。就连西方学者也公正地高度评价马克思及马克思主义。一位名叫弗里霍夫的博士说:

这位自己曾生活在贫困之中的伟人给世界带来了消灭贫困的希望,他的理论从根本上改变了现代的人们的思想——我认为,这就是马克思创下的不可磨灭的历史功绩。

阅读提示

1. 以我们现阶段的水平和能力来说,阅读学习有关政治经济学方面的书籍是有一定困难的。马克思在《资本论》第一卷第一版的序言里也说,"万事开头难,每门科学都是如此。所以本书第一章,特别是分析商品的部分,是最难理解的。其中对价值实体和价值量的分析,我已经尽可能地做到通俗易懂。以货币形式为其完成形态的价值形式,是极无内容和极其简单的。"实际上,马克思确实是用浅显生动(有些地方甚至是文学语言)的笔触来"描述"他所原创的理论。而这些理论,只要我们耐心细致地阅读,是完全能够理解的;因为那些看起来有点吓人的"外壳"(形式),其实"是极无内容和极其简单的",一旦掌握原理后,即可轻松地举一反三。当然,实在看不懂也不要紧,你可以大致地、甚至很模糊地接触一下这些理论;即使仅此而已,多多少少也是有益的。不强求人人都硬着头皮啃(虽然"硬着头皮啃"往往更有益)。

2. 如果你有决心、有信心读懂本文,那就要认真琢磨、循序渐进而不是浅尝辄止。除了理解力之外,阅读方法也很重要。而正确的途径首先是沿着导师马克思指给的思路探寻而前。例如,关于本文,马克思告诉我们:"对资产阶级社会说来,劳动产品的商品形式,或者商品的价值形式,就是经济的细胞形式。在浅薄的人看来,分析这种形式好像是斤斤于一些琐事。这的确是琐事,但这是显微镜下的解剖所要做的那种琐事。"这就是已经把阅读的重点和学习的方法两把钥匙交给我们了。

3. 很好!愿意接着看这道题目,表明你的确有勇气"硬着头皮啃"。但这近五千多字的短文真的是言语平实道理深。建议你试试这个办法,或许能让你层层深入,最终豁然开朗:(一)认真阅读体会,按先后顺序,细致准确地理解这些概念——有用物、社会尺度、使用价值、交换价值、"表现形式"、劳动产品、抽象人类劳动、商品价值、价值量、社会平均劳动力、社会必要劳动时间、社会的使用价值等等。搞清楚这些概念,是学习剩余价值理论的关键。(二)以这些概念为基础,进而按顺序分析把握下列判断的含义——

(1)每一种有用物,如铁、纸等等,都可以从质和量两个角度来考察。

(2)使用价值同时又是交换价值的物质承担者。

(3)交换价值首先表现为一种使用价值同另一种使用价值相交换的量的关系或比例。

(4)同一种商品的各种有效的交换价值表示一个等同的东西。

(5)有一种等量的共同的东西。因而这二者都等于第三种东西。

（6）各种商品的交换价值也同样要化成一种共同东西，各自代表这种共同东西的多量或少量。

（7）在商品交换关系中，只要比例适当，一种使用价值就和其他任何一种使用价值完全相等。

（8）各种劳动不再有什么差别，全都化为相同的人类劳动，抽象人类劳动。

（9）这些物现在只是表示，在它们的生产上耗费了人类劳动力，积累了人类劳动。

（10）在商品的交换关系或交换价值中表现出来的共同东西，也就是商品的价值。

（11）那末，它的价值量是怎样计量的呢？是用它所包含的"形成价值的实体"即劳动的量来计量。

（12）只是社会必要劳动量，或生产使用价值的社会必要劳动时间，决定该使用价值的价值量。

（13）如果生产商品所需要的劳动时间不变，商品的价值量也就不变。

（14）含有等量劳动或能在同样劳动时间内生产出来的商品，具有同样的价值量。

（15）商品的价值量与体现在商品中的劳动的量成正比，与这一劳动的生产力成反比。

（17）没有一个物可以是价值而不是使用物品。

（18）如果物没有用，那末其中包含的劳动也就没有用，不能算作劳动，因此不形成价值。

当然，你也可以将（一）和（二）交替理解，同时推进；或采用自己设计的阅读方法；或听取课内外指导老师等的建议，找到最适合你的阅读学习方法。

4. 本文这部分的内容非常重要，这是马克思创立的科学的劳动价值论的最根本的基础。而劳动价值理论和货币理论，又为在以后揭示资本主义剩余价值规律以及其他规律奠定了牢固的理论基础。为透彻地理解它，对有兴趣的同学，我们建议参看些相关的政治经济学通俗读物。

推荐书目

①《共产党宣言》（马克思、恩格斯，人民出版社，1997）　②《政治经济学批判·序言·导言》（马克思，人民出版社，1964）　③《英国工人阶级状况》（恩格斯，人民出版社，1956）　④《自然辩证法》（恩格斯，人民出版社，1971）　⑤《国家与革命》（列宁，人民出版社，1992）　⑥《论马克思恩格斯及马克思主义》（列宁，人民出版社，1964）　⑦《马克思传》（［德］弗·梅林，人民出版社，1973）　⑧《恩格斯传》（［德］海因里希·格姆科夫等，三联书店，1980）　⑨《列宁传》（［苏］普·凯尔任采夫，三联书店，1979）　⑩《马克思主义政治经济学名著引读》（鹿青山主编，南开大学出版社，1991）　⑪《政治经济学教材》（蒋学模主编，上海人民出版社，2005）

中国革命*

毛泽东

第一节　百年来的革命运动

帝国主义和中国封建主义相结合，把中国变为半殖民地和殖民地的过程，也就是中国人民反抗帝国主义及其走狗的过程。从鸦片战争、太平天国运动、中法战争、中日战争、戊戌变法、义和团运动、辛亥革命、五四运动、五卅运动、北伐战争、土地革命战争，直至现在的抗日战争，都表现了中国人民不甘屈服于帝国主义及其走狗的顽强的反抗精神。

中国人民，百年以来，不屈不挠、再接再厉的英勇斗争，使得帝国主义至今不能灭亡中国，也永远不能灭亡中国。

现在，虽然日本帝国主义竭其全力大举进攻中国，虽然中国有许多地主和大资产阶级分子，例如公开的汪精卫和暗藏的汪精卫之流，已经投降敌人或者准备投降敌人，但是英勇的中国人民必然还要奋战下去。不到驱逐日本帝国主义出中国，使中国得到完全的解放，这个奋战是决不会停止的。

中国人民的民族革命斗争，从一八四〇年的鸦片战争算起，已经有了整整一百年的历史了；从一九一一年的辛亥革命算起，也有了三十年的历史了。这个革命的过程，现在还未完结，革命的任务还没有显著的成就，还要求全国人民，首先是中国共产党，担负起坚决奋斗的责任。

那末，这个革命的对象究竟是谁？这个革命的任务究竟是什么呢？这个革命的动力是什么？这个革命的性质是什么？这个革命的前途又是什么呢？这些问题，就是我们在下面要来说明的。

第二节　中国革命的对象

依照第一章第三节的分析，我们已经知道中国现时的社会，是一个殖民地、半殖民地、半封建性质的社会。只有认清中国社会的性质，才能认清中国革命的对象、中国革命的任务、中国革命的动力、中国革命的性质、中国革命的前途和转变。所以，认

---

　　* 节选自《毛泽东选集》（人民出版社，1991）第二卷《中国革命和中国共产党》第二章。删略了部分注解。——编者

清中国社会的性质,就是说,认清中国的国情,乃是认清一切革命问题的基本的根据。

中国现时社会的性质,既然是殖民地、半殖民地、半封建的性质,那末,中国现阶段革命的主要对象或主要敌人,究竟是谁呢?

不是别的,就是帝国主义和封建主义,就是帝国主义国家的资产阶级和本国的地主阶级。因为,在现阶段的中国社会中,压迫和阻止中国社会向前发展的主要的东西,不是别的,正是它们二者。二者互相勾结以压迫中国人民,而以帝国主义的民族压迫为最大的压迫,因而帝国主义是中国人民的第一个和最凶恶的敌人。

在日本武力侵入中国以后,中国革命的主要敌人是日本帝国主义和勾结日本公开投降或准备投降的一切汉奸和反动派。

中国资产阶级本来也是受着帝国主义压迫的,它也曾经领导过革命斗争,起过主要的领导作用,例如辛亥革命;也曾经参加过革命斗争,例如北伐战争和当前的抗日战争。但是,这个资产阶级的上层部分,即以国民党反动集团为代表的那个阶层,它曾经在一九二七年至一九三七年这一个长时期内勾结帝国主义,并和地主阶级结成反动的同盟,背叛了曾经援助过它的朋友——共产党、无产阶级、农民阶级和其他小资产阶级,背叛了中国革命,造成了革命的失败。所以,当时革命的人民和革命的政党(共产党),曾经不得不把这些资产阶级分子当作革命的对象之一。在抗日战争中,大地主大资产阶级的一部分,以汪精卫为代表,已经叛变,已经变成汉奸。所以,抗日的人民,也已经不得不把这些背叛民族利益的大资产阶级分子当作革命的对象之一。

由此也可以明白,中国革命的敌人是异常强大的。中国革命的敌人不但有强大的帝国主义,而且有强大的封建势力,而且在一定时期内还有勾结帝国主义和封建势力以与人民为敌的资产阶级的反动派。因此,那种轻视中国革命人民的敌人的力量的观点,是不正确的。

在这样的敌人面前,中国革命的长期性和残酷性就发生了。因为我们的敌人是异常强大的,革命力量就非在长期间内不能聚积和锻炼成为一个足以最后地战胜敌人的力量。因为敌人对于中国革命的镇压是异常残酷的,革命力量就非磨练和发挥自己的顽强性,不能坚持自己的阵地和夺取敌人的阵地。因此,那种以为中国革命力量瞬间就可以组成,中国革命斗争顷刻就可以胜利的观点,是不正确的。

在这样的敌人面前,中国革命的主要方法,中国革命的主要形式,不能是和平的,而必须是武装的,也就决定了。因为我们的敌人不给中国人民以和平活动的可能,中国人民没有任何的政治上的自由权利。斯大林说:"在中国,是武装的革命反对武装的反革命。这是中国革命的特点之一,也是中国革命的优点之一。"①这是完全正确的规定。因此,那种轻视武装斗争,轻视革命战争,轻视游击战争,轻视军队工作的观

①　见斯大林《论中国革命的前途》(《斯大林选集》上卷,人民出版社 1979 年版,第 487 页)。

点,是不正确的。

在这样的敌人面前,革命的根据地问题也就发生了。因为强大的帝国主义及其在中国的反动同盟军,总是长期地占据着中国的中心城市,如果革命的队伍不愿意和帝国主义及其走狗妥协,而要坚持地奋斗下去,如果革命的队伍要准备积蓄和锻炼自己的力量,并避免在力量不够的时候和强大的敌人作决定胜负的战斗,那就必须把落后的农村造成先进的巩固的根据地,造成军事上、政治上、经济上、文化上的伟大的革命阵地,借以反对利用城市进攻农村区域的凶恶敌人,借以在长期战斗中逐步地争取革命的全部胜利。在这种情形下面,由于中国经济发展的不平衡(不是统一的资本主义经济),由于中国土地的广大(革命势力有回旋的余地),由于中国的反革命营垒内部的不统一和充满着各种矛盾,由于中国革命主力军的农民的斗争是在无产阶级政党共产党的领导之下,这样,就使得在一方面,中国革命有在农村区域首先胜利的可能;而在另一方面,则又造成了革命的不平衡状态,给争取革命全部胜利的事业带来了长期性和艰苦性。由此也就可以明白,在这种革命根据地上进行的长期的革命斗争,主要的是在中国共产党领导之下的农民游击战争。因此,忽视以农村区域作革命根据地的观点,忽视对农民进行艰苦工作的观点,忽视游击战争的观点,都是不正确的。

但是着重武装斗争,不是说可以放弃其他形式的斗争;相反,没有武装斗争以外的各种形式的斗争相配合,武装斗争就不能取得胜利。着重农村根据地上的工作,不是说可以放弃城市工作和尚在敌人统治下的其他广大农村中的工作;相反,没有城市工作和其他农村工作,农村根据地就处于孤立,革命就会失败。而且革命的最后目的,是夺取作为敌人主要根据地的城市,没有充分的城市工作,就不能达此目的。

由此也就可以明白,为要使革命在农村和城市都得到胜利,不破坏敌人用以向人民作斗争的主要的工具,即敌人的军队,也是不可能的。因此,除了战争中消灭敌军以外,瓦解敌军的工作也就成为重要的工作。

由此也就可以明白,在敌人长期占领的反动的黑暗的城市和反动的黑暗的农村中进行共产党的宣传工作和组织工作,不能采取急性病的冒险主义的方针,必须采取荫蔽精干、积蓄力量、以待时机的方针。其领导人民对敌斗争的策略,必须是利用一切可以利用的公开合法的法律、命令和社会习惯所许可的范围,从有理、有利、有节的观点出发,一步一步地和稳扎稳打地去进行,决不是大喊大叫和横冲直撞的办法所能成功的。

第三节　中国革命的任务

既然现阶段上中国革命的敌人主要的是帝国主义和封建地主阶级,那末,现阶段上中国革命的任务是什么呢?

毫无疑义,主要地就是打击这两个敌人,就是对外推翻帝国主义压迫的民族革命和对内推翻封建地主压迫的民主革命,而最主要的任务是推翻帝国主义的民族革命。

中国革命的两大任务,是互相关联的。如果不推翻帝国主义的统治,就不能消灭封建地主阶级的统治,因为帝国主义是封建地主阶级的主要支持者。反之,因为封建地主阶级是帝国主义统治中国的主要社会基础,而农民则是中国革命的主力军,如果不帮助农民推翻封建地主阶级,就不能组成中国革命的强大的队伍而推翻帝国主义的统治。所以,民族革命和民主革命这样两个基本任务,是互相区别,又是互相统一的。

中国今天的民族革命任务,主要地是反对侵入国土的日本帝国主义,而民主革命任务,又是为了争取战争胜利所必须完成的,两个革命任务已经联系在一起了。那种把民族革命和民主革命分为截然不同的两个革命阶段的观点,是不正确的。

第四节　中国革命的动力

根据现阶段中国社会的性质、中国革命的对象、中国革命的任务的分析和规定,中国革命的动力是什么呢?

既然中国社会是一个殖民地、半殖民地、半封建的社会,既然中国革命所反对的对象主要的是外国帝国主义在中国的统治和内部的封建主义,既然中国革命的任务是推翻这两个压迫者,那末,在中国社会的各个阶级和各个阶层中,有些什么阶级有些什么阶层可以充当反对帝国主义和封建主义的力量呢?这就是现阶段上中国革命的动力问题。认清这个革命的动力问题,才能正确地解决中国革命的基本策略问题。

现阶段的中国社会里,有些什么阶级呢?有地主阶级,有资产阶级;地主阶级和资产阶级的上层部分都是中国社会的统治阶级。又有无产阶级,有农民阶级,有农民以外的各种类型的小资产阶级;这三个阶级,在今天中国的最广大的领土上,还是被统治阶级。

所有这些阶级,它们对于中国革命的态度和立场如何,全依它们在社会经济中所占的地位来决定。所以,社会经济的性质,不仅规定了革命的对象和任务,又规定了革命的动力。我们现在就来分析一下中国社会的各阶级。

一　地主阶级

地主阶级是帝国主义统治中国的主要的社会基础,是用封建制度剥削和压迫农民的阶级,是在政治上、经济上、文化上阻碍中国社会前进而没有丝毫进步作用的阶级。

因此,作为阶级来说,地主阶级是革命的对象,不是革命的动力。

在抗日战争中，一部分大地主跟着一部分大资产阶级（投降派）已经投降日寇，变为汉奸了；另一部分大地主，跟着另一部分大资产阶级（顽固派），虽然还留在抗战营垒内，亦已非常动摇。但是许多中小地主出身的开明绅士即带有若干资本主义色彩的地主们，还有抗日的积极性，还需要团结他们一道抗日。

二　资产阶级

资产阶级有带买办性的大资产阶级和民族资产阶级的区别。

带买办性的大资产阶级，是直接为帝国主义国家的资本家服务并为他们所豢养的阶级，他们和农村中的封建势力有着千丝万缕的联系。因此，在中国革命史上，带买办性的大资产阶级历来不是中国革命的动力，而是中国革命的对象。

但是，因为中国带买办性的大资产阶级是分属于几个帝国主义国家的，在几个帝国主义国家间的矛盾尖锐地对立着的时候，在革命主要地是反对某一个帝国主义的时候，属于别的帝国主义系统之下的买办阶级也有可能在一定程度上和一定时间内参加当前的反帝国主义战线。但是一到他们的主子起来反对中国革命时，他们也就立即反对革命了。

在抗日战争中，亲日派大资产阶级（投降派）已经投降，或准备投降了。欧美派大资产阶级（顽固派）虽然尚留在抗日营垒内，也是非常动摇，他们就是一面抗日一面反共的两面派人物。我们对于大资产阶级投降派的政策是把他们当作敌人看待，坚决地打倒他们。而对于大资产阶级的顽固派，则是用革命的两面政策去对待，即：一方面是联合他们，因为他们还在抗日，还应该利用他们和日本帝国主义的矛盾；又一方面是和他们作坚决的斗争，因为他们执行着破坏抗日和团结的反共反人民的高压政策，没有斗争就会危害抗日和团结。

民族资产阶级是带两重性的阶级。

一方面，民族资产阶级受帝国主义的压迫，又受封建主义的束缚，所以，他们同帝国主义和封建主义有矛盾。从这一方面说来，他们是革命的力量之一。在中国革命史上，他们也曾经表现过一定的反帝国主义和反官僚军阀政府的积极性。

但是又一方面，由于他们在经济上和政治上的软弱性，由于他们同帝国主义和封建主义并未完全断绝经济上的联系，所以，他们又没有彻底的反帝反封建的勇气。这种情形，特别是在民众革命力量强大起来的时候，表现得最为明显。

民族资产阶级的这种两重性，决定了他们在一定时期中和一定程度上能够参加反帝国主义和反官僚军阀政府的革命，他们可以成为革命的一种力量。而在另一时期，就有跟在买办大资产阶级后面，作为反革命的助手的危险。

在中国的民族资产阶级，主要的是中等资产阶级，他们虽然在一九二七年以后，一九三一年（九一八事变）以前，跟随着大地主大资产阶级反对过革命，但是他们基本上还没有掌握过政权，而受当政的大地主大资产阶级的反动政策所限制。在抗日时期内，他们不但和大地主大资产阶级的投降派有区别，而且和大资产阶级的顽固派也有区别，至今仍然是我们的较好的同盟者。因此，对于民族资产阶级采取慎重的政策，是完全必要的。

三　农民以外的各种类型的小资产阶级

农民以外的小资产阶级，包括广大的知识分子、小商人、手工业者和自由职业者。

所有这些小资产阶级，和农民阶级中的中农的地位有某些相像，都受帝国主义、封建主义和大资产阶级的压迫，日益走向破产和没落的境地。

因此，这些小资产阶级是革命的动力之一，是无产阶级的可靠的同盟者。这些小资产阶级也只有在无产阶级领导之下，才能得到解放。

我们现在就来分析一下各种类型的没有把农民包括在内的小资产阶级。

第一是知识分子和青年学生。知识分子和青年学生并不是一个阶级或阶层。但是从他们的家庭出身看，从他们的生活条件看，从他们的政治立场看，现代中国知识分子和青年学生的多数是可以归入小资产阶级范畴的。数十年来，中国已出现了一个很大的知识分子群和青年学生群。在这一群人中间，除去一部分接近帝国主义和大资产阶级并为其服务而反对民众的知识分子外，一般地是受帝国主义、封建主义和大资产阶级的压迫，遭受着失业和失学的威胁。因此，他们有很大的革命性。他们或多或少地有了资本主义的科学知识，富于政治感觉，他们在现阶段的中国革命中常常起着先锋的和桥梁的作用。辛亥革命前的留学生运动，一九一九年的五四运动，一九二五年的五卅运动，一九三五年的一二九运动，就是显明的例证。尤其是广大的比较贫苦的知识分子，能够和工农一道，参加和拥护革命。马克思列宁主义思想在中国的广大的传播和接受，首先也是在知识分子和青年学生中。革命力量的组织和革命事业的建设，离开革命的知识分子的参加，是不能成功的。但是，知识分子在其未和群众的革命斗争打成一片，在其未下决心为群众利益服务并与群众相结合的时候，往往带有主观主义和个人主义的倾向，他们的思想往往是空虚的，他们的行动往往是动摇的。因此，中国的广大的革命知识分子虽然有先锋的和桥梁的作用，但不是所有这些知识分子都能革命到底的。其中一部分，到了革命的紧急关头，就会脱离革命队伍，采取消极态度；其中少数人，就会变成革命的敌人。知识分子的这种缺点，只有在长期的群众斗争中才能克服。

第二是小商人。他们一般不雇店员，或者只雇少数店员，开设小规模的商店。帝国主义、大资产阶级和高利贷者的剥削，使他们处在破产的威胁中。

第三是手工业者。这是一个广大的群众。他们自有生产手段，不雇工，或者只雇一二个学徒或助手。他们的地位类似中农。

第四是自由职业者。有各种业务的自由职业者，医生即是其中之一。他们不剥削别人，或对别人只有轻微的剥削。他们的地位类似手工业者。

上述各项小资产阶级成分，构成广大的人群，他们一般地能够参加和拥护革命，是革命的很好的同盟者，故必须争取和保护之。其缺点是有些人容易受资产阶级的影响，故必须注意在他们中进行革命的宣传工作和组织工作。

四　农民阶级

农民在全国总人口中大约占百分之八十，是现时中国国民经济的主要力量。

农民的内部是在激烈地分化的过程中。

第一是富农。富农约占农村人口百分之五左右（连地主一起共约占农村人口百分之十左右），被称为农村的资产阶级。中国的富农大多有一部分土地出租，又放高利贷，对于雇农的剥削也很残酷，带有半封建性。但富农一般都自己参加劳动，在这点上它又是农民的一部分。富农的生产在一定时期中还是有益的。富农一般地在农民群众反对帝国主义的斗争中可能参加一分力量，在反对地主的土地革命斗争中也可能保持中立。因此，我们不应把富农看成和地主无分别的阶级，不应过早地采取消灭富农的政策。

第二是中农。中农在中国农村人口中约占百分之二十左右。中农一般地不剥削别人，在经济上能自给自足（但在年成丰收时能有些许盈余，有时也利用一点雇佣劳动或放一点小债），而受帝国主义、地主阶级和资产阶级的剥削。中农都是没有政治权利的。一部分中农土地不足，只有一部分中农（富裕中农）土地略有多余。中农不但能够参加反帝国主义革命和土地革命，并且能够接受社会主义。因此，全部中农都可以成为无产阶级的可靠的同盟者，是重要的革命动力的一部分。中农态度的向背是决定革命胜负的一个因素，尤其在土地革命之后，中农成了农村中的大多数的时候是如此。

第三是贫农。中国的贫农，连同雇农在内，约占农村人口百分之七十。贫农是没有土地或土地不足的广大的农民群众，是农村中的半无产阶级，是中国革命的最广大的动力，是无产阶级的天然的和最可靠的同盟者，是中国革命队伍的主力军。贫农和中农都只有在无产阶级的领导之下，才能得到解放；而无产阶级也只有和贫农、中农结成坚固的联盟，才能领导革命到达胜利，否则是不可能的。农民这个名称所包括的内容，主要地是指贫农和中农。

五　无产阶级

中国无产阶级中，现代产业工人约有二百五十万至三百万，城市小工业和手工业的雇佣劳动者和商店店员约有一千二百万，农村的无产阶级（即雇农）及其他城乡无产者，尚有一个广大的数目。

中国无产阶级除了一般无产阶级的基本优点,即与最先进的经济形式相联系,富于组织性纪律性,没有私人占有的生产资料以外,还有它的许多特出的优点。

中国无产阶级有哪些特出的优点呢?

第一,中国无产阶级身受三种压迫(帝国主义的压迫、资产阶级的压迫、封建势力的压迫),而这些压迫的严重性和残酷性,是世界各民族中少见的;因此,他们在革命斗争中,比任何别的阶级来得坚决和彻底。在殖民地半殖民地的中国,没有欧洲那样的社会改良主义的经济基础,所以除极少数的工贼之外,整个阶级都是最革命的。

第二,中国无产阶级开始走上革命的舞台,就在本阶级的革命政党——中国共产党领导之下,成为中国社会里比较最有觉悟的阶级。

第三,由于从破产农民出身的成分占多数,中国无产阶级和广大的农民有一种天然的联系,便利于他们和农民结成亲密的联盟。

因此,虽然中国无产阶级有其不可避免的弱点,例如人数较少(和农民比较),年龄较轻(和资本主义国家的无产阶级比较),文化水准较低(和资产阶级比较);然而,他们终究成为中国革命的最基本的动力。中国革命如果没有无产阶级的领导,就必然不能胜利。远的如辛亥革命,因为那时还没有无产阶级的自觉的参加,因为那时还没有共产党,所以流产了。近的如一九二四年至一九二七年的革命,因为这时有了无产阶级的自觉的参加和领导,因为这时已经有了共产党,所以能在一个时期内取得了很大的胜利;但又因为大资产阶级后来背叛了它和无产阶级的联盟,背叛了共同的革命纲领,同时也由于那时中国无产阶级及其政党还没有丰富的革命经验,结果又遭到了失败。抗日战争以来,因为无产阶级和共产党对于抗日民族统一战线的领导,所以团结了全民族,发动了和坚持了伟大的抗日战争。

中国无产阶级应该懂得:他们自己虽然是一个最有觉悟性和最有组织性的阶级,但是如果单凭自己一个阶级的力量,是不能胜利的。而要胜利,他们就必须在各种不同的情形下团结一切可能的革命的阶级和阶层,组织革命的统一战线。在中国社会的各阶级中,农民是工人阶级的坚固的同盟军,城市小资产阶级也是可靠的同盟军,民族资产阶级则是在一定时期中和一定程度上的同盟军,这是现代中国革命的历史所已经证明了的根本规律之一。

六　游民

中国的殖民地和半殖民地的地位,造成了中国农村中和城市中的广大的失业人群。在这个人群中,有许多人被迫到没有任何谋生的正当途径,不得不找寻不正当的职业过活,这就是土匪、流氓、乞丐、娼妓和许多迷信职业家的来源。这个阶层是动摇的阶层;其中一部分容易被反动势力所收买,其另一部分则有参加革命的可能性。他们缺乏建设性,破坏有余而建设不足,在参加革命以后,就又成为革命队伍中流寇主义和无政府思想的来源。因此,应该善于改造他们,注意防止他们的破坏性。

以上这些,就是我们对于中国革命动力的分析。

第五节 中国革命的性质

我们已经明白了中国社会的性质,亦即中国的特殊的国情,这是解决中国一切革命问题的最基本的根据。我们又明白了中国革命的对象、中国革命的任务、中国革命的动力,这些都是由于中国社会的特殊性质,由于中国的特殊国情而发生的关于现阶段中国革命的基本问题。在明白了所有这些之后,那末,我们就可以明白现阶段中国革命的另一个基本问题,即中国革命的性质是什么了。

现阶段的中国革命究竟是一种什么性质的革命呢?资产阶级民主主义的革命,还是无产阶级社会主义的革命呢?显然地,不是后者,而是前者。

既然中国社会还是一个殖民地、半殖民地、半封建的社会,既然中国革命的敌人主要的还是帝国主义和封建势力,既然中国革命的任务是为了推翻这两个主要敌人的民族革命和民主革命,而推翻这两个敌人的革命,有时还有资产阶级参加,即使大资产阶级背叛革命而成了革命的敌人,革命的锋芒也不是向着一般的资本主义和资本主义的私有财产,而是向着帝国主义和封建主义,既然如此,所以,现阶段中国革命的性质,不是无产阶级社会主义的,而是资产阶级民主主义的。

但是,现时中国的资产阶级民主主义的革命,已不是旧式的一般的资产阶级民主主义的革命,这种革命已经过时了,而是新式的特殊的资产阶级民主主义的革命。这种革命正在中国和一切殖民地半殖民地国家发展起来,我们称这种革命为新民主主义的革命。这种新民主主义的革命是世界无产阶级社会主义革命的一部分,它是坚决地反对帝国主义即国际资本主义的。它在政治上是几个革命阶级联合起来对于帝国主义者和汉奸反动派的专政,反对把中国社会造成资产阶级专政的社会。它在经济上是把帝国主义者和汉奸反动派的大资本大企业收归国家经营,把地主阶级的土地分配给农民所有,同时保存一般的私人资本主义的企业,并不废除富农经济。因此,这种新式的民主革命,虽然在一方面是替资本主义扫清道路,但在另一方面又是替社会主义创造前提。中国现时的革命阶段,是为了终结殖民地、半殖民地、半封建社会和建立社会主义社会之间的一个过渡的阶段,是一个新民主主义的革命过程。这个过程是从第一次世界大战和俄国十月革命之后才发生的,在中国则是从一九一九年五四运动开始的。所谓新民主主义的革命,就是在无产阶级领导之下的人民大众的反帝反封建的革命。中国的社会必须经过这个革命,才能进一步发展到社会主义的社会去,否则是不可能的。

这种新民主主义的革命,和历史上欧美各国的民主革命大不相同,它不造成资产阶级专政,而造成各革命阶级在无产阶级领导之下的统一战线的专政。在抗日战争中,在中国共产党领导的各个抗日根据地内建立起来的抗日民主政权,乃是抗日民族统一战线的政权,它既不是资产阶级一个阶级的专政,也不是无产阶级一个阶级的专政,而是在无产阶级领导之下的几个革命阶级联合起来的专政。只要是赞成抗日又赞成民主的人们,不问属于何党何派,都有参加这个政权的资格。

这种新民主主义的革命也和社会主义的革命不相同,它只推翻帝国主义和汉奸反动派在中国的统治,而不破坏任何尚能参加反帝反封建的资本主义成分。

这种新民主主义的革命,和孙中山在一九二四年所主张的三民主义的革命在基本上是一致的。孙中山在这一年发表的《中国国民党第一次全国代表大会宣言》上说:"近世各国所谓民权制度,往往为资产阶级所专有,适成为压迫平民之工具。若国民党之民权主义,则为一般平民所共有,非少数人所得而私也。"又说:"凡本国人及外国人之企业,或有独占的性质,或规模过大为私人之力所不能办者,如银行、铁道、航路之属,由国家经营管理之,使私有资本制度不能操纵国民之生计,此则节制资本之要旨也。"孙中山又在其遗嘱上指出"必须唤起民众及联合世界上以平等待我之民族共同奋斗"的关于内政外交的根本原则。所有这些,就把适应于旧的国际国内环境的旧民主主义的三民主义,改造成了适应于新的国际国内环境的新民主主义的三民主义。中国共产党在一九三七年九月二十二日发表宣言,声明"三民主义为中国今日之必需,本党愿为其彻底实现而奋斗",就是指的这种三民主义,而不是任何别的三民主义。这种三民主义即是孙中山的三大政策,即联俄、联共和扶助农工政策的三民主义。在新的国际国内条件下,离开三大政策的三民主义,就不是革命的三民主义。(关于共产主义和三民主义只是在基本的民主革命政纲上相同,而在其他一切方面则均不相同,这一问题,这里不来说它。)

这样,就使中国的资产阶级民主革命,无论就其斗争阵线(统一战线)来说,就其国家组成来说,均不能忽视无产阶级、农民阶级和其他小资产阶级的地位。谁要是想撇开中国的无产阶级、农民阶级和其他小资产阶级,就一定不能解决中华民族的命运,一定不能解决中国的任何问题。中国现阶段的革命所要造成的民主共和国,一定要是一个工人、农民和其他小资产阶级在其中占一定地位起一定作用的民主共和国。换言之,即是一个工人、农民、城市小资产阶级和其他一切反帝反封建分子的革命联盟的民主共和国。这种共和国的彻底完成,只有在无产阶级领导之下才有可能。

第六节　中国革命的前途

在将现阶段上中国社会的性质,中国革命的对象、任务、动力和性质这些基本问题弄清楚了之后,对于中国革命的前途问题,就是说,中国资产阶级民主主义革命和无产阶级社会主义革命的关系问题,中国革命的现在阶段和将来阶段的关系问题,也就容易明白了。

因为既然在现阶段上的中国资产阶级民主主义的革命,不是一般的旧式的资产阶级民主主义的革命,而是特殊的新式的民主主义的革命,而是新民主主义的革命,而中国革命又是处在二十世纪三十和四十年代的新的国际环境中,即处在社会主义向上高涨、资本主义向下低落的国际环境中,处在第二次世界大战和革命的时代,那末,中国革命的终极的前途,不是资本主义的,而是社会主义和共产主义的,也就没有疑义了。

没有问题,现阶段的中国革命既然是为了变更现在的殖民地、半殖民地、半封建社会的地位,即为了完成一个新民主主义的革命而奋斗,那末,在革命胜利之后,因为肃清了资本主义发展道路上的障碍物,资本主义经济在中国社会中会有一个相当程度的发展,是可以想象得到的,也是不足为怪的。资本主义会有一个相当程度的发展,这是经济落后的中国在民主革命胜利之后不可避免的结果。但这只是中国革命的一方面的结果,不是它的全部结果。中国革命的全部结果是:一方面有资本主义因素的发展,又一方面有社会主义因素的发展。这种社会主义因素是什么呢?就是无产阶级和共产党在全国政治势力中的比重的增长,就是农民、知识分子和城市小资产阶级或者已经或者可能承认无产阶级和共产党的领导权,就是民主共和国的国营经济和劳动人民的合作经济。所有这一切,都是社会主义的因素。加以国际环境的有利,便使中国资产阶级民主革命的最后结果,避免资本主义的前途,实现社会主义的前途,不能不具有极大的可能性了。

第七节　中国革命的两重任务和中国共产党

总结本章各节所述,我们可以明白,整个中国革命是包含着两重任务的。这就是说,中国革命是包括资产阶级民主主义性质的革命(新民主主义的革命)和无产阶级社会主义性质的革命、现在阶段的革命和将来阶段的革命这样两重任务的。而这两重革命任务的领导,都是担负在中国无产阶级的政党——中国共产党的双肩之上,离开了中国共产党的领导,任何革命都不能成功。

完成中国资产阶级民主主义的革命(新民主主义的革命),并准备在一切必要条件具备的时候把它转变到社会主义革命的阶段上去,这就是中国共产党光荣的伟大的全部革命任务。每个共产党员都应为此而奋斗,绝对不能半途而废。有些幼稚的共产党员,以为我们只有在现在阶段的民主主义革命的任务,没有在将来阶段的社会主义革命的任务,或者以为现在的革命或土地革命即是社会主义的革命。应该着重指出,这些观点是错误的。每个共产党员须知,中国共产党领导的整个中国革命运动,是包括民主主义革命和社会主义革命两个阶段在内的全部革命运动;这是两个性质不同的革命过程,只有完成了前一个革命过程才有可能去完成后一个革命过程。民主主义革命是社会主义革命的必要准备,社会主义革命是民主主义革命的必然趋势。而一切共产主义者的最后目的,则是在于力争社会主义社会和共产主义社会的最后的完成。只有认清民主主义革命和社会主义革命的区别,同时又认清二者的联系,才能正确地领导中国革命。

领导中国民主主义革命和中国社会主义革命这样两个伟大的革命到达彻底的完成,除了中国共产党之外,是没有任何一个别的政党(不论是资产阶级的政党或小资产阶级的政党)能够担负的。而中国共产党则从自己建党的一天起,就把这样的两重任务放在自己的双肩之上了,并且已经为此而艰苦奋斗了整整十八年。

这样的任务是非常光荣的,但同时也是非常艰巨的。没有一个全国范围的、广大群众性的、思想上政治上组织上完全巩固的、布尔什维克化的中国共产党,这样的任务是不能完成的。因此,积极地建设这样一个共产党,乃是每一个共产党员的责任。

作者简介

毛泽东(1893—1976),湖南湘潭人,伟大的马克思主义者,无产阶级革命家、战略家和理论家,中国共产党、中国人民解放军和中华人民共和国的主要缔造者和领导人。出生于韶山冲的一个农民家庭。辛亥革命爆发后在起义的新军中当了半年兵。1914—1918 年,在湖南第一师范学校求学。"五四"运动前后接触和接受马克思主义,1920 年,在湖南创建共产主义组织。1921 年 7 月,出席中国共产党建党的第一次全国代表大会。在此后半个多世纪的岁月里,继续投身于中国革命的伟大事业,领导中国人民进行第一次国内革命战争、第二次国内革命战争、抗日战争、解放战争,推翻旧制度,建立了中华人民共和国,进行社会主义革命和建设。历任中华苏维埃共和国临时政府主席、中共中央政治局主席、中国共产党中央委员会主席、中央军事委员会主席、中华人民共和国中央人民政府主席、中华人民共和国主席等职。1976 年于北京逝世,享年 84 岁。

主要著作有《毛泽东选集》(一至五卷)、《毛泽东文集》(一至八卷)、《毛泽东军事文集》(一至六卷)等。

作品要览

《毛泽东选集》是毛泽东同志最重要的著作,也是对现当代中国及世界影响最大的著作之一。

《毛泽东选集》第一至四卷,是毛泽东同志亲自主持编辑的,各卷分别于 1951 年、1952 年、1953 年和 1960 年由人民出版社出版。《毛泽东选集》第五卷于 1977 年由人民出版社出版。后根据中共中央的决定,对《毛泽东选集》第一至四卷进行修订,在中国共产党建立七十周年(1991)之际出版了第二版。

《毛泽东选集》是毛泽东思想的重要载体。毛泽东思想具有多方面的内容,它在新民主主义革命、社会主义革命和建设、革命军队建设和军事战略、政策和策略、思想政治工作和文化工作、外交工作和党的建设等多方面,以独创性的理论丰富和发展了马克思列宁主义。《毛泽东选集》的各卷按中国革命和社会发展的不同阶段选编了毛泽东同志的重要著作。第一卷汇编了第一次国内革命战争时期和第二次国内革命战争时期的著作,包括《中国社会各阶级的分析》、《湖南农民运动的考察报告》、《中国的红色政权为什么能够存在?》、《星星之火,可以燎原》、《中国革命战争的战略问题》、《实践论》、《矛盾论》等;第二卷和第三卷汇编了抗日战争时期的著作,包括《抗日游击战争的战略问题》、《论持久战》、《中国共产党在民族战争中的地位》、《中国革命与中国共产党》、《新民主主义论》、《在延安文艺座谈会上的讲话》、《论联合政府》等;第四卷汇编了第三次国内革命战争时期的著作,包括《关于重庆谈判》、《迎接中国革命的新高潮》、《将革命进行到底》、《论人民民主专政》、《历史唯心主义的破产》等;第五卷选编了社会主义革命和社会主义建设时期的著作,包括《中国人民站起来了》、《永远保持艰苦奋斗的作风》、《〈中国农村的社会主义高潮〉的序言》、《〈中国农村的社会主义高潮〉的按语》、《论十大关系》、《关于正确处理人民内部矛盾的问题》等。

毛泽东思想是中国人民和世界人民的一笔极为丰富和珍贵的精神财富。《毛泽东选集》的出版发行,对系统地对全体党员和全国人民进行马克思列宁主义、毛泽东思想的教育,加强党的思想理论建设,起到了极为重要的作用;对于深入广泛地学习、研究和发扬毛泽东思想具有极高的价值和深远的意义。

📖 阅读提示

1.《中国革命和中国共产党》,是1939年冬季,由毛泽东和其他几个在延安的同志合作写作的一个课本。第一章"中国社会",是其他几个同志起草,经过毛泽东修改的。第二章"中国革命",是毛泽东自己写的。第三章,准备写"党的建设",因为担任写作的同志没有完稿而停止。但是这两章,特别是第二章,在中国共产党和中国人民中仍然起了很大的教育作用。本课所选即该文第二章。

"中国革命"这一章论述了中国革命的对象、任务、动力、性质和特点。作者认为革命的对象是帝国主义和封建主义,而帝国主义是中国人民的第一个和最凶恶的敌人;中国革命的敌人,不但有强大的帝国主义和封建势力,在一定时期还有勾结帝国主义和封建势力的资产阶级反动派,这就使中国革命具有长期性和残酷性的特点。革命的主要形式必须是武装斗争,革命力量只能在农村建立根据地;中国革命有可能在农村建立根据地,走农村包围城市、最后夺取全国政权的道路。当前革命的主要任务,一是推翻帝国主义压迫的民族革命,二是推翻封建主义的民主革命,其中主要的任务是推翻帝国主义的民族革命。革命的性质不是无产阶级社会主义的,而是资产阶级民主主义的;但不是旧式的民主主义革命,而是特殊的新民主主义革命,是无产阶级领导下的几个革命阶级联合的专政;它的前途不是资本主义,而是社会主义。作者还指出:无产阶级是中国革命的最基本的动力,农民阶级是革命的主力军,民族资产阶级具有革命性与妥协性,必须对其采取又联合又斗争的态度。无产阶级通过它的先锋队——中国共产党实现革命的领导权,在不同的情形下团结一切可能革命的阶级和阶层,组织革命的统一战线,才能取得最后的成功。

2. 认识中国社会,了解革命历史,是阅读本文的主要目的之一。这也正是许多同学急需充实、弥补之处。否则,就难免失之于肤浅、单薄、片面、浮躁,难以形成深刻的见解、敏锐的眼光和厚实的底蕴。

3. 本文思想深刻而语言明快,高屋建瓴,浅显易懂;结构严谨而条理清晰,逐层推进,气盛论雄。我们在阅读时,完全可以做到一气呵成,贯通全文,全面完整地了解文章的思路和内容,进而联系史实,深入分析,以期比较深刻、透彻地领会作者的观点和思想。

4. 本文提到的"中国革命的敌人是异常强大的","在这样的敌人面前,中国革命的长期性和残酷性就发生了"。请结合史实加以阐述。

5. 文章最后总结说:"领导中国民主主义革命和中国社会主义革命这样两个伟大的革命到达彻底的完成","这样的任务是非常光荣的,但同时也是非常艰巨的"。你认为取得成功的关键是什么?

6. 为了全面准确深刻地理解本文讨论的问题,建议阅读《中国革命和中国共产党》全文及《毛泽东选集》其他文章。事实上,学习毛泽东思想和其他革命理论,应该做到系统而有序。可以结合上一课马克思《资本论》有关原理的学习,设计并完成一个学习社会革命理论的专题阅读。

推荐书目

①《中国共产党的七十年》(胡绳主编,中共党史出版社,1991) ②《毛泽东年谱》(中共中央文献研究室编、人民出版社,1993) ③《毛泽东传》(中共中央文献研究室编,中央文献出版社,2003) ④《毛泽东思想发展史》(金春明等主编,中共中央党校出版社,1993) ⑤《中国共产党简史》(中共中央党史研究室,中央党史出版社,2001) ⑥《邓小平文选》(中共中央文献编辑委员会,人民出版社,1983) ⑦《江泽民文选》(中共中央文献编辑委员会,人民出版社,2006) ⑧《红旗飘飘》(丛书)(中国青年出版社,2004) ⑨《星火燎原》(丛书)(解放军出版社,1960) ⑩《长征》(王树增,人民文学出版社,2006) ⑪《解放战争》(王树增,人民文学出版社,2009) ⑫《西行漫记》([美]斯诺,东方出版社,2010) ⑬《长征——闻所未闻的故事》([美]索尔兹伯里,解放军出版社,2007)

新 人 口 论（节选）*

马寅初

四、马尔萨斯的人口理论的错误及其破产

大家都知道马尔萨斯的"人口论"学说是反动的，马尔萨斯说人口按几何级数增加，即由一增加到二、四、八、十六、三十二、六十四……而食物是按算术级数增加如一、二、三、四、五、六、七……过了几代，人口增加太多，粮食不够吃了，因此产生疾病、瘟疫，甚至战争，人民大批死亡，人口锐减，至此人口数量才能与粮食供应相平衡。这样世界经常处于恶性循环中，人类的前途非常黯淡。马尔萨斯"人口论"于一七九八年出版，当时正值工业革命以后，社会经济发生根本性的变动，工人们大量失业，普遍贫穷，时有暴动，人民对于资产阶级政府感到很大的不满。马尔萨斯写人口论的本意，就在于从理论上维护资本主义制度及其政府，掩盖英国政府的错误措施。他的人口理论无异乎告诉工人们说，工人们的普遍贫困，不是政府之过，主要是由于人口增加太快，而粮食增加太慢引起的。这种论调是他"人口论"的出发点，也就在这一点上他根本错误了。当时法国拿破仑在欧洲挑起了大战，人民死得很多，粮食不足的情况好转了一些，因而大家认为马尔萨斯的"人口论"很正确。但是拿破仑战争以后，他的学说应用到德国的情况上，就不符合实际了。由于当时德国科学研究的发展，粮食也按几何级数增加，比人口增长的速度还要快，他的食物按算术级数增加的理论基础就此破产。马尔萨斯没有想到以后的科学研究能够飞跃地发展，使得粮食也按几何级数增加，并且比人口增加得更快。应该了解，土地和劳动力这些自然条件，虽是农业生产最根本的条件，但它们在发展生产上是有一定限制的，而科学的发展则是无止境的。科学愈发达，人民的文化水平也愈加提高。知识增加，一方面促使劳动生产率增长，另一方面促使生殖率减低，例如社会上层分子和脑力劳动者，娱乐的方式较多，如打球、划船、骑马、打猎等多方面的活动，减低了他们的性欲。在法国上层分子的生殖率停滞不变，他们把生儿育女看做包袱。又如约翰雷指出夏威夷群岛的土地非常肥沃，食品有大量的增加，但人口并不跟着增加，主要是因为该处的居民并不是喜欢多子多孙的，这又有力地反驳了马尔萨斯的人口论，因此他的人口按几何级数增加的理论也就此破了产。

---

* 节选自《新人口论》（马寅初，吉林人民出版社，1997）。

五、我的人口理论在立场上和马尔萨斯是不同的

马尔萨斯从掩盖资产阶级政府的错误措施出发,我则从提高农民的劳动生产率,从而提高农民的文化和物质生活水平出发。让我用中国的实际情形来说明这个不同之点。

苏联帮助我国建设的第一座大型机械化仓库最近正式投入生产。这座仓库高达三十五公尺,有二十四个圆仓和十二个星形粮仓,能够储放七万吨粮食。粮食的一端,有一个六十公尺高的工作塔,粮食用火车运来后,卸车、运送、滤尘、筛选、计量、测温等都是用工作塔里机械操作,自动电铲只用几分钟的时间就能把一车厢粮食卸完。粮仓里设有电阻温度计,化验工人在地下工作室里就能通过自动测温仪表箱准确地测量每个粮仓里的温度。发现仓里温度高,把电钮打开,在六天内就能把七万吨粮食全部进行一次通风。如果用人工翻晒这些粮食,需要三百个劳动力连续晒一年半才能晒完。这座机械化仓库是为石家庄食品制造工业储藏原料建设的,对保证产品质量有很大作用(根据一九五七年五月十日《大公报》)。关于粮仓问题我曾与粮食部的负责人谈过,知道粮食集中在政府手中者今年约有一千亿斤左右(包括农业税和征购之数),此外尚须加上二百亿斤从上年留下来的,约共一千二百亿斤。一亿斤等于五万吨,共等于六千万吨。若这个数量的粮食,皆用机械化仓库来储藏,共需建筑八百五十七座,每座建设费约在三百万元左右,共需二十五亿五千万元。但实际上每座粮仓的利用率不过百分之六十到百分之七十,因为年岁有丰歉之别,丰收时,收集的粮食可以堆满仓库,但歉收时,或只能利用百分之六十到百分之七十。因此我们要建设可以容纳一亿吨粮食的仓库一千四百二十八座,共需投资四十二亿八千万元,试问资金在哪里?有了资金,钢铁、水泥、木材在哪里?

假定每座仓库需用三百个劳动力(旧式仓库的一个保管员只管五十万斤),共需用四十二万八千四百人,尚且要花一年半的时间才能晒完。而现在每座只需十五个技工在六天内就能把七万吨粮食进行一次通风。就是只要原来人数的二十分之一就可完成任务了。其余二十分之十九的人是多余的。因为这十五个技工的工作效率高,所以他们的平均工资是八十元,因为工资高,所以购买力大,物质和文化生活水平可以提高,社会主义的目的可以达到。但我们要注意的,是那二十分之十九的人的物质和文化生活,用什么方法来提高呢?在目前六亿四千万人口的压力之下,要提高他们的物质和文化生活水平,我们已觉得很吃力,若每年还要生出一千三百万人来,这个问题就日益严重,不知要严重到什么程度。

…………

我深信社会主义事业愈发展,机械化、自动化必然随之扩大,从前一千个人做的

事,机械化、自动化以后,五十个人就可以做了(假定到处都是二十分之一),请问其余九百五十人怎么办?因此,我就考虑到人多,就不能很快地机械化和自动化。我们现在不能搞很多的大型工业,要多搞中、小型工业,其中原因之一,就是因为中、小型工业可以安插好多人。但是我国搞社会主义,就应当多搞大工业,列宁也说过,没有大工业,就没有社会主义(《列宁文集》第七册第一百五十一页)。然而,我们过多的人口,就拖住了我们高速度工业化的后腿,使我们不能大踏步前进。有人称我为马尔萨斯主义者,我则称他们为教条主义者、反列宁主义者。

今年增加的一千三百万人,能在工业中安插的不过一百万人(据李富春副总理的第二个五年计划说明),其余一千二百万人要在乡村中工作,但今日的农民,每人每年为国家所创造的财富,至多不过八十多元,而工厂中的工人因有新式的技术装备,每年可以为国家创造四千多元的财富。二个生产率的对比如一与五十之比(详见说明——附表一),二者的生产率相差如此之巨,主要原因是工业生产能利用新式技术装备(有些是最新式的)而农业生产只能利用畜力为主要动力,加以近来有些省份牲畜瘦弱死亡不少,致有用人力拉犁来耕地的现象,更影响到农业生产。且要发展农业生产,必须有二个条件,一是水二是肥,必须有水,施肥才有用。如果没有水利设备,遇到旱灾或者水灾,再多肥料也不能希望增产。北方农民缺乏积肥习惯,与水利条件太差是有关系的。我国技术工程落后,对于水旱灾害尚无控制把握,同时因工业落后,国家尚不能供应大量化肥。凡此皆是工业和农业的劳动生产率相差悬殊的主要原因。我说这些话,工人方面或可能发生一种错觉误认为他们为国家创造的财富多,他们的功劳大,因而要求增加工资,殊不知很多工业部门的生产资料是由农业部门创造的,它们的货币积累一部分是由其他部门造成的,不过制造的最后阶段落在他们的部门之内,因而最后的结果在他们的部门内体现出来而已。

若进一步把以上所述的一百万工人和在乡村中安插的一千二百万农民合并计算,则每人的平均劳动生产率一定低得可怜,问题是如何提高这一千二百万农民的劳动生产率。若要提高,非把农业电气化、机械化不可,非大大地增加化学肥料不可。但资金在哪里?积累在哪里?有了积累,物资如钢材、水泥等在哪里?洪水为患自古已然,于今尤烈,一九五四年的洪水,可以作证。于是我想到要解除农民被洪水淹没的损失和淹死的危险,最好能在三峡兴建一个能够防御千年一遇的大洪水的水库,从此一劳永逸可以使农民高枕无忧,明知投资数目不小,工程浩大,长江上游淹没损失也可观,但从国家和农民的长远利益出发,还是合算的,据电力工业部水电总局总工程师陆钦侃先生的估计,三峡工程造价达一百余亿元;为配合这样大的电能,还要建设相应的工厂企业来充分利用。它们的造价(投资)要达五六百亿到一千亿元。哪里来这许多钱?有了钱,哪里来这许多钢材和水泥?况工程浩大,二十年内恐不能完成修建。一旦完成之后,农民不知要得到多少好处。不但水利建设、电力建设会把农村全面改观,即机械、肥料、运输、燃料以及建筑材料等等亦将大量出现于农村,为农业服务,农村将成为重工业的重要市场,不过今日尚须耐心等待一个时期。……

我在上面说过我们的缺点是消费多、积累少,一九五六年我们的国民收入将近九百亿元。其中消费占百分之七十九,积累只占百分之二十一,即等于一百八十多亿元,这笔资金要分摊在重工业、轻工业、农业(包括林业、畜牧业、渔业)、运输业、建筑业、商业(包括对外贸易业)这许多单位之中,每个单位分到的,为数极微,当然不能大踏步地前进。资金积累如此之慢,而人口增殖如此之速,要解决"资金少、人口多"的矛盾,不亦难矣哉? 我们不屑向美国借款,我们亦不能用帝国主义剥削殖民地的方法来榨取资金,亦不能仿效日本以甲午赔款作为工业化的本钱,我们只得自力更生,依靠自身的积累,但自身的积累与消费的比例,是百分之七十九与百分之二十一之比,可否把消费减少一些,把积累增加一些呢? 一看我国实际情况,这是带有危险性的。

我们的国民收入只有这一点,分为积累和消费两部分。积累多了,消费就少了,对于人民的生活,难免照顾得不够。反之,消费多了,积累就少了。就必然推迟工业化的完成,故二者之间必须求得一个平衡。至于如何平衡,要看实际情况。在苏联消费占百分之七十五,而积累占百分之二十五,即占国民收入的四分之一。在中国由于人民生活水平较低,人口较多,消费比重当然要高一些,所以有百分之七十九与百分之二十一之比。我们不能如苏联一样把积累提高到百分之二十五,把消费压低到百分之七十五,那就等于说我们只顾工业化,不顾人民了,不免会出乱子。波匈事件的原因之一,就是由于政府只顾工业化,不顾人民需要,使人民对于工业化的热望一变而为对生活的失望,因此出了乱子。我们现在把每年增殖出来的一千二百万多余人口放在农村,虽然出于不得已,但难免发生副作用。今日的农民对于自己生产出来的粮食,总想多留一些,对于生活上的需要逐渐要向城市居民看齐。他们要吃油,所以今日油的紧张超过粮食,他们要穿新衣,所以布不够(当然棉花不够也是一个原因),所以布票要折半使用。因此把每年增殖出来的一千二百万人口安插在农村,他们的劳动生产率在短期内既不能提高,而在生活需要上又要向城市看齐,长此以往,如何得了。所以对于人口问题若不早为之图,难免农民把一切恩德变为失望与不满,虽不致蹈波、匈的复辙,然亦不免给政府带来很多的困难。因此,我主张要提高农民劳动生产率,一面要积累资金,一面要控制人口。不然的话,徒劳无功。

我说难免农民把一切恩德变为失望与不满,我所指的恩德是:在土改胜利之后,三亿无地或少地的农民得到了七亿亩的土地,并免除了每年向地主缴纳的租粮六百亿斤及各种超出任务的剥削,土改后,从一九五○年到一九五六年七年中,国家对水利的基本建设拨款共达三十亿七千多万元,发放救灾救济经费十三亿一千余万元,用于推广优良品种、新式农具、提高农业生产技术及防治病虫害的经费十二亿八千余万元。以上三项共五十六亿六千余万元。此外农民在七年中得到国家八十亿元的低利贷款,从此不再受高利贷的剥削。此外今天即最贫穷的农民亦不致卖男卖女,挨饿受冻,流落街头,沿街乞讨。他们在农业社的照顾下,都能生活下去。此外在农村中还实行了五保制,使老有所恃。我的意思政府对人口问题若不再设法控制,这些恩德不免一变而为失望与不满。

作者简介

马寅初(1882—1982),当代著名经济学家、教育学家、人口学家。出生在浙江省嵊县浦口镇。1898 年,进上海教会学校育美书馆读中学。1901 年考入天津北洋大学(今天津大学)选学矿冶专业。1906 年被选送留学美国,先后获得耶鲁大学经济学硕士学位和哥伦比亚大学经济学博士学位。1914 年回国,先后任北洋政府财政部职员,北京大学经济学教授、教务长。1921 年任上海商科大学(现上海财经大学)教务主任,兼任中国银行总司券(总发行人)等职。1927 年以后,先后任浙江省省府委员、南京政府立法委员、财政委员会委员长、经济委员会委员长,南京国立中央大学、陆军大学和上海国立交通大学教授,重庆大学商学院院长兼教授等职。1940 年,因反抨击蒋介石政权的战时经济政策,揭露“四大家族”贪污腐败发国难财的丑行而被捕。抗日战争胜利后,先后在重庆、上海等地任教。1948 年底,经香港转赴北京。1949 年任浙江大学校长;当选为中央人民政府委员;被任命为政务院财经委员会副主任;出任华东军政委员会副主席。1952 年 5 月任为北京大学校长。1954 年当选为第一届全国人民代表大会常务委员会委员。马寅初十分关心中国经济发展,尤为关注人口问题。在 1957 年 3 月召开的最高国务院会议上,马寅初就“控制人口”问题发表自己的见解,并以《新人口论》为题,作为一项提案,正式提交全国人大一届会议。不久,《人民日报》全文发表了《新人口论》。然而,在当时特定的历史条件下,《新人口论》受到否定和批判。马寅初也遭受极不公正的待遇,而他毫不妥协,拒绝检讨,维护学术和人格尊严。1979 年,马寅初被彻底平反,恢复名誉;被任命为北京大学名誉校长,时已 98 岁高龄。同年,《新人口论》正式出版。次年增选为全国人大第五届委员会委员。1981 年被推选为中国人口学会名誉会长。1982 年病逝,享年 101 岁。

主要著作有《新人口论》、《中国经济改造》、《经济学概论》、《通货新论》、《马寅初经济论文集》、《中华银行论》、《中国关税问题》等。

作品要览

《新人口论》是马寅初于 20 世纪 50 年代中期,根据在浙江、上海等地进行的人口调查实际,结合中国具体国情进行广泛深入的研究,从而总结提出的科学预见;比较系统地论述了中国当代人口问题的观点。该文首次发表于 1957 年 7 月 5 日的《人民日报》,文章虽然不长,却具有划时代的意义和深远的影响。

《新人口论》的形成,有其酝酿和成熟的过程。1953 年全国第一次人口普查证明,中国人口早已不是四万万五千万,而是令人咋舌的六亿。在中国耕地少、底子薄、经济欠发达的基本国情下,面对庞大的人口规模及其仍在迅速增长的趋势,有识之士深感忧虑。经广泛调查研究,1955 年,在第一届全国人民代表大会第二次会议浙江小组会上,马寅初提交了题为《控制人口与科学研究》的发言稿,认为我国的人口繁殖不能再这样"无组织""无纪律"下去,我们现在有计划经济,同时也应该有计划生育。他主张推迟结婚年龄,大力宣传避孕,而且还要用行政手段来控制生育。但在当时的政治背景下,遇到很多非议,后来甚至遭到批判。马寅初始终坚持自己的观点,他坦率地说:"我为什么要这样讲呢? 这完全是因为人口问题对我们的国家和民族确实太重要了,我既然认识到这一问题的极端重要性,就一定要坚持到底,直到最后胜利。否则,作为一个经济学家和人民代表,我就没有尽到自己对祖国和人民应尽的责任。"

人口问题,关乎国家长期发展战略,自然引起众多的关注和重视。国务院 2016 年印发的《国家人口规划(2016—2030 年)》指出,未来十几年特别是 2021—2030 年,我国人口发展进入关键转折期。《规划》强调,要以促进人口均衡发展为主线,坚持计划生育基本国策,鼓励按政策生育。到 2030 年,人口自身均衡发展的态势基本形成,人口与经济社会、资源环境的协调程度进一步提高,全国总人口达到 14.5 亿人左右。2015 年 12 月 27 日,全国人大常委会表决通过《中华人民共和国人口与计划生育法修正案(草案)》,全面"二孩"于 2016 年 1 月 1 日起正式实施。

实践是检验真理的唯一标准。随着时代和社会的不断发展进步,从洪亮吉的《治平篇》,到马尔萨斯的《人口原理》,再到马寅初的《新人口论》等关于人口问题的科学假说,经历了"肯定——否定——否定之否定"等扬弃过程,其理论价值、指导实践的作用及其局限和不足,在不断的反思中,逐步被辩证、深刻和全面地认识,得到了公正和客观的评价。在此基础上,新的关于人口的科学理论不断修正、完善,指导制订和调整国家人口政策,为中国及整个人类的可持续发展和长远利益,贡献积极作用。

📖 **阅读提示** ▶

1. 本课文选自《新人口论》第四、五两部分。当时反对者认为《新人口论》鼓吹"反动的"马尔萨斯"人口论",这是最严厉的指责和批判之一。因而作者用了相当的篇幅来划清自己理论与马尔萨斯的界线。其实在那特定的时代背景下,对待马尔萨斯理论的态度,也是不够客观、科学和公正的。阅读时要注意辨析,可以参阅马尔萨斯的《人口论》及其相关文献,比较全面、准确地了解这两种人口学观点。

2. 人口研究是国民经济和社会发展的基础性研究,具有很强的实证性。《新人口论》通过大量的调查研究,获取客观数据,运用定量方法,归纳本质,总结发展规律。科学的研究方法使其结论更具说服力和可信度。请以第五部分为例,分析和学习这种研究和论证的方法。

3. 作者抓住"劳动生产率"与"就业率"之间的矛盾来揭示人口问题的严重性,这一点很有说服力。说说作者举了哪些实例,论证人口过于庞大拖了社会主义建设的后腿的?

4. "我们的缺点是消费多、积累少",这与人口问题有怎样的关系? 作者是怎样论述的?

5. 阅读本文,不仅要学习作者见解深刻,观点明确,论证严谨;更重要的是学习那种忧国忧民的责任感和捍卫真理的大无畏精神。前北京大学校长许智宏说:"纵观马老一生,我们可以看到一条鲜红的主线,就是马老身上闪耀着爱国主义的情操和威武不屈的气概。举凡有关国家民族利益的大是大非,这根'红线'就会立即牵动他,让他与国家和人民同呼吸共命运。"这是每一个知识分子都应该学习的。

推荐书目

①《马克思恩格斯列宁斯大林论人口问题》(商务印书馆,1977)　②《邓小平人口思想学习纲要》(人民出版社,1999)　③《人口理论概要》(中共中央党校出版社,2009)　④《中国人口史》(赵文林,人民出版社,1988)　⑤《乡土中国生育制度》(费孝通,北京大学出版社,1998)　⑥《人口与历史》(姜涛,人民出版社,1998)　⑦《新中国人口六十年》(路遇,中国人口出版社,2009)　⑧《中国人口造势新论:中国历代人口社会与文化发展》(段纪宪,中国人口出版社,1999)　⑨《中国民族人口》(田雪原,中国人口出版社,2005)　⑩《21世纪中国人口发展战略研究》(田雪原,社会科学文献出版社,2007)　⑪《中国人口分析》(曾毅,北京大学出版社,2004)　⑫《关于人口问题的观察与思考》(马芒,安徽大学出版社,2007)　⑬《新时期中国人口迁移》(阎蓓,湖南教育出版社,1999)　⑭《人口原理》([英]马尔萨斯,商务印书馆,1992)　⑮《世界人口的危机》([美]赫茨勒,商务印书馆,1963)　⑯《洪亮吉集·第一册·治平篇》(洪亮吉,中华书局,2001)　⑰《中国人口》(潘治富等,中国财政经济出版社,1988—1993)　⑱《人类的四分之一:马尔萨斯的神话与中国的现实(1700—2000)》(李中清、王丰,生活·读书·新知三联书店,2000)　⑲《计划生育与农民生育权》(裴婷婷,甘肃文化出版社,2010)　⑳《大国空巢:反思中国计划生育政策》(易富贤,中国发展出版社,2013)　㉑《大国危机:反思中国计划生育政策》(何亚福,中国发展出版社,2013)　㉒《从人口红利到改革红利》(蔡昉,社会科学文献出版社,2014)　㉓《中国计划生育政策史论》(梁中堂,中国发展出版社,2014)　㉔《英国人口老龄化的经济影响研究》(解韬,广东经济出版社,2015)　㉕《人口问题》(亚历山大·莫里斯·卡尔-桑德斯,商务印书馆,2016)

第六单元 "方圆"与"规矩"

在这一单元里,我们将初涉经济学和法学的领域。如果将"方"(纸币)、"圆"(硬币)看作是经济活动的重要符号,把"规矩"喻为法律底线,那么,"没有规矩无以成方圆"就可这么理解:"方圆",其所欲也;"规矩",不可逾也。

一般认为,经济学是对人类各种经济活动和各种经济关系进行理论的、应用的、历史的以及有关方法的研究的学科总称。经济者,经世济民也;顾名思义,经济学涉及的对象,是人类个体及其社会在发展的各个阶段上的各种需求以及满足需求的各种活动及其规律。由于这类活动与人类的生存及生存的质量具有最基本最直接的联系,以致经济学被称为"社会科学的皇后"。据历史文献记载,古代中国和古希腊罗马等国家很早就有了各具特点的基本而实用的经济思想。西方进入资本主义阶段后,经济学研究也相应发达,先后产生了古典经济学、德国历史学派(又分旧历史学派和新历史学派)、边际效应学派、新古典经济学、制度学派、瑞典学派、宏观经济学,供应学派,等等。(关于马克思主义经济学说,我们已在其他单元讨论)

随着商品经济的发展和社会分工的深化,人类经济活动的内容愈来愈复杂、丰富,专业化程度越来越细密;同时,各种经济活动之间、经济活动与其他社会活动之间相互依存、相互渗透的联系,也越来越紧密。于是,经济学的研究范围也就越来越宽广。一方面,从具有高度概括性的理论经济学中不断分化出带有应用性的和独立的部门经济学、专业经济学等分支学科;另一方面,也出现了经济学科内部各个分支相互交叉的学科以及经济学科与其他社会科学以至自然科学学科之间彼此联结的边缘学科。与此同时,随着经济学研究的深化,对分析的精确性的要求愈来愈高,出现了研究经济数量的分析和计量方法的学科;为了总结历史经验,为理论研究和政策制定提供系统的历史依据,出现了各种经济史的学科;为了追溯和总结经济理论本身的发展演变,出现了经济思想史的学科。这样,就在社会科学中逐步形成了一个庞大的、门类分支繁多的经济学科体系。

现代经济学的学科分类无法一概而论。简单地说,可大致分为理论经济学(又可分为宏观经济学和微观经济学等),经济史(经济发展史、经济思想史等),经济数量的分析、计量方法(经济数学、经济统计学、经济计量学),应用经济学(农业经济学、财政学、区域经济学、国际贸易学、企业管理、资源经济学等)等。

经济学内容丰富,专业性强,在目前阶段从事专业学习有一定的难度。我们的阅读着眼于扩大视野、丰富知识、打好基础。对这方面的阅读,我们建议以下几点。

一、循序渐进,扎扎实实打好基础。先选读比较通俗易懂的初级入门读物、普及型教材,逐步积累,再读专业性、理论性较强的专著。另外,在读原著时,也要有所取舍;因为有些原著(尤其是古典原著)内容较为驳杂,阅读起来,成本高,收效低。

二、若有兴趣、有学力进入较高层次的学习,最好把精力主要用在阅读主流学说、主流理论上。因为这样可以让你较快地了解前沿的、现实的和先进的观点、理念,从而在较高的起点上促进你的阅读学习。

三、基本原理要切实掌握。经济规律是客观的,不以人的意志为转移的。而我们就生活在"客观"之中,原理和规律就是从我们身边的现实中归纳总结而成的。所以,结合生活实际(微观的、宏观的)来理解掌握经济学原理及规律,应该是最适合我们的一条捷径。

法律以人类社会生活、社会现象、社会关系为规范对象。法律科学(简称法学)则是研究法、法的现象、法的规律性以及其他与法相关问题的专门学问,是关于法律问题的知识和理论体系,是社会科学的一门重要学科。中国法学思想最早源于先秦时期的法家哲学思想,当时称为"刑名之学"。战国时期的魏国制定了中国历史上第一部较完整的封建社会的法典《法经》,开创了中华法系独树一帜的立法先河,确立了中国封建社会法典的基本体系,以后的《秦律》、《九章律》、《曹魏律》、《泰始律》、《开皇律》、《唐律疏议》的体例都是在《法经》的基础上发展而来。其中《唐律》对当时中国近邻国家日本、朝鲜、越南等国法律也有重大影响。《大明律》之后,1740 年编成的《大清律例》是中国封建社会最后一部法律。西方法学也起源较早,影响较大。公元前451 年开始制定公布的《十二铜表法》是古代罗马的第一部成文法典。古罗马法学家盖尤斯的《法学阶梯》(又名《查士丁尼法学总论》),是最早的并完整保存下来的一部西方法学著作。1804 年颁布的《法国民法典》(即《拿破仑法典》),不仅改造了法国的法律使之现代化,而且对西欧和拉美许多国家的民法制定和发展产生了很大的影响。20 世纪以来,法学领域学派繁多,新自然法学(或类似的价值论法学)、新分析实证主义法学和法律社会学三大派别相互靠拢。非法学思潮对法学影响更不断扩大,出现了经济分析法学、批判法学等新的法学派别。法学体系也更加庞大,一般将其分为四大类分支学科:理论法学(从总的方面探求法学研究对象的各种基本概念、基本原理、基本原则和基本规律的法学分支学科的总称)、应用法学(旨在直接服务法律实际生活、帮助解决法律实际问题的法学分支学科的总称)、历史法学(专门研究法、法的现象以及与法相关问题中的历史问题的法学分支学科的总称)、综合法学(具有相当大的跨越性的法学分支学科的总称)。

尽管学法用法应该是我们日常生活的一部分,但事实上我们对法律尤其是法学还是相当陌生的。在阅读学习时,我们有几点最基本的建议。

一、在阶级社会,法律具有鲜明的阶级性。法律为政治服务,为经济服务,为统治阶级服务。明确这些,有助于我们正确认识法律本质和法律的功能。

二、法学理论的学习,要独立思考,深入领会,避免迷信盲从;不要囫囵吞枣背记条文,而是着重理解法律原理,领会法律精神。

三、法律具有很强的实践性、适用性,学习法律,要强调经世致用,理论联系实际。这样既可增强阅读兴趣,提高学习效率,还使得理论学习更具有指导意义。

论分工的原由*

［英］亚当·斯密

引出上述许多利益的分工,原不是人类智慧的结果,尽管人类智慧预见到分工会产生普遍富裕并想利用它来实现普遍富裕。它是不以这广大效用为目标的一种人类倾向所缓慢而逐渐造成的结果,这种倾向就是互通有无,物物交换,互相交易。这种倾向,是不是一种不能进一步分析的本然的性能,或者更确切地说是不是理性和言语能力的必然结果,这不属于我们现在研究的范围。这种倾向,为人类所共有,亦为人类所特有,在其他各种动物中是找不到的。其他各种动物,似乎都不知道这种或其他任何一种协约。两只猎犬同逐一兔,有时也像是一种协同动作。它们把兔逐向对手的方向,或在对手把兔逐到它那边时,加以拦截。不过。这种协同动作,只是在某一特定时刻,它们的欲望对于同一对象的偶然的一致,而并不是契约的结果。我们从未见过甲乙两犬公平审慎地交换骨头。也从未见过一种动物,以姿势或自然呼声,向其他动物示意说:这为我有,那为你有,我愿意以此易彼。一个动物,如果想由一个人或其他动物取得某物,除博得授与者的欢心外,不能有别种说服手段。小犬要得食,就向母犬百般献媚;家狗要得食,就作出种种娇态,来唤起食桌上主人的注意。我们人类,对于同胞,有时也采取这种手段。如果他没有别的适当方法,叫同胞满足他的意愿,他会以种种卑劣阿谀的行为,博取对方的厚意。不过这种办法,只能偶一为之,想应用到一切场合,却为时间所不许。一个人尽毕生之力,亦难博得几个人的好感,而他在文明社会中,随时有取得多数人的协作和援助的必要。别的动物,一达到壮年期,几乎全都能够独立,自然状态下,不需要其他动物的援助。但人类几乎随时随地都需要同胞的协助,要想仅仅依赖他人的恩惠,那是一定不行的。他如果能够刺激他们的利己心,使有利于他,并告诉他们,给他作事,是对他们自己有利的,他要达到目的就容易得多了。不论是谁,如果他要与旁人作买卖,他首先就要这样提议。请给我以我所要的东西吧,同时,你也可以获得你所要的东西:这句话是交易的通义。我们所需要的相互帮忙,大部分是依照这个方法取得的。我们每天所需的食料和饮料,不是出自屠户、酿酒家或烙面师的恩惠,而是出于他们自利的打算。我们不说唤起他们利他心的话,而说唤起他们利己心的话。我们不说自己有需要,而说对他们有利。社会上,除乞丐外,没有一个人愿意全然靠别人的恩惠过活。而且,就连乞丐,也不能一味依赖别人。诚然,乞丐生活资料的供给,全部出自善人的慈悲。虽然这种道义归根

---

* 节选自《国富论》(［英］亚当·斯密著,郭大力、王亚南译,上海三联书店,2009)第二章。

到底给乞丐提供了他所需要的一切东西，但没有，也不可能，随时随刻给他提供他所需要的东西。他的大部分临时需要和其他人一样，也是通过契约、交换和买卖而得到供给的。他把一个人给他的金钱，拿去购买食物，把另一个人给他的旧衣，拿去交换更合身的旧衣，或交换一些食料和寄宿的地方；或者，先把旧衣换成货币，再用货币购买自己需要的食品、衣服和住所。

由于我们所需要的相互帮忙，大部分是通过契约、交换和买卖取得的，所以当初产生分工的也正是人类要求互相交换这个倾向。例如，在狩猎或游牧民族中，有个善于制造弓矢的人，他往往以自己制成的弓矢，与他人交换家畜或兽肉，结果他发觉，与其亲自到野外捕猎，倒不如与猎人交换，因为交换所得却比较多。为他自身的利益打算，他只好以制造弓矢为主要业务，于是他便成为一种武器制造者。另有一个人，因长于建造小茅房或移动房屋的框架和屋顶，往往被人请去造屋，得家畜兽肉为酬，于是他终于发觉，完全献身于这一工作对自己有利，因而就成为一个房屋建筑者。同样，第三个人成为铁匠或铜匠，第四个人成为硝皮者或制革者，皮革是未开他人类的主要衣料。这样一来，人人都一定能够把自己消费不了的自己劳动生产物的剩余部分，换得自己所需要的别人劳动生产物的剩余部分。这就鼓励大家各自委身于一种特定业务，使他们在各自的业务上，磨炼和发挥各自的天赋资质或才能。

人们天赋才能的差异，实际上并不像我们所成觉的那么大。人们壮年时在不同职业上表现出来的极不相同的才能，在多数场合，与其说是分工的原因，倒不如说是分工的结果。例如，两个性格极不相同的人，一个是哲学家，一个是街上的挑夫。他们间的差异，看来是起因于习惯、风俗与教育，而不是起因于天性。他们生下来，在七八岁以前，彼此的天性极相类似，他们的双亲和朋友，恐怕也不能在他们两者间看出任何显著的差别。大约在这个年龄，或者此后不久，他们就从事于极不相同的职业，于是他们才能的差异，渐渐可以看得出来，往后逐渐增大，结果，哲学家为虚荣心所驱使，简直不肯承认他们之间有一点类似的地方。然而，人类如果没有互通有无、物物交换和互相交易的倾向，各个人都须亲自生产自己生活上一切必需品和便利品，而一切人的任务和工作全无分别，那末工作差异所产生的才能的巨大差异，就不可能存在了。

使各种职业家的才能形成极显著的差异的，是交换的倾向；使这种差异成为有用的也是这个倾向。许多同种但不同属的动物，得自天性的天资上的差异，比人类在未受教育和未习俗熏陶以前得自自然的资质上的差别大得多。就天赋资质说，哲学家与街上挑夫的差异，比猛犬与猎狗的差异，比猎狗与长耳狗的差异，比长耳狗与牧畜家犬的差异，少得多。但是，这些同种但不同属的动物，并没有相互利用的机会。猛犬的强力，决不能辅以猎狗的敏速，辅以长耳狗的智巧，或辅以牧畜家犬的柔顺。它们因为没有交换交易的能力和倾向，所以，不能把这种种不同的资质才能，结成一个共同的资源,因而,对于同种的幸福和便利,不能有所增进。各动物现在和从前都须各自分立,各自保卫。自然给了它们各种各样的才能,而它们却不能以此得到何种利益。人类的情况,就完全两样了。他们彼此间,哪怕是极不类似的才能也能交相为用。他们依着互通有无、物物交换和互相交易的一般倾向,好像把各种才能所生产的各种不同产物,结成一个共同的资源,各个人都可以这个资源随意购取自己需要的别人生产的物品。

作者简介

亚当·斯密(1723—1790),经济学的主要创立者。出生于苏格兰的科尔卡秋市。父亲是律师,曾任军法官和海关监督,在他出生前已去世。亚当·斯密三岁时被吉普赛人拐走,后被找回。上中学时成绩优秀;十四岁就破格进入格拉斯哥大学,成为"神童学生"。他的导师,英国著名启蒙思想家哈奇逊关于"大多数人的最大幸福"的哲学主张和经济思想对他产生了很大的影响。1740年获得牛津大学奖学金,在牛津大学巴里奥学院学习。1744年毕业后,先在爱丁堡大学讲授英国文学和政治经济学;1751年到格拉斯哥大学讲授逻辑学和伦理学,次年晋升为教授。此期间,与著名哲学家、历史学家休谟结为好友。两人频繁通信,探讨哲学、经济、历史和政治问题。1759年,亚当·斯密的成名作《道德情操论》出版。1761年,经休谟介绍,亚当·斯密担任了巴古第一公爵亨利·斯柯特的私人教师,不久随公爵赴欧洲考察三年之久。在欧洲他结识了伏尔泰等许多学者,比较完善地形成了他的古典经济学的基本观点。返回英国后与母亲住在一起,潜心写作《国富论》。该书早在1759年便以笔记形式写成初稿,1773年基本完成。亚当·斯密又花了三年时间进行多次较大的修改。1776年《国富论》正式出版;第一版在六个月内便销售一空。亚当·斯密声名鹊起,被誉为"现代经济学之父"和"自由企业的守护神"。1778年,被任命为海关专员,移居爱丁堡。1784年母亲病逝,亚当·斯密悲恸万分,健康从此崩溃。1787年担任格拉斯哥大学名誉校长。1790年病逝。亚当·斯密长期与母亲相依为命,终身未娶。

其他著作有《哲学原理》等。

作品要览

《国富论》(完整的书名是《国民财富的性质和原因的研究》)是亚当·斯密最具影响力的著作。这本书对于经济学领域的创立有极大贡献,使经济学成为一门独立的学科。在西方世界,该书甚至可以说是经济学所发行过的最具影响力的著作。

《国富论》的内容不只局限于经济,它是政治、经济和社会问题的"小百科全书"。书中涉及了社会劳动分工、劳动工资、商品价格、货币的起源和使用、土地租赁、证券交易、国家征税原则、国家预算体制、国家主权原则、国家防卫措施、国家行政管理、大学教育制度、欧洲教会史、欧洲国家常规武器的起源和发展、中世纪教育史、欧洲经济发展史和欧洲国家殖民政策的批评等,因而又被称之为"一部所有欧洲文明批评史"。

纵观亚当·斯密的经济思想可发现:以前学者主要研究经济现象,所称经济学不过是特定时代、特定场所的经济政策,而亚当·斯密则以"人性"为出发点,把普遍性带入了经济学的领域,使之成为社会科学。

亚当·斯密认为,劳动是国民财富的源泉。同时还指出,劳动创造的价值是工资和利润的源泉,并经过分析得出了工资越低,利润就越高;工资越高,利润就越低的结论。这实际揭示了资本主义经营的核心问题及剥削本质;这一思想已接近马克思剩余价值学说了。

《国富论》重点之一便是自由市场,自由市场表面看似混乱而毫无拘束,实际上却是由一双被称为"看不见的手"所指引,将会引导市场生产出正确的产品数量和种类。它是第一部试图阐述欧洲产业增长和商业发展历史的著作,也成为开展现代经济学科的先驱。它也提供了资本主义和自由贸易最为重要的论述基础之一,极大地影响了后代的经济学家。

亚当·斯密在《国富论》中提出了一个较为完整的资产阶级经济学体系。他的学说不仅对后来理论家,而且对国家立法和政府政策都产生了重要的影响。例如,书中提出的反对政府干涉商业活动和商业事务、低关税和自由贸易的观点,就影响了整个 19 世纪的政府政策。事实上,《国富论》对各国政府政策在经济领域的影响至今仍有所体现。

阅读提示

1. 经济学理论由于比较抽象,初学时可能有些困难。但经济学又是一门实践性很强的学科,只要留意用心,我们就能在日常经济活动中发现经济理论的例证及实用价值。阅读学习时,应该先明确概念,再理解原理,还要有意识地从理论与实际的结合上来深入领会。

2. 作者认为,分工的原由,既有人的天赋才能差异的因素,又源于人类独有的一种"互通有无,物物交换,互相交易"的倾向。而这种"为人类所共有,亦为人类所特有"的倾向,可能是人的一种"本然的性能",你对此有何看法?

3. 作者还认为,交换及易货系属私利行为,"我们不说自己有需要,而说对他们有利",其利益决定于分工;分工又有利于专业化从而提高生产力,可有更多的剩余产品用来交换,促使个人增加财富;而且这样的过程将扩大社会生产,促进社会繁荣,实现私利与公益和谐双赢。你同意这样的观点吗?

4. 作者文笔优美,生动流畅,尤其善于举例。试分析"弓矢"交换之例,看看作者是怎样论说分工的由来及意义的。

5. 作者说:"人们壮年时在不同职业上表现出来的极不相同的才能,在多数场合,与其说是分工的原因,倒不如说是分工的结果。"这该如何理解?

6. 对社会分工、成品交换的认识及思想,其实在两千多年前,中国的孟子就有所论述。请参阅《孟子·许行》等章节。

推荐书目

①《经济学是什么》(梁小民,北京大学出版社,2003) ②《生活中的经济学》(茅于轼,济南大学出版社,2003) ③《经济学 210 个关键词》(业宏等,中国市场出版社,2005) ④《经济解释》(张五常,商务印书馆,2000) ⑤《微观经济学:现代观点》(范里安,上海三联书店,1994)⑥《卧底经济学》([英]哈福德,中信出版社,2006) ⑦《在小吃店遇见凯恩斯》([韩]柳泰宪,中信出版社,2006) ⑧《46 位经济学家和 36 本名著》([德]庇巴、海兹,海南出版社,2003)⑨《穷爸爸富爸爸》([美]清崎、莱希特,世界图书出版公司,2000) ⑩《经济学原理》([美]曼昆,北京大学出版社,2010) ⑪《经济学》([美]萨缪尔森、威廉·诺德豪斯,商务印书馆,2012)⑫《人类行为的经济分析》([美]贝克尔,上海三联书店,1993) ⑬《供应学派革命:华盛顿决策内幕》([美]罗伯茨,上海译文出版社,1987) ⑭《管理学》([美]罗宾斯,中国人民大学出版社,1997)

论犯罪与刑罚（节选）[*]

［意］贝卡利亚

二、刑罚的起源　惩罚权

道德的政治如果不以不可磨灭的人类感情为基础的话，就别想建立起任何持久的优势。任何背离这种感情的法律，总要遇到一股阻力，并最终被其战胜。正如一种虽然极小的力量，如果不断地起着作用，就能战胜任何传入肌体的强烈冲力一样。

我们向人的心灵作了调查，在那里，发现了君主惩罚犯罪的真正权利的基本起点。

没有一个人为了公共利益将自己的那份自由毫无代价地捐赠出来，这只是浪漫的空想。只要可能，我们当中的每一个人都希望约束别人的公约，不要约束我们自己，都希望成为世界上一切组合的中心。

人类的繁衍尽管本身规模不大，却远远超过了贫瘠荒凉的自然界为满足人们日益错综复杂的需要而提供的手段，这就使一部分野蛮人联合起来。为了抵抗这最初的联盟，必然又形成了新的联盟。就这样，战争状态从个人之间转移到国家之间。

离群索居的人们被连续的战争状态弄得筋疲力尽，也无力享受那种由于朝不保夕而变得空有其名的自由，法律就是把这些人联合成社会的条件。人们牺牲一部分自由是为了平安无扰地享受剩下的那份自由。为了切身利益而牺牲的这一份份自由总合起来，就形成了一个国家的君权。君主就是这一份份自由的合法保存者和管理者。

但是，实行这种保管还不够，还必须保卫它不受每个私人的侵犯，这些个人不但试图从中夺回自己的那份自由，还极力想霸占别人的那份自由。需要有些易感触的力量（motivi sensibility）来阻止个人专横的心灵把社会的法律重新沦入古时的混乱之中。这种易感触的力量就是对触犯法律者所规定的刑罚。我之所以称它为易感触的力量，是因为经验表明：如果所采用的力量并不直接触及感官，又不经常映现于头脑之中以抗衡违反普遍利益的强烈私欲，那么，群众就接受不了稳定的品行准则，也背弃不了物质和精神世界所共有的涣散原则。任何雄辩，任何说教，任何不那么卓越

---

* 节选自《论犯罪与刑罚》（［意］贝卡利亚著，黄风译，中国法制出版社，2002）"刑罚的起源　惩罚权"、"结论"、"对法律的解释"等章节。

的真理，都不足以长久地约束活生生的物质刺激所诱发的欲望。

由此可见，正是这种需要迫使人们割让自己的一部分自由，而且，无疑每个人都希望交给公共保存的那份自由尽量少些，只要足以让别人保护自己就行了。这一份份最少量自由的结晶形成惩罚权。一切额外的东西都是擅权，而不是公正，是杜撰而不是权利。[①] 如果刑罚超过了保护集存的公共利益这一需要，它本质上就是不公正的。刑罚越公正，君主为臣民所保留的安全就越神圣不可侵犯，留给臣民的自由就越多。

三、结论

由上述原则得出的第一个结论是：只有法律才能为犯罪规定刑罚。只有代表根据社会契约而联合起来的整个社会的立法者才拥有这一权威。任何司法官员（他是社会的一部分）都不能自命公正地对该社会的另一成员科处刑罚。超越法律限度的刑罚就不再是一种正义的刑罚。因此，任何一个司法官员都不得以热忱或公共福利为借口，增加对犯罪公民的既定刑罚。

第二个结论是：代表社会的君主只能制定约束一切成员的普遍性法律，但不能判定某个人是否触犯了社会契约。由于国家可能分成为两方：君主所代表的一方断定出现了对契约的侵犯，而被告一方则予以否认。所以，需要一个判定事实真相的第三者。这就是说，需要一个作出终极判决的司法官员，他的判决是对具体事实做出单纯的肯定或否定。

第三个结论是：即使严酷的刑罚的确不是在直接与公共福利及预防犯罪的宗旨相对抗，而只是徒劳无功而已，在这种情况下，它也不但违背了开明理性所萌发的善良美德——这种理性往往支配着幸福的人们，而不是一群陷于怯懦的残忍循环之中的奴隶——同时，严酷的刑罚也违背了公正和社会契约的本质。

四、对法律的解释

第四个结论是：刑事法官根本没有解释刑事法律的权利，因为他们不是立法者。

---

① 请注意："权利"一词与"力量"一词并不矛盾。但是，最好说前者是对后者的修正，即对大多数人有利的修正。至于"公正"，我指的只是把单个利益联系在一起的必要纽带，否则，单个利益就会涣散在古时的非社会状态之中。还必须注意：别把某种实物的概念，例如一种物理力和一种实在体的概念，与"公正"一词联系在一起。"公正"是人们的一种简单的思维方法，它对每个人的幸福产生着无限的影响。我这里讲的绝不是上帝所宣布的并与未来生活的赏罚有着直接联系的另一种公正。——著者

　　法官们并不是从我们祖先那里接受法律,就像接受一些只要求后代恪守的家庭传统和遗嘱那样。他们是从现实社会,或者从它的代表者君主,即社会上一切人现成意志的受托人那里接受法律。他们不是把法律作为古代宣誓所承担的义务来接受①,那是一种业已失效的宣誓,因为它所约束的意志已不存在;同时也是一种不公平的宣誓,因为它使人类从社会状态沦入动物的群居状态。法律的力量和权威源自它是臣民向君主公开的或默示的忠诚宣誓,作为约束和控制个人利益的必要手段。法律真正的和实际的威力其基础在此。

　　那么,谁是法律合法的解释者呢? 是社会的代表者君主呢,还是其职责只在考查一个人是否有违法行为的法官呢?

　　法官对任何案件都应进行三段论式的逻辑推理。大前提是一般法律,小前提是行为是否符合法律,结论是自由或者刑罚。一旦法官被迫或自愿做哪怕只是两种三段论推理的话,就会出现捉摸不定的前景。

　　"法律的精神需要探询",再没有比这更危险的公理了。采纳这一公理,等于放弃了堤坝,让位给汹涌的歧见。在我看来,这个道理已被证实。而在凡人看来却似乎是奇谈怪论,他们往往只感触到眼前的一些小麻烦,却察觉不出在一个国家已根深蒂固的荒谬原则所产生的致命而深远的结果。

　　我们的知识和我们的观念是相互联系的,知识愈是复杂,观点的差距也愈大。每个人都有自己的观点,在不同的时间里,会从不同的角度看待事物。因而,法律的精神可能会取决于一个法官的逻辑推理是否良好,对法律的领会如何;取决于他感情的冲动;取决于被告人的软弱程度;取决于法官与被侵害者间的关系;取决于一切足以使事物的面目在人们波动的心中改变的、细微的因素。所以,我们可以看到,公民的命运经常因法庭的更换而变化。不幸者的生活和自由成了荒谬推理的牺牲品,或者成了某个法官情绪冲动的牺牲品。因为法官把从自己头脑中一系列混杂概念中得出的谬误结论奉为合法的解释。我们还可以看到,相同的罪行在同一法庭上,由于时间不同而受到不同的惩罚。原因是人们得到的不是持久稳定的而是飘忽不定的法律解释。

　　严格遵守刑法文字所遇到的麻烦,不能与解释法律所造成的混乱相提并论。这种暂时的麻烦促使立法者对引起疑惑的词句作必要的修改,力求准确,并且阻止人们进行致命的自由解释,而这正是擅断和徇私的源泉。当一部法典业已厘定,就应逐字

----

　　① 如果说社会的各个成员都受到社会约束的话,同样,该社会通过一项实质上是互尽义务的条约,也同各个成员联系在一起。君主和臣民都承受着这种义务,它平等地约束着最伟大的人和最渺小的人。这种义务仅仅意味着大家共同关心的是:有利于大多数人的公约应得到遵守。"义务"是最常在道德学中听到的一种说法。它是一种推理的缩写符号,而不是一个观念。您在"义务"一词中找不到任何观念。如您进行一下推理,您就会理解了,并且您也将被理解。——著者

遵守,法官惟一的使命就是判定公民的行为是否符合成文法律。当既应指导明智公民又应指导无知公民的权利规范不再是争议的对象,而成为一种既定事物的时候,臣民们就不再受那种小型的多数人专制的摆布,受难者与压迫者间的距离越小,这种多数人专制就越残忍;多数人专制比一人专制更有害,因为,前者只能由后者来纠正,并且一人专制的残暴程度并非与它的实力成正比,而是同它遇到的阻力成正比。

公民们通过这种方式获得自己人身与财产的安全。这种方式是正当的,因为它是人们结成社会的目的;这种方式是有用的,因为它能使人们准确地衡量每一罪行所带来的不便。通过这种方式,人们也将获得一种独立的精神,然而,它已不表现为摆脱法律和无视最高司法官员。不过,如果有人胆敢把屈服于他的专断强横的软弱称为美德的话,那么,这种独立精神对他倒是桀骜不驯的。

有些人把他们遭受的来自上级的横暴转嫁于下级,并把这种手段变成了一种权利,上述原则将使他们感到扫兴。如果说暴政的精神与成文法的精神能够结合在一起的话,那我真会不寒而栗!

五、法律的含混性

如果说对法律进行解释是一个弊端的话,显然,使人不得不进行解释的法律含混性本身是另一个弊端。尤其糟糕的是:法律是用一种人民所不了解的语言写成的,这就使人民处于对少数法律解释者的依赖地位,而无从掌握自己的自由,或处置自己的命运。这种语言把一部庄重的公共典籍简直变成了一本家用私书。

了解和掌握神圣法典的人越多,犯罪就越少。因为,对刑罚的无知和刑罚的捉摸不定,无疑会帮助欲望强词夺理。考虑到这在大部分文明开化的欧洲地区已成了根深蒂固的习惯,我们应当由此联想到什么呢?

联想到的一点是:一个社会如果没有成文的东西,就决不会具有稳定的管理形式。在稳定的管理形式中,力量来自于整体,而不是局部的社会;法律只依据普遍意志才能修改,也不会蜕变成私人利益的杂烩。经验和理性告诉我们:人类传统的可靠性和确定性,随着逐渐远离其起源而削弱。如果不建立一座社会契约的坚固石碑,法律怎么能抵抗得住时间和欲望的必然侵袭呢?

我们由此看到,印刷术是何等地重要,它使公众而不是少数人成为神圣法律的保管者;它驱散了阴谋和欺骗的阴暗现象,这种现象的追随者表面上虽然鄙视文明和科学,但实际上却为之胆战心惊。因此,我们发现:在欧洲,犯罪的残忍程度已经降低,我们那些时而成为暴君、时而又变成奴隶的祖先,曾被这种残忍性折磨得凄苦不堪。

了解二三百年前历史和现时代历史的人都能看到:从奢侈和柔弱中如何产生了最温和的美德:人道、慈善以及对人类错误的容忍心。他还会看到:那些被曲解为"古朴"和"信义"的东西造成了怎样的结局：难以容忍的迷信压迫着人道；少数人的吝啬和野心用人类的鲜血涂饰着王位和宫殿；隐蔽的背叛和公开的残杀；每一个贵族都成了平民的暴君；布道福音真理的牧师每天都用沾满鲜血的双手抚摸慈善的上帝。而这一切却并不是目前文明世纪的产物，尽管有人称它为堕落的世纪。

作者简介

切萨雷·贝卡利亚（1738—1794），伯爵，意大利经济学家、法理学家和刑罚改革者。出生于米兰的没落贵族家庭，从小在帕尔马的教会学校读书。十六岁进入帕维亚大学攻读法律专业，于1758年获得法学学士学位。贝卡利亚青年时代深受启蒙思想的影响，大学毕业后在米兰参加启蒙运动，和维里伯爵创设进步青年文学社——"拳头社"。与志同道合的朋友们交流讨论，对他的刑法研究有很大的帮助。二十六岁那年（1764）发表《论犯罪与刑罚》。短短几周内，第一版就被抢购一空。1766年法文译本出版，仅一年内就再版七次。该书一举奠定了他刑事古典学派创始人和刑事法学鼻祖的地位。1768年被授予米兰宫廷学校的政治经济学教授，因讲授公共经济要素而获经济分析先驱之名；1771年被任命为最高经济委员会顾问，几年后又担任了财政法官，接着又接受了朱塞培二世的任命，领导国务委员会第三厅的工作。1791年，根据奥地利皇帝利奥波德的指示，贝卡利亚被任命为伦巴第刑事立法改革委员会成员。晚年曾热烈欢迎法国大革命，但对其激烈行动感到震惊。1794年病逝。

其他著作有《公共经济教程》、《有关风格本性的研究》、《论警察》、《对政治犯罪的简略思考》、《无期徒刑计划》、《改善被判刑人的命运》、《论管教所》、《对死刑的表态》等。

作品要览

《论犯罪与刑罚》是关于犯罪刑罚原则的第一部系统而明确的专著。该书包括序言和四十二章（四十一篇专论、一篇总结）。全书洋溢着伟大的人道主义气息，深刻揭露了旧的刑事制度的蒙昧主义本质，依据人性论和功利主义的哲学观点分析了犯罪与刑罚的基本特征，明确提出了后来为现代刑法制度所确认的三大刑法原则，即：罪刑法定原则、罪刑相适应原则和刑罚人道化原则；并且呼吁废除刑讯和死刑，实行无罪推定。贝卡利亚接受了卢梭的"社会契约论"学说，主张公民在法律面前人人平等，反对诉讼过程中的专制蛮横，编造莫须有罪名胡乱判罚。"法官对任何案件都应进行三段论式的逻辑推理。大前提是一般法律，小前提是行为是否符合法律，结论是自由或者刑罚。"贝卡利亚还坚决地否认法官拥有解释法律的权利，以确保法律的公平公正。《论犯罪与刑罚》的论点基于功利主义原则，即政府应力图为大多数人谋求最大的福利。在该书中，贝卡利亚在人类历史上第一次系统地提出废除死刑的理念。他认为刑罚制度的限度，是达到安全有秩序的适当目标，超过限度就是暴政；刑事审判的效力来自刑罚的确定性，而不是残酷性；由国家来夺去一个人的生命是不公正的。他的这些思想逐渐传到北美,给了革命前的知识分子包括美国建国先贤们很大的影响,甚至有人说,贝卡利亚开辟了人类法律史一个全新的时代。

该书问世后,立即引起宗教和保守势力的仇视和反对,他们罗织罪名,指控贝卡利亚,给他造成很大压力。后因种种因素,才免遭处罚。《论犯罪与刑罚》却被列入天主教会的禁书目录中。但该书也给作者带来了巨大的声誉,被译为多种文字,它对俄国、普鲁士以及奥地利等国的刑法改革具有重大的影响。该书被誉为刑法领域里的最重要的经典著作之一。法国启蒙运动思想家伏尔泰曾指出——"《论犯罪与刑罚》这本小书具有宝贵的精神价值,好似服用少许就足以缓解病痛的良药一样,当我阅读她时真感到解渴,我由此相信:这样一部著作必定能清除在众多国家的法学理论中依然残存的野蛮内容。"

📖 阅读提示

1. 阅读学习法律著作,关键并不在于记下多少法律条文,而在于领会和吃透法律原理、法律精神。在本课文所选几个章节里,作者论述了刑罚的起源、惩罚权的形成及法律的实质;以及法律的合理性、正义性、公正性、权威性、客观性、独立性、宽容性、确定性、透明性和普及性。认真阅读课文,整理一下,看看作者是怎样对上述要点进行论述的?

2. 一般来说,法律只是注重理性,强调客观,避免感情因素的影响,而本文的作者却明确提出,体现道德政治的法律,应"以不可磨灭的人类感情为基础",坚持"开明理性所萌发的善良美德",并坚信:"任何背离这种感情的法律,总要遇到一股阻力,并最终被其战胜。"对此,你如何理解?

3. 作者一再强调刑罚的正义性和公正性。在作者看来,哪些情况事实上就是非正义的和不公平的?

4. 你可能注意到了,作者费了不少篇幅对法官的权限和可能出现的情形作为分析和论述。这是为什么?

5. 作者反对对法律的随意、任意的解释和修改,理由是什么? 又是怎样论证的?

6. 文中有些语句可能理解有些困难,如:"当既应指导明智公民又应指导无知公民的权利规范不再是争议的对象,而成为一种既定事物的时候,臣民们就不再受那种小型的多数人专制的摆布,受难者与压迫者间的距离越小,这种多数人专制就越残忍;多数人专制比一人专制更有害,因为,前者只能由后者来纠正,并且一人专制的残暴程度并非与它的实力成正比,而是同它遇到的阻力成正比。"与老师、同学讨论交流,正确理解。

7. 尽管已经过去了近三百年,但《论犯罪与刑罚》的某些原理、原则至今仍具有现实意义。你能结合社会实际谈谈吗?

📖 推荐书目

①《享受法律思想的智慧》(何勤华等,清华大学出版社,2009) ②《法治及其本土资源》

（苏力，中国政法大学出版社，1997）　③《法律是什么》（刘星，中国政法大学出版社，1998）
④《西方法学经典名著选读》（张小平，中国人民大学出版社，2007）　⑤《法律的故事》（［美］赞恩，江苏人民出版社，2010）　⑥《法律之门》（［美］博西格诺等，华夏出版社，2002）　⑦《论法的精神》（［法］孟德斯鸠，商务印书馆，1961）　⑧《法律的概念》（［英］哈特，中国大百科全书出版社，1996）　⑨《当代主要法律体系》（［法］达维德，上海译文出版社，1984）　⑩《社会契约论》（［法］卢梭，商务印书馆，1980）　⑪《法哲学原理》（［德］黑格尔，商务印书馆，1961）　⑫《拿破仑法典：法国民法典》（李浩培等译，商务印书馆，1979）

在语言家园里

第七单元

这一单元包含了语言学、逻辑学和教育学三个专题。不管它们是令人生畏还是倍感亲切,都已不可分离地伴随在我们的生活中。

"语言是存在的家园,人们生活在其深处。"(海德格尔)然而,就一般的感觉而言,"语言"靠我们很近,而"语言学"则离我们很远。这是因为语言学的研究对象并不是日常话语的本身,而是其中所蕴藏的结构和规律。正如美国当代人类学家R.基辛所说:"语言学所探讨的是隐藏在我们说话和理解背后的一些极端复杂的知识。"因而语言学的理论具有较强的概括性和抽象性。然而语言学又是一门领先的学科。瑞士心理学家皮亚杰指出:"语言学,无论就其理论结构而言,还是就其任务之急切性而言,都是在人文科学中最先进而且对其他各种学科有重大作用的带头学科。"

必须指出的是,语言学成为一门现代意义下的语言科学,只是从19世纪才开始的;而在此之前两千多年间,研究语言的学问被称为"语文学",或"传统语言学"。

语言学理论比较抽象,是从丰富、复杂的种种具体语言活动中归纳、概括出来的。我们在阅读学习时,既要结合日常的言语现象(这点比较容易做到),又要学会由表及里,透过言语表层深入探究其底层的共性结构,从而更深刻地研究语言的本质和特点。另外,现代语言学理论大多来自外国,其方法、语料、术语、观念、体系等等,我们都不太熟悉。这就要求我们,阅读学习语言学,不能"就事论事",还要相应地学习掌握一些相关知识,以便全面提高自己的学识素养,完善自己的知识结构。

逻辑学主要研究推论方法。虽然在目前的教育体系中,逻辑学不受重视,但不可否认的是,学习其他各门学科,如哲学、数学、语言学、科学、历史等,都要涉及逻辑。因此,逻辑学不仅是良好教育的真正支柱,而且有学者认为它是西方文化发展的主轴。然而由于对专业术语和数学符号的大量使用,使得许多人对逻辑望而生畏,敬而远之。其实逻辑学就非常实在、实用、实惠地存在于我们身边的日常生活之中,学逻辑用逻辑,本是举手之劳的事。因为逻辑学可以被认为是一门科学、一门艺术,或者一项技能,也可以被认为是这三者的综合。只不过是逻辑学自有其基本原理、范围和方向,需要进行必不可少的专业学习和训练。而《简单的逻辑学》就是一般比较合适的入门读物。我们不妨将作者的一段话拿来作为对阅读学习逻辑的建议。

学习逻辑学首先意味着我们要对语言保持高度敏感,并且掌握有效运用它们的技巧,因为逻辑和语言是密不可分的。学习逻辑学同时也意味着我们要对身处其中的世界保持正确的认识,因为逻辑来源于现实。最后,学习逻辑学还意味着我们要深刻理解主观认识与客观存在相互作用的方式,因为逻辑要反映现实。①

另外,还要加上好莱坞著名导演尼莫依的一句话作为补充:"逻辑是智慧的开端,而不是终点。"

人类的生存和发展离不开教育。因而人类教育的历史与其生存的历史一样悠久。但是教育学成为一门独立的学科,却是在 17 世纪。一般认为,捷克教育家夸美纽斯《大教学论》的出版,是教育学产生的标志。教育是人类最广泛、最复杂的社会实践活动。从教育活动的本质、功效、手段和过程来看,以人类教育现象及其规律为研究对象的教育学,可以说既是教育的科学,又是教育的艺术。由于教育学的本质中更多的是理论分析,而不是活动过程本身,并通过理论分析来发现、评价和协调这些过程,故而人们更倾向于将教育学像其他科学一样来对待。科学意识的强化,以及与之相应的艺术意识的淡化、弱化,或者是矮化,就成了教育学工作者和教育者工作者不得不面对的选择或现实。谁都知道二者的结合是最理想的境界,但毕竟做比说要难得多。随着社会的发展,科技的进步,教育学理论、学说、思潮百花齐放,层出不穷,教育学已经成为炙手可热的时尚学科。对教育工作者来说,所面对的并不仅仅是压力——在全民重视教育的价值取向下,会有更多的机会成为既具理论修养,又有艺术造诣的受欢迎的老师。

阅读教育名著是提高教育学理论修养的最基本的、也是必不可少的途径。阅读时,要注意两个结合:一是与哲学、心理学、生理学等其他学科的阅读学习相结合,正是这些相关学科的发展推动了教育学的现代化、科学化;二是与教育实践相结合,教育理论来源于实践,也只有在具体的教育实践活动中,才能深刻透彻地理解教育理论,才能真正体现其价值,暴露出不足,从而不断地加以修正和完善。

---

① 见[美]D.Q.麦克伦尼《简单的逻辑学》(赵明燕译,中国人民大学出版社,2008)。

语言学的对象*

[瑞士]索绪尔

§ 1. 语言；它的定义

语言学的又完整又具体的对象是什么呢？这个问题特别难以回答，原因将在下面说明，这里只限于使大家了解这种困难。

别的科学都是对预先确定了的对象进行工作，接着就可以从不同的观点加以考虑。在我们的领域里，情况却不是这样。有人发出法语 nu"赤裸裸的"这个词，一个肤浅的观察者在这里也许会看到一个具体的语言学对象；但是仔细考察一下，人们将会按照不同的看法连续找到三四个完全不同的事物，如把它看作一个声音，一种观念的表达，一个跟拉丁语 nūdum 相对应的词等等。那远不是对象在观点之前，人们将会说，这是观点创造了对象，而且我们也没法预先知道，在这种种看法中，哪一种比其他的优越。

此外，不管我们采用哪一种看法，语言现象总有两个方面，这两个方面是互相对应的，而且其中的一个要有另外一个才能有它的价值。例如：

（1）人们发出的音节是耳朵听得到的音响印象，但是声音没有发音器官就不能存在；例如一个 n 音只因有这两个方面的对应才能存在。所以我们不能把语言归结为声音，也不能使声音脱离口头上的发音；反过来说，撇开了音响印象也就无从确定发音器官的动作（参看以下第 67 页）①。

（2）就算声音是简单的东西，它是否就构成言语活动了呢？不，它只是思想的工具；它本身不能单独存在。在这里又出现了一种新的可怕的对应：声音是音响·发音的复合单位，它跟观念结合起来又构成了生理·心理的复合单位。事情还不只是这样：

（3）言语活动有个人的一面，又有社会的一面；没有这一面就无从设想另一面。此外：

（4）在任何时候，言语活动既包含一个已定的系统，又包含一种演变；在任何时候，它都是现行的制度和过去的产物。乍一看来，把这个系统和它的历史，把它的现状和过去的状态区别开来似乎很简单；实际上两者的关系非常密切，很难把它们截然分开。假如我们从起源方面去考虑语言现象，例如从研究儿童的言语活动开始，问题

---

　　* 节选自《普通语言学教程》（[瑞士]索绪尔著，高名凯译，商务印书馆，1980）第三章。本文对原书注释有所删略。

　　① 括号内容是原著提示，其页码为原书页码。下同。

会不会变得简单些呢？不，因为就言语活动来说，认为起源的问题和恒常条件的问题有什么不同，那是非常错误的；所以我们还是跳不出圈子。

因此，我们无论从哪一方面去着手解决问题，任何地方都找不着语言学的完整的对象；处处都会碰到这样一种进退两难的窘境：要么只执着于每个问题的一个方面，冒着看不见上述二重性的危险；要么同时从几个方面研究言语活动，这样，语言学的对象就像是乱七八糟的一堆离奇古怪、彼此毫无联系的东西。两种做法都将为好几种科学——心理学、人类学、规范语法、语文学等等——同时敞开大门；这几种科学，我们要把它们跟语言学划分清楚，但是由于用上了错误的方法，它们都将会要求言语活动作为它们的一个对象。

在我们看来，要解决这一切困难只有一个办法：一开始就站在语言的阵地上，把它当作言语活动的其他一切表现的准则。事实上，在这许多二重性当中，看来只有语言可能有一个独立的定义，为人们的精神提供一个差强人意的支点。

但语言是什么呢？在我们看来，语言和言语活动不能混为一谈；它只是言语活动的一个确定的部分，而且当然是一个主要的部分。它既是言语机能的社会产物，又是社会集团为了使个人有可能行使这机能所采用的一整套必不可少的规约。整个来看，言语活动是多方面的、性质复杂的，同时跨着物理、生理和心理几个领域，它还属于个人的领域和社会的领域。我们没法把它归入任何一个人文事实的范畴，因为不知道怎样去理出它的统一体。

相反，语言本身就是一个整体、一个分类的原则。我们一旦在言语活动的事实中给以首要的地位，就在一个不容许作其他任何分类的整体中引入一种自然的秩序。

也许有人会反对这样一个分类的原则，认为言语活动的运用要以我们的天赋机能为基础，而语言却是某种后天获得的、约定俗成的东西，它应该从属于自然的本能，而不应该居于它之上。

我们可以这样回答：

首先，人们还没有证明，说话时所表现的言语活动的功能完全出于天赋，就是说，人体之有发音器官是为了说话，正如双腿是为了行走一样。语言学家关于这一点的意见很不一致。例如辉特尼就把语言看作一种社会制度，跟其他一切社会制度一样。在他看来，我们之所以使用发音器官作为语言的工具，只是出于偶然，只是为了方便起见：人类本来也可以选择手势，使用视觉形象，而不使用音响形象。他的这番议论无疑太绝对了；语言并不是在任何一点上都跟其他社会制度相同的社会制度（参看第110页以下和第113页）。此外，辉特尼说我们之所以选择发音器官只是出于偶然，也未免走得太远；这选择在某种程度上其实是自然强加于我们的。但是在主要论点上，我们觉得这位美国语言学家是对的：语言是一种约定俗成的东西，人们同意使用什么符号，这符号的性质是无关轻重的。所以，关于发音器官的问题，在言语活动的问题上是次要的。

这种想法可以用人们对于所谓 langage articulé（分节语）所下的定义来加以证实。拉丁语 articulus 的意思是"肢体、部分，一连串事物的小区分"。就言语活动来说，articulation（分节）可以指把语链分成音节，也可以指把意链分成意义单位；德语的 gegliederte Sprache 正是就这个意义来说的。根据这个定义，我们可以说，对人类天赋的不是口头的言语活动，而是构成语言——即一套和不同的观念相当的不同的符号——的机能。

卜洛卡（Broca）[1]发现说话的机能位于大脑第三额回，人们也就根据这一点认为言语活动有天赋的性质。但是大家知道，这个定位已被证明是跟言语活动的一切，其中包括文字，有关的。这些证明，加上人们对于因为这一部位的神经中枢受损害而引起的各种形式的失语症所作的观察，似乎可以表明：(1) 口头言语活动的各种错乱跟书写言语活动有千丝万缕的联系；(2) 在任何失语症或失书症的病例中，受影响的，与其说是发出某些声音或写出某些符号的机能，不如说是使用某种工具——不管是什么工具——来唤起正常的言语活动中的符号的机能。这一切使我们相信，在各种器官的运用上面有一种更一般的机能，指挥各种符号的机能，那可正好是语言机能。我们上述的结论就是从这里得出的。

为了使语言在言语活动的研究中占首要地位，我们最后还可以提出这样的论据：人们说话的机能——不管是天赋的或非天赋的——只有借助于集体所创造和提供的工具才能运用；所以，说语言使言语活动成为统一体，那决不是什么空想。

§2. 语言在言语活动事实中的地位

要在整个言语活动中找出与语言相当的部分，必须仔细考察可以把言语循环重建出来的个人行为。这种行为至少要有两个人参加：这是使循环完整的最低限度的人数。所以，假设有甲乙两个人在交谈：

甲　　　　　　　　乙

---

① 卜洛卡（1824—1880），法国解剖学家兼外科医生。他研究人脑结构，曾发现人们的言语发动中枢位于左大脑第三额回，它跟语言音响中枢和书写中枢有紧密联系。这些神经中枢受到损害，就会引起失语症和失忆症。——中译本校注

循环的出发点是在对话者之一例如甲的脑子里,在这里,被称为概念的意识事实是跟用来表达它们的语言符号的表象或音响形象联结在一起的。假设某一个概念在脑子里引起一个相应的音响形象,这完全是一个心理现象。接着是一个生理过程:脑子把一个与那音响形象有相互关系的冲动传递给发音器官,然后把声波从甲的口里播送到乙的耳朵;这是纯粹的物理过程。随后,循环在乙方以相反的程序继续着:从耳朵到脑子,这是音响形象在生理上的传递;在脑子里,是这形象和相应的概念在心理上的联结。如果轮到乙方说话,这新的行为就继续下去——从他的脑子到甲方的脑子——进程跟前一个完全相同,连续经过同一些阶段,可以图示如右:

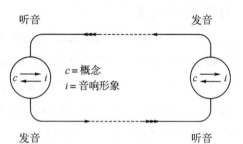

这分析当然不是很完备的;我们还可以区分出:纯粹的音响感觉,音响感觉和潜在的音响形象的合一,发音的肌动形象,等等。我们考虑的只是大家认为是主要的要素;但是上图已能使我们把物理部分(声波)同生理部分(发音和听音)和心理部分(词语形象和概念)一举区别开来。重要的是不要把词语形象和声音本身混为一谈,它和跟它联结在一起的概念都是心理现象。上述循环还可以分为:

(a) 外面部分(声音从口到耳的振动)和包括其余一切的里面部分;

(b) 心理部分和非心理部分,后者既包括由发音器官发出的生理事实,也包括个人以外的物理事实;

(c) 主动部分和被动部分:凡从说话者的联想中枢到听者的耳朵的一切都属主动部分,凡从听者的耳朵到他的联想中枢的一切都属被动部分;最后,在脑子里的心理部分中,凡属主动的一切($c \rightarrow i$)都可以称为执行的部分,凡属被动的一切($i \rightarrow c$)都可以称为接受的部分。

此外,我们还要加上一个联合和配置的机能。只要不是孤立的符号,到处都可以看到这个机能;它在作为系统的语言的组织中起着最大的作用(参看以下第170页)。

但是要彻底了解这种作用,我们必须离开个人行为,走向社会事实,因为个人行为只是言语活动的胚胎。

在由言语活动联系起来的每个个人当中,会建立起一种平均数:每个人都在复制(当然不是很确切地,而只是近似地)与相同的概念结合在一起的相同的符号。

这种社会的晶化是怎么来的呢?上述循环中的哪一部分可能是跟它有关的呢?因为很可能不是任何部分都同样在里面起作用的。

我们首先可以把物理部分撇开。当我们听到人家说一种我们不懂的语言的时候,我们的确听到一些声音,但是由于我们不了解,我们仍然是在社会事实之外。

心理部分也不是全部起作用的:执行的一方是没有关系的,因为执行永远不是由集体,而是由个人进行的。个人永远是它的主人;我们管它叫言语。

由于接受机能和配置机能的运用,在说话者当中形成了一些大家都觉得是相同的印迹。我们究竟应该怎样去设想这种社会产物,才能使语言看来是完全跟其他一切分立的呢? 如果我们能够全部掌握储存在每个人脑子里的词语形象,也许会接触到构成语言的社会纽带。这是通过言语实践存放在某一社会集团全体成员中的宝库,一个潜存在每一个人的脑子里,或者说得更确切些,潜存在一群人的脑子里的语法体系;因为在任何人的脑子里,语言都是不完备的,它只有在集体中才能完全存在。

把语言和言语分开,我们一下子就把(1)什么是社会的,什么是个人的;(2)什么是主要的,什么是从属的和多少是偶然的分开来了。

语言不是说话者的一种功能,它是个人被动地纪录下来的产物;它从来不需要什么深思熟虑,思考也只是为了分类的活动才插进手来,这将是我们在以下第170页所要讨论的问题。

相反,言语却是个人的意志和智能的行为,其中应该区别开:(1)说话者赖以运用语言规则表达他的个人思想的组合;(2)使他有可能把这些组合表露出来的心理·物理机构。

应该注意,我们是给事物下定义,而不是给词下定义,因此,我们所确立的区别不必因为各种语言有某些意义不尽相符的含糊的术语而觉得有什么可怕。例如,德语的 Sprache 是"语言"和"言语活动"的意思;Rede 大致相当于"言语",但要加上"谈话"的特殊意味。拉丁语的 sermo 无宁说是指"言语活动"和"言语",而 lingua 却是"语言"的意思,如此等等。没有一个词跟上面所确定的任何一个概念完全相当。因此,对词下任何定义都是徒劳的;从词出发给事物下定义是一个要不得的办法。

语言的特征可以概括如下:

(1)它是言语活动事实的混杂的总体中一个十分确定的对象。我们可以把它定位在循环中听觉形象和概念相联结的那确定的部分。它是言语活动的社会部分,个人以外的东西;个人独自不能创造语言,也不能改变语言;它只凭社会的成员间通过的一种契约而存在。另一方面,个人必须经过一个见习期才能懂得它的运用;儿童只能一点一滴地掌握它。它是一种很明确的东西,一个人即使丧失了使用言语的能力,只要能理解所听到的声音符号,还算是保持着语言。

(2)语言和言语不同,这是人们能够分出来加以研究的对象。我们虽已不再说死去的语言,但是完全能够掌握它们的语言机构。语言科学不仅可以没有言语活动的其他要素,而且正要没有这些要素搀杂在里面,才能够建立起来。

(3)言语活动是异质的,而这样规定下来的语言却是同质的:这是一种符号系统;在这系统里,只有意义和音响形象的结合是主要的;在这系统里,符号的两个部分都是心理的。

（4）语言这个对象在具体性上比之言语毫无逊色，这对于研究特别有利。语言符号虽然主要是心理的，但并不是抽象的概念；由于集体的同意而得到认可，其全体即构成语言的那种种联结，都是实在的东西，它们的所在地就在我们脑子里。此外，语言的符号可以说都是可以捉摸的；文字把它们固定在约定俗成的形象里。但是要把言语行为的一切细节都摄成照片却是不可能的；一个词的发音，哪怕是一个很短的词的发音，都是无数肌肉运动的结果，是极难以认识和描绘的。相反，语言中只有音响形象，我们可以把它们译成固定的视觉形象。因为把言语中实现音响形象的许许多多动作撇开不谈，那么，我们将可以看到，每个音响形象也不过是若干为数有限的要素或音位的总和，我们还可以在文字中用相应数量的符号把它们唤起。正是这种把有关语言的事实固定下来的可能性使得一本词典和语法能够成为语言的忠实代表；语言既然是音响形象的堆栈，文字就是这些形象的可以捉摸的形式。

§3. 语言在人文事实中的地位：符号学

语言的这些特征可以使我们发现另外一个更重要的特征。在言语活动的全部事实中这样划定了界限的语言，可以归入人文事实一类，而言语活动却不可能。

我们刚才已经看到，语言是一种社会制度；但是有几个特点使它和政治、法律等其他制度不同。要了解它的特征性质，我们必须援引另一类新的事实。

语言是一种表达观念的符号系统，因此，可以比之于文字、聋哑人的字母、象征仪式、礼节形式、军用信号等等，等等。它只是这系统中最重要的。

因此，我们可以设想有一门研究社会生活中符号生命的科学；它将构成社会心理学的一部分，因而也是普通心理学的一部分；我们管它叫符号学（sémiologie，来自希腊语 sēmeîon"符号"）。它将告诉我们符号是由什么构成的，受什么规律支配。因为这门科学还不存在，我们说不出它将会是什么样子，但是它有存在的权利，它的地位是预先确定了的。语言学不过是这门一般科学的一部分，将来符号学发现的规律也可以应用于语言学，所以后者将属于全部人文事实中一个非常确定的领域。

确定符号学的恰当地位，这是心理学家的事。语言学家的任务是要确定究竟是什么使得语言在全部符号事实中成为一个特殊的系统。这个问题我们回头再谈，在这里只提出一点：如果我们能够在各门科学中第一次为语言学指定一个地位，那是因为我们已把它归属于符号学。

为什么大家还不承认符号学是一门独立的科学，像其他任何科学一样有它自己的研究对象呢？因为大家老是在一个圈子里打转：一方面，语言比任何东西都更适宜于使人了解符号学问题的性质，但是要把问题提得适当，又必须研究语言本身；可是直到现在，人们差不多老是把它当作别的东西，从别的观点去进行研究。

首先是大众有一种很肤浅的理解，只把语言看作一种分类命名集（参看第100页），这样就取消了对它的真正性质作任何探讨。

其次是心理学家的观点，它要研究个人脑海中符号的机构：这方法是最容易的，但是跨不出个人执行的范围，和符号沾不上边，因为符号在本质上是社会的。

或者，就算看到了符号应该从社会方面去进行研究，大家也只注意到语言中那些使它归属于其他制度，即多少依靠人们的意志的制度的特征。这样就没有对准目标，把那些一般地只属于符号系统和特殊地属于语言的特征忽略了。因为符号在某种程度上总要逃避个人的或社会的意志，这就是它的主要的特征；但这正是乍看起来最不明显的。

正因为这个特征只在语言中显露得最清楚，而它却正是在人们研究得最少的地方表现出来，结果，人们就看不出一门符号科学有什么必要或特殊效用。相反，依我们看来，语言的问题主要是符号学的问题，我们的全部论证都从这一重要的事实获得意义。要发现语言的真正本质，首先必须知道它跟其他一切同类的符号系统有什么共同点。有些语言的因素乍一看来似乎很重要（例如发音器官的作用），但如果只能用来使语言区别于其他系统，那就只好放到次要的地位去考虑。这样做，不仅可以阐明语言的问题，而且我们认为，把仪礼、习惯等等看作符号，这些事实也将显得完全是另一种样子。到那时，人们将会感到有必要把它们划归符号学，并用这门科学的规律去进行解释。

📖 作者简介

费尔迪南·德·索绪尔（1857—1913），瑞士语言学家，现代语言学的奠基人，也是结构主义的开创者。出生于瑞士日内瓦的一个学者世家，祖籍法国。父亲是著名的博物学家。自小受其父好友语文学者皮科特的影响，很早就掌握了欧洲多种语言以及古拉丁语和希腊语，上中学时就已经开始学习梵语，十五岁时就想制订出"语言的普遍系统"。1875年在日内瓦大学学习化学、物理和博物学。1876年转入德国莱比锡大学学语言学。1879年又转至柏林大学，发表了论文《论印欧系语元音的原始系统》。这是索绪尔早期的代表性著作，提出了"喉化音理论"，解释了原始印欧语的元音系统的一些问题，也奠定了他当时在语言学界的学术地位。1880年回莱比锡大学，次年通过博士论文《论梵语绝对属格的用法》而获博士学位。此后十年，在法国巴黎，在高等研究学院从事梵语、哥特语和古高地德语的教学与研究，积极参加巴黎语言学会的活动，对法国青年一代语言学家的成长有重要影响。1891年，接受日内瓦大学所授予的教授职衔而回瑞士任教，讲授印欧系古代语言和历史语言学。然而这里的学生较少，水平也低些。索绪尔这段时间比较沉默孤独，很少写作，这与他的语言学思想的超前性也有关系。1906年开始讲授"普通语言学"课程；先后讲了三个教程，都是随备随讲，并没有写成讲义或书稿。1913 年病逝。

索绪尔去世后,他的两个学生巴利和薛施霭根据自己的和他人的听课笔记,详尽整理出《普通语言学教程》,于 1916 年出版。这是这位伟大的语言学家留给后世的最宝贵的遗产。索绪尔也被认为是心理社会学语言学派的创始人,对语言学研究的日内瓦学派、法国社会学派、"音位学"派以及结构主义语言学派都有重大影响。

📖 作品要览

《普通语言学教程》1916 年出版以来,先后被译成德、西、俄、英、日等语言,在世界范围出版发行,成为语言学史乃至学术史上一部重要的经典著作。近一个世纪以来,其流行之广、影响之深,在语言学史上甚为罕见。

由于《普通语言学教程》不是索绪尔亲自撰写,所以不断有人对之做考证、注释的工作。可以肯定的是,它基本上真实而准确地记录了索绪尔的思想。《普通语言学教程》分"绪论"、"附录",和"一般原则"、"共时语言学"、"历时语言学"、"地理语言学"、"结论"五编。其中"绪论"、"一般原则"、"共时语言学"是索绪尔语言理论的核心。"绪论"简要叙述语言学的历史和它与其他科学的关系、语言学的对象、言语行为的内部要素和外部要素、文字表现语言和音位学。"一般原则"主要讲语言符号的性质、符号的不可变性和可变性,以及静态语言学和演化语言学中的种种理论问题。"共时语言学"分八章,分别论述了语言系统的结构原则;同一性、现实性和价值;语言价值;组合关系和联想关系;语言的机构;语法及其区分和抽象实体在语法中的作用等。在上述三个部分中,有关"语言"与"言语"、"共时"与"历时"、"所指"与"能指"、"句段关系"与"联想关系"以及"语言是一个符号系统"等概念、观点和理论,又是索绪尔语言学说中见解独特、价值重大、影响深远的精华所在。

《普通语言学教程》开辟了语言研究的一个新阶段,具有划时代的历史意义,有人甚至将索绪尔与爱因斯坦相提并论,他的学说是语言学史上哥白尼式的革命。一个无法否认的事实是:现代语言学流派众多,各有不同,但无论哪门哪派,都直接或间接地受到了索绪尔学说的影响。

📖 阅读提示

1. 语言学是我们很少或几乎没有接触过的领域,即使是比较简单的理论知识,理解起来也有一定的困难。因此,反复阅读、认真思考是学习语言学知识最基本也是最重要的"方法"。本课文保留了原著的"参看"提示,有兴趣、有能力的同学可以按其提示阅读原著,前后参照,肯定有利于全面深刻的理解。另一方面,限于背景知识等各种因素,也可以"不求甚解",大致了解一下,作为知识信息储备,便于日后需要进一步阅读学习时,起到目录索引的作用。

2. 语言学和其他学科一样,自有一套用来建立科学概念、原理和理论体系的术语。这也是我们阅读学习时的"拦路虎",需要下决心解决。最根本最有效的办法就是加强理解,——理解各个术语、概念的定义和所指的语言现象,以及各个概念在该语言理论体系中的地位和作用。

例如本课文，"语言现象"、"言语活动"、"语言符号的表象或音响形象"、"言语"、"语言"、"语言机构"、"意义和音响形象的结合"、"语言符号"、"符号系统"等概念，都是阅读理解的重点，在理解这些术语、概念的同时，对文章的主要思想也一定有所领悟。

3. 为什么说"语言现象总有两个方面，这两个方面是互相对应的，而且其中的一个要有另外一个才能有它的价值"？请举例说明。

4. 认真领会下列语句的含义：

a. 在任何时候，言语活动既包含一个已定的系统，又包含一种演变；在任何时候，它都是现行的制度和过去的产物。

b. 语言和言语活动不能混为一谈。

c. 语言是一种约定俗成的东西，人们同意使用什么符号，这符号的性质是无关轻重的。

d. 对人类天赋的不是口头的言语活动，而是构成语言——即一套和不同的观念相当的不同的符号——的机能。

e. 在任何人的脑子里，语言都是不完备的，它只有在集体中才能完全存在。

f. 把语言和言语分开，我们一下子就把(1) 什么是社会的，什么是个人的；(2) 什么是主要的，什么是从属的和多少是偶然的分开来了。

5. 作者是从哪些方面来论述"语言"与"言语"的区别的？

6. 指出"语言是一种表达观念的符号系统"，并且"把仪礼，习惯等等看作符号"，强调"要发现语言的真正本质，首先必须知道它跟其他一切同类的符号系统有什么共同点"，甚至预见会"有一门研究社会生活中符号生命的科学"，这些在现在看来已是毫无疑义的科学理论，当时却很少有人接受，作者也处在"光荣的孤立"境地。有兴趣的话，可以进一步阅读学习语言学史，比较详细具体地了解有关学说形成、成熟和发展的过程。

📖 **推荐书目**

①《语言问题》(赵元任，商务印书馆，1980)　②《语言与文化》(罗常培，语文出版社，1989)③《汉语语法分析问题》(吕叔湘，商务印书馆，1979)　④《修辞学发凡》(陈望道，上海教育出版社，1997)　⑤《汉语方言概要》(袁家骅等，文字改革出版社，1983)　⑥《汉语音韵》(王力，中华书局，1991)　⑦《训诂简论》(陆宗达，北京出版社，2002)　⑧《中国文字学》(唐兰，上海古籍出版社，1979)　⑨《中国语言学史》(王力，山西人民出版社，1981)　⑩《语言论》(高名凯，商务印书馆，2011)　⑪《语言学与现代科学》(陈明远，四川人民出版社，1984)　⑫《语言学纲要》(叶蜚声等，北京大学出版社，1997)　⑬《语言学导论》(李兆同等，新疆人民出版社，1981)　⑭《中国语言的结构与人文精神》(申小龙，光明日报出版社，1988)　⑮《中国历代语言学论文选注》(吴文祺等，上海教育出版社，1986)　⑯《句法结构》([美]乔姆斯基，中国社会科学出版社，1979)　⑰《西方语言学名著选读》(胡明扬，中国人民大学出版社，2007)　⑱《语言论》([美]布龙菲尔德，商务印书馆，1980)　⑲《语言论》([美]萨丕尔，商务印书馆，2011)　⑳《西方语言学流派》(刘润清，外语教学与研究出版社，2002)　㉑《现代语言学流派》(冯志伟，陕西人民出版社，1987)

学习逻辑学的思想准备*

［美］麦克伦尼

1. 全神贯注

　　许多错误的产生源于我们注意力不够集中，尤其是在面对相似的情景时。相似性使得我们忽略眼前的实际情况，对应该关注的地方视而不见，草率做出结论。一般情况下，我们总是想当然地认为相似的情景只不过是对曾经历过的事物的简单重复。但从严格意义上来说，世界上没有两片绝对相同的叶子。每个情景都有它的特殊性，而我们必须对此特殊性保持敏感。俗话说，观察是知识的重要来源，这正说明注意力是有价值的。注意力要求我们对所处的每个环境以及组成环境的每个要素都做出敏捷主动的反应。全神贯注与被动接受是不兼容的。不要对周边的事务漠然处之，要用心去看，用心去听。学会关注细节，不因事小而疏忽。古语有云：不积跬步，无以至千里。

2. 确认事实

　　事实是既成的，所以有其客观性，它独立于我们的观念而存在。事实需要我们主动去认识，一旦我们忽略它的存在，它就会露出狰狞的面目。

　　事实的客观存在有两种基本形式：事物和事件。事物即存在的实体，如动物、蔬菜、矿藏等。例如，白宫就可以看做事物的代表，而林肯被刺则可以看做事件的代表。事物是比事件更基础的存在形式，因为事件是由事物组成的，或者是由事物的表现形式组成的。白宫举行国宴，首要条件是白宫和其他相关事物的存在，否则这个事件就不会存在。要存在无形的事件，有形的事物是其基础。

　　要确认事物的存在，你只需实地去考察。如果它真实存在，就一定存在于某个地方；如果这个地方是你可以到达的，你就可以通过直接观察来确认它的真实性。以白宫为例，为了证明白宫并非只存在于你的想象之中，你可以去华盛顿旅行，亲眼看看它，这是最直接也最可靠的方法。不过你也可以通过间接方法证明，例如，从值得信赖的人口中证实白宫确实存在于华盛顿特区，或者，以照片为证也是个有效的方法。

---

　　* 节选自《简单的逻辑学》（［美］D.Q.麦克伦尼著，赵明燕译，中国人民大学出版社，2008）第一章。

但是，对于类似林肯被刺之类的事件，如何证明其真实性呢？我们说这是一个事实，依据是什么？这个事件年代久远，我们无法直接找到证人求证。显然，我们自己不能证明其真实性，直接证据法已然失效。在这种情况下，我们只能求助于一些可以作为间接证据的事物。例如，官方记录（警局记录、死亡报告等）、当时的报纸、照片、回忆录、日记、国会档案等，所有这些不同领域的权威资料只能用林肯被刺是事实来解释。在这些史料的基础上，我们确认了此事件的真实性，由此，我们确认了一个历史事件的存在。

事实可以被认为是客观的，也可以被认为是主观的。事物和事件都是客观的，它们都存在于公众领域，原则上可以为每个人所获得。主观事实是指由个人亲身经历的、或间接通过别人的经历确认的事实。例如，头痛就是一个主观事实，如果我经历过头痛，我就有第一手资料证明其真实性。但是，如果是你而非我头痛，我就只能间接地听你说你头痛的情形，来建立我对头痛的概念。因此，主观事实的确认完全依赖于声称头痛者的可靠性。

让我们来总结一下如何直接确认事实：如果某个事物是我们可以亲身体验的，最可靠的方法就是亲自投身其中，获得第一手资料。如果没有条件获得第一手资料，我们就必须严格考察所获间接资料的真实性及可靠性，在此基础上确认事物的真实性。

现实生活中，我们能亲身经历的重要公共事件非常有限。这就意味着，在大多数情况下，我们必须依靠间接证据。同间接求证一个事物真实性的方法一样，在利用间接证据求证一个事件的真实与否时，我们必须投入足够的注意力，因为认真审查证据来源的真实性及可靠性是最重要的。

源于主观体验的主观事实，在通常条件下是自动呈现的。但是，由于人脑中的自我错觉或理性化思维机制，人们甚至可能无法确认关于他们自身的事实。

由于主观事实得以确认的基础是对其他当事人的完全信任，所以你必须首先考虑对其他当事人完全信任的可能性。

3. 观念与其对象

我们大脑中的每个观念最终都源于对事物的描摹，而真实存在的事物却独立于观念之外。观念是对客观事物的主观反映。**正确观念忠实地反映其对象的客观秩序，与之相反，错误观念则是对客观世界的歪曲表达。**

虽然我们对观念的控制力有限，但并非无能为力。因此，我们在面对错误观念的时候也并非无计可施。我们可以通过检验观念与其对象的关系来确认观念的正确与否。如果某一观念与其对象的对应关系扭曲脆弱，我们就可确认该观念是错误的。

我们只能通过观念来了解世界，但并不能因此就认为我们只能把握观念。观念是人类认知的工具,而非最终目的。观念是人与外部世界之间的桥梁,正确观念能使此桥固若金汤。而最有效的确认观念正确与否的方法,是透过观念本身去观察其所表现的对象。

4. 留意观念的本源

欣赏自己的观念是人之天性,因为我们大脑所产生的想法就像自己的孩子,但这种观念产生的根源只能是其对象在外部世界的际遇。归根到底,观念能感知的来源依旧是独立于人脑意识的客观事物。

与事物接触得越多,对它的理解就越深刻;对它的理解越深刻,观念就越清晰。如果我们认为观念是不依靠客观事物的无根之花,就永远不可能真正理解它。理解观念的关键点永远应该是它在外部世界的根源。

越是忽略观念的客观根源,观念就会变得越不可靠。如果超过了一定的限度,客观与主观的联结纽带将会断裂。到那时,我们看到的外部世界只是大脑的创造品,而非世界本身的面貌,观念将与世界脱节。

当我们说"确认事实"的时候,并不是说把这个关于现实的观念在大脑中确立起来。大脑中的观念,如我们所知,是主观的范畴,而我们所关注并意欲确认的事实,是客观的范畴。要确认事实,我们必须绕过观念直观外部世界。如果我们成功地为观念在外部世界中找到了对应物,那我们就确认了一个事实。例如,我的大脑中有一个特定的观念,我称之为"猫",其对应物是现实存在的猫。但是,如果我的大脑中另有一个观念"牛头马面",它就没有对应的现实事物。类似牛头马面的观念就是主观事实,因为它仅存在于我的大脑中。

5. 观念联系事实

人类认知主要由 3 部分形成:(1) 客观存在的事物;(2) 事物在大脑中的反映;(3) 我们为其创造的语言,借之我们才能与他人交流。以猫为例,首先要有一只猫,然后才会确立关于猫的观念,随后才有"猫"这个大家认可的词。所有一切都来源于猫的客观存在,如果没有这个客观存在,就无所谓关于猫的观念和语言。我已经强调过正确反映客观事物的主观事实都是清晰明确的。我们这里又讲到,所有观念在客观世界中都有其特定的本源。现在,我们必须深入探讨,观念与客观事物如何发生并非简单的联系;接着,我们将解决这个问题:错误观念是怎样产生的。

有时观念与客观事物之间的联系直接明了,就如我们举例中的猫。我们称之为**简单观念**。符合我们大脑中"猫"的定义的是一种特殊的毛茸茸的会喵喵叫的动物,我们称之为猫。简单观念相对容易被验证,因为它所对应的客观事物只有一个。比如我们提到的猫,它所包含的意思是明确具体的。

与简单观念相对应,**复杂观念**指的是那些与客观事物并非一一对应的观念。这种观念在客观世界中通常具有多个来源。例如民主,它是明确具体的观念吗?至少在潜意识上来说,是的,因为我们可以把它联系到客观世界。但是民主的内涵有其丰富的来源:人物、事件、宪法、立法行动、旧制度、新制度,等等。如果我要和其他人讨论民主问题,为了避免因走入主观主义的歧路 而无法与别人沟通,我讨论的必然是现实中大家都明白的事物;我必须不断地涉及现实中的种种事件,而这些事件即是民主内涵的现实土壤。

我们如何解释那些错误观念的产生呢?**错误观念即对客观事物做出偏离其本源的错误反映。**没有任何观念可以完全脱离客观世界,即便是最荒谬的想法。但是观念与客观世界的联系可以变得遥远而难以捉摸。错误观念已经偏离了事物的本源,它或许不能提供客观事物的真实情况,但却可以反映出产生错误观念的人的精神态。错误观念是我们在应该全神贯注时却麻痹大意的产物,是我们对客观世界做出一厢情愿的假设的结果,它只能由我们自己负责。

6. 将观念付诸语言

正如我们所看到的,首先是事物,然后产生观念,最后出现语言。即使一个观念清晰明确而且忠实地反映了客观事物,为了交流的方便,我们也应该用语言表达出来。**观念必须和语言紧密切合,人们才能畅顺交流。**然而,给观念找到合适的语言并不是一个自发的过程,这一工作常常充满挑战性,我们不是都有词不达意的经历吗?

我们如何确认自己找到了合适的语言? 这个过程实际上与我们确认某个观念是否清晰明确的过程一样,必须寻其根源——客观事物。很多时候,我们不能清楚表达我们的观念,仅仅是因为没有完全了解自己要表达什么。所以,回头重新审视观念的外在来源,理清思路,合适的表达将随之而来。

有时,语言和观念的结合是完美的。在这种情况下,语言和观念完全切合,它们都忠实地反映了客观事物,这种情况通常存在于简单观念中。例如我说:这座纪念碑是由花岗岩砌成的。我这里所指的纪念碑确实是由花岗岩砌成的。这种情况下,语言和观念完全统一。同样的原则也适用于复杂观念,虽然它比简单观念复杂得多。为了保证所运用语言的精确性,必须回归语言的本源——客观事物。

为了能准确地表情达意,我们的最终目的如下:**语言要忠实表达出客观事物的本来面貌,从而使我们的沟通有坚实的事实基础。**仅仅用语言表达相应的观念是不够的,它还应该用来表达明晰正确的观念。或许我坚信小人国的存在,对它有全面的想象。或许我可以用丰富多彩的词语来表达那些想象,但它们只能揭示我的思想状态,而不是现实的真实情况;它们揭示的只是主观事实,而不是客观现实。

7. 有效沟通

语言和逻辑是密不可分的,他们之间的紧密联系我们可以通过回顾语言和观念之间的关系看得更清楚。尽管专家们对这个观点颇有争议,但我们似乎还是可以对一个只存在于大脑中的观念不赋予明确的词语。然而在任何情况下,只要我们试图与别人就某个观念进行沟通,语言就必然是不可或缺的。而且,就如前文所述,语言和观念的匹配度越高,沟通就越清晰有效。

语言和观念的匹配仅仅是沟通最基本的第一步。下一步是为观念建立连贯的陈述。如果我对你说"猫"或者"狗",你的反应必然是静听下文。你一定想知道,"猫"或者"狗"怎么了?虽然你明白我说的词语的含义,但是你不知道我说这些词语到底是想表达什么。我仅仅是简单地说出了词语,但没有说任何相关的信息。只有同时将相关的信息阐述出来,我们才可以做出积极或消极的反应。注意,如果一个人只说了一个词"狗",对此我们无法做出真假判断。但是如果一个人说出某件和狗相连的事情,比如,停车场里有只狗,我们就可对此做出真假判断。**在逻辑学中,陈述有其特定的含义,它是语言上的特定表达方式,只针对可以做出真假判断的命题。**

词语被称为语言的基石,而逻辑的基石是命题。因为只有在命题的层面上才涉及真假问题,而逻辑本身就是发现真相并将其从谬误中分离出来的学问。在命题易于理解的时候,我们可以轻易分辨出真假。但是,如果命题本身表达得含混晦涩,我们就会面临双重问题。因为我们必须先找出命题本身的含义,然后才能做出真假判断。由此可知,清晰有效的表达非常重要。

思维混乱不可能带来有效沟通。如果一个人连自己在想什么都不明白,又怎么能够清楚地表达给别人听?然而,明确的观念也并不会自动地保证有效沟通。或许我很清楚自己要说什么,但是很可能一张口就词不达意,表述混乱。

以下是一些能够带来有效沟通的基本原则:

不要想当然地认为你的听众会领悟你没有直接表达的意思

问题越复杂,这个原则越重要。有时,我们想当然地认为听众和我们一样了解问题的背景信息,可以牢牢把握所要讨论的问题,但实际上,可能很多听众对这些信息根本一无所知。当我们拿不准的时候,最好能清楚地讲明背景信息;唠唠叨叨总比挂一漏万强。

说完整的句子

逻辑中最常见的是说明句,说明句类似于命题。如果我说"狗"、"海龟"、"7月下跌的股票价格"、"那简单的石灰石正面",你可能会猜测我在试图把不同的观念联系在一起,但是你不知道它们是如何产生联系的。这是因为我没有做出完整的陈述。我需要用完整的句子,例如"那只狗攻击那只海龟","7月下跌的股票价格使小王很丧气","那座印第安建筑风格的石灰石正面被那帮流氓严重地损坏了"。

不要将主观看法当做客观事实

泰山在山东和山西之间,这是个基于客观事实的命题,它要么是真的,要么是假的。但是如果我说泰山是秀美的,这个命题就糅合了主观和客观两个方面的因素。在这种情况下,我们绝不能对主观命题的真假做出随意的判断,就像我们刚才所做的那样。客观命题的真假判断是没有争议的,但主观命题有。如果我想让某个主观命题被大家接受,我就必须为它做论证。

避免使用双重否定

在西班牙语中,双重否定用来加强语句中的否定意义。在英语中,双重否定相互抵消,句子表达的是肯定的意思。有时候,这会带来困扰,因为语句表面上听起来是否定但实际上是肯定。为了避免歧义,最好直接表达本意,不要使用双重否定句。不要说,"这里不是不欢迎她来",直接说,"欢迎她来"。

根据对象选择合适的语言

如果你是个物理学家,在一个学术会议上与其他物理学家讨论测不准原理,你可以自由地运用你的专业术语。但是,如果你是在向一群普通人解释这个原理,就必须用比较通俗的语言,方便大家理解。不要对着外行人使用业内行话,沟通的关键是理解。最忌讳两件事:一是对人讲话态度傲慢;二是故作高深,让人云里雾里。

这里很重要的一点是,如果不了解听众的背景,你就无法选择合适的语言及表达方式。因此,你所要做的第一步,就是要对听众的组成及其背景做出准确的判断。

8. 避免使用模糊和多义的语言

模糊和多义是制约有效沟通的两个典型因素。英语中的模糊(vague)来源于拉丁语中的"vagus",意思是恍惚;多义(ambiguous)的来源可以追溯到拉丁语中的一个动词"ambigere",意思是徘徊。模糊和多义的语言并不明确表达这个或那个特定的观念,而是游走于不同的观念之间。它们共同的缺点是没有一个固定的无可争议的内涵。

一个词语的指代物不明确,它就是模糊的。我们不知道这个词语到底指的是什么。看如下两个命题:"人们不喜欢那样的音乐"和"他们说他将不参加连任的竞选"。对第一个句子,大家的自然反应是:"什么样的人?什么样的音乐?"第二个句子,大家也会问:"他们是谁?"在此两例中,由于缺乏准确的信息,我们都不确定到底说的是什么。像这种情况，完整的表达应该是这样的："圣弗朗西斯科音乐学院毕业的人们不喜欢西部民间音乐"和"人民党选举委员会的候选人宣布他将不再参加竞选"。在这种情况下，我们才可以针对一些明确的东西做出反应。

通常，一个词语的使用越普遍，它的含义就越模糊。**避免产生歧义的方法是让你所运用的词语尽可能有针对性地反映出你的本意，以便读者或者听众不用费心去猜测你所说的到底是什么。**如果你想说的是摇椅、古董椅、牙科医生专用椅或电椅等，在你谈到这些东西时，不要笼统地称之为椅子，要用定语做限定。一般情况下，听众可以根据你所讲事物的前后承接关系来判断出你现在讲的是什么，但是如果你自己拿不准，就加上特定的定语。

类似于"爱"、"民主"、"公平"、"善良"、"邪恶"这类词语，它们本身的含义就是不明确的。不仅仅是因为它们没有确定的所指，更是因为它们的含义太广泛了。因此，即使两个人用同一个词语（比如"爱"），其含义也可以是大相径庭的，甚至背道而驰。这就是为什么在使用这类词语的时候，必须对其做出准确的理解。在你试图说服别人某件事情是不公平的之前，你要告诉他们你是如何定义不公平的。

多义词（在逻辑学上称为双关语），顾名思义，它一般包含多重含义，且无法根据上下文判断出在所讲事物中到底反映的是哪种含义。一条林间小径的路口树了一块路牌，上面写着：熊向右。这句话就可以从两个方面理解。比较可能的理解是，这是提醒旅行者不要向左，要向右走。但是，假如设立此路牌的人恰好是相反的意思，他是在提醒路人，在右边的路上有一只灰熊，请大家不要向右走。护林人语言一时的不谨慎，很可能会带来灾难性的后果。避免造成歧义的惟一方法就是，尽可能清楚地表明本意，就像刚才的例子，应换成如下说法："向左走，不要向右走，那里有熊出没。"

9. 避免闪避式语言

尽量直抒胸臆，降低听众对你所要表达的意思产生误解的可能性。但这并不是在建议你要口无遮拦，一个简单的逻辑学，人应该可以将简练与优雅完美地结合起来。

语言中，委婉表达是很重要的。但是我们必须小心，不要使委婉的语言成为信息缺漏的根源。例如，设想一个词语叫"终极方案"，用来掩盖一个罪恶的灭绝人类的计划。闪避式语言不能直接地表达出演讲者或是作者脑中的真实想法，它带来的危害是双重的。首先，很明显的，它可以欺骗听众；其次，无形中，它将对其使用者造成有害的影响，扭曲他们对现实世界的感受。使用者塑造语言，同时语言也塑造使用者。如果持续使用扭曲现实的语言，我们会逐渐相信自己编造出来的虚假世界。这就是语言的力量。

为了标新立异,青少年喜欢使用耸人听闻的语言。但是,即便如此,如果它可以解开观念的困惑,使人们看到真相,同样胜过闪避式语言。

10. 真相

所有的逻辑推理,所有的论证,目的只有一个:找出某个事物的真相。这是个艰巨的任务,因为在有些情况下,真相是难以捉摸的。但不探寻真相更荒谬,因为**真相是我们所有努力的意义所在**。那种真相永远是可望而不可即的想法同样荒谬,因为它否定了我们所有的努力,使之看来毫无理性,毫无意义,使真相沦落为妄想。

真相有两种基本形态,一为本体真相,一为逻辑真相。其中,本体真相更为基础。所谓本体真相,指的是关乎存在的真相。某个事物被认定是本体真相,如果它确实是,则必然存在于某处。桌上有一盏灯,这是本体真相,因为它确实是在那里,而不是幻象。本体真相的 对立面是虚假的幻象。

逻辑真相,如你猜测的那样,是逻辑学家直接关注的真相的形式。逻辑真相仅仅是关乎命题的真理性。更宽泛地说,它是在我们的思维和语言中自动呈现出来的真相。让我们仔细考察一下逻辑真相的概念,后文将证明它是极其重要的。

我们回忆一下前文提到的命题的定义:一个可以做出真假判断的语言表述。肯定一个命题就是判断它为真,反之亦然。

一个命题如果真实地反映了客观事物,那么它就为真。例如一个命题说,一艘船泊在码头上。如果这里确实有一艘船,确实有一个码头,而这艘船确实泊在码头上,那么这个命题就是真的。一个真命题的作用,就是以语言为媒介,将大脑中的观念(主观事实)与相应事 物的真确状态(客观事实)联结起来。上例中,如果那个命题所说的与现实情况并不相符,则命题就是假的。

在任何特定的情况下,对真相的确认都要去检查别人所认定或推测所得的真相在现实中是否存在依据。确认真相就是要达到主观与客观的统一。但是这里我们所要关注的焦点是事物的客观情况。如果我不能确认一个命题的真假,比如说"狗在车库里",那么仅仅在大脑中反思狗啊、车库啊或者其他相关概念是无助于我解决这个问题的,我得亲自到车库去看看。从这一点也可以清楚地看出,为什么我们说本体真相更为基础。决定命题真假的依据是现实情况,而逻辑真相是建立在本体真相的基础之上的。

让我们来看看谎言。其实撒谎是一个心理问题而非逻辑问题。当人们撒谎时,脑子里其实很清楚现实世界中真相是什么,而在表述时却有意地欺瞒篡改。用符号来表示就是说,你知道"A 是 B",但你说出来的却是 "A 不是 B"。

逻辑真相,如我们所见,反映的是命题内容与客观事实之间的关系。所以,对真相的本质的理解就顺理成章地称之为符合论。另一理论融贯说,则从属于符合论。

融贯说意指,如果一个命题与某个已经得到证明的理论或思想学说一致(相融贯),那它就是真的。以爱因斯坦的相对论为例,如果说某个关于物质世界的特殊命题是真的,那是因为它与相对论是一致的。使这个命题逻辑上正确的正是相对论本身,因为相对论被认为是 真实地反映了物质世界客观规律的理论,它与真实的物质世界是相符合的。我们可以看到,融贯说如果想成立,必须依靠符合论,因为符合论更为基础。

我们应该注意到,依据融贯说得出来的结论可能是非常荒谬的,因为它所仰赖的基础并非客观世界中的现实情况,而是某种理论或思想学说;而任何理论或者思想学说都可能是错误的,或者已经过时,与现实世界并不相符。

作者简介

D.Q.麦克伦尼,美国知名的逻辑学教授,从事教学多年,曾先后任教于圣母大学和肯塔基大学。现居住于内布拉斯加州林肯市。

作品要览

《简单的逻辑学》是一部很有特色的逻辑普及读物。其最明显的特点就是"简单";确如作者麦克伦尼所说:"我的目的很简单。这本书既没有刻板的理论教条,也不是正规的教科书——如果它能对教学有所裨益,我也会非常高兴。我的首要目标是写一本现实应用的指南,向那些初次接触逻辑学的人介绍逻辑学的基本原理。"该书另一个,也是更重要的一个特点紧密结合生活,理论联系实际。"《简单的逻辑学》期待造就实践者,而不是理论家。"作者还说:"为了更好地服务于日常实践,在叙述中,有些地方我采取了不是那么委婉的方式。很多时候,我更像一个教练或是班主任,用教导的口吻告诉我的读者应该怎么做。"

正因为简单、实际、可读性强,阅读时并不需要太多的专业知识,而且作者尽可能采用浅显平实的语言来阐述逻辑的基本原理、规则以及谬误原因、谬误形式等问题,所以《简单的逻辑学》出版之后大受欢迎,国外媒体好评如潮,读者留言无数;曾位列我国台湾诚品网络书店英文畅销书榜第一名,稳居亚马逊书店总榜两万多位——对这样略专业特点的小册子来说,已很难得。该书出版数年之后,仍位于哈佛大学校内书店的醒目位置;而我国香港中文大学更将其收录为四十本英文经典著作之一。

《简单的逻辑学》共有五个章节,每一章都以前一章的知识为基础,次第深入。第一章是准备,介绍为成为一个逻辑思考者而要搭建的思想框架;接下来两章是逻辑学的核心,探讨如何建立正确的逻辑思维。第二章阐述了贯穿逻辑思维的基本原理,而第三章的重点是论证——逻辑思维的具体表现形式。第四章探讨非逻辑思维的根源。最后,第五章围绕谬误——非逻辑思维的主要形式展开论述。

📖 阅读提示

1. 虽然《简单的逻辑学》一书的特色之一是"简单",但事实上任何获取知识意义上的阅读学习都不可能是简单的。同样的,在阅读"学习逻辑学的思想准备"(即本课文)时,也不能走马观花地简单浏览,一些最基本、最要紧的概念和问题必须清晰准确地理解。

2. 错误观念是如何产生的? 怎样理解"仅仅用语言表达相应的观念是不够的,它还应该用来表达明晰正确的观念"?

3. 客观命题和主观命题有何不同? 确认命题真假的标准是什么?

4. 怎样理解"一个词语的使用越普遍,它的含义就越模糊"? 试举例说明。

5. "本体真相"和"逻辑真相"区别在哪里? 既然"本体真相更为基础",那么"逻辑学家直接关注的真相的形式"又有什么意义? 在这一章里作者并未讲透彻,你可以而且应该继续深入阅读思考。

6. 想一想,为什么"依据融贯说得出来的结论可能是非常荒谬的"? 举例说说看。

7. 作者曾说:"我衷心地希望通过这本书,可以使读者意识到逻辑学的重要性,使他们在合乎逻辑的思考中体会到快乐和满足。"本文仅仅是通向"快乐和满足"的第一级台阶,建议并希望你在课外继续饶有兴趣地阅读学习,进而"对这个领域有更多了解",提高自己日常思维的质量和效率。

📖 推荐书目

①《趣味逻辑学》(彭漪涟等,中国青年出版社,1981)　②《咬文嚼字的逻辑》(李衍华,北京大学出版社,2005)　③《形式逻辑》(金岳霖,人民出版社,2001)　④《普通逻辑》(吴家国等,上海人民出版社,1993)　⑤《逻辑——正确思维和交际的理论》(周礼全,人民出版社,1994)　⑥《现代逻辑科学导引》(王雨田,中国人民大学出版社,1987)　⑦《工具论》([古希腊]亚里士多德,中国人民大学出版社,2003)　⑧《新工具》([英]培根,商务印书馆,1984)　⑨《逻辑的力量》([美]雷曼,中国人民大学出版社,2010)　⑩《视读逻辑学》([英]克莱恩,安徽文艺出版社,2007)　⑪《科学推理的逻辑》([英]特拉斯特德,河北科技出版社,2000)　⑫《逻辑学的发展》([英]威廉·涅尔等,商务印书馆,1995)

爱 弥 儿（节选）*

［法］卢梭

我们现在已进入道德的世界，这里向罪恶打开了大门。欺骗和撒谎的行为将随着社会习俗和义务而同时产生。一个人既能做他不应该做的事情，也就想掩饰他该做而未做的事情。一种利益既可使人许下诺言，则更大的利益就可使人违反诺言。问题不只是在于违反了诺言可以不受惩罚，而是因为有天然的手段；他可以隐瞒，可以撒谎。由于我们不能防罪恶于未然，到现在就只好对罪恶的行为加以惩罚。人生的种种不幸就是这样随着人的错误而同时开始的。

在这方面，我说的话已经是够多了，其目的是为了使大家明了我们不能为了惩罚孩子而惩罚孩子，应当使他觉得这些惩罚正是他们不良行为的自然后果。所以你不要去斥责他们撒谎，绝不要仅仅因为他们撒谎而处罚他们，而要使他们明白，如果撒谎，则谎言的种种不良后果都要落在他们的头上，例如，即使说的是真话，也没有人相信；即使没有做什么事情，也要被别人不由分辩地指责说干了坏事。不过，我们要向孩子们讲解清楚什么叫撒谎的行为。

谎言有两种：一种是就过去所做的事情撒谎，一种是就将来承担的义务撒谎。第一种撒谎的情况是否认他所做过的事情，或者硬说他做过他没有做过的事情，总而言之，就是他明明知道事情的真相不是那样，却偏偏说成是那样。第二种撒谎的情况是许出一些他并不打算加以遵守的诺言，总而言之，就是表示一种同他本来的意图相反的意图。有时候这两种谎是合在一起撒的①；不过，我在这里只谈一谈它们不同的地方。

一个人如果意识到自己需要别人的帮助，同时又常常领受别人的恩惠，他就绝不会起骗人的念头；反之，他还一心要别人明了事情的真相，以免错误地损害了他。因此，可以很明显地看出，撒谎的事不是孩子的天性，而是服从的义务使他们不得不撒谎，因为服从别人是一件很痛苦的事情，所以他们就悄悄地尽可能设法不服从别人，同时，他们还觉得，与其暴露事情的真相要到将来才能得到利益，不如撒一个谎就能免掉一次处罚和责备，得到现时的利益。在自然的和自由的教育之下，你的孩子干吗要向你撒谎呢？他有什么要隐瞒你的呢？你不找他的岔子，你不惩罚他，你不强迫他。他为什么不像告诉他的小伙伴那样天真地把他所做的事情都告诉你呢？他不可能认为向你承认就会比向他的伙伴承认会遭到更大的危险。

---

* 节选自《爱弥儿》（［法］卢梭著，李平沤译，人民教育出版社，2001）第二卷。

① 例如被人指控做了一件坏事的罪犯，替自己辩护的时候总说他是一个诚实的人。他这样说，在事实和义务两方面都是撒了谎的。——原注

　　由于答应做什么或不做什么是双方协定的行为,既逾越了自然的状态,也有损于自由,所以,就义务而撒谎的行为是更不符合自然的。再者,孩子们所做的一切许诺,其本身就是无效的,因为他们的见解有限,只能看到眼前的情形,所以当他许下诺言的时候,他们是理解不到他们所许诺的事情的。他们一会撒谎,他们也就会做这样或那样的诺言,因为他们心里所想到的只是怎样摆脱现时的困难,所以凡是在眼前不会产生什么影响的手段都是可以采用的;他答应在将来做什么的时候,实际上是空话,他的想象力还处在懵懵懂懂的状态,还想象不到他这个人在两个不同的时候的情景。如果叫他答应他明天从窗口跳出去,就可以免掉他一顿鞭打或给他一包糖果,他也会立时答应的。这就是为什么法律不尊重小孩的约定的理由;如果严厉的父亲和老师强要孩子们做他们所许诺的事情的话,也只能是因为这些事情即使他们不许诺也是非做不可的。

　　小孩在答应做什么事情的时候,是并未撒谎的,因为在他作出诺言时,他对他所许诺的事情没有什么了解。但是,如果他不履行诺言,情况就不同了,就可以把他的诺言追溯为一种谎言,因为他很清楚地记得他作出过那个诺言;不过,他不知道遵守诺言的重要性罢了。由于他没有观察将来的能力,所以也就预见不到事情的后果;即使他破坏了他的诺言,他的行为也并不违背他那样年龄的理智。

　　由此可见,孩子的撒谎,完全是老师造成的,他们想教会孩子说实话,结果却教会孩子说谎话。他们巴不得能好好地管教孩子,使孩子循规蹈矩,但是又找不到相当的手段来达到目的。他们认为凭一些空洞的格言和不合理的清规就可以重新约束孩子的心灵,因此,他们宁可让孩子背诵功课和撒他们的谎,也不愿意让孩子保持天真和诚实。

　　至于我们,我们只主张我们的学生从实践中去学习,我们宁可让他们为人忠厚而不愿他们有一肚子的学问;我们并不勉强他们老老实实,以免他们弄虚作假;我们并不硬要他们作出这样或那样的诺言,以免他们不打算遵守他们的诺言。如果当我不在的时候,他做了什么坏事,而我又查不出是谁干的,我也不归罪于爱弥儿,我也不问他:"是不是你?"①因为这样做,除了教他加以否认以外,又会得到什么效果呢? 如果他的性情执拗,使我不得不同他订个条约,我的做法也要极其慎重,以便条约的内容全部由他提,而不由我提;当他订下条约的时候,我总要使他觉得履行条约就能获得很大的现实利益;万一他不履行诺言,我也要使他觉得,这样撒谎所招来的痛苦是由于事物发展的必然后果,而不是出自老师的报复。不过,我是根本不需要采取这种如此毒辣的手段的,因为,我几乎可以断定,爱弥儿要很久很久以后才知道撒谎是怎样一回事情的,而且,他在知道的时候,一定会大感奇怪,想象不出撒谎有什么好处。所

---

　　① 　再没有比这样问法欠慎重的了,特别是当孩子做了错事的时候,这样问就更显得不慎重了;如果他以为你知道是他干的,他也许会以为是你对他设的圈套,他有了这种看法,就可能对你发生反感。如果他以为你不知道,他就会对自己说:"我干吗要暴露我的错处呢?"可见,当初诱使他撒谎的,正是由于你这样冒冒失失地问他。——原注

以,事情很清楚,我愈是使他美好的生活不受他人的意志和判断的影响,我就愈能使他明白撒谎对他没有好处。

如果我们不是那样急于想教好孩子,我们也就不会那样急于硬要他做这做那的,我们就可以从从容容地只是在适当的时候才提出我们对他的要求。这样,只要不采取溺爱的方式,是一定能教好孩子的。但是,一个愚昧的教师由于不知道如何对孩子进行教育,以致时时刻刻要孩子答应做这个做那个,既没有分别,也没有选择,而且数量也过于繁多,弄得孩子十分烦恼,承担了许许多多的诺言,结果使他把那些诺言看得满不在乎,置于脑后,认为不屑于遵守,甚至把它们看做一套空话,觉得作出了诺言又破坏诺言是一件好玩的事情。你希不希望他忠实地遵守他所说的话呢?如果希望的话,对孩子提出什么要求的时候,就一定要十分慎重。

我刚才所讲的关于撒谎的情形,在很多方面都可用来阐明强使孩子们承担种种其他的义务,因为把那些义务加在他们身上,不仅可恨,而且实际上是做不到的。看起来好像是在向他们宣讲道德,实则是使他们去爱种种的恶习:在禁止他们沾染恶习的过程中,反而使他们养成了那些恶习。你想使他们变得虔诚,结果,把他们带进教堂的时候反惹得他们满腹牢骚;你要他们叽叽咕咕不停地祈祷,但他们却认为从今不向上帝祷告才是福音。为了要他们心怀仁慈,你就叫他们向人布施,好像你自己不屑去布施才叫他去布施似的。啊!应当向人布施的,不是孩子,而是老师。不管一个老师多么地爱孩子,他都应该同他的学生争这个荣誉;他应该使孩子认识到,像他那样的年纪,还不配去布施他人。布施,是大人的事情,因为他了解他所布施的东西的价值,他了解别人需要他的布施。孩子是不懂得这些的,所以即使布施了,也不能算作功德,他的布施并不是出于慈悲和善意;而且,他根据他自己和你的例子来看,认为只有小孩子才向人布施,到长成大人的时候就不这样做了,所以,他在布施的时候还感到有些害羞哩。

应当注意的是,叫孩子去布施的,只能是他不知道有多大价值的物品或他衣袋里的金属东西,因为这些东西除了给别人以外,对他并没有什么用处。一个孩子是宁愿把一百个金币而不愿把一块点心给人的。现在,请你试一试,能不能叫这个豪爽的布施者把他心爱的东西、玩具、糖果和点心拿给别人,我们立刻就可看出你是不是使他变成了一个真正大方的人。

还可以找到一个达到这种目的的办法,那就是:隔一会儿就把他已经给人的东西还他,使他习惯于把他认为可以要回来的东西拿给别人。我在孩子们身上只发现这两种大方的情形:他拿给别人的东西,不是对他没有用处,就是别人准会还他的。洛克说:"要使他们从经验中知道,最豪爽的人往往能占很大的便宜。"正是因为这样做,才使一个孩子在表面上显得大方,而在实际上则是非常地吝啬。他还说,这样就可以使孩子们养成慷慨的习惯。不错,高利贷式的慷慨,给人家一块奶油,为的是要他一头奶牛。但是,当你要他真给的时候,这个习惯就没有了;你不还他,他就不给你。重要的是养成心灵的习惯而不是手上的习惯。你教育孩子们的一切道德，都同这种手上的道德差不多，正是由于向他们宣讲这些美德，反而使他们的少年时期过得那么忧郁！难道说这是一种明智的教育吗？

诸位老师，你们别那么虚伪了，你们为人要公正和善良，要把你们的榜样刻画在你们的学生的记忆里，使它们深入到他们的心。一切慈善的事情，我不仅不强求我的学生去做，我反而喜欢当着他的面由我自己去做，不仅如此，我甚至还要使他没有模仿我的可能，使他觉得这不是他那样年龄的人可以享受的荣誉；因为，重要的是，不要使他习惯于把只应该是大人做的事情看作是小孩做的事情。如果他看见我帮助穷人的时候问我这些问题，而我又觉得已经到了该向他解答的时候①，我就向他这样说："我的朋友，穷人之所以希望遇到富人，是因为富人答应过要养活所有那些靠自己的财产或劳动都无法生活的人。""这样说来，你也答应过要养活他们了？"他又这样问我。"当然，正是因为在我手中经过的这些财物附有这个条件，所以我才这样地支配它们。

听了这一段话（我已经讲过要怎样才能使一个孩子明白这一段话的意思）之后，另外一个孩子——不是爱弥儿——也许就会学我的样子，以富人的姿态行事了；在这种情况下，我至少要防止他做的时候带有夸耀的神气，我宁可让他夺去我的权利，背着我悄悄把东西拿给别人。这是他那样年龄的人可以做得出来的一种隐瞒的行为，也只有这一种隐瞒的行为才唯一无二地能够取得我的原谅。

我认为，所有这些从别人那里模仿来的美德，都是像猴子那样学来的乖，而任何一种良好的行为之所以能够产生良好的道德效果，只是因为在你做的时候就认识到它本来是好的，而不是因为看见别人那样做，你才那样做。不过，像孩子那样的年龄，心灵还处在懵懵懂懂的状态，所以需要使他们模仿我们希望孩子们养成习惯的行为，以便他最终能够凭他们自己的判断和对善的喜爱去实践这些行为。人是善于模仿的，动物也是一样；爱好模仿，是一种良好的天性，不过，这种爱好在社会中已经变成一种恶习了。猴子模仿它所畏惧的人而不模仿它所轻视的动物；它认为比它优越的人的举动一定是好的。而我们则恰恰相反，我们的各种丑角之所以模仿美好的行为，是为了贬低它们的价值，是为了把它们弄得可笑；由于他们感到自己卑贱，所以就力图使自己能够跟比他们高尚的人列于同等的地位；即使在他们竭力模仿他们所钦佩的行为时，我们也可以从他们所选择的对象中看出这些模仿者的旨趣是虚假的，因为他们的意图是想欺骗别人，是要别人赞赏他们的才能，而不是使自己变得更好或更聪明。我们之模仿别人，其根源就在于我们常常想使自己超越自己的地位。如果我的工作取得成功，爱弥儿就绝不会有这种想法。所以，我们必须消除这种想法可能产生的表面的好处。

---

①　可以想象得到，我是不会在他高兴什么时候问就什么时候回答他的；要不然，我就会受他的意志的支配，使我自己处在一个教师可能从属于他的学生的危险境地。——原注

把你的一切教育法则都彻底考察一下,你就会发现它们都是错误的,特别是有关道德和风俗的法则更是荒谬。在道德教育方面,只有一条既适合于孩子,而且对各种年龄的人来说都最为重要,那就是:绝不损害别人。甚至教人为善这一条,如果不从属于这个教训,也是虚伪的、矛盾的和有害的。谁不做点好事呢?大家都做一些好事,坏人和其他的人同样做一些好事;他做了一件好事,成百的人就要遭殃;我们的种种灾祸就是从这里产生的。最高尚的道德是消极的,同时也是最难于实践的,因为这种道德不是为了做给人家看的,而且,即使我们做得令人心满意足,也不能因此就在我们心中产生甜蜜的快乐。一个人如果从来没有损害过他的同胞,那他就是对他们做了极大的好事啦!他需要有多么坚贞不屈的心灵和多么坚强的性格才能做到这一点啊!要体会到把这一条做得成功是何等地伟大和艰难,那就不能光是谈它的理论,而必须付诸实践①。

📖 作者简介

让·雅克·卢梭(1712—1778),法国思想家、哲学家、教育家、文学家,18 世纪思想启蒙运动代表人物之一。出生于瑞士日内瓦一个钟表匠家庭。自幼丧母,在父亲读书嗜好的影响下,卢梭七岁时就读遍家里藏书。少年时代便外出谋生,当过仆人、学徒、杂役、私人秘书、家庭教师和乐谱抄写员等。在流浪生活中,他阅读了洛克、莱布尼茨、笛卡儿等著名哲学家的著作,自学了数学、史地、天文、生理、解剖等科学知识,还掌握了拉丁语。1742 年在巴黎结识了许多著名的启蒙学者,如狄德罗、伏尔泰、霍尔巴赫、达郎贝等人,并参加了为《百科全书》撰稿的工作,还从事戏剧和音乐创作。1750 年,第戎科学院开展了一次有奖征文活动,题目是《论科学与艺术是否败坏或增进道德》,在狄德罗的鼓励下,以论文《论艺术和科学的复兴是否有助于敦化风俗》应征而名列榜首。1755 年再度应征,发表了《论人类不平等的起源和基础》,虽未获奖而名震学界。1761 年书信体爱情小说《新爱洛伊丝》出版,成为人人争看的畅销书,并被翻译成多种语言,风靡全欧。1762 年出版《社会契约论》,这是世界政治学史上著名的经典著作之一;他批判封建社会的不平等、宣扬社会契约、主权在民等政治观点,对后来的法国革命产生了很大影响。同年 5 月,出版教育学论著《爱弥儿》,这是一部儿童教育的经典著作。卢梭却因此书险遭逮捕,被迫流亡瑞士、普鲁士、英国;直至 1770 年才回到巴黎。卢梭的另一部重要著作《忏悔录》即写于此时期。卢梭晚年生活困苦,仍坚持创作,1764 年为《乡村先知》重新谱曲,1776 年

① "绝不损害别人"这条训诫,和"尽可能不依附于人类社会"这条训诫是相抵触的,因为在社会条件下,一个人的幸福必然造成另一个人的痛苦。这个关系存在于事物的本质,是没有任何办法可以改变的。我们可以按这个原则来判断社会中的人和孤独隐居的人这两者哪一个好。有一个著名的作家说只有孤独的人才是坏人;而我则认为只有孤独的人才是好人。这个说法虽不很精辟,但是比前面那个说法更真实和更合情理。如果坏人是孤独的,他有什么坏事可干呢?只有在社会里他才能设下机关陷害别人。如果谁想把这个论据倒过来责难好人,我就用这个脚注所注释的这一段文字来回答他。——原注

写完《对话录:让·雅克评论卢梭》,又写了《孤独散步者的遐想》第一卷。1778 年逝世。

卢梭生前写了三部述说自己生平的著作:《忏悔录》、《孤独散步者的遐想》和《对话录:让·雅克评论卢梭》,却都出版发行于生后。其他主要著作有:《山中书简》《论法国音乐的信》《就戏剧问题致达朗贝尔的信》《音乐辞典》等。

作品要览

《爱弥儿》(或称《论教育》)写于 1757 年,1762 年第一次在荷兰阿姆斯特丹出版。卢梭在这部半小说体的教育专著中,通过对他所假设的教育对象爱弥儿的教育,来反对封建教育制度,阐述他的资产阶级教育思想。《爱弥儿》全书共分五卷。前四卷广泛讨论了儿童、少年及青年成长各个自然阶段的重点,以及与之相适应的教育原则、内容和方法。第一卷着重论述了对两岁以前的婴儿如何进行体育教育,使儿童自然发展;第二卷着重论述了对两岁至十二岁的儿童如何进行感官教育;第三卷论述了对十二岁至十五岁的少年如何进行智育教育;第四卷着重论述了对十五岁至二十岁的青年如何进行德育教育;第五卷则着重论述了女子的教育以及男女青年的爱情教育。在这部著作中,卢梭把自己描写成一个理想的教师,又把爱弥儿描写为理想的学生,叙述了爱弥儿从出生到二十岁成长和受教育的全过程,从中阐述了他的"自然教育"思想。"自然教育"的基本原理是:反对封建教育对儿童身心发展的束缚,要求教育要"遵循自然,跟着它给你画出的道路前进",即"按照孩子的成长和人心的自然发展而进行教育",使儿童的本能、天性得到发展,合乎自然地成长为一个知道如何做人的人。卢梭认为,只有依照儿童身心自然发展的规律,根据儿童的能力和自然倾向进行恰当的教育,才能使儿童得到健康的发展。他这样写道:"真正自由的人,只想他能够得到的东西。只做他喜欢做的事情。这就是我的第一个基本原理。只要把这个原理应用于儿童,就可源源得出各种教育的法则。"

在西方的教育史上,卢梭的《爱弥儿》是一部经典著作。书中所阐述的许多思想和原理,尤其是他提出降低书面知识的重要性,建议孩子的情感教育先于理性教育,强调通过个人经验来学习等自然主义教育观念,深刻地影响并哺育了现代教育理论。

《爱弥儿》出版发行后,立刻广为流传,并引起热烈的讨论。然而,这部洋溢着童真自然、纯粹无邪、灵性创见的教育学著作,却被视为异端邪说,与《社会契约论》一道遭法国议会查禁。法院判决将《爱弥儿》焚毁,并发出逮捕令。卢梭逃亡去了瑞士。可是不久瑞士也查封《爱弥儿》和《社会契约论》,并驱逐卢梭。卢梭只得再度流亡到普鲁士。后来辗转去了英国。——淫威的另一面则恰恰透露着恐惧,卢梭所遭受的迫害,亦足以作为进步思想和教育理念确实具有令统治者视之为洪水猛兽般威力的明证。

阅读提示

1. 本文节选自《爱弥儿》侧重讨论两岁至十二岁儿童教育问题的第二卷,论述了有关儿童"撒谎"(恶习)和"布施"(美德)两个问题。关于"撒谎",作者对儿童撒谎的原因、如何对待撒谎和怎样使儿童不撒谎等作了独到精辟的分析。关于"布施",作者尖锐地指出,鼓励儿童"懵懵懂懂"的布施,不仅是毫无积极意义的模仿,而且还伴随虚伪,会对儿童的心灵造成伤害。

2. 在作者看来,"撒谎的事不是孩子的天性,而是服从的义务使他们不得不撒谎,"又说,"孩子的撒谎,完全是家长或老师造成的"。这种说法有道理吗?你认为儿童撒谎的主要原因是什么?请举例分析。

3. 对教育儿童不撒谎,作者有何主张?你的看法又如何?

4. 作者反对不切实际地要求儿童布施,甚至认为,"正是由于向他们宣讲这些美德,反而使他们的少年时期过得那么忧郁!"作者的理由是什么?又是怎样论说的?

5. 作者认为当时所有的教育法则都是错误的。"在道德教育方面,只有一条既适合于孩子,而且对各种年龄的人来说都最为重要,那就是:绝不损害别人。"并且说这就是"最高尚的道德"。你怎么看?

6. 阅读学习了本文之后,能否就"撒谎"和"布施"这两个问题,谈谈哪些地方体现了卢梭自然主义教育思想?

推荐书目

①《孔子评传》(匡亚明,南京大学出版社,1990) ②《礼记》(新疆人民出版社,2002) ③《孔子教育思想论文选》(中央教科所,教育科学出版社,1981) ④《中国古代教育论著选读》(华东师大、浙大教育系,人民教育出版社,2000) ⑤《张謇教育思想研究》(张兰馨,辽宁教育出版社,1995) ⑥《陶行知文集》(江苏教育出版社,2008) ⑦《叶圣陶教育文集》(人民教育出版社,1994) ⑧《新教育之梦》(朱永新,人民教育出版社,2004) ⑨《走向人格化》(朱嘉耀,江苏教育出版社,2002) ⑩《躁动的百年——20世纪的教育历程》(陆有铨,山东教育出版社,1997) ⑪《中国教育家评传》(沈灌群,上海教育出版社,1989) ⑫《中国著名特级教师教学思想录》(柳斌,江苏教育出版社,2000) ⑬《中国教育思想史》(郭齐家,教育科学出版社,1987) ⑭《理想国》([古希腊]柏拉图,商务印书馆,1986) ⑮《苏格拉底之道》([美]格罗斯,北京大学出版社2005) ⑯《教育漫话》([英]洛克,教育科学出版社,1999) ⑰《大教学论》([捷]夸美纽斯,人民教育出版社,1984) ⑱《普通教育学》([德]赫尔巴特,浙江教育出版社,2002) ⑲《民主主义与教育》([美]杜威,人民教育出版社,1990) ⑳《教育诗》([苏联]马卡连柯,人民文学出版社,2011) ㉑《把整个心灵给孩子》([苏联]苏霍姆林斯基,天津人民出版社,1981) ㉒《教育科学的基本概念:分析、批判和建议》([德]布列钦卡,华东师范大学出版社,2001) ㉓《教育过程》([美]布鲁纳,文化教育出版社,1982) ㉔《教育目标分类学》([美]布卢姆,华东师范大学出版社,1998) ㉕《学会生存——教育世界的今天和明天》(联合国教科文组织发展委员会编,教育科学出版社,1996) ㉖《学习的革命》([美]沃斯、[新西兰]戈德莱顿,三联书店,1998) ㉗《现代西方资产阶级教育思想流派论著选》(华东师范大学教育系等,人民教育出版社,1981) ㉘《西方教育学名著提要》(单中惠等,江西人民出版社,2004) ㉙《外国教育家评传》(赵祥麟,上海教育出版社,1992) ㉚《教育名著评介(外国卷)》(李明德等,福建教育出版社,2008)

第八单元

艺 苑 幽 径

这一单元的主题是艺术，围绕音乐和美术这两个话题来阅读学习。要提醒大家的是，在本单元中，音乐、美术作品本身，并不是关注的重点，但又是必须关注的。

音乐是一种既普通又特殊的艺术表现形式。说它普通，是因为音乐与芸芸众生的喜怒哀乐密切关联，人人都生活在音乐之中。诚如荀子在中国第一篇比较系统的音乐美学论文《乐论》中所说："夫乐者，乐也，人情之所必不免也，故人不能无乐。"说它特殊，是由于音乐不用语言符号，不使用那些与非音乐世界的事物、概念和人类愿望有关的记号或标记，有着类似封闭的系统的特点；但它又不像一个封闭的非参照性数学体系，因为它是传达情感意义、审美意义和纯粹智力意义的。音乐这种抽象与具体情感和审美经验的结合，常常令人困惑，成为理解和欣赏音乐的障碍。古人很早就对此深深感慨："知音其难哉！音实难知，知实难逢，逢其知音，千载其一乎！"（《文心雕龙·知音》）

然而，毕竟"音乐是人类最亲密的东西"，我们如何才能提高理解音乐语言、欣赏音乐艺术的能力呢？最基本的途径大致有两条：一是积累音乐经验，二是提升音乐审美修养。前者是感性的、外表的，可以通过音乐课程及其他更为广泛的音乐活动来达成。后者则是理性的、内在的，主要通过加深对音乐文化、音乐美学及音乐哲学等理论理解，以达到更准确、更深刻、更有效地欣赏音乐形象，把握音乐思想，发挥音乐的社会功能。本单元的阅读学习，正是希望能够在这方面对同学有所帮助。

美术是人类文化最重要的载体之一，运用美术形式传达情感和思想是整个人类历史中一种重要的文化行为。英国著名美术批评家罗斯金认为，"各个伟大的民族都以三种手稿书写他们的传记，第一本是他们的行为，第二本是他们的言论，第三本是他们的艺术……惟一值得信赖的是第三本"。而在所有的艺术形式当中，以造型、视觉及空间等因素为特点的美术是最生动、最有效和最适合传承的一种信息确定的、经久不衰的载体。本单元涉及的是绘画,是美术最主要的一种艺术表现形式。古今中外,大量的优秀绘画等美术作品,以其优美动人的形式和深刻丰富的内涵,充实了人们的精神世界和物质生活,不断激发着人们创造更加美好的生活的强烈愿望。

与本单元有关音乐阅读学习一样,在这里,一般的美术知识和作品欣赏并不是我们的重点。我们所侧重的是美术背后的文化,美术深处的审美心理。例如,传统中国画上的远空中,一般都有数峰蕴藉,点缀空际,正如元人张秦娥诗云:"秋水一抹碧,残霞几缕红,水穷云尽处,隐隐两三峰。"——我们要探讨的是,这样的题材、布局及画法,体现了怎样的社会文化心理和审美追求。事实上,美术作品的一定内容和形式,也是和一定的思维模式、价值追求、美学理念、哲学思潮和社会精神相关联的。中国的美术及其他艺术是这样,外国也是这样。我们从这些角度和高度来积累和丰富自己的理论修养,将会有效地提高对艺术的欣赏能力和认识水平。

"凡操千曲而后晓声,观千剑而后识器",把刘勰的这句话当作给我们阅读学习的第一条建议真是再合适不过了。倘若没有一定数量的音乐、美术作品的感性认识积累,就不可能从文化和美学的高度对之加以理解和把握。必须多听、多看,丰富自己的艺术生活,在审美实践中打好深入学习的基础。第二,建议扩大阅读范围,既要了解有关艺术专业方向的源流、发展、流派、现状和趋势等,又要学习相关的社会文化和历史发展等知识,开阔视野,提升层次。第三,鼓励加强理论学习,初步阅读一些哲学、美学、思想史等学术论著,了解、掌握一些基本原理,结合艺术和审美活动的实际,初步认识艺术规律,树立正确艺术观。

中国古代的音乐寓言与音乐思想[*]

宗白华

　　寓言，是有所寄托之言。《史记》上说："庄周著书十余万言，大抵率寓言也。"庄周书里随处都见到用故事、神话来说出他的思想和理解。我这里所说的寓言包括神话、传说、故事。音乐是人类最亲密的东西，人有口有喉，自己会吹奏歌唱；有手可以敲打、弹拨乐器；有身体动作可以舞蹈。音乐这门艺术可以备于人的一身，无待外求。所以在人群生活中发展得最早，在生活里的势力和影响也最大。诗、歌、舞及拟容动作，戏剧表演，极早时就结合在一起。但是对我们最亲密的东西并不就是最被认识和理解的东西，所谓"百姓日用而不知"。所以古代人民对音乐这一现象感到神奇，对它半理解半不理解。尤其是人们在很早就在弦上管上发见音乐规律里的数的比例，那样严整，叫人惊奇。中国人早就把律、度、量、衡结合，从时间性的音律来规定空间性的度量，又从音律来测量气候，把音律和时间中的历结合起来。（甚至于凭音来测地下的深度，见《管子》）太史公在《史记》里说："阴阳之施化，万物之终始，既类旅于律吕，又经历于日辰，而变化之情可见矣。"变化之情除数学的测定外，还可从律吕来把握。

　　希腊哲学家毕达哥拉斯发现琴弦上的长短和音高成数的比例，他见到我们情感体验里最深秘难传的东西——音乐，竟和我们脑筋里把握得最清晰的数学有着奇异的结合，觉得自己是窥见宇宙的秘密了。后来西方科学就凭数学这把钥匙来启开大自然这把锁，音乐却又是直接地把宇宙的数理秩序诉之于情感世界，音乐的神秘性是加深了，不是减弱了。

　　音乐在人类生活及意识里这样广泛而深刻的影响，就在古代以及后来产生了许多美丽的音乐神话、故事传说。哲学家也用音乐的寓言来寄寓他的最深难表的思想，像庄子。欧洲古代，尤其是近代浪漫派思想家、文学家爱好音乐，也用音乐故事来表白他们的思想，像德国文人蒂克的小说。

　　我今天就是想谈谈音乐故事、神话、传说，这里面寄寓着古人对音乐的理解和思想。我总合地称它们做音乐寓言。太史公在《史记》上说庄子书中大抵是寓言，庄子用丰富、活泼、生动、微妙的寓言表白他的思想，有一段很重要的音乐寓言，我也要谈到。

　　先谈谈音乐是什么？《礼记》里《乐记》上说得好："凡音之起，由人心生也。人心

---

　　*　节选自《美学散步》（宗白华，上海人民出版社，2005）。

之动,物使之然也。感于物而动,故形于声。声相应,故生变,变成方,谓之音。比音而乐之,及干戚羽旄,谓之乐。"

构成音乐的音,不是一般的嘈声、响声,乃是"声相应,故生变,变成方,谓之音"。是由一般声里提出来的,能和"声相应",能"变成方",即参加了乐律里的音。所以《乐记》又说:"声成文,谓之音。"乐音是清音,不是凡响。由乐音构成乐曲,成为音乐形象。

这种合于律的音和音组织起来,就是"比音而乐之",它里面含着节奏、和声、旋律。用节奏、和声、旋律构成的音乐形象,和舞蹈、诗歌结合起来,就在绘画、雕塑、文学等造型艺术以外,拿它独特的形式传达生活的意境,各种情感的起伏节奏。一个堕落的阶级,生活颓废,心灵空虚,也就没有了生活的节奏与和谐。他们的所谓音乐就成了嘈声杂响,创造不出旋律来表现有深度有意义的生命境界。节奏、和声、旋律是音乐的核心,它是形式,也是内容。它是最微妙的创造性的形式,也就启示着最深刻的内容,形式与内容在这里是水乳难分了。音乐这种特殊的表现和它的深厚的感染力使得古代人民不断地探索它的秘密,用神话、传说来寄寓他们对音乐的领悟和理想。我现在先介绍欧洲的两个音乐故事。一个是古代的,一个是近代的。

古代希腊传说着歌者奥尔菲斯的故事说:歌者奥尔菲斯,他是首先给予木石以名号的人,他凭借这名号催眠了它们,使它们像着了魔,解脱了自己,追随他走。他走到一块空旷的地方,弹起他的七弦琴来,这空场上竟涌现出一个市场。音乐演奏完了,旋律和节奏却凝住不散,表现在市场建筑里。市民们在这个由音乐凝成的城市里来往漫步,周旋在永恒的韵律之中。歌德谈到这段神话时,曾经指出人们在罗马彼得大教堂里散步也会有这同样的经验,会觉得自己是游泳在石柱林的乐奏的享受中。所以在十九世纪初,德国浪漫派文学家口里流传着一句话说:"建筑是凝冻着的音乐。"说这话的第一个人据说是浪漫主义哲学家谢林,歌德认为这是一个美丽的思想。到了十九世纪中叶,音乐理论家和作曲家姆尼兹·豪普德曼把这句话倒转过来,他在他的名著《和声与节拍的本性》里称呼音乐是"流动着的建筑"。这话的意思是说音乐虽是在时间里流逝不停的演奏着,但它的内部却具有着极严整的形式,间架和结构,依顺着和声、节奏、旋律的规律,像一座建筑物那样。它里面有着数学的比例。我现在再谈谈近代法国诗人梵乐希写了一本论建筑的书,名叫《优班尼欧斯或论建筑》。这里有一段对话,是叙述一位建筑师和他的朋友费得诺斯在郊原散步时的谈话,他对费说:"听呵,费得诺斯,这个小庙,离这里几步路,我替赫尔墨斯建造的,假使你知道,它对我的意义是什么? 当过路的人看见它,不外是一个丰姿绰约的小庙,——一件小东西,四根石柱在一单纯的体式中,——我在它里面却寄寓着我生命里一个光明日子的回忆,啊,甜蜜可爱的变化呀! 这个窈窕的小庙宇,没有人想到,它是一个珂玲斯女郎底数学的造像呀! 这个我曾幸福地恋爱着的女郎,这小庙是很忠实地复示着她的身体的特殊的比例,它为我活着。我寄寓于它的,它回赐给我。"费得诺斯说:"怪不得它有这般不可思议的窈窕呢! 人在它里面真能感觉到一个人格的存在,一个女子的奇花初放,一个可爱的人儿的音乐的和谐。它唤醒一个不能达到边缘的回忆。而这个造型的开始——它的完成是你所占有的——已经足够解放心灵同时惊撼着它。倘使我放肆我的想象,我就要,你晓得,把它唤做一阕新婚的歌,里面夹着清亮的笛声,我现在已听到它在我内心里升起来了。"

这寓言里面有三个对象:

(一)一个少女的窈窕的躯体——它的美妙的比例,它的微妙的数学构造。

(二)但这躯体的比例却又是流动着的,是活人的生动的节奏、韵律;它在人们的想象里展开成为一出新婚的歌曲,里面夹着清脆的笛声,闪灼着愉快的亮光。

(三)这少女的躯体,它的数学的结构,在她的爱人的手里却实现成为一座云石的小建筑,一个希腊的小庙宇。这四根石柱由于微妙的数学关系发出音响的清韵,传出少女的幽姿,它的不可模拟的谐和正表达着少女的体态。艺术家把他的梦寐中的爱人永远凝结在这不朽的建筑里,就像印度的夏吉汗为纪念他的美丽的爱妻塔姬建造了那座闻名世界的塔姬后陵墓。这一建筑在月光下展开一个美不可言的幽境,令人仿佛见到夏吉汗的痴爱和那不可再见的美人永远凝结不散,像一出歌。

从梵乐希那个故事里,我们见到音乐和建筑和生活的三角关系。生活的经历是主体,音乐用旋律、和谐、节奏把它提高、深化、概括,建筑又用比例、匀衡、节奏,把它在空间里形象化。

这音乐和建筑里的形式美不是空洞的,而正是最深入地体现出心灵所把握到的对象的本质。就像科学家用高度抽象的数学方程式探索物质的核心那样。"真"和"美","具体"和"抽象",在这里是出于一个源泉,归结到一个成果。

在中国的古代,孔子是个极爱音乐的人,也是最懂得音乐的人。《论语》上说他在齐闻韶,三月不知肉味。曰:"不图为乐之至于斯也!"他极简约而精确地说出一个乐曲的构造。《论语·八佾》篇载:子语鲁太师乐曰:"乐,其可知也! 始作,翕如也。从之,纯如也。皦如也,绎如也。以成。"起始,众音齐奏。展开后,协调着向前演进,音调纯洁。继之,聚精会神,达到高峰,主题突出,音调响亮。最后,收声落调,余音袅袅,情韵不匮,乐曲在意味隽永里完成。这是多么简约而美妙的描述呀!

但是孔子不只是欣赏音乐的形式的美,他更重视音乐的内容的善。《论语·八佾》篇又记载:"子谓韶,尽美矣,又尽善也。谓武,尽美矣,未尽善也。"这善不只是表现在古代所谓圣人的德行事功里,也表现在一个初生的婴儿的纯洁的目光里面。西汉刘向的《说苑》里记述一段故事说:"孔子至齐郭门外,遇婴儿,其视精,其心正,其行端,孔子曰:'趣驱之,趣驱之,韶乐将作。'"他看见这婴儿的眼睛里天真圣洁,神一般的境界,非常感动,叫他的御者快些走近到他那里去,韶乐将升起了。他把这婴儿的心灵的美比做他素来最爱敬的韶乐,认为这是韶乐所启示的内容。由于音乐能启示这深厚的内容,孔子重视他的教育意义,他要放郑声,因郑声淫,是太过,太刺激,不够朴质。他是主张文质彬彬的,主张绘事后素,礼同乐是要基于内容的美的。所以《子罕》篇记载他晚年说:"吾自卫反鲁,然后乐正,雅颂各得其所。"他的正乐,大概就是将三百篇的诗整理得能上管弦,而且合于韶武雅颂之音。

孔子这样重视音乐,了解音乐,他自己的生活也音乐化了。这就是生活里把"条理",规律与"活泼的生命情趣"结合起来,就像音乐把音乐形式同情感内容结合起来那样。所以孟子赞扬孔子说:"孔子,圣之时者也。孔子之谓集大成,集大成也者,金声而玉振之也。金声也者,始条理也。玉振之也者,终条理也。始条理者,智之事也。终条理者,圣之事也。智,譬则巧也,圣,譬则力也。由射于百步之外也,其至尔力也,其中,非尔力也。"力与智结合,才有"中"的可能。艺术的创造也是这样。艺术创作的完成,所谓"中",不是简单的事。"其中,非尔力也"。光有力还不能保证它的必"中"呢!

从我上面所讲的故事和寓言里,我们看见音乐可能表达的三方面。(一)是形象的和抒情的:一个爱人的躯体的美可以由一个建筑物的数学形象传达出来,而这形象又好像是一曲新婚的歌。(二)是婴儿的一双眼睛令人感到心灵的天真圣洁,竟会引起孔子认为韶乐将作。(三)是孔子的丰富的人格是形式与内容的统一,始条理终条理,像一金声而玉振的交响乐。

《乐记》上说:"歌者直己而陈德也。动己而天地应焉,四时和焉,星辰理焉,万物育焉。"中国古代人这样尊重歌者,不是和希腊神话里赞颂奥尔菲斯一样吗?但也可以从这里面看出它们的差别来。希腊半岛上城邦人民的意识更着重在城市生活里的秩序和组织,中国的广大平原的农业社会却以天地四时为主要环境,人们的生产劳动是和天地四时的节奏相适应。古人曾说,"同动谓之静",这就是说,流动中有秩序,音乐里有建筑,动中有静。

希腊从梭龙到柏拉图都曾替城邦立法,着重在齐同划一,中国哲学家却认为"乐者天地之和,礼者天地之序","大乐与天地同和,大礼与天地同节"(《乐记》),更倾向着"和而不同",气象宏廓,这就是更倾向"乐"的和谐与节奏。因而中国古代的音乐思想,从孔子的论乐、荀子的《乐论》到《礼记》里的《乐记》,——《乐记》里什么是公孙尼子的原来的著作,尚待我们研究,但其中却包含着中国古代极为重要的宇宙观念、政教思想和艺术见解。就像我们研究西洋哲学必须理解数学、几何学那样,研究中国古代哲学也要理解中国音乐思想。数学与音乐是中西古代哲学思维里的灵魂呀!(两汉哲学里的音乐思想和嵇康的声无哀乐论都极重要)数理的智慧与音乐的智慧构成哲学智慧。中国在哲学发展里曾经丧失了数学智慧与音乐智慧的结合,堕入庸俗;西方在毕达哥拉斯以后割裂了数学智慧与音乐智慧。数学孕育了自然科学,音乐独立发展为近代交响乐与歌剧,资产阶级的文化显得支离破碎。社会主义将为中国创造数学智慧与音乐智慧的新综合,替人类建立幸福的丰饶的生活和真正的文化。

我们在《乐记》里见到音乐思想与数学思想的密切结合。《乐记》上《乐象》篇里赞美音乐,说它"清明像天,广大像地,终始像四时,周旋像风雨,五色成文而不乱,八风从律而不奸,百度得数而有常。小大相成,终始相生,倡和清浊,迭相为经,故乐行而伦清,耳目聪明,血气和平,移风易俗,天下皆宁"。在这段话里见到音乐能够表象宇宙,内具规律和度数,对人类的精神和社会生活有良好影响,可以满足人们在哲学探讨里追求真、善、美的要求。音乐和度数和道德在源头上是结合着的。《乐记·师乙》篇上说:"夫歌者直己而陈德也。动己而天地应焉,四诗和焉,星辰理焉,万物育焉。"德的范围很广,文治、武功、人的品德都是音乐所能陈述的德。所以《尚书·舜典》篇上说:"帝曰:夔,命汝典乐,教胄子,直而温,宽而栗,刚而无虐,简而无傲。诗言志,歌永言,声依永,律和声,八音克谐,无相夺伦,神人以和,夔曰於,予击石,拊石,百兽率舞。"

关于音乐表现德的形象,《乐记》上记载有关于大武的乐舞的一段,很详细,可以令人想见古代乐舞的"容",这是表象周武王的武功,里面种种动作,含有戏剧的意味。同戏不同的地方就是乐人演奏时的衣服和舞时动作是一律相同的。这一段的内容是:"且夫武,始而北出,再成而灭商,三成而南,四成而南国是疆,五成分,周公左,召公右,六成复缀,以崇天子。夹振之而驷伐,盛威于中国也。分夹而进,事蚤济也。久立于缀,以待诸侯之至也。"郑康成注曰:"成,犹奏也,每奏武曲,一终为一成。始奏,像观兵盟津时也。再奏,像克殷时也。三奏,像克殷有余力而返也。四奏,像南方荆蛮之国侵畔者服也。五奏,像周公召公分职而治也。六奏,像兵还振旅也。复缀,反位止也。驷,当为四,声之误也。每奏四伐,一击一刺为一伐。分犹部曲也,事,犹为也,济,成也。舞者各有部曲之列,又夹振之者,像用兵务于早成也。久立于缀,像武王伐纣待诸侯也。"(见《乐记·宾牟贾》篇)

我们在这里见到舞蹈、戏剧、诗歌和音乐的原始的结合。所以《乐象》篇文说:"德者,性之端也。乐者,德之华也。金石丝竹,乐之器也。诗,言其志也。歌,咏其声也。舞,动其容也。三者本于心,然后乐器从之。是故情深而文明,气盛而化神,和顺积中,而英华发外,唯乐不可以为伪。"

古代哲学家认识到乐的境界是极为丰富而又高尚的,它是文化的集中和提高的表现。"情深而文明,气盛而化神,和顺积中,英华发外。"这是多么精神饱满,生活力旺盛的民族表现。"乐"的表现人生是"不可以为伪",就像数学能够表示自然规律里的真那样,音乐表现生活里的真。

…………

关于哲学和音乐的关系,除掉孔子的谈乐,荀子的《乐论》,《礼记》里《乐记》,《吕氏春秋》、《淮南子》里论乐诸篇,嵇康的《声无哀乐论》(这文可和德国十九世纪汉斯里克的《论音乐的美》作比较研究),还有庄子主张"视乎冥冥,听乎无声,冥冥之中,独见晓焉,无声之中,独闻和焉,故深之又深,而能物焉"。(《天地》)这是领悟宇宙里"无声之乐",也就是宇宙里最深微的结构型式。在庄子,这最深微的结构和规律也就是他所说的"道",是动的,变化着的,像音乐那样,"止之于有穷,流之于无止"。这道和音乐的境界是"逐丛生林,乐而无形,布挥而不曳,幽昏而无声,动于无方,居于窈冥……行流散徙,不主常声。……充满天地,苞裹六极"(《天运》),这道是一个五音繁会的交响乐。"逐丛生林",就是在群声齐奏里随着乐曲的发展,涌现繁富的和声。庄子这段文字使我们在古代"大音希声",淡而无味的,使魏文侯听了昏昏欲睡的古乐而外,还知道有这浪漫精神的音乐。这音乐,代表着南方的洞庭之野的楚文化,和楚铜器漆器花纹声气相通,和商周文化有对立的形势,所以也和古乐不同。

庄子在《天运》篇里所描述的这一出"黄帝张于洞庭之野的咸池之乐",却是和孔子所爱的北方的大舜的韶乐有所不同。《书经·舜典》上所赞美的乐是"声依永,律和声,八音克谐,无相夺伦,神人以和"的古乐,听了叫人"心气和平"、"清明在躬"。而咸池之乐,依照庄子所描写和他所赞叹的,却是叫人"惧"、"怠"、"惑"、"愚",以达于他所说的"道"。这是和《乐记》里所谈的儒家的音乐理想确正相反,而叫我们联想到十九世纪德国乐剧大师华格耐尔晚年精心的创作《巴希法尔》。这出浪漫主义的乐剧是描写阿姆伏塔斯通过"纯愚"巴希法尔才能从苦痛的罪孽的生活里解救出来。浪漫主义是和"惧"、"怠"、"惑"、"愚"有密切的姻缘。所以我觉得《庄子·天运》篇里这段对咸池之乐的描写是极其重要的,它是我们古代浪漫主义思想的代表作,可以和《书经·舜典》里那一段影响深远的音乐思想作比较观,尽管《书经》里这段话不像是尧舜时代的东西,《庄子》里这篇咸池之乐也不能上推到黄帝,两者都是战国时代的思想,但从这两派对立的音乐思想——古典主义的和浪漫主义的——可以见到那时音乐思想的丰富多彩,造诣精微,今天还有钻研的价值。由于它的重要,我现在把《庄子·天运》篇里这段全文引在下面:

北门成问于黄帝曰,帝张咸池之乐于洞庭之野,吾始闻之惧,复闻之怠,卒闻之而惑,荡荡默默,乃不自得。帝曰汝殆其然哉!吾奏之以人,征之以天,行之以礼义,建之以太清。……四时迭起,万物循生,一盛一衰,文武伦经。一清一浊,阴阳调和,流光其声,蛰虫始作。吾惊之以雷霆。其卒无尾,其始无首,一死一生,一偾一起,所常无穷,而一不可待。汝故惧也。吾又奏之以阴阳之和,烛之以日月之明,其声能短能长,能柔能刚,变化齐一,不主故常。在谷满谷,在坑满坑。涂却守神(意谓涂塞心知之孔隙,守凝一之精神),以物为量。其声挥绰,其名高明。是故鬼神守其幽,日月星辰行其纪。吾止之于有穷,流之于无止(意谓流与止一顺其自然也)。子欲虑之而不能知也。望之而不能见也。逐之而不能及也。傥然立于四虚之道,倚于槁梧而吟,目之穷乎所欲见,力屈乎所欲逐,吾既不及已夫。(按:这正是华格耐尔音乐里"无止境旋律"的境界,浪漫精神的体现)形充空虚,乃至委蛇,汝委蛇故怠。(你随着它委蛇而委蛇,不自主动,故怠)吾又奏之以无怠之声,调之以自然之命。故若混。(按:此言重振主体能动性,以便和自然的客观规律相浑合)逐丛生林,乐而无形,布挥而不曳(此言挥霍不已,似曳而未尝曳),幽昏而无声,动于无方,居于窈冥,或谓之死,或谓之生,或谓之实,或谓之荣,行流散徙,不主常声。世疑之,稽于圣人。圣人者达于情而遂于命也。天机不张,而五官皆备,此之谓天乐。无言而心悦。故有焱氏为之颂曰:听之不闻其声,视之不见其形,充满天地,苞裹六极,汝欲听之,而无接焉。尔故惑也。(此言主客合一,心无分别,有如闇惑)乐也者始于惧,惧故祟。(此言乐未大和,听之惊惧,有如祸祟)吾又次之以怠。怠故遁。(此言遁于忘我之境,泯灭内外)卒于惑,惑故愚,愚故道。(内外双忘,有如愚述,符合老庄所说的道。大智若愚也)道可载而与之俱也。(人同音乐偕入于道)

老庄谈道,意境不同。老子主张"致虚极,守静笃,万物并作,吾以观其复"。他在狭小的空间里静观物的"归根","复命"。他在三十辐所共的一个毂的小空间里,在一个抟土所成的陶器的小空间里,在"凿户牖以为室"的小空间的天门的开阖里观察到"道"。道就是在这小空间里的出入往复,归根复命。所以他主张守其黑,知其白,不出户,知天下。他认为"五色令人目盲,五音令人耳聋",他对音乐不感兴趣。庄子却爱逍遥游。他要游于无穷,寓于无境。他的意境是广漠无边的大空间。在这大空间里作逍遥游是空间和时间的合一。而能够传达这个境界的正是他所描写的,在洞庭之野所展开的咸池之乐。所以庄子爱好音乐,并且是弥漫着浪漫精神的音乐,这是战国时代楚文化的优秀传统,也是以后中国音乐文化里高度艺术性的源泉。探讨这一条线的脉络,还是我们的音乐史工作者的课题。

以上我们讲述了中国古代寓言和思想里可以见到的音乐形象,现在谈谈音乐创作过程和音乐的感受。《乐府古题要解》里解说琴曲《水仙操》的创作经过说:"伯牙学琴于成连,三年而成。至于精神寂寞,情之专一,未能得也。成连曰:'吾之学不能移人之情,吾之师有方子春在东海中'。乃赍粮从之,至蓬莱山,留伯牙曰:'吾将迎吾师'!划船而去,旬日不返。伯牙心悲,延颈四望,但闻海水汨没,山林窅冥,群鸟悲号。仰天叹曰:'先生将移我情!'乃援操而作歌云:'繄洞庭兮流斯护,舟楫逝兮仙不还。移形素兮蓬莱山,欻钦伤宫仙不还'。伯牙遂为天下妙手。"

"移情"就是移易情感,改造精神,在整个人格的改造基础上才能完成艺术的造就,全凭技巧的学习还是不成的。这是一个深刻的见解。

至于艺术的感受,我们试读下面这首诗。唐诗人郎士元《听邻家吹笙》诗云:"风吹声如隔彩霞,不知墙外是谁家,重门深锁无寻处,疑有碧桃千树花。"这是听乐时引起人心里美丽的意象:"碧桃千树花"。但是这是一般人对于音乐感受的习惯,各人感受不同,主观里涌现出的意象也就可能两样。"知音"的人要深入地把握音乐结构和旋律里所潜伏的意义。主观虚构的意象往往是肤浅的。"志在高山,志在流水"时,作曲家不是模拟流水的声响和高山的形状,而是创造旋律来表达高山流水唤起的情操和深刻的思想。因此,我们在感受音乐艺术中也会使我们的情感移易,受到改造,受到净化、深化和提高的作用。唐诗人常建的《江上琴兴》一诗写出了这净化深化的作用。

江上调玉琴,一弦清一心,泠泠,七弦遍,万木澄幽阴。能使江月白,又令江水深,始知梧桐枝,可以徽黄金。

琴声使江月加白,江水加深。不是江月的白,江水的深,而是听者意识体验得深和纯净。明人石沆《夜听琵琶》诗云:

婷婷少妇未关愁,清夜琵琶上小楼。裂帛一声江月白,碧云飞起四山秋!

音响的高亮,令人神思飞动,如碧云四起,感到壮美。这些都是从听乐里得到的感受。它使我们对于事物的感觉增加了深度,增加了纯净。就像我们在科学研究里通过高度的抽象思维,离开了自然的表面,反而深入到自然的核心,把握到自然现象最内在的数学规律和运动规律那样,音乐领导我们去把握世界生命万千形象里最深的节奏的起伏。庄子说:"无声之中,独闻和焉"。所以我们在戏曲里运用音乐的伴奏才更深入地刻画出剧情和动作。希腊的悲剧原来诞生于音乐呀!

音乐使我们心中幻现出自然的形象,因而丰富了音乐感受的内容。画家诗人却由于在自然现象里意识到音乐境界而使自然形象增加了深度。六朝画家宗炳爱游山水,归来后把所见名山画在壁上,"坐卧向之。谓人曰:抚琴动操,欲令众山皆响。"唐初诗人沈佺期有《范山入画山水歌》云:

山峥嵘,水泓澄,漫漫汗汗一笔耕,一草一木栖神明。忽如空中有物,物中有声,复如远道望乡客,梦绕山川身不行。

身不行而能梦绕山川,由于"空中有物,物中有声",而这又是由于"一草一木栖神明",才启示了音乐境界。

这些都是中国古代的音乐思想和音乐意象。

作者简介

宗白华(1897—1986),江苏常熟人。著名美学家、诗人。出生于安徽安庆,8岁后到南京上小学。1914年先后在青岛大学预科和上海同济德国语言学校学习德语、德国文学和哲学;1918年毕业。"五四"前后开始诗歌创作,先后主编《少年中国》月刊和《时事新报》副刊《学灯》。1920年赴德国留学,在法兰克福大学、柏林大学学习哲学、美学等。1923年出版诗集《流云小集》。1925年回国,任东南大学(后改为中央大学、南京大学)教授;发表《唐人诗歌中所表现的民族精神》、《论文艺的空灵与充实》、《略论艺术的价值结构》、《中国诗画中所表现的空间意识》等论著。1952年后任北京大学哲学系教授,注重研究中国古代美学史和德国古典美学,是我国现代较早较系统研究中国古代美学史的学者,发表《中国美学史中重要问题的初步探索》、《中国画论中的美学思想》、《中国艺术意境之诞生》等美学专论。1981年出版《美学散步》,是其美学论文的第一次结集出版。曾任中华美学学会顾问和中国哲学学会理事。1986年逝世。

宗白华一生著述不多。其他主要著作有:《三叶集》(通信集,与田汉、郭沫若著)、《歌德研究》、《判断力批判》(译著,康德原著)、《宗白华美学文学译文选》。1994年安徽教育出版社出版《宗白华全集》。

作品要览

《美学散步》是宗白华生前唯一一部美学专著,也是他的代表作,其中篇章最早的写于1920年,最晚作于1979年,几乎汇集了其一生最精要的美学研究成果。以诗人的气质和灵性来研讨艺术规律和美学理论,使得诗意盎然、优美典雅成为本书最显著的特点。就像美学家李泽厚在本书序言中指出的那样:"宗先生本就是二十年代有影响的诗人,出过诗集。二十年代的中国新诗,如同它的新鲜形式一样,我总觉得,它的内容也带着少年时代的生意盎然和空灵、美丽,带着那种对前途充满了新鲜活力的憧憬、期待的心情意绪,带着那种对宇宙、人生、生命的自我觉醒式的探索追求。……而我感到,这样一种对生命活力的倾慕赞美,对宇宙人生的哲理情思,从早年到暮岁,宗先生独特地一直保持了下来,并构成了宗先生这些美学篇章中的鲜明特色。"

该书的另一个特点是形式的松适悠闲。用作者自己的话说:"散步是自由自在、无拘无束的行动,它的弱点是没有计划,没有系统。看重逻辑统一性的人会轻视它,讨厌它,但是西方建立逻辑学的大师亚里士多德的学派却唤做'散步学派',可见散步和逻辑并不是绝对不相容的。"对我们初次步入艺术美学殿堂的同学来说,这个特点尤其是适合的、可贵的,因为我们的确不宜一开始就去承受高远深奥理论的沉重;而追随大师的悠雅的步履,"散步的时候可以偶尔在路旁折到一枝鲜花,也可以在路上拾起别人弃之不顾而自己感到兴趣的燕石",从而在体味、享受艺术,净化、升华心灵的同时,在我们充满期待的知识清池中,采撷那些油然崭露出的丛丛簇簇的学术理论的尖尖小荷。

《美学散步》的主要篇章有:美学散步、美从何处寻、论文艺的空灵与充实、中国美学史中重要问题的初步探索、中国艺术意境之诞生、中国艺术表现里的虚和实、中国诗画中所表现的空间意识、论中西画法的渊源与基础、中西画法所表现的空间意识、介绍两本关于中国画学的书并论中国的绘画、略谈敦煌艺术的意义与价值、论素描、中国书法里的美学思想、中国古代的音乐寓言与音乐思想、论《世说新语》和晋人的美、希腊哲学家的艺术理论、康德美学思想评述、看了罗丹雕刻以后、形与影、我和诗、新诗略谈、唐人诗歌中所表现的民族精神。

阅读提示

1. 李泽厚曾这样概括《美学散步》的特点:"或详或略,或短或长,都总是那种富有哲理情思的直观式的把握,并不作严格的逻辑分析或详尽的系统论证,而是单刀直入,扼要点出,诉诸人们的领悟,从而叫人去思考、去体会。"这一特点亦体现在本课文中。课文主要通过阐述中国古代儒家和道家关于音乐的神话、传说和故事,结合西方音乐艺术的实践和见解,从数学、气候、律吕等多角度深入探讨了中国古代音乐思想及其流派。根据该书的阐述特点,并考虑学生知识积累的实际情况,在阅读时,不勉强要求全面、系统地透彻理解课文(包括引文),可以把自己能读懂、感兴趣的问题作为阅读学习的重点,争取有所收获,有所提高。下面一些问题可供思考。

2. 作者说:"音乐是人类最亲密的东西,人有口有喉,自己会吹奏歌唱;有手可以敲打、弹拨乐器;有身体动作可以舞蹈……但是对我们最亲密的东西并不就是最被认识和理解的东西,所谓,'百姓日用而不知'。所以古代人民对音乐这一现象感到神奇,对它半理解半不理解。"对此你有切身体会吗?谈谈你的感想。

3. "节奏、和声、旋律是音乐的核心,它是形式,也是内容。它是最微妙的创造性的形式,也就启示着最深刻的内容,形式与内容在这里是水乳难分了。音乐这种特殊的表现和它的深厚的感染力使得古代人民不断地探索它的秘密,用神话、传说来寄寓他们对音乐的领悟和理想。"你能否列举本文以外的例子加以说明?

4. 作者是怎样说明"音乐、建筑和生活的三角关系"的?

5. "数学与音乐是中西古代哲学思维里的灵魂呀!(两汉哲学里的音乐思想和嵇康的声无哀乐论都极重要)数理的智慧与音乐的智慧构成哲学智慧。中国在哲学发展里曾经丧失了数学智慧与音乐智慧的结合,堕入庸俗;西方在毕达哥拉斯以后割裂了数学智慧与音乐智慧。"——或许我们现在还不能透彻地理解这些深邃独到的见解,但只要对这些以前从不考虑的问题开始思考,就是进步;倘若能不断地思考,就一定会有更大的收获。

6. "'乐'的表现人生是'不可以为伪',就像数学能够表示自然规律里的真那样,音乐表现生活里的真。"关于这点,你肯定能够举例来说明的。

7. 孔子和庄子都爱好音乐,但形式和内容都有所不同。说说看,具体有何不同?这些不同的背后又蕴涵了什么?

8. "音响的高亮,令人神思飞动,如碧云四起,感到壮美。这些都是从听乐里得到的感受。它使我们对于事物的感觉增加了深度,增加了纯净。就像我们在科学研究里通过高度的抽象思维,离开了自然的表面,反而深入到自然的核心,把握到自然现象最内在的数学规律和运动规律那样,音乐领导我们去把握世界生命万千形象里最深的节奏的起伏。"想一想,我们应该怎样去"深入地把握音乐结构和旋律里所潜伏的意义"?

9. 宗白华与朱光潜都是中国现代美学的先行者和开拓者,被称为 20 世纪中国美学界的"双峰"。李泽厚是这样形容两位大师的各自特色的:"朱先生的文章和思维方式是推理的,宗先生却是抒情的;朱先生偏于文学,宗先生偏于艺术;朱先生更是近代的,西方的,科学的;宗先生更是古典的,中国的,艺术的;朱先生是学者,宗先生是诗人……"后面的单元里有节选自朱光潜《谈美》的课文,其中亦有关于中国古典音乐的论述,建议:(1)将两篇课文参照阅读,(2)阅读《美学散步》和《谈美》全文。你一定会受益匪浅的。

推荐书目

①《欣赏音乐的知识和方法》(周大冈,中国文联出版公司,1987)　②《交响音乐艺术欣赏》(屠冶九,山西教育出版社,1997)　③《怎样欣赏音乐》([美]科普兰,人民音乐出版社,1984)④《中国音乐史略》(吴钊等,人民音乐出版社,1997)　⑤《中国古代音乐史》(金文达,人民音乐出版社,1994)　⑥《东方音乐文化》(俞人豪等,人民音乐出版社,1995)　⑦《中国音乐美学史》(蔡仲德,人民音乐出版社,2000)　⑧《音乐中的文化与文化中的音乐》(洛秦,上海书画出版社,2004)　⑨《音乐美学问题讨论集》(人民音乐出版社编辑部,人民音乐出版社,1987)⑩《世界名曲欣赏》(杨名望,上海音乐出版社,1991)　⑪《音乐大师与世界名作》(刘璞,中国人民大学出版社,1995)　⑫《欧洲著名音乐家评传》(管谨义,北岳文艺出版社,2000)　⑬《世界乐坛上的大师与名曲》(黄望男,北京师范学院出版社,1991)　⑭《钢琴艺术三百年:从巴赫至现代的钢琴艺术史》([美]哈蒙德,西南师范大学出版社,1991)　⑮《欧洲音乐史话》(钱仁康,上海音乐出版社,2003)　⑯《维也纳音乐史话》([奥]弗朗茨·恩德勒,昆仑出版社,2001)⑰《西方音乐美学史》([美]福比尼,湖南文艺出版社,2005)　⑱《最美的音乐史》([德]赫福特纳,山西人民出版社,2010)　⑲《西方音乐史》([美]格劳特等,人民音乐出版社,1996)　⑳《西方文明中的音乐》([美]保罗·亨利·朗,贵州人民出版社,2001)　㉑《西方音乐文化》(蔡良玉,人民音乐出版社,2003)

宋元山水意境[*]

李泽厚

一　缘起

如果说,雕塑艺术在六朝和唐达到了它的高峰,那么,绘画艺术的高峰则在宋元。这里讲的绘画,主要指山水画。中国山水画的成就超过了其他许多艺术部类,它与相隔数千年的青铜礼器交相辉映,同为世界艺术史上罕见的美的珍宝。

山水画由来久远。早在六朝,就有一些谈论山水的画论和"峰岫峣嶷,云林森渺"(宗炳:《画山水序》)的具体描述。但究竟如何,已难知晓。如从传为顾恺之的《洛神赋图》、《女史箴》等摹本中的山树背景和敦煌壁画中的情况来看,当时所谓山水,无论是形象、技法、构图,大概比当时的山水诗水平还要低。不但非常拙笨,山峦若土堆,树木如拳臂,而且主要仍是作为人事环境的背景、符号,与人物、车马、神怪因素交杂在一起的。《历代名画记》所说,"其画山水,则群峰之势,若钿饰犀栉,或水不容泛,或人大于山。率皆附以树石,映带其地,列植之状,则若伸臂布指"云云,相当符合事实。这里还谈不上作为独立审美意义的山水风景画。

隋、唐有所进展,但变化似乎不大。被题为《展子虔游春图》的山水大概是伪品,并非隋作。

根据文献记载,直到初唐也仍然是"状石……如冰澌斧刃,绘树则刷脉镂叶,功倍愈出,不胜其色"(张彦远:《历代名画记》)的。情况开始重要变化,看来是在盛唐。所谓"山水之变,始于吴,成于二李";所谓"李思训数月之功,吴道子一日之迹";所谓"所画掩障,夜闻水声"等等论述、传说当有所依据。当时主要作为宗教画家的吴道子在山水画上也有重大的独创,"吴带当风"的线的艺术大概在山水领域里也开拓出一个新领域。后人说吴"有笔而无墨"。张彦远《历代名画记》说,"吴生每画,落笔便去,多琰与张藏布色",这种重线条而不重色彩的基本倾向扩展到山水领域,对后世起了重要影响。

山水画的真正独立,似应在中唐前后。随着社会生活的重要变化和宗教意识的逐渐衰淡,人世景物从神的笼罩下慢慢解放出来,日渐获有了自己的现实性格。正如

---

[*]　节选自《美的历程》(李泽厚,安徽文艺出版社,1994)第九章"宋元山水意境"。本文对原书注释有所删略。

人物（张萱、周昉）、牛马（韩滉、韩干）从宗教艺术中分化出来而有了专门画家一样，山水、树石、花鸟也当作独立的观赏审美对象而被抒写赞颂。"堂上不合生枫树，怪底江山起烟雾"（杜甫）、"张璪画松石，往往得神骨"（元稹），表明由盛唐而中唐，对自然景色、山水树石的趣味欣赏和美的观念已在走向画面的独立复制，获有了自己的性格，不再只是作为人事的背景、环境而已了。但比起人物（如仕女）、牛马来，山水景物作为艺术的主要题材和所达到的成熟水平，则要更晚得多。这是因为，人物、牛（农业社会的主要生产资料）马（战争、行猎、车骑工具，上层人士热爱的对象）显然在社会生活中占有更明确的地位，与人事关系更为直接，首先从宗教艺术中解脱出来的当然是它们。所以，如果说继宗教绘画之后，仕女牛马是中唐来的主题和高峰，那末山水花鸟的成熟和高峰应属宋代。诚如宋人自己所评论："若论佛道人物，仕女牛马，则近不及古；若论山水林石，花竹禽鸟，则古不及近"（郭若虚：《图画见闻志》），"本朝画山水之学，为古今第一"（邵博：《闻见后录》卷27）。

审美兴味和美的理想由具体人事、仕女牛马转到自然对象、山水花鸟，当然不是一件偶然事情。它是历史行径、社会变异的间接而曲折的反映。与中唐到北宋进入后期封建制度的社会变异相适应，地主士大夫的心理状况和审美趣味也在变异。经过中晚唐的沉溺声色繁华之后，士大夫们一方面仍然延续着这种沉溺（如花间、北宋词所反映），同时又日益陶醉在另一个美的世界之中，这就是自然风景山水花鸟的世界。自然对象特别是山水风景，作为这批人数众多的世俗地主士大夫（不再只是少数门阀贵族）居住、休息、游玩、观赏的环境，处在与他们现实生活亲切依存的社会关系之中。而他们的现实生活既不再是在门阀士族压迫下要求奋发进取的初盛唐时代，也不同于谢灵运伐山开路式的六朝贵族的掠夺开发，基本是一种满足于既得利益，希望长久保持和固定，从而将整个封建农村理想化、牧歌化的生活、心情、思绪和观念。门阀士族以其世袭的阶级地位为荣，世俗地主则以肯图为荣。这两个阶级对自然、农村、下层人民（在画面以所谓"渔樵"为代表）的关系、态度并不完全一样。二者的所谓"隐逸"的含义和内容也不一样。六朝门阀时代的"隐逸"基本上是一种政治性的退避，宋元时代的"隐逸"则是一种社会性的退避，它们的内容和意义有广狭的不同（前者狭而后者广），从而与他们的"隐逸"生活直接相关的山水诗画的艺术趣味和审美观念也有深浅的区别（前者浅而后者深）。不同于少数门阀贵族，经由考试出身的大批世俗地主士大夫常常由野而朝，由农（富农、地主）而仕，由地方而京城，由乡村而城市。这样，丘山溪壑、野店村居倒成了他们的荣华富贵、楼台亭阁的一种心理上必要的补充和替换，一种情感上的回忆和追求，从而对这个阶级具有某种普遍的意义。"直以太平盛世，君亲之心两隆……，然则林泉之志、烟霞之侣，梦寐在焉，耳目断绝，今得妙手郁然出之，不下堂筵，坐穷泉壑，猿声鸟啼，依约在耳，山光水色，滉漾夺目，此岂不快人意实获我心哉，此世之所以贵夫画山水之本意也"（郭熙、郭思：《林泉高致》）。除去技术因素不计外，这正是为何山水画不成熟于庄园经济盛行的六朝，却反而成熟于城市生活相当发达的宋代的缘故。这正如欧洲风景画不成熟于中世纪反而成熟于资本主义阶段一样。中国山水画不是门阀贵族的艺术，而是世俗地主的艺术。这个阶级不像门阀地主与下层人民（即以所谓"渔樵"为代表的农民）那样等级森严、隔绝严厉，宋元山水画所展现出来的题材、主题、思想情感比六朝以至唐代的人物画（如阎立本的帝王图，张萱、周昉仕女画等等），具有远为深厚的人民性和普遍性。但世俗地主阶级作为剥削者与自然毕竟处在一种闲散、休息、消极静观的关系之中，他们最多只能是农村生活的享受者和欣赏者。这种社会阶级的特征也相当清晰地折射在中国山水画上：人与自然那种娱悦亲切和牧歌式的宁静，成为它的基本音调，即使点缀着负薪的樵夫、泛舟的渔父，也决不是什么劳动的颂歌，而仍然是一幅掩盖了人间各种痛苦和不幸的、懒洋洋、慢悠悠的封建农村的理想画。"渡口只宜寂寂，人行须是疏疏"；"野桥寂寞，遥通竹坞人家；古寺萧条，掩映松林佛塔"。萧条寂寞而不颓唐，安宁平静却非死灭，"非无舟人，止无行人"，这才是"山居之意裕如也"，才符合世俗地主士大夫的生活、理想和审美观念。

与现实生活相适应的哲学思潮，则可说是形成这种审美趣味的主观因素。禅宗从中晚唐到北宋愈益流行，宗派众多，公案精致，完全战胜了其它佛教派别。禅宗教义与中国传统的老庄哲学对自然态度有相近之处，它们都采取了一种准泛神论的亲近立场，要求自身与自然合为一体，希望从自然中吮吸灵感或了悟，来摆脱人事的羁縻，获取心灵的解放。千秋永在的自然山水高于转瞬即逝的人世豪华，顺应自然胜过人工造作，丘园泉石长久于院落笙歌……禅宗喻诗，当时已是风会时髦；以禅说画（山水画），也决不会待明末董其昌的"画禅室"才存在。它们早就有内在联系了，它们构成了中国山水画发展成熟的思想条件。

…………

三　细节忠实和诗意追求

随着时代的发展变化，诗、画中的美学趣味也在发展变化。从北宋前期经后期过渡到南宋，"无我之境"便逐渐在向"有我之境"推移。

这种迁移变异的行程，应该说，与占画坛统治地位的院体画派的作风有重要关系。以愉悦帝王为目的，甚至皇帝也亲自参加创作的北宋宫廷画院，在享有极度闲暇和优越条件之下，把追求细节的忠实写实，发展到了顶峰。所谓"孔雀升高必先举左"以及论月季四时朝暮、花蕊叶不同等故事[①]，说明在皇帝本人倡导下，这种细节真实

---

① 见邓椿《画继》。一般中国美术史书籍中均有引述。——原注

的追求成了宫廷画院的重要审美标准。于是,柔细纤纤的工笔花鸟很自然地成了这一标准的最好体现和独步一时的艺坛冠冕。这自然也影响到山水画。尽管已开始有与此相对抗的所谓文人墨戏(以苏轼为代表),但整个说来,上行下效,社会统治阶级的意识经常是统治社会的意识,从院内到院外,这种追求细节真实日益成为画坛的重要趋向和趣味。

与细节真实并行而更值得重视的画院的另一审美趣味,是对诗意的极力提倡。虽然以诗情入画并非由此开始,传说王维就已是"画中有诗",但作为一种高级审美理想和艺术趣味的自觉提倡,并日益成为占据统治地位的美学标准,却要从这里算起。与上述的孔雀升高等故事同时也同样著名的,是画院用诗句作题目进行考试的种种故事。如"嫩绿枝头红一点,动人春色不须多","蝴蝶梦中家万里""踏花归去马蹄香"等等(参见陈善:《扪虱新语》、邓椿:《画继》等书)。总之,是要录画面表达诗意。中国诗素以含蓄为特征,所谓"含不尽之意见于言外",从而山水景物画面如何能既含蓄又准确即恰到好处地达到这一点,便成了中心课题,为画师们所不断追求、揣摩。画面的诗意追求开始成了中国山水画的自觉的重要要求。"所试之题如野水无人渡,孤舟尽日横,自第二人以下,多系空舟岸侧、或拳鹭于舷间,或栖鸦于蓬背;独魁则不然,画一舟人卧于舟尾,横一孤笛,其意以为非无舟人,止无行人耳"(《画继》)。没有行人,画面可能产生某种荒凉感,"非无舟人,只无行人",才能准确而又含蓄地表达出一幅闲散、缓慢、宁静、安逸、恰称诗题的抒情气氛和牧歌图画。又如"尝试'竹锁桥边卖酒家,'人皆可以形容无不向酒家上着工夫,惟一善画但于桥头竹外挂一酒帘,书'酒'字而已,便见得酒家在竹内也"(俞成:《萤雪丛说》)。这当然是一幅恰符诗意、既含蓄又优美的山水画。

宋代是以"郁郁乎文哉"著称的,它大概是中国古代历史上文化最发达的时期。上自皇帝本人、官僚巨臣,下到各级官吏和地上士绅,构成一个比唐代远为庞大也更有文化教养的阶级或阶层。绘画艺术上,细节的真实和诗意的追求是基本符合这个阶级在"太平盛世"中发展起来的审美趣味的。但这不是从现实生活中而主要是从书面诗词中去寻求诗意,这是一种虽优雅却纤细的趣味。

这种审美趣味在北宋后期即已形成,到南宋院体中到达最高水平和最佳状态。创造了与北宋前期山水画很不相同的另一种类型的艺术意境。

如果看一下马远、夏珪以及南宋那许许多多的小品:深堂琴趣、柳溪归牧、寒江独钓、风雨归舟、秋江暝泊、雪江卖鱼、云关雪栈、春江帆饱……这一特色便极明显。它们大都是在颇为工致精细的、极有选择的有限场景、对象、题材和布局中,传达出抒情性非常浓厚的某一特定的诗情画意来。细节真实和诗意追求正是它们的美学特色,与北宋前期那种整体而多义、丰满而不细致的情况很不一样了。这里不再是北宋那种气势雄浑邈远的客观山水,不再是那种异常繁复杂多的整体面貌;相反,更经常出现的是颇有选择取舍地从某个角度、某一局部、某些对象甚或某个对象的某一部分出发的着意经营,安排位置,苦心孤诣,在对这些远为有限的对象的细节忠实描绘里,表达出某种较为确定的诗趣、情调、思绪、感受。它不再像前一时期那样宽泛多义,不再是一般的"春山烟云连绵人欣欣,夏山嘉木繁阴人坦坦……",而是要求得更具体和更分化了。尽管标题可以基本相同,由画面展示出来的情调诗意却并不完全一样。被称为"剩水残山"的马,夏,便是典型代表。应该说,比起北宋那种意境来,题材、对象、场景、画面是小多了,一角山岩、半截树枝都成了重要内容,占据了很大画面;但刻划却精巧细致多了,自觉的抒情诗意也更为浓厚、鲜明了。像被称为"马一角"的马远的山水小幅里,空间感非常突出,画面大部分是空白或远水平野,只一角有一点点画,令人看来辽阔无垠而心旷神怡。谁能不在马、夏的"剩水残山"和南宋那些小品前荡漾出各种轻柔优美的愉快感受呢?南宋山水画把人们审美感受中的想象、情感、理解诸因素引向更为确定的方向,导向更为明确的意念或主题,这就是宋元山水画发展历程中的第二种艺术意境①。

这是不是"有我之境"呢?是,又不是,相对于第一种意境,可以说是:艺术家的主观情感、观念在这里有更多的直接表露。但相对于一下阶段来说,它又不是:因为无论在对对象的忠实描写上,或抒发主观情感观念上,它仍然保持了比较客观的态度。诗意的追求和情感的抒发,尽管比北宋山水已远为自觉和突出,但基本仍从属于对自然景色的真实再现的前提之下,所以,它处在"无我之境"到"有我之境"的过渡行程之中,是厚重的院体画而非意气的文人画。它基本仍应属"无我之境"。

宋画中这第二种艺术意境是一种重要的开拓。无论从内容到形式,都大大丰富发展了中国民族的美学传统,作出了重要贡献。诗意追求和细节真实的同时并举,使后者没有流于庸俗和呆板("匠气"),使前者没有流于空洞和抽象("书卷气")。相反,从形似中求神似,由有限(画面)中出无限(诗情),与诗文发展趋势相同,日益成为整个中国艺术的基本美学准则和特色。对称走向均衡,空间更具意义,以少胜多,以虚代实,计白当黑,以一当十,日益成为中国各门艺术高度发展的形式、技巧和手法。讲究的是"虚实相生,无画处均成妙境"(笪重光:《画鉴》),这与"意在言外"、"此时无声胜有声"完全一致。并且,由于这种山水是选择颇有局限的自然景色的某个部分某些对象,北宋画那种地域性的不同特色便明显消退。哪里没有一角山水、半截树枝呢?哪里没有小桥流水、孤舟独钓呢?哪里没有春江秋月、风雨归舟呢?描绘的具体景物尽管小一些,普遍性反而更大了。抒发的情感观念尽管更确定一些,却更鲜明更浓烈了。它们确乎做到了"状难言之景列于目前,含不尽之意溢出画面",创造了中国山水

---

① 按作者的观点,宋元山水画有三种境界:北宋的"无我之境"、元代的"有我之境",以及介于两者之间的、具有过渡性质的南宋第二种艺术意境。——编者

画另一极高成就。北宋浑厚的、整体的、全景的山水,变而为南宋精巧的、诗意的、特写的山水,前者以雄浑、辽阔、崇高胜,后者以秀丽、工致、优美胜。两美并峙,各领千秋。

作者简介

　　李泽厚(1930—　　),湖南长沙宁乡人。哲学家,美学家,文艺理论家。1945 年考取湖南省立一中,因贫困而改读公费补助的湖南省立第一师范;1948 年毕业,在宁乡任小学教员。1950 年考入北京大学哲学系;毕业后在上海教育局工作。1955 年后,曾任中国社会科学院哲学研究所研究员、美学研究室主任。在 20 世纪 50 年代全国性的美学问题论战中,以重实践、尚"人化"的"客观性与社会性相统一"的美学观独树一帜。1983 年当选为巴黎国际哲学院院士。1988 年,当选为第七届全国人大代表。1992 年侨居美国,任教于科罗拉多学院。1998 年获美国科罗拉多学院人文学荣誉博士学位。曾任德国图宾根大学、美国密西根大学、威斯康星大学等多所大学客座教授。1999 年退休。2010 年,美国最权威的世界性古今文艺理论选集《诺顿理论与批评文选》第二版,收录了李泽厚《美学四讲》"艺术"篇中的第二章"形式层与原始积淀"。这套文集由柏拉图的论著选起,一直选到当代。李泽厚是进入这套一直由西方理论家统治的文论选的第一位中国学人。

　　李泽厚长期从事哲学、美学理论、中外美学史、艺术史、文艺理论和中国思想史研究,著述颇丰。重要著作有:《康有为谭嗣同思想研究》、《美学论集》、《批判哲学的批判——康德述评》、《我的哲学提纲》、《美的历程》、《中国美学史》(第一、二卷,与刘纲纪合著)、《中国思想史论》、《李泽厚哲学美学文选》、《走我自己的路》、《华夏美学》、《美学四讲》、《世纪新梦》、《论语今读》、《己卯五说》等。

作品要览

　　《美的历程》于 1981 年出版,是我国现代第一部较系统探讨中国古代艺术的美和美的创造、发展的专著。作者本着将现代哲学观念与传统文化精神有机融合的原则,把数千年的"美的历程"纳入时代精神的框架内,从宏观鸟瞰角度对文学艺术等文化精华作了概括描述和美学把握,揭示了众多美学现象的历史积淀和心理积淀,具有雄浑大气的整体感与悠远深刻的历史感。笔法文字简洁,夹叙夹议,明白晓畅;见解新颖独到,深邃警策,曾影响了一代青年,引导了一批又一批的读者步入美的殿堂。该书篇幅不长(十数万字),读后可大致全面了解中国古代艺术之美的脉络和精神,在对美的欣赏中陶冶性情、增长知识,确实是一部通俗易懂的美学经典之作;故而初版之后,多次再版重印达几十万册,并被译成英、德、韩等多种语言。

　　《美的历程》共分十章即十个专题,以时间为序,以艺术的风格、神韵或思潮为视点,考察了从远古图腾到明清绘画、工艺达数千年华夏民族的艺术发展。由于该书并不是一部一般意义上的艺术史著作,所以重点不在于具体艺术作品的细部赏析,而是以人类学本体论的美学观把审美、艺术与整个历史进程有机地联系起来,点面结合,揭示出各种社会因素对于审美和艺术的作用和影响,对中国古典文艺的发展作出了概括性的分析与说明。尤其是用耐人寻味的概念来画龙点睛地提挈各章主题,凝练精警,多发前人之所未发。例如,用"狞厉的美"形容殷周青铜器艺术特点,以"儒道互补"来体现先秦理性精神,用"人的主题"和"文的觉醒"展示魏晋风度,用"盛唐之音"来象征大唐文学艺术的雍容灿烂,以"理想型"、"现实型"、"二者结合型"等三种类型的美来讨论诗、词、曲、画和雕塑等艺术境界的异同,以"市民文艺"来揭示明清下层文艺思潮的主线,等等。

本课文节选自该书第十章"宋元山水意境"。该章又分缘起、"无我之境"、细节忠实和诗意追求、"有我之境"四小节。本课文节选了第一和第四小节,分别论述的是:中国绘画艺术尤其是山水画的高峰在宋元,以及山水画成熟于城市生活相当发达的宋代的缘故;绘画艺术上,细节的真实和诗意的追求是基本符合上层社会在"太平盛世"中发展起来的审美趣味的,这是一种虽优雅却纤细的趣味。

📖 阅读提示

1. 绘画题材及主题的变迁发展,表面上看,是因为审美兴味和美的理想产生了变化,其实这并"不是一件偶然事情","它是历史行径、社会变异的间接而曲折的反映",具有深厚复杂的社会背景。在第一小节中,作者主要从宗教、政治和哲学三个方面阐述了山水画自中唐以来开始成熟、发展的条件和缘由。请分别概括表述之。

2. 为什么"仕女牛马"先于"山水景物"成为艺术的主要题材并达到成熟的水平?

3. "山水画不成熟于庄园经济盛行的六朝,却反而成熟于城市生活相当发达的宋代",这是什么缘故?

4. 为什么说"中国山水画不是门阀贵族的艺术,而是世俗地主的艺术"?怎样理解"宋元山水画所展现出来的题材、主题、思想情感比六朝以至唐代的人物画……具有远为深厚的人民性和普遍性"这一观点?

5. "细节的真实和诗意的追求"这种审美趣味是在怎样的社会环境中滋生的?

6. 应当说,从学科专业的角度看,"宋元山水画发展历程中的第二种艺术意境"的艺术价值和审美兴味都不同于前一阶段。说说具体表现在哪里?

7. "宋画中这第二种艺术意境是一种重要的开拓。无论从内容到形式,都大大丰富发展了中国民族的美学传统,作出了重要贡献。"这个论断的根据有哪些?

📖 推荐书目

①《中国古代绘画》(徐改,商务印书馆,1996) ②《中国原始艺术》(吴诗池,紫禁城出版社,1996) ③《中国美术简史》(薛永年等,中国青年出版社 2002) ④《中国美术史》(王朝闻,齐鲁书社、明天出版社,2000) ⑤《中国艺术的精神》(徐复观,华东师范大学出版社,2001)

⑥《中国美术史》(王逊,上海人民美术出版社,1989)　⑦《美术鉴赏》(李永强等,广西美术出版社,2009)　⑧《齐白石传》(林浩基,学苑出版社,2005)　⑨《徐悲鸿传》(廖静文,中国青年出版社,2010)　⑩《西方美术史中的中国山水画》([美]埃尔金斯,中国美术学院出版社,1999)　⑪《法国现代美术》(张延风,广西师范大学出版社,2004)　⑫《西方美术史话》(迟轲,中国青年出版社,1983)　⑬《艺术的故事》([英]贡布里希,三联书店,1999)　⑭《渴望生活——梵高传》([美]欧文·斯通,北京十月文艺出版社,2008)　⑮《毕加索传》([法]皮埃尔·戴,江苏教育出版社,2005)　⑯《欧洲美术史》(王琦,上海人民美术出版社,1985)　⑰《国外后现代绘画》(常宁生,江苏美术出版社,2000)　⑱《世界艺术史》([英]休·昂纳、约翰·弗莱明,南方出版社,2002)　⑲《西方现代艺术·后现代艺术》(葛仁鹏,吉林美术出版社,2000)

第九单元

走进象牙塔

　　这一单元三篇选文,分别论及西方哲学、中国古代哲学和美学,说到底,所涉及的都属于哲学范畴。

　　哲学,一般被誉为人类精神的最高殿堂,令人敬仰,又令人生畏。什么是哲学? 哲学就是人类精神的反思,就是对于认识的认识。换句话说,哲学所涉及的对象往往都是一些作为许多寻常信念的基础的假设。英国当代学者伯林曾用这样一段话来告诉我们,什么是哲学的价值和哲学家的使命:如果全体社会成员都是一些狐疑满腹的知识分子,人人都不断地检验信仰的假定条件,那就没有行动的人了。另一方面,如果不对假定的前提进行检验,将它们束之高阁,社会就会陷入僵化,信仰就会变成教条,想象就会变得呆滞,智慧就会陷入贫乏。社会如果躺在无人质疑的教条的温床上睡大觉,就有可能会渐渐烂掉。要激励想象,运用智慧,防止精神生活陷入贫瘠,要使对真理的追求(或者对正义的追求,对自我实现的追求)持之以恒,就必须对假设质疑,向前提挑战,至少应做到足以推动社会前进的水平。人类和人类进步部分是反叛的结果,子革父命,至少是革去了父辈的信条,而达成新的信仰。这正是发展、进步赖以存在的基础。在这一过程中,那些提出上述恼人的问题并对问题的答案抱有强烈好奇心的人,发挥着绝对的核心作用。这种人在任何一个社会中通常都不多见。当他们系统从事这种活动并使用同样可以受别人批判检验的合理方法时,他们便被称之为哲学家了。

　　以上表述对东西方哲学而言,具有基本的一致性;而西方哲学和中国哲学(尤其是古代哲学)在许多方面毕竟有所不同。仅以本单元选文为例:阅读了《苏菲的世界》之后,你能够初步感觉到,西方哲学可以说是从一开始就有知识的取向,因而对本原性、终极性知识的追究乐此不疲;而《孔子左手,老子右手》则流露出比较浓郁的实用性和功利性(主要指长期以来成为社会主流意识形态的儒家学说)。另外,西方哲学侧重知识理性与方法意识紧密相连,方法的突破往往带来哲学研究的突破,例如,现象学方法、语言分析方法和实用主义方法等新方法的使用,开创了现代西方哲学。再看中国哲学,从古代到近代,基本上是在围绕着一些基本概念、观念和命题演绎发挥,因而获得了较大的稳定性和通用性。仅仅这些差异,就足以提醒我们在阅读学习哲学著作时,要注意方法的因"地"而异。阅读学习西方哲学:一要尽量发挥思辨性作用,加强对认知对象的根本性的认识、理解;二要了解和熟悉相应的哲学研究方法,这些方法又与各门学科的最新发展密切相关。阅读学习中国古代哲学,则要注重对哲学概念和范畴的理解(尤其要从语词与概念的辨析上来认识不同流派的理论核心),还要结合社会发展、历史现实和理想追求等因素来把握其精神实质。就一般情况而言,目前比较适合同学们的做法是:从阅读一些哲学普及通俗的入门读物开始,然后循序渐进,拾级而上。

美学是哲学的一个分支。从美学史看,它主要研究艺术,所以有人(比如黑格尔)认为美学就是"艺术哲学"。美学也算是一门"老树新芽"的学科。18 世纪后半期,美学才以独立的学科问世;然而美学的基础却早在古希腊时期就建立了,人们在审美欣赏和审美创造的同时,不断探讨美的理论,并使之体系化、科学化。美学其实就是人们对审美活动的哲学反思。

虽然中国的美学思想同样源远流长,但美学作为一门独立的现代学科,则是到了晚清才从西方引进的。来自西方的"他山之石"与中国古代丰富深厚的美学传统相结合,便产生了特色鲜明的中国现代美学。中国现代美学的早期大师有王国维、梁启超、蔡元培、鲁迅等人。朱光潜先生也是我国现代美学的主要奠基者。本单元所节选的《谈美》就是一部对普及美学知识、陶冶情操产生过重要影响的经典之作。在这部书中,朱光潜"引读者由艺术走入人生,又将人生纳入艺术之中"(朱自清语);从而起到了净化读者心灵、提升一代青年精神境界的作用。他的美学观和人生观是朴实而深刻的:人生的艺术化。朱光潜这样启发读者:"过一世生活好比做一篇文章。完美的生活都有上品文章所应有的美点。"

人生艺术化,也正可称为我们阅读学习美学知识的首要途径:应该结合人生,即有意识地联系自身的审美体验和审美实践来理解美学理论。此外,我们还建议:广泛涉猎丰富的文学艺术以及其他方面的文化遗产,从中感受、发现和研究美的现象和规律;还要自觉地运用哲学方法和借鉴现代各学科、跨学科的先进方法来学习美学;最后,也是最重要的阅读方法是,学习美学也是在创造美,记住朱光潜先生的教导——"欣赏之中都寓有创造,创造之中也都寓有欣赏。"

苏 菲 的 世 界（节选）*

〔挪威〕乔德坦·贾德

伊甸园

……在某个时刻事物必然从无到有……

你是谁

…………

苏菲匆匆忙忙走到花园门口，查看了一下那绿色的信箱，她很惊讶的发现里面居然有另外一封信，与第一封一模一样。她拿走第一封信时，里面明明是空的呀！这封信上面也写着她的名字。她将它拆开，拿出一张与第一封信一样大小的便条纸①。

纸上写着：世界从何而来？

苏菲想："我不知道。"不用说，没有人真正知道。不过苏菲认为这个问题的确是应该问的。她生平第一次觉得生在这世界上却连"世界从何而来"这样的问题也不问一问，实在是很不恭敬。

这两封神秘的信把苏菲弄得脑袋发昏。她决定到她的老地方去坐下来。这个老地方是苏菲最秘密的藏身之处。当她非常愤怒、悲伤或快乐时，她总会来到这儿。而今天，苏菲来此的理由却是因为她感到困惑。

苏菲的困惑

这栋红房子坐落在一个很大的园子中。园里有很多花圃、各式各样的果树，以及一片广阔的草坪，上面有一架沙发式的秋千与一座小小的凉亭。这凉亭是奶奶的第一个孩子在出生几周便夭折后，爷爷为奶奶兴建的。孩子的名字叫做玛莉。她的墓碑上写着："小小玛莉来到人间，惊鸿一瞥魂归高天"。

在花园的一角，那些木莓树丛后面有一片花草果树不生的浓密灌木林。事实上，那儿原本是一行生长多年的树篱，一度是森林的分界线。然而由于过去二十年来未经修剪，如今已经长成一大片，枝叶纠结，难以穿越。奶奶以前常说战争期间这道树篱使得那些在园中放养的鸡比较不容易被狐狸捉去。

＊ 节选自《苏菲的世界》（〔挪威〕乔德坦·贾德著，萧宝森译，作家出版社，2000）第一章"伊甸园"和第二章"魔术师的礼帽"。

① 苏菲收到第一封信的内容是："你是谁？"

如今,除了苏菲以外,大家都认为这行老树篱就像园子另一边那个兔笼子一般,没有什么用处。但这全是因为他们浑然不知苏菲的秘密的缘故。

自从解事以来,苏菲就知道树篱中有个小洞。她爬过那个小洞,就置身于灌木丛中的一个大洞穴中。这个洞穴就像一座小小的房子。她知道当她在那儿时,没有人可以找到她。

手里紧紧握着那两封信,苏菲跑过花园,而后整个人趴下来,钻进树篱中。里面的高度差不多勉强可以让她站起来,但她今天只是坐在一堆纠结的树根上。她可以从这里透过枝桠与树叶之间的隙缝向外张望。虽然没有一个隙缝比一枚小钱币大,但她仍然可以清楚地看见整座花园。当她还小时,常躲在这儿,看着爸妈在树丛间找她,觉得很好玩。

苏菲一直认为这个花园自成一个世界。每一次她听到圣经上有关伊甸园的事时,她就觉得自己好像坐在她的小天地,观察属于她的小小乐园一般。

世界从何而来?

她一点也不知道。她知道这个世界只不过是太空中一个小小的星球。然而,太空又是打哪儿来的呢?

很可能太空是早就存在的。如果这样,她就不需要去想它是从哪里来了。但一个东西有可能原来就存在吗?她内心深处并不赞成这样的看法。现存的每一件事物必然都曾经有个开始吧?因此,太空一定是在某个时刻由另外一样东西造成的。

不过,如果太空是由某样东西变成的,那么,那样东西必然也是由另外一样东西变成的。苏菲觉得自己只不过是把问题向后拖延罢了。在某一时刻,事物必然曾经从无到有。然而,这可能吗?这不就像世界一直存在的看法一样不可思议吗?

他们在学校曾经读到世界是由上帝创造的。现在苏菲试图安慰自己,心想这也许是整件事最好的答案吧。不过,她又再度开始思索。她可以接受上帝创造太空的说法,不过上帝又是谁创造的呢?是它自己从无中生有,创造出它自己吗?苏菲内心深处并不以为然。即使上帝创造了万物,它也无法创造出它自己,因为那时它自己并不存在呀。因此,只剩下一个可能性了:上帝是一直都存在的。然而苏菲已经否认这种可能性了,已经存在的万事万物必然有个开端的。

哦!这个问题真是烦死人了!

她再度拆开那两封信。

你是谁?

世界从何而来?

什么烂问题嘛!再说,这些信又是打哪儿来的呢?这件事几乎和这两个问题一样,是个谜。

是谁给苏菲这样一记当头棒喝,使她突然脱离了日常生活,面对这样一个宇宙的大谜题。

苏菲再度走到信箱前。这已经是第三次了。邮差刚刚送完今天的信。苏菲拿出了一大堆垃圾邮件、期刊以及两三封写给妈妈的信。除此之外，还有一张风景明信片，上面印着热带海滩的景象。她把卡片翻过来，上面贴着挪威的邮票，并盖着"联合国部队"的邮戳。会是爸爸寄来的吗？可是爸爸不在这个地方呀！况且笔迹也不像他。

当她看到收信人的名字时，不觉心跳微微加速。上面写着："请苜蓿巷三号苏菲转交席德……"剩下的地址倒是正确的。卡片上写着：

亲爱的席德：你满十五岁了，生日快乐！我想你会明白，我希望给你一样能帮助你成长的生日礼物。原谅我请苏菲代转这张卡片，因为这样最方便。

爱你的老爸

苏菲快步走回屋子，进入厨房。此刻她的思绪一团混乱。

这个席德是谁？她的十五岁生日居然只比苏菲早了一个月。

她去客厅拿了电话簿来查。有许多人姓袭，也有不少人姓习，但就是没有人姓席。

她再度审视这张神秘的卡片。上面有邮票也有邮戳，因此毫无疑问，这不是一封伪造的信。

怎么会有父亲把生日卡寄到苏菲家？这明明不是给她的呀！什么样的父亲会故意把信寄到别人家，让女儿收不到生日卡呢？为什么他说这是"最方便"的呢？更何况，苏菲要怎样才能找到这个名叫席德的人？

现在，苏菲又有问题要烦恼了。她试着将思绪做一番整理：

今天下午，在短短的两个小时之内，她面临了三个问题。第一个是谁把那两个白色的信封放在她的信箱内，第二个是那两封信提出的难题，第三个则是这个席德是谁。她的生日卡为何会寄到苏菲家？苏菲相信这三个问题之间必然有所关联。一定是这样没错，因为直到今天以前，她的生活都跟平常人没有两样。

魔术师的礼帽

……要成为一个优秀的哲学家只有一个条件：要有好奇心……

苏菲很肯定那位写匿名信的人会再度来信。她决定暂时不要将这件事告诉任何人。

如今，在学校上课时，她变得很难专心听课。他们所说的仿佛都是一些芝麻绿豆的事。他们为何不能谈一些诸如"人是什么？"或"世界是什么，又何以会存在？"这类的事呢？

她生平第一次开始觉得无论在学校或其他地方,人们关心的都只是一些芝麻琐事罢了。世上还有更重要的事有待解答,这些事比学校所上的任何科目都更重要。

世上有人可以解答这些问题吗? 无论如何,苏菲觉得思索这些问题要比去死背那些不规则动词更加要紧。

最后一堂课的下课铃响起时,她飞快走出学校,快得乔安①必须要跑步才能追上她。

过了一会儿,乔安说:"今天傍晚我们来玩牌好吗?"

苏菲耸了耸肩:"我不像从前那么爱玩牌了。"

乔安听了仿佛被雷击中一般。

"是吗? 那我们来玩羽毛球好了。"

苏菲垂下眼睛,看着人行道,而后抬起头看着乔安。

"我对羽毛球也不是很有兴趣了。"

"你不是说真的吗?"

苏菲察觉到乔安语气中的不满。

"你可不可以告诉我是什么事情突然变得那么重要?"

苏菲摇摇头:"嗯……这是一个秘密。"

"噢! 你大概是谈恋爱了吧?"

她们两个又走了一会儿,谁都没有说话。当她们走到足球场时,乔安说:"我要从斜坡这里走过去。"

从斜坡走过去! 没错,这是乔安回家最近的一条路,但她通常只有在家里有客人或必须赶到牙医那儿去的时候才从这儿走。

苏菲开始后悔她刚才对乔安的态度不佳。不过她又能对她说些什么呢? 说她是因为突然忙着解答自己是谁以及世界从何而来等问题,所以才没有时间玩羽毛球吗? 乔安会了解吗?

这些都是世间最重要,也可以说是最自然的问题。但为何一心想着这些问题会如此累人?

苏菲打开信箱时,感觉自己心跳加快。起先她只看到一封银行寄来的信以及几个写着妈妈名字的棕色大信封。该死! 她居然开始疯狂地期待那个不知名的人再度来信。

当她关上园门时,发现有一个大信封上写着她的名字。她把它翻过来要拆信时,看到信封背面写着:"哲学课程。请小心轻放。"

苏菲飞奔过石子路,将书包甩在台阶上,并将其他信塞在门前的脚垫下,然后跑

---

① 乔安是苏菲的同学和好友。

进后面的园子里,躲进她的密洞。唯有在这里,她才能拆阅这个大信封。

雪儿①也跟着跳进来。苏菲无可奈何,因为她知道雪儿是赶也赶不走的。

信封内有三张打好字的纸,用一个纸夹夹住。苏菲开始读信。

哲学是什么?

亲爱的苏菲:

人的嗜好各有不同。有些人搜集古钱或外国邮票,有些人喜欢刺绣,有些人则利用大部分的空闲时间从事某种运动。

另外许多人以阅读为乐,但阅读的品味人各不同。有些人只看报纸或漫画,有些人喜欢看小说,有些人则偏好某些特殊题材的书籍,如天文学、自然生物或科技新知等。

如果我自己对马或宝石有兴趣,我也不能期望别人都和我一样。如果我看电视体育节目看得津津有味,就必须忍受有些人认为体育节目很无聊的事实。

可是,天底下是不是没有一件事是我们大家都感兴趣的呢?是不是没有一件事是每一个人都关切的——无论他们是谁或住在何处?是的,亲爱的苏菲,天底下当然有一些问题是每个人都有兴趣的。而这门课程正与这些问题有关。

生命中最重要的事情是什么?如果我们问某一个正生活在饥饿边缘的人,他的答案一定是"食物"。如果我们问一个快要冻死的人,答案一定是"温暖"。如果我们拿同样的问题问一个寂寞孤独的人,那答案可能是"他人的陪伴"了。

然而,当这些基本需求都获得满足后,是否还有些东西是每一个人都需要的呢?哲学家认为,答案是肯定的。他们相信人不能只靠面包过日子。当然,每一个人都需要食物,每一个人都需要爱与关怀。不过除了这些以外,还有一些东西是人人需要的,那就是:明白我们是谁、为何会在这里。

想知道我们为何会在这儿,并不像集邮一样是一种休闲式的兴趣。那些对这类问题有兴趣的人所要探讨的,乃是自地球有人类以来,人们就辩论不休的问题:宇宙、地球与生命是如何产生的?这个问题比去年奥运会谁得到最多的金牌要更大,也更重要。

探讨哲学最好的方式就是问一些哲学性的问题,如:这世界是如何创造出来的?其背后是否有某种意志或意义?人死后还有生命吗?我们如何能够解答这些问题呢?最重要的是,我们应该如何生活?千百年来,人们不断提出这些问题。据我们所知,没有一种文化不关心"人是谁"、"世界从何而来"这样的问题。

基本上,我们要问的哲学问题并不多。我们刚才已经提出了其中最重要的问题。然而,在历史上,人们对每一个问题提出了不同的答案。因此,提出哲学问题要比回

---

① 雪儿是苏菲家的一只猫。

答这些问题更容易。

即使是在今天,每个人仍然必须各自寻求他对这些问题的答案。你无法在百科全书查到有关"上帝是否存在?"与"人死后是否还有生命?"这些问题的答案。百科全书也不会告诉我们应该如何生活。不过,读一读别人的意见倒可以帮助我们建立自己对生命的看法。

哲学家追寻真理的过程很像是一部侦探小说。有人认为安德森是凶手,有人则认为尼尔森或詹生才是。遇到犯罪案件,警方有时可以侦破,但也很可能永远无法查出真相(虽然在某个地方一定有一个破案的办法)。因此,即使要回答一个问题很不容易,但无论如何总会有一个(且仅此一个)正确答案的。人死后要不就是透过某种形式存在,要不就是根本不再存在。

过去许多千百年的谜题如今都有了科学的解释。从前,月亮黑暗的那一面可说是神秘莫测。由于这不是那种可以借讨论来解决的问题,因此当时月亮的真实面目如何全凭个人想象。然而今天我们已经确知月亮黑暗的那一面是何模样。没有人会再"相信"嫦娥的存在或月亮是由绿色的乳酪做成等等说法了。

两千多年前,一位古希腊哲学家认为,哲学之所以产生是因为人有好奇心的缘故。他相信,人对于活着这件事非常惊讶,因此自然而然就提出了一些哲学性的问题。

这就像我们看人家变魔术一样。由于我们不明白其中的奥妙,于是便问道:"魔术师如何能将两三条白色的丝巾变成一只活生生的兔子呢?"

许多人对于这世界的种种也同样有不可置信的感觉,就像我们看到魔术师突然从一顶原本空空如也的帽子里拉出一只兔子一般。

关于突然变出兔子的事,我们知道这不过是魔术师耍的把戏罢了。我们只是想知道他如何办到而已。然而,谈到有关世界的事时,情况便有些不同了。我们知道这世界不全然是魔术师妙手一挥、掩人耳目的把戏,因为我们就生活在其中,我们是它的一部分。事实上,我们就是那只被人从帽子里拉出来的小白兔。我们与小白兔之间唯一的不同是:小白兔并不明白它本身参与了一场魔术表演。我们则相反。我们觉得自己是某种神秘事物的一部分,我们想了解其中的奥秘。

P.S.关于小白兔,最好将它比做整个宇宙,而我们人类则是寄居在兔子毛皮深处的微生虫。不过哲学家总是试图沿着兔子的细毛往上爬,以便将魔术师看个清楚。

苏菲,你还在看吗?未完待续……

苏菲真是累极了。"还在看吗?"她甚至不记得她在看信时是否曾停下来喘口气呢!

是谁捎来这封信?当然不可能是那位寄生日卡给席德的人,因为卡片上不但有邮票,还有邮戳。但这个棕色的信封却像那两封白色的信一样,是由某人亲自投进信箱的。

苏菲看了看手表，时间是两点四十五分。妈妈还有两个多小时才下班。

苏菲爬出来，回到园子里，跑到信箱旁。也许还有另一封信呢！

她发现另一个写着她名字的棕色信封。这回她四下看了看，但却没有见到任何人影。她又跑到树林边，往路的那一头张望。

那边也没有人。

突然间她好像听到树林深处某根枝条"啪！"一声折断的声音。不过她并不是百分之百确定。何况，如果一个人决心要逃跑，再怎么追他也没有用。

苏菲进入屋里，把书包和给妈妈的信放在厨房的桌子上，然后便跑上楼梯，进入她的房间，拿出一个装满美丽石子的饼干盒。她把那些石头倒在地板上，把两个大信封装进盒子里。然后又匆忙走到花园里，双手紧紧拿着饼干盒。临走时，她拿出一些食物给雪儿吃。

"猫咪！猫咪！猫咪！"

回到密洞中后，她打开了第二封棕色的信，取出几页才刚打好字的信纸。她开始看信。

奇怪的生物

嗨！苏菲，我们又见面了。诚如你所看见的，这门简短的哲学课程将会以一小段、一小段的形式出现。以下仍然是序言部分：

我是否曾经说过，成为一个优秀哲学家的唯一条件是要有好奇心？如果我未曾说过，那么我现在要说：成为一个优秀哲学家的唯一条件是要有好奇心。

婴儿有好奇心，这并不令人意外。在娘胎里短短几个月后，他们便掉进一个崭新的世界。不过当他们慢慢成长时，这种好奇心似乎也逐渐减少。为什么？你知道答案吗，苏菲？

让我们假设，如果一个初生的婴儿会说话，他可能会说他来到的世界是多么奇特。因为，尽管他不能说话，我们可以看到他如何左顾右盼并好奇地伸手想碰触他身边的每一样东西。

小孩子逐渐学会说话后，每一次看见狗，便会抬起头说："汪！汪！"他会在学步车里跳上跳下，挥舞着双手说："汪！汪！汪！汪！"我们这些年纪比较大、比较见多识广的人可能会觉得小孩子这种兴奋之情洋溢的样子很累人。我们会无动于衷地说："对，对，这是汪汪。好了，坐着不要动！"看到狗，我们可不像小孩子那样着迷，因为我们早就看过了。

小孩子这种行为会一再重复，可能要经过数百次之后，他才会在看到狗时不再兴奋异常。在他看到大象或河马时，也会发生同样的情况。远在孩童学会如何讲话得体、如何从事哲学性的思考前,他就早已经习惯这个世界了。

这是很可惜的一件事,如果你问我的看法的话。

亲爱的苏菲,我不希望你长大之后也会成为一个把这世界视为理所当然的人。为了确定起见,在这课程开始之前,我们将做两三个有关思想的测验。

请你想象,有一天你去树林里散步。突然间你看到前面的路上有一艘小小的太空船,有一个很小的火星人从船舱里爬出来,站在路上抬头看着你⋯⋯

你会怎么想? 算了,这并不重要。但你是否曾经想过你自己也是个火星人?

很明显的,你不太可能突然撞见一个来自其他星球的生物。我们甚至不知道其他星球是否也有生物存在。不过有一天你可能会突然发现自己。你可能会突然停下来,以一种完全不同的眼光来看自己,就在你在树林里散步的时候。

你会想:"我是一个不同凡响的存在。我是一个神秘的生物。"

你觉得自己好像刚从一个梦幻中醒来。我是谁? 你问道。你知道自己正行走在宇宙的一个星球上。但宇宙又是什么?

如果你像这样,突然意识到自己的存在,你会发现自己正像我们刚才提到的火星人那样神秘。你不仅看到一个从外太空来的生命,同时也会打内心深处觉得自己的存在是如此不凡响。

如果你不介意的话,苏菲,现在就让我们来做另一个思想上的测验。

有一天早上,爸、妈和小同①正在厨房里吃早餐。过了一会儿,妈妈站起身来,走到水槽边。这时,爸爸飞了起来,在天花板下面飘浮。小同坐在那儿看着。你想小同会说什么? 也许他会指着父亲说:"爸爸在飞。"小同当然会觉得吃惊,但是他经常有这样的经验。爸爸所做的奇妙的事太多了,因此这回他飞到早餐桌上方这件事对小同并没有什么特别,每天爸爸都用一个很滑稽的机器刮胡子,有时他会爬到屋顶上调整电视的天线。或者,他偶尔也会把头伸进汽车的引擎盖里,出来时脸都是黑的。好了,现在轮到妈妈了。她听到小同说的话,转身一瞧。你想她看到爸爸像没事人一般飘浮在餐桌的上方会有什么反应?

她吓得把果酱罐子掉在地上,然后开始尖叫。等到爸爸好整以暇地回到座位上时,她可能已经需要急救了。(从现在起,爸爸可真是该注意一下自己的餐桌礼仪了!)为何小同和妈妈有如此不同的反应? 你认为呢?

这完全与习惯有关。(注意!)妈妈已经知道人是不能飞的,小同则不然。他仍然不确定在这个世界上人能做些什么或不能做些什么。

然而,苏菲,这世界又是怎么回事呢? 它也一样飘浮在太空中呀。你认为这可能吗?

———————————

①　小同是为进行"思想上的测验"而虚拟的一个小孩。

　　遗憾的是,当我们成长时,不仅习惯了有地心引力这回事,同时也很快地习惯了世上的一切。我们在成长的过程当中,似乎失去了对这世界的好奇心。也正因此,我们丧失了某种极为重要的能力(这也是一种哲学家们想要使人们恢复的能力)。因为,在我们内心的某处,有某个声音告诉我们:生命是一种很庞大的、神秘的存在。这是我们在学会从事这样的思考前都曾经有过的体验。

　　更明白地说:尽管我们都想过哲学性的问题,却并不一定每个人都会成为哲学家。由于种种理由,大多数人都忙于日常生活的琐事,因此他们对于这世界的好奇心都受到压抑。(就像那些微生虫一般,爬进兔子的毛皮深处,在那儿怡然自得地待上一辈子,从此不再出来。)

　　对于孩子们而言,世上的种种都是新鲜而令人惊奇的。对于大人们则不然。大多数成人都把这世界当成一种理所当然的存在。

　　这正是哲学家们之所以与众不同的地方。哲学家从来不会过分习惯这个世界。对于他或她而言,这个世界一直都有一些不合理,甚至有些复杂难解、神秘莫测。这是哲学家与小孩子共同具有的一种重要能力。你可以说,哲学家终其一生都像个孩子一般敏感。

　　所以,苏菲,你现在必须做个选择。你是个还没有被世界磨掉好奇心的孩子,还是一个永远不会如此的哲学家?

　　如果你只是摇摇头,不知道自己究竟是个孩子还是哲学家,那么你已经太过习惯这个世界,以至于不再对它感到惊讶了。果真如此,你得小心,因为你正处于一个危险的阶段,这也是为何你要上这门哲学课的原因。因为我们要以防万一。我不会听任你变得像其他人一样没有感觉、无动于衷。我希望你有一个好奇、充满求知欲的心灵。

　　这门课程是不收费的,因此即使你没有上完也不能退费。如果你中途不想上了,也没关系,只要在信箱里放个东西做信号就可以了。最好是一只活青蛙,或至少是某种绿色的东西,以免让邮差吓一大跳。

　　综合我上面所说的话,简而言之,这世界就像魔术师从他的帽子里拉出的一只白兔。只是这白兔的体积极其庞大,因此这场戏法要数十亿年才变得出来。所有的生物都出生于这只兔子的细毛顶端,他们刚开始对于这场令人不可置信的戏法都感到惊奇。然而当他们年纪愈长,也就愈深入兔子的毛皮,并且待了下来。他们在那儿觉得非常安适,因此不愿再冒险爬回脆弱的兔毛顶端。唯有哲学家才会踏上此一危险的旅程,迈向语言与存在所能达到的顶峰。其中有些人掉了下来,但也有些人死命攀住兔毛不放,并对那些窝在舒适柔软的兔毛的深处、尽情吃喝的人们大声吼叫。

　　他们喊:"各位先生女士们,我们正飘浮在太空中呢!"但下面的人可不管这些哲学家们在嚷些什么。

这些人只会说:"哇!真是一群捣蛋鬼。"然后又继续他们原先的谈话:请你把奶油递过来好吗?我们今天的股价涨了多少?番茄现在是什么价钱?你有没有听说黛安娜王妃又怀孕了?

那天下午,苏菲的妈妈回家时,苏菲仍处于震惊状态中。她把那个装着神秘哲学家来信的铁盒子很稳妥地藏在密洞中。然后她试着开始做功课,但是当她坐在那儿时,满脑子想的都是她刚才读的信。

她过去从未这样努力思考过。她已经不再是个孩子了,但也还没有真正长大。苏菲意识到她已经开始朝着兔子(就是从宇宙的帽子中被拉出来的那只)温暖舒适的毛皮深处向下爬,却被这位哲学家中途拦住。他(或者说不定是她)一把抓住她的后脑勺,将她拉回毛尖(她孩提时代戏耍的地方)。就在那儿,在兔毛的最顶端,她再度以仿佛乍见的眼光打量这个世界。

毫无疑问,这位哲学家救了她。写信给她的无名氏将她从琐碎的日常生活拯救出来了。

作者简介

乔斯坦·贾德,挪威作家,1952 年出生于挪威首都奥斯陆,父母都是教师。大学时主修哲学、神学以及文学,获得奥斯陆大学斯堪的纳维亚文学系挪威文学学位。1981 年始,在芬兰一所学校任教,教授哲学和文学课程。1986 年出版第一部作品《贾德谈人生》(又名《贾德的 20 堂课》)以来,已成为当代最重要的北欧作家。1991 年出版《苏菲的世界》,在世界范围内产生重要影响,并开始成为职业作家,将重要精力放在青少年文学创作上,陆续发表出版了多部优秀作品,多次获得各种奖项,如 1994 年获"德国青少年文学奖"与"最优秀作品奖"等。

由于具有多年担任哲学和文学教师的经历,乔斯坦·贾德熟悉青少年阅读心理、学习习惯和接受能力,擅长采用对话形式述说故事,能将高深的哲理以简明、流畅和生动的笔调,在小说营造的充满生活气息的情境中娓娓道来,因而其作品往往具有较强的可读性和吸引力,启发无数读者对生命本质、人类使命、科学和真理以及宇宙奥秘的探讨向往。

成名之后的乔斯坦·贾德,除了致力于文学创作,以写作的方式继续实现教育青少年的使命外,还尽其所能地从事公益事业。1997 年,他创立"苏菲基金会",每年颁发十万美金的"苏菲奖",对那些能够对环境发展提出或实施创造性建议、方案的个人或机构进行鼓励。

其他重要作品有《青蛙城堡》《纸牌的秘密》《伊丽莎白的秘密》《西西莉亚的世界》《生命的目录》《永恒的灵性》《我从外星来》《玛雅》《橙色女孩》《庇里牛斯山的城堡》等。

作品要览

《苏菲的世界》的副标题是"一本关于哲学史的小说",这表明,它是一部以小说的形式来比较系统地涵盖和描述各种哲学人物、哲学思潮以及哲学历史的通俗读物。让人多少感到出乎意料的是,这本西方哲学史是由一位毫无名气的北欧高中教师写成的,却打破了出版界学术话题不受欢迎的传统,让哲学走出高贵而寂寞森然的象牙塔,成为最热门的畅销书。

小说从一位十四岁女孩苏菲某天放学回家,收到一封"你是谁"的信开始,讲述了苏菲被一系列神秘的哲学来信所困惑,所吸引,在一位匿名隐形的哲学导师总是适时而至的信函指导下,在犹如《爱丽丝梦游仙境》和侦探故事框架里,运用她天生的悟性与后天知识,思考、幻想、憧憬,抽丝剥笋地寻找线索,探求秘密,解开一个接一个的谜团,逐渐认清了数千年来的哲学世界的大致轮廓。随着北欧神话中的索尔、芙瑞雅、赫拉克里特斯、苏格拉底、柏拉图、笛卡尔、康德、黑格尔、马克思、弗洛伊德、达尔文、摩尔、罗素、萨特……各路哲学大师和思想领袖栩栩如生般跃然纸上,西方哲学产生和发展的历程一幕幕地引人入胜地展现在读者面前。的确,对于那些从未读过哲学课程的人而言,这部哲学"侦探"学说是非常合适的入门读物,而对于那些以往读过一些哲学而已忘得一干二净的人士,也可起到温故知新的作用。

该书于1991年出版后,立刻受到欢迎,成为挪威、丹麦、瑞典和德国的畅销书;并迅速扩大影响,被称之为"全世界最易读懂的哲学书",目前已有数十个国家购买了该书版权,销量超过一千万册。

评论界及广大读者对《苏菲的世界》的追捧,不仅仅由于它"可以当做哲学启蒙书来阅读",而且因为"苏菲的世界"亦是智慧的世界、梦的世界;它将会唤醒每个人内心深处对生命的赞叹与对人生终极意义的关怀和好奇。尤其是在当今物欲横流、虚拟世界蚕食人们精神追求及价值取向的现实下,本书带来的哲学回归态势尤为可贵;它对真实的哲学给予极崇高的评价:批判的、理性的和公正的评论;去除偏见、迷信和惯例;不做仓促和轻率的判断,一意追求真理、知识、美善和道德。而这些,恰恰是当前年轻一代所迷茫、困惑和缺失的。

当然,《苏菲的世界》也有其不足。作为小说,在性格、情节等方面都乏善可陈;作为哲学发展史,又琐碎于许多非哲学的因素;而且有些作者主观倾向也影响了作品的纯粹和高度。

📖 阅读提示

1. 苏菲在自家信箱里接连收到两封神秘的来信,信的内容非常简单,分别是:"你是谁?"和"世界从何而来?"这两个没头没脑的问题让苏菲十分困惑,同时也引起了她强烈的好奇心和求知欲。就这样,一位隐身的哲学老师"给苏菲这样一记当头棒喝,使她突然脱离了日常生活,面对这样一个宇宙的大谜题"。

2. 苏菲是个善于动脑筋的女孩,在哲学来信的提示下,结合自己已掌握了解的知识开始深度思考。她首先探索的问题是关于"存在":——世界存在于太空中——"太空又是打哪儿来的呢"——"很可能太空是早就存在的"——"但一个东西有可能原来就存在吗"——"她内心深处并不赞成这样的看法"……这些逐层深入的追问,体现了苏菲具有独立和批判的思维品质。你考虑过"存在"的问题吗?你的想法是怎样的?

3. 自打开始思考"人是什么?"或"世界是什么,又何以会存在?"这类最根本的哲学问题后,苏菲的认知境界提高了。"她生平第一次开始觉得无论在学校或其他地方,人们关心的都只是一些芝麻琐事罢了。世上还有更重要的事有待解答,这些事比学校所上的任何科目都更重要。"为什么"这些事"是"更重要"的? 说说你的看法。

4. "神秘哲学家来信"还说:"远在孩童学会如何讲话得体、如何从事哲学性的思考前,他就早已经习惯这个世界了。"为什么说"这是很可惜的一件事"? 又说:"大多数人都忙于日常生活的琐事,因此他们对于这世界的好奇心都受到压抑。"你是否有此感受?

5. "苏菲意识到她已经开始朝着兔子(就是从宇宙的帽子中被拉出来的那只)温暖舒适的毛皮深处向下爬,却被这位哲学家中途拦住。写信给她的无名氏将她从琐碎的日常生活拯救出来了。"仔细体会这段话的含义。

6. 如果你也认识到探索深奥问题的意义,也仍然具有或希望保留住自己"像个孩子一般敏感"的好奇心,也不愿最终成为一只爬进兔子毛皮深处的"微生虫",那么你完全可以像苏菲那样去阅读和思考。不过,我们给你一个与苏菲有所不同的建议:在学习哲学的过程中,既要独立思考,又要与老师、同学交流辩论,相互启发,共同提高。你一定会比苏菲学得更好。

推荐书目

①《马克思主义哲学史》(黄楠森主编,高等教育出版社,1998)　②《西方哲学原著选读》(北京大学哲学系外国哲学史教研室,商务印书馆,1981)　③《西方古典哲学原著选辑》(8册)(北京大学哲学系外国哲学史教研室,商务印书馆,1982)　④《二十世纪哲学经典文本》(俞吾金等主编,复旦大学出版社,1999)　⑤《现代西方哲学论著选辑》(洪谦主编,商务印书馆,1993)　⑥《新编现代西方哲学》(刘放桐等编著,人民出版社,2000)　⑦《哲学的故事》([美]威尔·杜兰特,三联书店,1997)　⑧《苏格拉底最后的日子》([古希腊]柏拉图,三联书店,1988)

⑨《理想国》([古希腊]柏拉图,商务印书馆,1986)　⑩《忏悔录》([古罗马]奥古斯丁,商务印书馆,1989)　⑪《第一哲学沉思集:反驳和答辩》([法]笛卡尔,商务印书馆,2009)　⑫《哲学史讲演录》([德]黑格尔,商务印书馆,2009)　⑬《西方哲学史:及其从古代到现代的政治、社会情况的联系》([英]罗素,商务印书馆,2009)　⑭《二十世纪哲学》([英]A.J.艾耶尔,上海译文出版社,2005)　⑮《当代哲学主流》([联邦德国]施太格缪勒,商务印书馆,1986)　⑯《西方哲学史》([美]撒穆尔·伊诺克·斯通普夫等,中华书局,2005)

左手孔子，右手老子[*]

林语堂

一、儒家核心概念：礼与仁

礼

儒家思想，在中国也称之为"孔教"、"儒教"，或是"礼教"。西洋的读者会立刻觉得礼字的含义比纯粹的礼仪要复杂得多，或者觉得孔子的思想是一套假道理。我们对这个问题必须严正从事，因为"礼乐"一词在孔门著作里屡见不鲜，似乎包括孔子对社会的整套制度，正如"仁"字似乎包括了孔子对个人行为的教训精髓一样。"礼乐"一词的精义及其重要性，在本书后面将有详尽的讨论。现在只需要指出孔子自己对"政"与"礼"的定义是一而二，二而一的。政是"正"，而礼则是"事之治也"（见《礼记》第二十八）。中国这个"礼"字是无法用英文中的一个字表示。在狭义上看，这个字的意思是"典礼"，也是"礼节"，但从广义上看，其含义只是"礼貌"；在最高的哲学意义上看，则是理想的社会秩序，万事万物各得其宜，所指尤其是合理中节的封建社会。如前所述，当时的封建社会正在崩溃当中。

孔子力求实现自己的理想，乃致力于恢复一种社会秩序，此种社会必须人人相爱，尊敬当权者，在社会上公众的拜祭喜庆，必须表现在礼乐上。当然，这种拜祭的典礼一定是原始的宗教典礼，不过我们所谓的"礼教"，其特点为半宗教性质。因为皇帝祭天，这是宗教性质的一面，但在另一面则是教导百姓在家庭生活上，要仁爱守法敬长辈。在祭天、祭当权者的祖先、祭地、祭河川、祭山岳，这等宗教性的祭祀则各有不同。在《论语》与《礼记》上有若干次记载，记孔子并不知道这些祭挽与皇室祖先的意义，如果知道，则治天下便易如反掌了。在这方面，儒家的思想类似大部分摩西的戒律，若在儒家的教义上把孔子与摩西相比，则较与其他哲学家相比容易多了。儒家所倡的礼，也和摩西的戒律一样，是包括宗教的法规，也包括生活的规范，而且认为这二者是不可分的一个整体。孔子毕竟是他那个时代的人，他是生活在正如法国哲学家孔德所说的"宗教的"时代。

再者，设若孔子是个基督徒，毫无疑问，他在气质上，一定是个"高教会派"的教士

---

* 节选自《左手孔子，右手老子》（林语堂，陕西师范大学出版社，2007）上篇第一章"导言"和下篇"绪论"。

（英国国教中重视教会权威及仪式之一派），不然便是圣公会教士，或是个天主教徒。孔子喜爱祭祀崇拜的仪式，所谓"我爱其礼"，当然不只是把仪式看作缺乏意义的形式，而是他清楚了解人类的心理，正式的礼仪会使人心中产生虔敬之意。而且，正像圣公会教士和天主教教士一样，孔子也是个保守派的哲人，相信权威有其价值，相信传统与今昔相承的道统。他的艺术的美感十分强烈，必然是会受礼乐的感动，《论语》上此种证明很多。祭天与皇室的祭祖会引起一种孝敬之感，同样，宴饮骑射在乡村举行时，伴以歌舞跪拜，会使乡人在庆祝之时遵礼仪守秩序，在群众之中这也是礼仪的训练。

所以，从心理上说，礼乐的功用正负相同。儒家思想更赋与礼乐歌舞以诗歌的优美。我们试想孔子本人就爱好音乐，二十九岁就从音乐名家学弹奏乐器，并且虽在忧患之中，也时常弹琴自娱，因此他对礼乐并重，也就不足为奇了。孔子时代的六艺，在孔门经典中清清楚楚指出为礼、乐、射、御、书、数。孔子在六十四岁时，删定《诗经》，据说经过孔子编辑之后，其中的诗歌才算分类到各得其所，而且各自配上适当的音乐。事实上，据记载，孔子自己讲学的学校，似乎不断有弦歌之声。子游为武城宰时，开始教百姓歌唱，孔子闻之欣然而笑，并且向子游开玩笑。见《论语·阳货》第十七：

子之武城，闻弦歌之声。夫子莞尔而笑曰："割鸡焉用牛刀？"子游对曰："昔者偃也，闻诸夫子曰，'君子学道则爱人，小人学道则易使也。'子曰：'二三子，偃之言是也。前言戏之耳。'"

礼乐的哲学要义由《礼记·乐记》可见：

"观其舞，知其德。"（见一国之舞，知其国民之品德）

"乐自中出，礼自外作。"（音乐发自内心，礼仪生自社会）

"乐者，乐也。人情之所不能免也。"（音乐表喜乐之感，此种情绪既不能抑而止之，又不能以他物代替之）

"乐由天作，礼以地制。"（音乐代表天，是抽象的；礼仪代表地，是具象的。）

国不同，其乐不同，正足以见民风之不同。

先王制礼乐，不只以餍百姓耳目口腹之欲，亦所以教民正当之嗜好，明辨邪恶，民生和顺。

礼教的整个系统是包括一个社会组织计划，其结论是一门庞大的学问，其中有宗教祭祀的典礼规则，宴饮骑射的规则，男女儿童的行为标准，对老年人的照顾等等。将孔子的这门真实学问发扬得最好的莫若荀子。荀子与孟子同时，在学术上为孟子的敌人，其哲学思想在《礼记》一书有充分之阐述，足以反映荀子之见解。

对礼之重要有所了解，也有助于对孔子另一教义的结论之了解，即"正名"一说。孔子把他的当代及他以前两百年的政治历史写成《春秋》，其用意即在以"正名"为手段，而求恢复社会之正常秩序。比如帝王处死一叛将曰"杀"之，王公或将相杀死其元首曰"弑"之。再如春秋那些国里，非王而自称王者，孔子仍以其原有合法之头衔称之，即所以示贬也。

仁

孔子的哲学精义，我觉得是在他认定"人的标准是人"这一点上。设非如此，则整个儿一套儒家的伦理学说就完全破产，亦毫无实行的价值了。儒家整套的礼乐哲学只是"正心"而已，而神的国度正是在人心之中。所以个人若打算"修身"，最好的办法就是顺乎其本性的善而固执力行。这就是孔子伦理哲学之精义。其结果即"己所不欲，勿施于人"。关于仁，孔子有极精极高的涵义，除去他的两个弟子及三个历史人物之外，他是绝不肯以仁这个字轻予许可的。有时有人问他某人可否算得上"仁"，十之八九他不肯以此字称呼当世的人。在本书《中庸》一章里，孔子指出"登高必自卑，行远必自迩"，他有一次说，孝悌即为仁之本。

"仁"一字之不易译为英文，正如"礼"字相同。中文的"仁"字分开为二人，即表示其意义为人际关系。今日此字之读法同"人"，但在古代其读音虽亦与"仁"相同，但只限于特殊词中，汉代经学家曾有引证，今日已无从辨别。在孔门经典中，"仁"这个字与今日之"人"字，在用法上已可交换，在《论语》一书还有明显的例证。在《雍也》篇：宰予问曰："仁者虽告之曰：'井有仁焉'，其从之也？"足见"仁"与"人"在这里通用。

由此可见，"仁"与"人"之间的联想是显然可见的。在英文里，human，humane，humanitarian，humanity 这些字，其中最后一字就含有 mankind 和 kindness 两字的意思。孔子与孟子二人都曾把"仁"字解释做"爱人"。但是此事并不如此简单。第一，如我所说，孔子不肯把仁字用来具体指某个真人，同时，他也未曾拒绝举个"仁人"的实例。第二，他常把这个"仁"字描写做一种心境。描写做人所"追寻"、所"获得"的状态，心情宁静时的感受，心情中失去"仁"以后的情况，心中依于"仁"的感受。而孟子则曾说"居于仁"，好像"居于室"中一样。

所以仁的本义应当是他的纯乎本然的状态。准乎此，孟子开始其整套的人性哲学的精义，而达到人性善的学说。而荀子相信人性恶，关于教育、音乐、社会秩序，更进而到制度与德行上，则走了孔子学说的另一端，发展了"礼"字的观念，而置其重心在"约束"上。在普通英文的用语里，我们说我们的相识之中谁是一个 real man 或 real person，此词的含义则极为接近"仁"字。一方面，我们现在渐渐了解何以孔子不肯把"仁"这个徽章给予他当代那些好人而称之为仁者，而我们今天则愿意把 real man，real person 一词最高的含义给予我们的同代人。（林肯自然是当之无愧的。）另一方面，依我们看来，一个人做人接近到"仁人"的地步并不那么困难，而且只要人自己心放得正，看不起那些伪善言行；只要想做个"真人"，做个"仁人"，他都可以办得到。孔子都说人若打算做个"仁人"，只要先做好儿女、好子弟、好国民，就可以了。我们的说法不是和孔孟的说法完全相符吗？我以为，我把中国的"仁"字译成英文的 true manhood 是十分精确而适宜的。有时只要译成 kindness 就可以，正如"礼"字在有些地方可以译做 ritual（典礼），ceremony（仪式），manners（礼貌）。

实际上，孟子的理论已然发展到人性本善，已是人人生而相同的了，他还说"人人可以为尧舜"，也正是此义之引申。儒家说"登高必自卑，行远必自迩"，将此种近乎人情的方法用在德行方面，从平易平凡的程度开始。这一点足以说明其对中国人所具有的可爱之处，正好不同于墨子的严峻的"父道"与"兼爱"。儒家有合乎人情的思想，才演变出以人作为人的标准这条道理。这样，不仅使人发现了真正的自己，使人能够自知，也自然推论出"己所不欲，勿施于人"的恕道。孔子不仅以此作为"真人"、"仁人"的定义，并且说他的学说是以恕道为中心的。"恕"字是由"如"与"心"二字构成的。在现代中文里，"恕"字常做"饶恕"讲，所以有如此的引申是不难看出的。因为你若认为在同一境况下，人的反应是相同的，你若与别人易地而处，你自然会持饶恕的态度。孔子就常常自己推己及人。最好的比喻是：一个木匠想做一个斧子的把柄。他只要看看自己手中那把斧子的把柄就够了，他无须另求标准。人就是人的标准，所谓推己及人是也。

二、儒家与道家

孔子的人文主义能否叫中国古人感到充分的满足呢？答复是：它能够满足。同时，也不能够满足。假使已经满足了人们的内心欲望，那么就不复有余地让道教与佛教得以传播了孔子学说之中流社会的道德教训，神妙地适合于一般人民，它适合于服官的阶级，也适合于向他们叩头的庶民阶级。

但是也有人，一不愿意服官，二不愿意叩头。他具有较深邃的天性，孔子学说未能深入以感动他。孔子学说依其严格的意义，是太投机，太近人情，又太正确。人具有隐藏的情愫，愿得披发而行吟，可是这样的行为非孔子学说所容许。于是那些喜欢蓬头跣足的人走而归于道教。前面已经指出过，孔子学说的人生观是积极的，而道家的人生观则是消极的。道家学说为一大"否定"，而孔子学说则为一大"肯定"。孔子以义为礼教，以顺俗为旨，辩护人类之教育与礼法。而道家呐喊重返自然，不信礼法与教育。

孔子设教，以仁义为基本德性。老子却轻蔑地说："失道而后德，失德而后仁，失仁而后义，……"孔子学说的本质是都市哲学，而道家学说的本质为田野哲学。一个摩登的孔教徒大概将取饮城市给照的 A 字消毒牛奶，而道教徒则自农夫乳桶内取饮乡村牛奶。因为老子对于城市照会、消毒、A 字甲级等等，必然将一例深致怀疑，而这种城市牛奶的气味将不复存在天然的乳酪香味，反而氤氲着重大铜臭气。谁尝了农家的鲜牛奶,谁会不首肯老子的意见或许是对的呢? 因为你的卫生官员可以防护你的牛奶免除伤寒菌,却不能免除文明的蛊虫。

孔子学说中还有其他缺点,他过于崇尚现实,而太缺乏空想的意象的成分。中国人民是稚气地富有想象力,有几许早期的幻异奇迹,吾人称之为妖术及迷信者,及后代仍存留于中国人胸中。孔子的学说是所谓敬鬼神而远之;他承认山川之有神祇,更象征的承认人类祖考的鬼灵之存在。但孔子学说中没有天堂地狱,没有天神的秩位等级,也没有创世的神话。他的纯理论,绝无掺杂巫术之意,亦无长生不老之药。其实虽笼罩于现实氛围的中国人,除掉纯理论的学者,常怀有长生不老之秘密愿望。孔子学说没有神仙之说,而道教则有之。总之,道教代表神奇幻异的天真世界,这个世界在孔教思想中则付阙如。

故道家哲学乃所以说明中国民族性中孔子所不能满足之一面。一个民族常有一种天然的浪漫思想,与天然的经典风尚;个人亦然。道家哲学为中国思想之浪漫派,孔教则为中国思想之经典派。确实,道教是自始至终罗曼司的;第一,他主张重返自然,因而逃遁这个世界,并反抗狡夺自然之性而负重累的孔教文化;其次,他主张田野风的生活、文学、艺术,并崇拜原始的淳朴;第三,他代表奇异幻象的世界,加缀之以稚气的质朴的"天地开辟"之神话。

中国人曾被称为实事求是的人民,但也有他的特性的罗曼司的一面;这一面或许比现实的一面还要深刻,且随处流露于他们的热烈的个性,他们的爱好自由,以及他们的随遇而安的生活。这一点常使外国旁观者为之迷惑而不解。照我想来,这是中国人民之不可限量的重要特性。每一个中国人的心头,常隐藏有内心的浮浪特性和爱好浮浪生活的癖性。生活于孔子礼教之下倘无此感情上的救济,将是不能忍受的痛苦。所以道教是中国人民的游戏姿态,而孔教为工作姿态。这使你明白每一个中国人当他成功发达而得意的时候,都是孔教徒,失败的时候是道教徒。道家的自然主义是服镇痛剂,所以抚慰创伤了的中国人之灵魂者。

那是很有兴味的,你要知道道教之创造中华民族精神倒是先于孔子,你再看他怎样经由民族心理的响应而与解释鬼神世界者结合同盟。老子本身与"长生不老"之药毫无关系,也不涉于后世道教的种种符箓巫术。他的学识是政治的放任主义与论理的自然主义的哲学。他的理想政府是清静无为的政府,因为人民所需要的乃自由自在而不受他人干涉的生活。老子把人类文明看作退化的起源,而孔子式的圣贤被视为人民之最坏的腐化分子。宛似尼采把苏格拉底看作欧洲最大的坏蛋,故老子俏皮地讥讽说:"圣人不死,大盗不止。"继承老子思想,不愧后起之秀者,当推庄子。庄子运其莲花妙舌,对孔教之假道学与不中用备极讥诮。

讽刺孔子哲学,固非难事,他的崇礼仪,厚葬久丧并鼓励其弟子钻营官职,以期救世,均足供为讽刺文章的材料。道家哲学派之憎恶孔教哲学,即为浪漫主义者憎恶经典派的天然本性。或可以说这不是憎恶,乃是不可抗的嘲笑。

从彻头彻尾的怀疑主义出发,真只与浪漫的逃世而重返自然相距一步之差。据史传说:老子本为周守藏室史,一日骑青牛西出函谷关,一去不复返。又据《庄子》上的记载:庄子钓于濮水,楚王使大夫二人往先焉,曰:"愿以境内累矣。"庄子持竿不顾,曰:"吾闻楚有神龟,死已三千岁矣,王巾笥而藏之庙堂之上。此龟者,宁其死为留骨而贵乎?宁其生而曳尾于涂中乎?"二大夫曰:"宁生而曳尾涂中。"庄子曰:"往矣!吾将曳尾于涂中。"从此以后,道家哲学常与遁世绝俗,幽隐山林,陶性养生之思想不可分离。从这点上,吾们摄取了中国文化上最迷人的特性即田野风的生活、艺术、与文学。

或许有人会提出一个问题:老子对于这个逃世幽隐的思想该负多少责任?殊遽难下肯定之答复。被称为老子著作的《道德经》,其文学上之地位似不及"中国尼采"庄子,但是它蓄藏着更为精练的俏皮智慧之精髓。据我的估价,这一本著作是全世界文坛上最光辉灿烂的自保的阴谋哲学。它不啻教人以放任自然,消极抵抗。抑且教人以守愚之为智,处弱之为强,其言曰:"……不敢为天下先。"它的理由至为简单,盖如是则不受人之注目,故不受人之攻击,因能立于不败之地。所以他又说:"……以其不争,故天下莫能与之争。"尽我所知,老子是以浑浑噩噩藏拙蹈晦为人生战争利器的惟一学理,而此学理的本身,实为人类最高智慧之珍果。

老子觉察了人类智巧的危机,故尽力鼓吹"无知"以为人类之最大福音。他又觉察了人类劳役的徒然,故又教人以无为之道,所以节省精力而延寿养生。由于这一个意识使积极的人生观变成消极的人生观。它的流风所被染遍了全部东方文化色彩。如见于《野叟曝言》及一切中国伟人传记,每劝服一个强盗或隐士,使之与家庭团聚而重负俗世之责任,常引用孔子的哲学理论;至遁世绝俗,则都出发于道教的观点。在中国文字中,这两种相对的态度称之为"入世"与"出世"。有时此两种思想会在同一人心上蹶起争斗,以其战胜对方。即一个人一生的不同时期,或许此两种思想也会此起彼伏,如袁中郎之一生。举一个眼前的例证,则为梁漱溟教授,他本来是一位佛教徒,隐栖山林间,与尘界相隔绝;后来却恢复孔子哲学的思想,重新结婚,组织家庭,便跑到山东埋头从事于乡村教育工作。

中国文化中重要特征之田野风的生活与艺术及文学,采纳此道家哲学之思想者不少。中国之立轴中堂之类的绘画和瓷器上的图样,有两种流行的题材,一种是合家欢,即家庭快乐图,上面画着女人、小孩,正在游玩闲坐;另一种则为闲散快乐图,如渔翁、樵夫或幽隐文人,悠然闲坐松荫之下。这两种题材,可以分别代表孔教和道教的人生观念。樵夫,采药之士,和隐士都接近于道家哲学,在一般普通异国人看来,当属匪夷所思。下面一首小诗,它就明显地充满着道家的情调:

松下问童子,言师采药去;只在此山中,云深不知处。

此种企慕自然之情调,差不多流露于中国所有的诗歌里头,成为中国传统的精神上一主要部分。不过孔子哲学在这一方面亦有重要贡献,崇拜上古的淳朴之风,固显然亦为孔门传统学说之一部分。中华民族的农业基础,一半建筑于家庭制度,一半建筑于孔子哲学之渴望黄金时代的冥想。孔子哲学常追溯尧舜时代,推为历史上郅治之世。那时人民的生活简单之至,欲望有限之至,有诗为证:

日出而作,日落而息。掘井而饮,耕田而食。帝力于我何有哉!

这样崇拜古代,即为崇拜淳朴。在中国,这两种意识是很接近的,例如人们口头常说"古朴",把"古代"和"素朴"连结成一个名辞。孔子哲学对于家庭之理想常希望人能且耕且读,妇女则为最好从事纺织。下面吾又摘录一首小词。这是十六世纪末期陈眉公(继儒)遗给其子孙作为家训的箴铭的。这首词表面上似不属于道家哲学,而实际上歌颂素朴生活无异在支助道家哲学:

清平乐·闲居书付儿辈

有儿事足,一把茅遮屋。若使薄田耕不熟,添个新生黄犊。闲来也教儿孙,读书不为功名。种竹,浇花,酿酒;世家闭户先生。

中国人心目中之幸福,所以非为施展各人之所长,像希腊人之思想,而为享乐此简朴田野的生活而能和谐地与世无忤。

道家哲学在民间所具的真实力量,乃大半含存于其供给不可知世界之材料,这种材料是孔教所摈斥不谈的。《论语》说:"子不语怪力乱神"。孔子学说中没有地狱,也没有天堂,更没有什么精魂不灭的理论。他解决了人类天性的一切问题,却把宇宙的哑谜置而不顾。就是于解释人体之生理作用,也属极无把握。职是之故,一他在他的哲学上留下一个绝大漏洞,致令普通人民不得不依赖道家的神学,以解释自然界之神秘。

拿道家神学来解释宇宙之冥想,丢老庄时代不久即见之于《淮南子》(公元前178—公元前122年),他把哲学混合于鬼神的幻境,记载着种种神话。道家的阴阳元意识,在战国时代已极流行,不久又扩大其领域,参入古代齐东野人之神话。据称曾梦见海外有仙山,高耸云海间,因之秦始皇信以为真,曾遣方士率领五百童男童女,入海往求长生不老之药。由是此基于幻想的立脚点遂牢不可破,而一直到如今,道教以一种神教的姿态在民间独得稳固之地位。尤其是唐代,道教曾经长时期被当做国教,因为唐代皇裔的姓氏适与老子同为"李"字。当魏、晋之际,道教蔚成一时之风,其势力骎骎乎驾孔教而上之。此道教之流行,又与第一次中国文学浪漫运动有联系的关系,并为对待经汉儒改制的孔教礼仪之反动,有一位著名诗人曾把儒者拘留于狭隘的仁义之道譬之于虮虱爬行裤缝之间。人的天性盖已对孔教的节制和他的礼仪揭起了革命之旗。

同时,道教本身的范围亦乘机扩展开来,在它的学术之下又包括了医药、生理学、宇宙学(所谓宇宙学大致是基于阴阳五行之说而用符号来解释的)、符咒、巫术、房中术、星相术,加以天神的秩位政体说,以及美妙的神话。在其行政方面,则有法师大掌教制度——凡属构成通行而稳定的宗教所需之一切行头,无不应有尽有。它又很照顾中国的运动家,因为它还包括拳术之操练。而巫术与拳术联结之结果,产生汉末的黄巾之乱。尤要者,它贡献一种锻炼养生法,主要方法为深呼吸,所谓吐纳丹田之气,据称久炼成功,可以跨鹤升天而享长生之乐。道教中最紧要而有用之字,要算是一"气"字,但这气字未知是空气之气,还是嘘气之气,抑或是代表精神之气?气为非可目睹而至易变化的玄妙的东西,它的用途可谓包罗万象,无往而不适,无往而不通,上自彗星的光芒,下而拳术深呼吸,以至男女交媾。所可怪者交媾乃被当作追求长生过程中精勤磨练的技术之一,尤多爱择处女焉。道家学说总而言之是中国人想揭露自然界秘密的一种尝试。

作者简介

林语堂(1895—1976),福建龙溪人,著名作家,文学家。出生于基督教家庭,父亲是教会牧师。1916 年毕业于上海圣约翰大学。在清华大学英文系任教三年后,赴美国哈佛大学留学,一年后因助学金被停,只好前往法国打工,后来到了德国,进莱比锡大学研究语言,获哲学博士学位。1922 年回国,任北京大学教授。曾参加鲁迅支持的语丝社,为《语丝》主要撰稿人。1926 年后,先后担任厦门大学文科主任,国民政府外交部秘书,中央研究院外国语编辑。1931年加入中国民权保障同盟。先后创办《论语》、《人间世》、《宇宙风》等刊物,提倡"闲适幽默"小品文,成为"论语派"代表作家。1936 年赴美国执教。1945 年赴新加坡筹建南洋大学,任校长。1947 年任联合国教科文组织美术与文学主任。1952 年在美国与人创办《天风》杂志。1966 年定居台湾。1967 年受聘为香港中文大学研究教授。1975 年被推举为国际笔会副会长。1976年于香港病逝,享年 82 岁。灵柩运回台北后,葬于阳明山麓林家庭院后园。

林语堂是一位对中国现代文学、思想文化领域产生过重要影响的作家和学者。他的著述颇丰,代表作有《京华烟云》、《风声鹤唳》、《啼笑皆非》、《唐人街家庭》(以上小说类),《吾国与吾民》、《生活的艺术》、《孔子的智慧》、《中国圣人》、《老子的智慧》、《无所不谈》(以上散文杂文类),《苏东坡传》、《武则天传》(以上传记类),《中国文化精神》、《信仰之旅——论东西方的哲学与宗教》、《中国新闻舆论史》(以上思想评论类),《语言学论丛》、《开明英文读本》、《当代汉英辞典》(以上语言教育类),《东坡诗文选》、《板桥家书》、《浮生六记》(以上译著类),等等。曾于1940 年和 1950 年两度获得诺贝尔文学奖的提名。

作品要览

《左手孔子,右手老子》实为林语堂旧作《孔子的智慧》和《老子的智慧》的合编。这两本书最初都是用英文写成的。《孔子的智慧》是应蓝登书屋约请而写,出版于1938年。本书比较完整系统地向西方介绍了儒家学说,出版后受到美国读者的欢迎;在较长时间内,一直是西方读者了解和认识孔子及其流派学说的入门读物。《老子的智慧》出版于1948年。作者在该书的序文中说:"若想了解中国的思想,多少知道一些老庄时代,中国学术发展的背景,和杂学的兴起是非常有益的。但是,由于很少人将中国的思想介绍给西方,因此我认为'洋释老子'这桩有意义的工作,借庄子的说明,比经由近代作家之手,更易受到人们的重视。"在《老子的智慧》一书中,除了借庄说老之外,还介绍了墨家、阴阳家及杂家等其他流派的学说。这两本书都为向世界介绍中华文明,促进西方读者了解中国传统文化起到了重要的作用。

至于《左手孔子,右手老子》,将两书合为一书,在客观上也算是方便了读者。儒家思想和道家思想都是中国文化的重要组成部分,而孔子和老子分别是儒家和道家的开山鼻祖,他们的影响是极其深远的。著名学者南怀瑾为本书所作代序一文的标题,非常形象地准确地将书名及题旨作了诠释:"中国文化的左膀右臂"。序文说道:"中国文化历史,在秦汉以前,由儒、墨、道三家,笼罩了全部的文化思想。"而"自唐、宋以后,以儒、释、道三家的哲学,作为文化的主流。在这三家中,佛家是偏重于出世的……;儒家的学问,又以孔孟之学为归趋,则是偏重于人世的……;道家的学问,老庄之道就更妙了,可以出世,亦可以入世,或出或入,都任其所欲。"由于题旨所限,本书对佛家并未置喙,而对儒道两家学说及其原理的阐述,都是畅快淋漓、入木三分的。

当然,基督教家庭和教会学校的教育背景,或许多少会造成了作者与中国传统文化的隔阂;然而,以西方的、现代的眼光和角度来审视、解读中国传统文化,又未必不是优势和长处。这也正是本书及林语堂此类作品令人耳目一新而大受欢迎的原因所在。不过,任何作品,都会或多或少地打上作者本人的主观印记,如何取舍,有待读者的批判扬弃。

📖 阅读提示

1. 诚如本文标题所揭示的那样,"礼"、"仁"、"道"和"无知"等,是儒家和道家思想的核心概念。只有正确理解这些概念,才能进一步准确深入地认识儒家及道家的理论体系。阅读本文,要首先吃透这些概念。

2. "政"与"礼"都是儒家理论的重要概念。为什么孔子对它们的定义是"一而二,二而一"的?

3. 本文指出:"孔子本人就爱好音乐","孔子自己讲学的学校,似乎不断有弦歌之声。子游为武城宰时,开始教百姓歌唱,孔子闻之欣然而笑,并且向子游开玩笑。"这是否就是孔子"乐"、"礼"并重的缘故?

4. "儒家有合乎人情的思想,才演变出以人作为人的标准这条道理。这样,不仅使人发现了真正的自己,使人能够自知,也自然推论出'己所不欲,勿施于人'的恕道。"你是怎样理解"人的标准是人"? 为什么说这是"孔子的哲学精义"?

5. "道家学说为一大'否定',而孔子学说则为一大'肯定'。"试问,道家要否定什么? 儒家要肯定什么？

6．"道家哲学乃所以说明中国民族性中孔子所不能满足之一面。"这"一面"指的是什么？道家又是如何去满足的？

7．尽管作者正确地指出"老子本身与'长生不老'之药毫无关系，也不涉于后世道教的种种符箓巫术"，但在本文中还是将"道家"与"道教"混为一谈。这显然是不合适的，阅读时应注意辨析。（"道家"与"道教"究竟有何本质不同，也应当通过继续阅读学习以及在老师指导下、同学交流中而获得正确清晰的认识。）

8．由于作者及其书的知识背景、文化视角和写作对象相对特定，故而文中一些述说方式对我们来说或许是不习惯的，甚至是难以理解的，如，将孔子类比为基督教"高教会派"的教士、说"儒家的思想类似大部分摩西的戒律"、把庄子比做"中国尼采"，又用英文单词来比照"仁"与"人"等。我们建议，在阅读时，应自己动手查阅工具书，分析汉英语汇表达的异同，进而认识文化和思维的异同；还可以参阅《圣经》关于摩西戒律的记述；阅读德国哲学家尼采的有关著作（如《悲剧的诞生》、《快乐的知识》等），了解其学说思想。

📖 推荐书目

①《论语》（中华书局，2006）　②《老子》（中华书局，2011）　③《庄子》（中华书局，2007）④《孟子》（中华书局，2010）　⑤《墨子》（中华书局，2007）　⑥《荀子》（中华书局，2013）　⑦《近思录》（周敦颐等，山西古籍出版社，2009）　⑧《朱子语类》（朱熹，中华书局，2011）　⑨《象山语录》（陆九渊，山东友谊出版社，2001）　⑩《传习录》（王阳明，中州古籍出版社，2008）　⑪《船山思问录》（王夫之，上海古籍出版社，2000）　⑫《中国古典哲学概念范畴要论》（张岱年，中国社会科学出版社，2000）　⑬《中国哲学简史》（冯友兰，北京大学出版社，2013）　⑭《中国哲学史新编》（冯友兰，人民出版社，1998）　⑮《中国哲学史》（任继愈，人民出版社，2004）　⑯《中国哲学史便览》（裴大洋，青海人民出版社，1988）　⑰《中国思想史》（葛兆光，复旦大学出版社，2004）　⑱《禅宗与道家》（南怀瑾，复旦大学出版社，2003）　⑲《中国古代哲学》（张建安，湖南科技出版社，2009）　⑳《中国哲学的特质》（牟宗三，上海古籍出版社，2007）　㉑《佛学与中国哲学的双向构建》（何锡蓉，上海社会科学出版社，2004）　㉒《儒教中国及其现代命运》（[美]列文森，中国社会科学出版社，2000）

"子非鱼,安知鱼之乐?"

——宇宙的人情化 *

朱光潜

> 庄子与惠子游于濠梁之上。
>
> 庄子曰:"儵鱼出游从容,是鱼乐也!"
>
> 惠子曰:"子非鱼,安知鱼之乐?"
>
> 庄子曰:"子非我,安知我不知鱼之乐?"

这是《庄子·秋水》篇里的一段故事,是你平时所欢喜玩味的。我现在借这段故事来说明美感经验中的一个极有趣味的道理。

我们通常都有"以己度人"的脾气,因为有这个脾气,对于自己以外的人和物才能了解。严格地说,各个人都只能直接地了解他自己,都只能知道自己处某种境地,有某种知觉,生某种情感。至于知道旁人旁物处某种境地、有某种知觉、生某种情感时,则是凭自己的经验推测出来的。比如我知道自己在笑时心里欢喜,在哭时心里悲痛,看到旁人笑也就以为他心里欢喜,看见旁人哭也以为他心里悲痛。我知道旁人旁物的知觉和情感如何,都是拿自己的知觉和情感来比拟的。我只知道自己,我知道旁人旁物时是把旁人旁物看成自己,或是把自己推到旁人旁物的地位。庄子看到儵鱼"出游从容"便觉得它乐,因为他自己对于"出游从容"的滋味是有经验的。人与人,人与物,都有共同之点,所以他们都有互相感通之点。假如庄子不是鱼就无从知鱼之乐,每个人就要各成孤立世界,和其他人物都隔着一层密不通风的墙壁,人与人以及人与物之中便无心灵交通的可能了。

这种"推己及物"、"设身处地"的心理活动不尽是有意的,出于理智的,所以它往往发生幻觉。鱼没有反省的意识,是否能够像人一样"乐",这种问题大概在庄子时代的动物心理学也还没有解决,而庄子硬拿"乐"字来形容鱼的心境,其实不过把他自己的"乐"的心境外射到鱼的身上罢了,他的话未必有科学的谨严与精确。我们知觉外物,常把自己所得的感觉外射到物的本身上去,把它误认为物所固有的属性,于是本来在我的就变成在物的了。比如我们说"花是红的"时,是把红看作花所固有的属性,好像是以为纵使没有人去知觉它,它也还是在那里。其实花本身只有使人觉到红的可能性,至于红却是视觉的结果。红是长度为若干的光波射到眼球网膜上所生的印

---

*　节选自《谈美》(朱光潜,中华书局,2010)。

象。如果光波长一点或是短一点，眼球网膜的构造换一个样子，红的色觉便不会发生。患色盲的人根本就不能辨别红色，就是眼睛健全的人在薄暮光线暗淡时也不能把红色和绿色分得清楚，从此可知严格地说，我们只能说"我觉得花是红的"。我们通常都把"我觉得"三字略去而直说"花是红的"，于是在我的感觉遂被误认为在物的属性了。日常对于外物的知觉都可作如是观。"天气冷"其实只是"我觉得天气冷"，鱼也许和我不一致；"石头太沉重"其实只是"我觉得它太沉重"，大力士或许还嫌它太轻。

云何尝能飞？泉何尝能跃？我们却常说云飞泉跃；山何尝能鸣？谷何尝能应？我们却常说山鸣谷应。在说云飞泉跃、山鸣谷应时，我们比说花红石头重，又更进一层了。原来我们只把在我的感觉误认为在物的属性，现在我们却把无生气的东西看成有生气的东西，把它们看作我们的侪辈，觉得它们也有性格，也有情感，也能活动。这两种说话的方法虽不同，道理却是一样，都是根据自己的经验来了解外物。这种心理活动通常叫做"移情作用"。

"移情作用"是把自己的情感移到外物身上去，仿佛觉得外物也有同样的情感。这是一个极普遍的经验。自己在欢喜时，大地山河都在扬眉带笑；自己在悲伤时，风云花鸟都在叹气凝愁。惜别时蜡烛可以垂泪，兴到时青山亦觉点头。柳絮有时"轻狂"，晚峰有时"清苦"。陶渊明何以爱菊呢？因为他在傲霜残枝中见出孤臣的劲节；林和靖何以爱梅呢？因为他在暗香疏影中见出隐者的高标。

从这几个实例看，我们可以看出移情作用是和美感经验有密切关系的。移情作用不一定就是美感经验，而美感经验却常含有移情作用。美感经验中的移情作用不单是由我及物的，同时也是由物及我的；它不仅把我的性格和情感移注于物，同时也把物的姿态吸收于我。所谓美感经验，其实不过是在聚精会神之中，我的情趣和物的情趣往复回流而已。

姑先说欣赏自然美。比如我在观赏一棵古松，我的心境是什么样状态呢？我的注意力完全集中在古松本身的形象上，我的意识之中除了古松的意象之外，一无所有。在这个时候，我的实用的意志和科学的思考都完全失其作用，我没有心思去分别我是我而古松是古松。古松的形象引起清风亮节的类似联想，我心中便隐约觉到清风亮节所常伴着的情感。因为我忘记古松和我是两件事，我就于无意之中把这种清风亮节的气概移置到古松上面去，仿佛古松原来就有这种性格。同时我又不知不觉地受古松的这种性格影响，自己也振作起来，模仿它那一副苍老劲拔的姿态。所以古松俨然变成一个人，人也俨然变成一棵古松。真正的美感经验都是如此，都要达到物我同一的境界，在物我同一的境界中，移情作用最容易发生，因为我们根本就不分辨所生的情感到底是属于我还是属于物的。

再说欣赏艺术美，比如说听音乐。我们常觉得某种乐调快活，某种乐调悲伤。乐调自身本来只有高低、长短、急缓、宏纤的分别，而不能有快乐和悲伤的分别。换句话说，乐调只能有物理而不能有人情。我们何以觉得这本来只有物理的东西居然有人情呢？这也是由于移情作用。这里的移情作用是如何起来的呢？音乐的命脉在节奏。节奏就是长短、高低、急缓、宏纤相继承的关系。这些关系前后不同，听者所费的心力和所用的心的活动也不一致。因此听者心中自起一种节奏和音乐的节奏相平行。听一曲高而缓的调子，心力也随之作一种高而缓的活动；听一曲低而急的调子，心力也随之作一种低而急的活动。这种高而缓或是低而急的心力活动，常蔓延浸润到全部心境，使它变成和高而缓的活动或是低而急的活动相同调，于是听者心中遂感觉一种欢欣鼓舞或是抑郁凄恻的情调。这种情调本来属于听者，在聚精会神之中，他把这种情调外射出去，于是音乐也就有快乐和悲伤的分别了。

再比如说书法。书法在中国向来自成艺术，和图画有同等的身份，近来才有人怀疑它是否可以列于艺术，这般人大概是看到西方艺术史中向来不留位置给书法，所以觉得中国人看重书法有些离奇。其实书法可列于艺术，是无可置疑的。他可以表现性格和情趣。颜鲁公的字就像颜鲁公，赵孟頫的字就像赵孟頫。所以字也可以说是抒情的，不但是抒情的，而且是可以引起移情作用的。横直钩点等等笔划原来是墨涂的痕迹，它们不是高人雅士，原来没有什么"骨力"、"姿态"、"神韵"和"气魄"。但是在名家书法中我们常觉到"骨力"、"姿态"、"神韵"和"气魄"。我们说柳公权的字"劲拔"，赵孟頫的字"秀媚"，这都是把墨涂的痕迹看作有生气有性格的东西，都是把字在心中所引起的意象移到字的本身上面去。

移情作用往往带有无意的模仿。我在看颜鲁公的字时，仿佛对着巍峨的高峰，不知不觉地耸肩聚眉，全身的筋肉都紧张起来，模仿它的严肃；我在着赵孟頫的字时，仿佛对着临风荡漾的柳条，不知不觉地展颐摆腰，全身的筋肉都松懈起来，模仿它的秀媚。从心理学看，这本来不是奇事。凡是观念都有实现于运动的倾向。念到跳舞时脚往往不自主地跳动，念到"山"字时口舌往往不由自主地说出"山"字。通常观念往往不能实现于动作者，由于同时有反对的观念阻止它。同时念到打球又念到泅水，则既不能打球，又不能泅水。如果心中只有一个观念，没有旁的观念和它对敌，则它常自动地现于运动。聚精会神看赛跑时，自己也往往不知不觉地弯起胳膊动起脚来，便是一个好例。在美感经验之中，注意力都是集中在一个意象上面，所以极容易起模仿的运动。

移情的现象可以称之为"宇宙的人情化"，因为有移情作用然后本来只有物理的东西可具人情，本来无生气的东西可有生气。从理智观点看，移情作用是一种错觉，是一种迷信。但是如果把它勾销，不但艺术无由产生，即宗教也无由出现。艺术和宗教都是把宇宙加以生气化和人情化，把人和物的距离以及人和神的距离都缩小。它们都带有若干神秘主义的色彩。所谓神秘主义其实并没有什么神秘，不过是在寻常事物之中见出不寻常的意义。这仍然是移情作用。从一草一木之中见出生气和人情以至于极玄奥的泛神主义，深浅程度虽有不同，道理却是一样。

美感经验既是人的情趣和物的姿态的往复回流，我们可以从这个前提中抽出两个结论来：

一、物的形象是人的情趣的返照。物的意蕴深浅和人的性分密切相关。深人所见于物者亦深，浅人所见于物者亦浅。比如一朵含露的花，在这个人看来只是一朵平常的花，在那个人看或以为它含泪凝愁，在另一个人看或以为它能象征人生和宇宙的妙谛。一朵花如此，一切事物也是如此。因我把自己的意蕴和情趣移于物，物才能呈现我所见到的形象。我们可以说，各人的世界都由各人的自我伸张而成。欣赏中都含有几分创造性。

二、人不但移情于物，还要吸收物的姿态于自我，还要不知不觉地模仿物的形象。所以美感经验的直接目的虽不在陶冶性情，而却有陶冶性情的功效。心里印着美的意象，常受美的意象浸润，自然也可以少存些浊念。苏东坡诗说："宁可食无肉，不可居无竹；无肉令人瘦，无竹令人俗。"竹不过是美的形象之一种，一切美的事物都有不令人俗的功效。

作者简介

朱光潜（1897—1986），安徽桐城人。著名美学家、文艺理论家、教育家、翻译家；一级教授、中国社会科学院学部委员。幼时读私塾，后就读于孔城高小、桐城中学。中学毕业后。任教于北乡大关小学。后就读于武昌高等师范学校，入学后一年又考取北洋政府教育部派送生，赴香港大学学教育。毕业后在上海、浙江等地任中学教师。1925年赴英国、法国学习文学、心理学、艺术史、古代史、哲学等课程；获英国文学硕士学位，又以论文《悲剧心理学》获法国国家博士学位。1933年回国，先后在北京大学、四川大学、武汉大学任教。其间曾主编《文学杂志》，使之成为当时最畅销的文艺刊物。1936年出版《文艺心理学》，在这本我国现代第一部比较系统的美学专著中，提出了"美是形象的直觉"说。北平解放前夕，国民党政府派专机接"知名人士"去台湾，名单上胡适居首，朱光潜列名第三。在受中共地下党委托的袁翰青等人挽留下，朱光潜毅然决定留下。建国后任北京大学教授。1963—1964年出版《西方美学史》，是我国第一部比较全面系统地阐述西方美学思想发展历史的著作。先后当选为第六届全国政协常委，中国作协理事、顾问，外国文学学会理事，全国美学学会会长，中国社科院学部委员等职。1986年于北京病逝。

主要著作有《谈美》、《谈读书》、《美学拾穗集》、《变态心理学派别》、《美学批判论文集》、《美学·谈文学》、《艺文杂谈》、《朱光潜批评文集》、《朱光潜学术文化随笔》、《谈美书简二种》、《诗论》、《新文学作家信札》、《无言之美》、《悲剧心理学：各种悲剧快感理论的批判研究》、《美学和中国美术史》等；译作有《文艺对话集》（柏拉图）、《拉奥孔》（莱辛）、《歌德谈话录》（爱克曼）、《美学》(黑格尔)、《新科学》(维科)、《美学原理》(克罗齐)、《艺术的社会根源》(哈拉普)等。

📖 **作品要览**

朱光潜的《谈美》又叫《给青年的第十三封信》。早在1925年起留学英、法的八年期间,开始为开明书店的刊物《一般》(后改名为《中学生》)撰稿。他以书信方式,从文艺、美学、哲学、道德、政治等各方面,与青年谈论修养,深受欢迎;这一组作品于1929年以《给青年的十二封信》为题结集出版。《谈美》是作者在三年之后,仍以书信形式为青年所写的一本美学入门书;为突出内容、风格及阅读对象的连贯和特点,也以《给青年的第十三封信》为书名。

《谈美》是朱光潜先生建立其早期美学理论体系的重要著作之一。作者强调,"在这封信里我只有一个很单纯的目的,就是研究如何'免俗'。"因为"免俗"才能"怡情养性"、才能"洗刷人心";而要"人心净化",就先得做到"人心美化"。这就是"谈美"的宗旨。全书围绕"美是什么"及"美的特点"变换角度,逐层深入,娓娓道来,抒发了这位美学大家的人格理想、审美理想,提出了他的美学研究的理想目标——"人生的艺术化"。作者谦虚地声明"在这里我只是向一位亲密的朋友随便谈谈,竭力求明白晓畅",而书中所体现的这位美学大家对艺术与人生关系的体悟切中肯綮,其深邃瑰丽思想在清新质朴的文字中缓缓流淌,有如"风行水上,自然成纹"。全书结尾处"慢慢走,欣赏啊"的呼吁,更是余音袅袅,令人回味无穷。

《谈美》以亲切的态度和风趣的谈话,将貌似抽象、高深、枯燥的美学理论表述得如行云流水般的清新质朴、流畅生动;被誉为"科学性、普及性的经典之作"。全书共分十五个专题:

(一)我们对于一棵古松的三种态度——实用的、科学的、美感的

(二)"当局者迷,旁观者清"——艺术和实际人生的距离

(三)"子非鱼,安知鱼之乐?"——宇宙的人情化

(四)希腊女神的雕像和血色鲜丽的英国姑娘——美感与快感

(五)"记得绿罗裙,处处怜芳草"——美感与联想

(六)"灵魂在杰作中的冒险"——考证、批评与欣赏

(七)"情人眼底出西施"——美与自然

(八)"依样画葫芦"——写实主义和理想主义的错误

(九)"大人者不失其赤子之心"——艺术与游戏

(十)空中楼阁——创造的想象

(十一)"超以象外,得其环中"——创造与情感

(十二)"从心所欲,不逾矩"——创造与格律

(十三)"不似则失其所以为诗,似则失其所以为我"——创造与摹仿

(十四)"读书破万卷,下笔如有神"——天才与灵感

(十五)"慢慢走,欣赏啊!"——人生的艺术化

这十五个专题循序渐进、深入浅出地介绍了审美原理及美学理论。本课文所选,即第三个专题,作者在这里用庄子"子非鱼安知鱼之乐"的寓言阐述了美学上的"移情作用",提出美的欣赏就是

"把自然加以艺术化,所谓艺术化就是人情化和理想化"。

📖 阅读提示

1. 阅读学习这类理论性较强的文章时,首先要学会归纳提炼作者的基本观点。本文开头即表明,引用《庄子》是要"说明美感经验中的一个极有趣味的道理",请你用自己的话归纳表达一下,这个"道理"是什么?

2. 其次,还要注意作者用了哪些例子来证明、说明这个道理的。细细体会,这些例子是怎样说服你的?且为何能够说服你?

3. 接下来还要举一反三。例如,文中说"移情作用不一定就是美感经验,而美感经验却常含有移情作用",你能举例说说吗?作者还说:"真正的美感经验都是如此,都要达到物我同一的境界",请举例谈谈你的理解。

4. 还要学会独立思考。作者在该书"开场话"就这样鼓励我们:"我所说的话都是你所能了解的,但是我不敢勉强你全盘接收。这是一条思路,你应该趁着这条路自己去想。一切事物都有几种看法,我所说的只是一种看法,你不妨有你自己的看法。"要形成"自己的看法",不妨从质疑开始。例如,本文说,"艺术和宗教都是把宇宙加以生气化和人情化,把人和物的距离以及人和神的距离都缩小。"你同意这种说法吗?为什么?

5. 随着阅读的深入,你就能够提出更有深度和普遍意义的问题,例如,作者说"美感经验既是人的情趣和物的姿态的往复回流",那么,美究竟是客观的,还是在主观的? ——这一直是个美学难题。当然,要想认真地回答,单凭读了本课所节选的章节无疑是不够的,还要完整地阅读全书,系统地阅读相关书籍,进行一系列的批判性思考。

📖 推荐书目

①《美学拾穗集》(朱光潜,百花文艺出版社,1980) ②《美学和中国美术史》(朱光潜,知识出版社,1984) ③《西方美学史》(朱光潜,人民文学出版社,1978) ④《美学散步》(宗白华,上海人民出版社,1999) ⑤《美学大观》(张涵,河南人民出版社,1986) ⑥《美学概论》(王朝闻,人民出版社,1981) ⑦《美的历程》(李泽厚,文物出版社,1989) ⑧《中国美学史》(李泽厚等,中国社会科学出版社,1984) ⑨《美学原理》(叶朗,北京大学出版社,2009) ⑩《中国美学名著导读》(朱良志,北京大学出版社,2004) ⑪《当代西方美学》(朱狄,人民出版社,1984) ⑫《西方美学家论美和美感》(北京大学哲学系美学教研室,商务印书馆,1980) ⑬《美学原理》([意大利]克罗齐,上海人民出版社,2007) ⑭《二十世纪西方美学名著选》(上、下)(蒋孔阳主编,复旦大学出版社,1987、1988) ⑮《西方美学名著提要》(朱立元主编,江西人民出版社,2000)

第十单元

大写的"人"

以"人"作为这一单元标题,是因为所选有关人类学、宗教文化和心理学的三篇文章,恰好是分别从人的本质、人的信仰和人的心理三方面来研究"人"的。

人类学从生物和文化的角度来研究人的本质,主要有两大领域:体质人类学和文化人类学。前者以"动物的人"为研究对象,目的是确定人类在自然界的位置和解释种族之间的自然差异。而后者则以"文化的人"为对象,研究整个人类文化的起源、成长、变迁和进化过程;通过分析比较不同国家地区、民族部族的物质生产、社会结构、风俗习惯、宗教信仰等异同,探究社会人类发展的一般规律和特殊规律。这两大领域都涉及其他许多学科,因此,时至今日的人类学,已成为结构庞大、分支细密的一个学科群。

本单元所选文章,属于文化人类学方向。该领域的研究方法大致可分为两种,一为跨文化比较分析,一为实地调查。为此,建议同学们在阅读时注意:(一)因为我们没有条件去田野实地考察,所以更要认真仔细识读和揣摩著作中提供的各种第一手原始材料,以弥补不足,从而深刻而不是肤浅的,准确而不是偏差地理解和判断作者的观点和理论。(二)在不断占有、积累史料的基础上,注意横向拓展,比较异同,既发现人类不同种群各自的文化个性特征,又从中总结归纳出人类文化发展的共性规律。

宗教是人类社会发展进程中的特殊的文化现象,是人类传统文化的重要组成部分,它影响到人们的思想意识、生活习俗等方面。广义上讲,宗教本身是一种以信仰为核心的文化,同时又是整个社会文化的组成部分。千百年来,宗教文化作为人类传统文化的重要组成部分,不仅在信仰人群的精神生活中发挥着作用,而且对各国社会的精神文化生活也产生了影响。我国的宗教文化丰富多彩,除了本土源远流长的道教,世界三大宗教在这里都各领风骚:伊斯兰教是我们中华民族大家庭中六分之一以上的兄弟民族主要信奉的宗教;佛教在东汉时即传入,并对华夏文化产生了广泛深刻的影响;基督教在公元7世纪作为景教传入以来,虽然并未迅速获得知识阶层的认同,但随着社会发展,对外交流日益开放,其文化特色也逐步为人们所了解和欣赏。也正因为如此,本单元把《圣经》作为接触基督教文化和其他宗教文化的窗口,以期引起同学们的注意和兴趣。

当然,宗教毕竟是有着强烈主观倾向性和感染力的特殊意识形态,我们以科学的态度、扬弃的精神,有选择地有眼光地阅读,是为了拓展视野,广泛了解和学习各种文化精华,从而使我们的胸怀更宽阔,知识构成更全面更深厚。

心理学既古老又年轻。说它古老是人类探索自己的心理现象已有两千年的历史:从公元前4世纪古希腊亚里士多德的《论灵魂》开始,心理学一直是包括在哲学之中;说它年轻,因为它是19世纪中叶才开始从哲学中分出来,成为一门独立的科学,它只有百年来的历史。心理学研究的是人的心理现象发生、发展规律,主要包括心理过程和个性倾向及其心理特征。有人认为,在所有学科中,心理学是最神秘莫测、最深奥难解的。物理或化学的理论可以在实验室里加以证明,可是同样的实验手段对于心理学就不那么得心应手了。然而,心理过程人皆有之,心理现象无所不在,所以,心理学又与人类幸福密切相关。学点心理学,可以自觉地开发好利用好认知能力,提高学习效率,丰富思想和观点;还可以帮助你善于了解别人,处理好人际关系;更可以提醒你正确认识自己,加强自我修养,调整情绪和心态,保持心理健康,幸福地工作和生活。

对于心理学的阅读学习,我们有两点建议:(一)有意识地运用"实验"手段来理解、巩固和掌握心理学规律及原理。这"实验"就是联系生活中的各种心理现象来学以致用。(二)以健康的心理来阅读学习心理学。人的心理现象复杂多样,不仅因人而异,而且还会因时、因地、因事而有所不同,耐心细致才可熟能生巧,切忌或急功近利,或半途而废。

生存的技术*

［美］摩尔根

人类从发展阶梯的底层出发，向高级阶段上升，这一重要事实，由顺序相承的各种人类生存技术上可以看得非常明显。人类能不能征服地球，完全取决于他们生存技术之巧拙。在所有的生物中，只有人类才能说对食物的生产取得了绝对控制权；但在最早的时候，人类在这方面也并不比其他动物高明。假如不扩大生活资料的基础，人类就不可能繁殖到那些不出产原有食物的外地去，更不可能最后繁殖遍于全球；归根到底，假如人类对食物的品种和数量不能绝对掌握，就不可能蕃衍为许多人口稠密的民族。因此，人类进步过程中每一个重要的新纪元大概多少都与生活资源的扩大有着相应一致的关系。

我们可以把人类的食物资源分为五种；对于创造这些食物资源的方法，可以称之为许多顺序相承的技术，这些技术一一累加，每隔一段很长的时间才出现一次革新。前两种食物资源创始于蒙昧阶段，后三种创始于野蛮阶段。兹按其出现顺序分述如下：

（一）在局限的生活环境内以植物的根和果实作为天然食物　这个主题把我们引回到人类极其原始的时代。那个时代，人口稀少，生活资源简单，栖息的地域有限，人类刚刚进入他们新的生活。在这样遥远的一个时代，既谈不上有任何技术，也谈不上有任何制度；但是，有一项发明是属于这个时代的，那就是语言。从本节题目所标出的食物性质来推测，可以断定当时的气候是热带型的或亚热带型的。人们一般都认为原始人的栖息地带就处于这种气候下。我们一向认为我们的始祖诞生在热带阳光照射之下的果木林中，这是很有道理的。

各种动物在时间顺序上均早于人类。我们可以有把握地假定，当人类初出现时，动物在数量上和力量上正处于其全盛时期。古典时代的诗人笔下所描写的人类部落正居住在树丛中、在洞穴里和森林中，他们为了占有这块栖息之所而与野兽作斗争①——同时，他们依靠大地的天然果实来维持自身的生存。如果说，人类初诞生之

---

* 节选自《古代社会》（［美］路易斯·亨利·摩尔根，商务印书馆，1977）第二章"生存的技术"。

① 卢克莱修斯，《天道赋》，5.950－954：

"当此之时，民犹未知夫用火。

虽获兽而不衣其皮，故形无蔽而仍裸。

惟林莽之是栖，或岩穴之是息。

迅风烈雨，忽焉来袭。

乃庇秽体，于彼榛棘。"——著者

时既无经验，又无武器，而周围到处都是凶猛的野兽，那么，为了保障安全，他们很可能栖息在树上，至少部分人是如此。

无论哪一种动物都需要不断获取食物来维持生命，这是一项沉重的负担。如果我们按照生理结构的演化程序向原始形式下推，每降一级，其食物就愈益简单，直到简单得毫无奥妙之可言；但如果我们反过来往上推，食物就越来越复杂，直到最高级的人体结构，其食物的复杂性也就达到顶点。自有人类以后，智力便成为一个更加突出的因素。人类很可能从极早的时代起就把动物列入其食物项目之内。从生理结构上看，人类是一种杂食动物，但在很古的时代，他们实际上以果实为主要食物；在那个时代，他们是否积极地找寻动物作为食物，这一点只有付诸猜测了。上述的生活方式属于极其原始的时期。

（二）鱼类食物　我们必须承认鱼类是最早的一种人工食物，因为要充分使用这种食物就必须烹饪。人类最先使用火，其目的未必不在于此。鱼类的分布无处不有，可以无限制地供应，而且是唯一可以在任何时候获取的食物。在原始时代，谷物即使实际存在，也还没有为人类所知晓；而狩猎又太无保证，始终不能成为维持人类生活的专门手段。人类依靠鱼类食物才开始摆脱气候和地域的限制，他们（这时候他们正处在蒙昧状态中）沿着海岸或湖岸、沿着河道四处散布，可以遍及于地球上大部分地区。我们在各个大陆上都发现处于蒙昧社会状态中的燧石器和石器遗物，其中有充分的资料足以证明上述人类迁移的事实。当人类还依靠果实之类的天然食物时，要想从原住地向外迁移是不可能的。

人类采用鱼类食物后，随着出现了上述的大规模迁移运动，此后又间隔了一段漫长的时间，才开始种植淀粉类食用植物。它占去了蒙昧阶段的一大部分时光。不过，在这段时间内，食物的品种和数量都大为增加。例如，人们开始在地炉中烤面包薯①；又如，由于武器的进步，特别是由于发明了弓箭，猎物不断增多。弓箭的出现晚于戈矛和作武器用的棍棒。弓箭是一大发明，它给狩猎事业带来了第一件关键性的武器，其发明时间在蒙昧阶段晚期。② 我们用弓箭作为高级蒙昧社会开始的标志。弓箭必然对古代社会起过强有力的推进作用，它对蒙昧阶段的影响正有如铁制刀剑

---

① 面包薯，原文为 bread root。这是美洲亚热带和热带出产的一种豆科植物，学名 Psoralea esculenta（食用补骨脂）。美洲原始土著将它的根烤作食用。今按字面将其俗名译作"面包薯"，以免与另一种"面包树"所结之"面包果"（breadfruit）混淆。——译者

② 弓箭所体现的各种力的配合非常奥妙，因此我们认为它不像是偶然发明出来的。对于一个蒙昧人来说，要觉察到某几种树木的弹性和韧性、要了解动物的筋或植物的纤维系在弓弧上的张力、最后还要想到如何将上面这两种力和人体的臂力结合起来才能把箭发射出去，这一切都不是一望而知的事。如我们在本书中其他地方所谈到的，波利尼西亚人一般都不知道弓箭，澳大利亚人也不知道弓箭。仅据这一事实即可看出，当人类最初发明弓箭之时，已经在蒙昧状态下取得长足进步了。——著者

之于野蛮阶段、有如火器之于文明时代。

除了广大的产鱼地区之外，其余地方所有的食物资源都没有保证，因此人类便不得不采取吃人的残酷手段。在古代，吃人之风普遍流行，这一点现已逐渐得到了证实。

（三）由种植得来的淀粉食物　现在我们已离开蒙昧阶段而进入低级野蛮社会。在西半球，只有那些脱离了蒙昧阶段的部落才知道种植谷类等作物；而在东半球，似乎要到亚洲和欧洲部落渡过了低级野蛮社会而临近于中级野蛮社会快结束时才知道种植谷物。美洲土著在低级野蛮社会即已掌握园艺，比之东半球的居民竟早出整整一个文化期，这一点使我们感到很奇怪。这是由于东西两半球的天然资源不相等所造成的结果；东半球出产所有适宜于饲养的动物（只有一种除外）以及大多数谷类作物；而西半球仅有一种宜于种植的谷物，不过它却是最好的一种。这个因素促使东半球的野蛮阶段初期时间延长，而使西半球的这一期的时间缩短；就这一期言，自然环境对美洲土著更为有利。但是，到野蛮阶段中期开始之时，东半球最先进的部落虽然不知有谷物，却已经有了家畜，因而能得到肉类和乳类的供应，他们的生活状况远胜于美洲土著；处于同期的美洲土著虽会种植玉蜀黍等作物，却没有家畜。闪族和雅利安族之从大群野蛮人当中分化出来，似乎就是由饲养家畜开始的。

雅利安人发现谷物和种植谷物晚于他们之饲养牲畜，这一点可由下面的事实得到证明：在雅利安语系的各种方言中，这些牲畜的名称彼此相同，而谷类或其他农作物的名称彼此不同。蒙森指出在梵语、希腊语和拉丁语中牲畜的名称是相同的（其后马克斯·缪勒又把此说推及雅利安语系其他各种方言上[①]），从而证明：在这些民族彼此尚未分离以前便已经知道这些牲畜，并可能已经饲养它们了。他接着说："另一方面，在这个时期是否已经存在农业，我们还没有肯定的证据。从语言上来看，颇倾向于否定这一点。希腊—拉丁语中的谷物名称与梵语中所见者全不相同，唯一的例外只有 $\xi\varepsilon\alpha$ 一词，该词在语源上相当于梵语中的 yavas，但印度语以此词指大麦，而希腊语用以指斯佩耳特小麦。可是我们应当认为，尽管农作物的名称如此不同（这与牲畜名称之基本相同截然相反），但不能因此绝对否定在这些民族当中可能有过共同起源的农业。印度人种植稻谷、希腊人种植小麦和斯佩耳特小麦，日耳曼人和克尔特人种植裸麦和燕麦，这些都可能追溯到一种共同起源的耕作方法。[②]"蒙森最末尾的这

[①]　马克斯·缪勒，《从一家德国作坊所见到的片段》，两卷本（纽约，1869 年），第 2 卷，第 42 页。[怀特注]摩尔根于 1870 年游英国时，曾在牛津到缪勒家中去拜访过他；见怀特所编《摩尔根旅欧日记选》第 243 - 245 页。《罗彻斯特史学会丛刊》，第 17 号，第 221 - 389 页（罗彻斯特城，纽约州，1937 年）。——著者

[②]　特阿多·蒙森，《罗马史》，威廉·狄克孙牧师英译本，四卷本（纽约，1870 年），第 2 卷，第 38 页。——著者

个结论是很牵强的。按农田(ager)一词仅泛指有疆界之土地,而园圃(hortos)一词则直接表示"被圈围的场地";但园圃的出现早于农田,所以园艺的出现早于田野农业。然而,人们懂得耕作又必然更早于圈围园圃。其自然发展顺序如下:第一步,在漫无疆界的冲积土地上一小块一小块地进行耕作;第二步,在被圈围的场地或园圃中进行耕作;第三步,利用畜力拉犁在农田里进行耕作。豌豆、菜豆、萝卜、防风菜①、甜菜、南瓜、甜瓜等作物的种植,是否有一两种早于谷物,这个问题我们现在还无从了解。这些作物中,有一些名称在希腊语和拉丁语中是一样的;但是,我们著名的语言学家惠特尼教授②却向我保证说:在希腊语或拉丁语同梵语二者之间,这些作物名称无一共同者。

看来,园艺的兴起与其说是出于人类自身的需要,还不如说是出于饲养家畜的需要。在西半球,园艺始于玉蜀黍的种植。这一新纪元的开辟,在东西两半球虽不同时,但对于人类命运的影响却极为巨大。我们有理由相信种植技术的兴起以及使淀粉食物成为人类的主要生活资料,都需要经历若干年代。在美洲,种植业的兴起带来了定居的村落生活,因此,它势必取代渔猎,特别在村居印第安人当中是这样。而且,人类自从有了谷类等农作物以后,破天荒地产生了能够使食物充裕的印象。

美洲的先进部落有了淀粉食物,亚洲和欧洲的先进部落有了家畜,他们既已得到这种供应之后,自可免于吃人的惨剧了。我们根据本书下文所谈的情况,有理由相信吃人的风气在整个蒙昧阶段是普遍流行的,平时吃被俘获的敌人,遇到饥荒的时候,就连自己的朋友和亲属也会被吃掉。在战争中,作战双方在战场上互吃对方的人,这种风气仍残存在美洲土著当中,不仅处于低级野蛮社会的部落如此,而且,那些处于中级野蛮社会的部落,如易洛魁人和阿兹特克人等,也是如此。不过,这种风气已经不再普遍流行了。这一点,有力地说明了食物之不断增加对于改善人类生活状况起很大的作用。

(四)肉类和乳类食物 西半球除了骆马以外别无其他动物适于饲养③,而东西两半球的谷物品种又各不相同,这对于彼此两处居民的发展进度都有重要的影响。

---

① 防风菜,原文为 parsnip,学名为 Pastinaca sativa,系欧洲所产的一种防风草,可供食用。为了区别于中药之防风,故译作"防风菜"。——译者

② 威廉·德怀特·惠特尼(1827—1894),美国著名的语言学家,耶鲁大学梵文教授。斯密逊研究所干事约瑟夫·亨利为了审评《人类家族的亲属制度》一稿是否适宜于刊印在斯密逊研究所报告中,曾将该稿委托给一个三人委员会,惠特尼是委员之一。请注意,摩尔根已在第 4 页引用过惠特尼的著作。——译者

③ 一些早期西班牙著述者提到,在西印度群岛以及在墨西哥和中美,都曾见到居民饲养过一种"哑狗"。(请看克拉维黑罗的《墨西哥史》第 1 卷图版 3 上的阿兹特克狗的形象。)我认不出那究竟是什么动物。那些作者还提到在大陆上有饲养火鸡等家禽的事。土著们确曾养过火鸡,纳华特拉克诸部落曾养过某几种野禽。——著者

这种天然资源的不同,虽然对处于蒙昧阶段的人无关紧要,对处于低级野蛮社会的人也没有显著的影响,但对进入中级野蛮社会的那一部分人来说,就产生了根本的分歧。掌握家畜饲养业的部落能保证肉类和乳类食物的供应,因而得以从一大群其他的野蛮人当中分化出来。在西半球,如仅靠狩猎获取肉类食物,供应得不到保证。村居印第安人的主要食物仅限于一种,这对他们是不利的;这一点无疑地充分足以说明他们的头颅之所以小于那些处于低级野蛮社会的印第安人的头颅。在东半球,因饲养家畜而使得勤俭的居民能保证肉类及乳类食物的供应;毫无疑问,这种食物对于增强种族的体质和活力具有非常显著的效果,对于增强儿童体力的作用尤为突出。就现有的古史知识而言,我们至少可以假定,雅利安族和闪族之所以得天独厚,主要由于他们之重视牲畜的繁殖犹如重视他们自身一样。他们事实上已将牲畜,包括它们的肉、乳和筋,统统安排在生活计划之内①。人类当中没有其他任何种族做到他们这一步,而在他们两者之中,雅利安族又比闪族更进一步。

在幼发拉底河谷平原,在印度平原,在亚洲草原上,由于饲养动物而逐渐出现了一种新的生活方式,那就是畜牧生活;最先实现饲养动物的地方可能就在上述这几个地区中某一处的边缘地带。雅利安族和闪族最古老的传说以及他们的历史记载都同样指出他们生活在这些地区。但这些地区距离人类发源地是很远的;而且,当他们还是蒙昧人的时候,或当他们还是处于低级野蛮社会的野蛮人的时候,他们自然仍以森林地带为其家园,而不会占有上述地区。现在由于出现畜牧生活,才把他们吸引到这些地区来。无论是雅利安族或闪族,当他们一旦习惯于畜牧生活以后,势必要先学会种植谷物,以便在远离草原的地方维持其大群牛羊的饲料,然后才有可能带着他们的畜群重返亚洲西部和欧洲的森林地带。因此,如前所述,谷物的种植看来很可能是出自牲畜的需要,并与这些部落向西方迁移的运动有关;而且,他们由此获得的知识终于使他们自己得到了淀粉食物。

在西半球,除了秘鲁的骆马以外,土著们没有任何牲畜,他们只有依靠玉蜀黍这一种谷物,辅之以菜豆、南瓜、烟草等,有的地方辅之以可可、棉花和胡椒。在这种条件下,他们一般都能进入低级野蛮社会,有一部分进入中级野蛮社会。玉蜀黍生长在丘陵地带,因而便于直接种植;无论已熟未熟,它都可以食用;它的产量高,营养丰富;因此,所有其他谷物加到一起,也不如玉蜀黍这一资源对推动人类早期进步这样有利。这可以用来说明美洲土著虽没有牲畜却能达到异常进步的原因;秘鲁人竟发明了青铜,这是在时间顺序上仅次于冶铁而十分接近于冶铁的一项发明。

————————————

① 我们从《伊利亚特》中得知希腊人不仅挤牛奶和山羊奶,而且还同样挤绵羊的奶:"正好比,在一个大财主的院子里;点过数的母绵羊,成群站在一起;准备着将它们的白奶子供人们来挤。"荷马,《伊利亚特》,433。——著者

（五）通过田野农业而获得无穷食物　人们饲养牲畜以后，用畜力来补充人力，这种方法提供了一个价值极高的新因素。接着，由于有了铁，制出了带铁铧的犁和更为合用的铲子、斧头。由于有了这些发明，由于早先已经有了园艺，于是，田野农业便出现了；人类也就因此开始获得了无穷的食物。用畜力拉犁，可以视为一项技术革新。这时候，人们开始产生开发森林和垦种辽阔的田野的念头①。而且，也只有到了这个时候才可能在有限的地域内容下稠密的人口。在田野农业兴起以前，地球上任何地区都不可能发展到五十万人口而共同隶属于一个政府之下。如果有例外的话，那必定是平原上的畜牧生活所造成的结果，或者是在特殊的例外情况下由于灌溉事业改进了园艺所造成的结果。

在下文中，我们需要谈到家族在人类文化各个不同阶段中的表现形态；它在这一个阶段中的形态有时候完全不同于在那一个阶段中的形态。本书第三编将专门用来讨论家族的各种形态。但由于在紧接着的下一编中经常要提到这些家族形态，所以至少得预先说明一下它们的定义，以便读者了解。其定义如下：

（一）血婚制家族　这种家族形态的基础就是若干兄弟和若干姊妹相互集体通婚。在现存的亲属制度中最古老的马来亚式亲属制，仍为血婚制家族留下了证据。同时，它有助于证明：这种最早的家族形态同它所建立的这种亲属制度一样，在古代曾普遍地流行过。

（二）伙婚制家族　这个名称起源于夏威夷人伙婚制的亲属关系。这种家族形态的基础就是若干兄弟是他们彼此的妻子的共同配偶，或者，若干姊妹是她们彼此的丈夫的共同配偶。而这里所用的兄弟一词，包括从兄弟、再从兄弟、三从兄弟、甚至远房的兄弟在内，他们彼此互认兄弟就和我们的亲兄弟一样；这里所用的姊妹一词，也包括从姊妹、再从姊妹、三从姊妹、甚至远房的姊妹在内，她们彼此互认姊妹就和我们的亲姊妹一样。这种家族形态是由血婚制家族滋生出来的，它建立了土兰尼亚式和加诺万尼亚式亲属制度。上述这两种家族形态均属蒙昧阶段。

（三）偶婚制家族　这个名称起源于 $\sigma\nu\nu\delta\nu\alpha\xi\omega$ 和 $\sigma\nu\nu\delta\nu\alpha\sigma\mu\sigma\varsigma$ 两词，前一词的意义为"配对"，后一词的意义为"合二为一"。这种家族形态的基础就是一男一女按婚姻形式结成配偶，但双方都不排斥与外人同居。这是专偶制家族的萌芽。在这种形态下，无论丈夫或妻子，双方都可随意离婚或分居。这种家族形态没有建立一种亲属

①　卢克莱修斯，《天道赋》，5.1368－1371：

　　"开彼山林，旦旦伐木；

　　拓地日广，山田斯剧。

　　于是漫山遍野，场圃相属；

　　陂塘沟渠，田畴禾谷；

　　葡萄满园，赏心悦目。"——著者

制度。

（四）父权制家族　这种家族形态的基础就是一夫多妻的婚姻。这里所用的父权制家族一词，只指其狭义而言，专用以表示希伯来人畜牧部落的那种特殊的家族，其酋长和家族里的主要男子成员都实行多妻制。这种形态流行不广，所以对人类事业影响甚微。

（五）专偶制家族　这种家族形态的基础就是一男一女的婚姻，并排斥与外人同居；后面这一点成为这种制度的根本要素。这完完全全是文明社会的家族，因此，它基本上是近代的产物。这种家族形态还建立了一套独立的亲属制度。

我们将在本书下文提出证据，以便于证明上述各种家族形态在人类进步过程的不同阶段中确实曾存在过，并曾普遍流行过。

作者简介

刘易斯·亨利·摩尔根（1818—1881），美国民族学家、人类学家，美国文化人类学创始人之一，古典进化论学派主要代表，被誉为"美洲人类学之父"。生于美国纽约州奥罗拉村附近的一个农庄主家庭，他先在卡尤加学院上学，后来进联合学院上三年级和四年级，1840年毕业。取得律师资格后，1844年在罗切斯特从事律师工作。他少年时就熟悉当地易洛魁人的风俗习尚，成年后长期生活在易洛魁族印第安人中间，研究他们的社会组织和物质文化，并对他们有所帮助，与之建立了深厚的感情，曾被赛纳卡印第安人部落鹰氏族接纳为养子。特殊的身份使他能够了解那些从不向外人透露的秘密习俗和仪式。1851年，他发表了《易洛魁联盟》一书。该书以联盟的组织结构为主题，全面地描述了易洛魁人的氏族社会，包括历史、语言、经济生活、社会组织、家庭婚姻、习俗和宗教。这本书被誉为世界上关于印第安人的第一部科学著作。1871年他发表了《人类家族的血亲和姻亲制度》。他根据亲属制度和社会组织的研究，系统地提出了家庭进化的理论，概述了人类家庭的发展历史。在1871年与达尔文会面后，摩尔根彻底地接受了进化论，并进一步提出了人类社会进化的学说。1877年，他的代表作《古代社会》出版。在这本书中，作者以人类社会从低级阶段发展到高级阶段的进化论的观点，阐述了人类发展过程，尤其重要的是对人类的家庭制度和亲属关系作了深刻的说明，为人类学最基本的内容——亲属制度的研究奠定了一定的基础。出版后，美国评论界大加赞扬。《纽约每日论坛》把它称为"现代文献可以夸耀的比较民族学中最有价值的研究之一"。该书也得到了马克思和恩格斯的高度重视，马克思在阅读该书时写了详细的摘要，恩格斯在《家庭、私有制和国家的起源》一书也引用了摩尔根的研究成果。1875年摩尔根当选为美国国家科学学会成员，1879年当选为美国科学促进会主席。这是美国科学界给予一个民族学家的最高荣誉。1881年病逝。

其他著作有《美洲海狸及其活动》《美洲土著居民的住房和居住生活》《澳大利亚人的亲属关系：根据劳里默·法森牧师的原始记录》《摩尔根的印第安人日记（1859—1862）》等。

📖 **作品要览**

《古代社会》是人类学古典进化论学派的经典著作。原书有副标题"人类从蒙昧时代经过野蛮时代到文明时代的发展过程的研究"。全书共分四编。

第一编,"各种发明和发现所体现的智力发展"。摩尔根把发明和发现以及生产技术的进步作为依据,把人类社会的发展分为七个阶段,分别是蒙昧低级阶段、蒙昧中级阶段、蒙昧高级阶段、野蛮低级阶段、野蛮中级阶段、野蛮高级阶段以及文明阶段。每个阶段都以生存技术作为衡量社会进步的标志。用发明和发现来作为社会进步的标志,这是摩尔根的首创,具有深远意义。这符合唯物主义的观点,恩格斯在《家庭、私有制和国家起源》中,对摩尔根的原始社会分类进行了高度评价。

第二编,"政治观念的发展"。在这编中,摩尔根主要讲述了原始社会的氏族制度。氏族组织包括氏族、胞族、部落、部落联盟这一系列有机结构。氏族是以血缘关系为基础而结合起来的团体,它是原始社会的细胞。氏族内部禁止通婚是氏族的根本原则。摩尔根用大量的事实资料证明了氏族是从母系氏族发展而来的。蒙昧和野蛮时代的社会组织以血缘关系为基础。进入文明时代的政治社会则以地域和财产为基础。

第三编,"家族观念的发展"。在这一编中,摩尔根指出了人类历史上顺序相承的五种婚姻家庭形式,即血缘家庭、伙婚家庭、对偶家庭、父权制(一夫多妻)家庭、专偶(一夫一妻)家庭。

第四编,"财产观念的发展"。在这编中,摩尔根认为"财产的发展当与发明和发现进步并驾齐驱"。他较全面地阐述了财产在蒙昧时代、野蛮时代直至文明时代的发展历程。论述了财产怎样从公有制变为私有制。指出"私有制的存在是奴隶社会、阶级和国家产生的物质基础"。

摩尔根《古代社会》对原始社会研究的主要贡献可概括为三个方面:(一)关于氏族组织制度的研究。摩尔根运用大量对比材料,得出普遍性结论,氏族作为原始社会基层组织是整个原始社会的原生细胞。这个学说具有重大意义,恩格斯给予高度评价,认为摩尔根的论述"一下子说明了希腊、罗马上古史中最困难的地方,同时,出乎意料地给我们阐明了国家产生以前原始时代社会制度的基本特征"。(二)对家庭发展史的研究。摩尔根从亲属制度的称谓来分析和推论家庭的早期形态,开创了家庭史研究的新途径。他首次把家庭制度的发展分为血缘家庭等五个阶段,对人们正确认识家庭的发展具有重要意义。特别是用大量的人类学材料证明了母系社会先于父系社会,这是人类学和历史学上的一大进步。(三)关于史前社会历史分期的论述。对原始社会进行分期并非摩尔根首创。摩尔根对原始社会分期的巨大贡献,是把"发明和发现"作为原始社会分期的标志,并据此将蒙昧和野蛮时期分为低级、中级和高级阶段。"发明和发现",是指生产工具的制造和生产技术的进步。这是符合历史唯物主义的。

📖 **阅读提示**

1. 本课文节选自《古代社会》第二章"生存的技术",主要从生活资料的获得来阐述原始社会的发展阶段。食物是人类生存和发展的不可缺少的生活资料。因此,获取食物的技术的进步及获取食物的能力的提高,就成了人类社会发展的关键和发展阶段的标志。作者的这一眼光和尺度是客观、正确和深刻的。这也是我们阅读本文时应当把握的基本观点、基本思路。

2."如果我们按照生理结构的演化程序向原始形式下推,每降一级,其食物就愈益简单,直到简单得毫无奥妙之可言;但如果我们反过来往上推,食物就越来越复杂,直到最高级的人体结构,其食物的复杂性也就达到顶点。"作者的这一论断也很重要。在整个论述中,这一论断起了什么作用?

3."人类采用鱼类食物"和"发明了弓箭"分别具有哪些重大意义?

4.作者认为"有理由相信吃人的风气在整个蒙昧阶段是普遍流行的,平时吃被俘获的敌人,遇到饥荒的时候,就连自己的朋友和亲属也会被吃掉。"这种"惨剧"因为什么而得以避免?

5.人类原先仅把牲畜当做食物,后来转而"用畜力来补充人力",这也标志着一大进步。试分析,促成这一进步的因素有哪些?

6.本文还简单介绍了原始社会的家庭(族)形态,这也属人类生存的技术的一个方面。阅读时应注意其不同形态的区别,及其与原始社会发展不同阶段的对应关系。如果有兴趣的话,不妨继续阅读本书第三编。

推荐书目

①《人类学是什么》(王铭铭,北京大学出版社,2002)　②《人类的视野》(李亦园,上海文艺出版社,1996)　③《人类学通论》(庄孔韶主编,山西教育出版社,2003)　④《西方人类学名著提要》(王铭铭主编,江西人民出版社,2004)　⑤《人类的故事》([美]房龙,广西师范大学出版社,2003)　⑥《家庭、私有制和国家的起源》([德]恩格斯,人民出版社,1954)　⑦《地球上的人们世界史前史导论》([美]B.M.费根,文物出版社,1991)　⑧《人类史》([英]G.埃利奥特·史密斯,社会科学文献出版社,2002)　⑨《金枝:巫术与宗教之研究》([英]弗雷泽,商务印书馆,2013)　⑩《文明与野蛮》([美]罗伯特·路威,三联书店,2008)　⑪《人类婚姻史》([芬兰]E.A.韦斯特马克,商务印书馆,2009)　⑫《菊花与刀》([美]鲁思·本尼迪克特,中国社会出版社,2005)　⑬《圣杯与剑:我们的历史,我们的未来》([美]理安·艾斯勒,社会科学文献出版社,2009)　⑭《人类学的四大传统》([挪威]弗雷德里克·巴特等,商务印书馆,2008)　⑮《当代文化人类学概要》([美]基辛,浙江人民出版社,1986)

圣 经 故 事(节选)*

张久宣

三 伊甸园里

上帝创造天地海和万物以后,在第六天造人。

耶和华上帝按照自己的形象,用地上的尘土造出一个人,往他的鼻孔里吹了一口气,有了灵,人就活了,能说话,能行走。上帝给他起个名字,叫亚当。

亚当根据上帝的安排,住在伊甸园里。伊甸园里有一条河,清澈见底,有鱼有虾有水草,蜿蜒曲折,滋润着园里的生物,又从园里分成四道流出去。

第一道河名叫比逊,环绕哈腓拉全地,那里有珍珠黄金和红玛瑙。第二道河名叫基训,环绕古实全地。第三道河名叫希底结,流经亚述之东。第四道河名叫伯拉河。

伊甸园里,河流两岸,生长着各种各样的花草树木,郁郁葱葱。在园子的当中,生长着生命树和善恶树。树上都结着果子,果子都很好吃。

上帝对亚当说:

"园中所有树上的果子,你可以随便吃,唯独善恶树上的果子,你不能吃,吃了必死!"

上帝派亚当修理和看守伊甸园。伊甸园里有各种各样的飞禽走兽,可是都没有名字。上帝叫它们统统到亚当面前听令。

它们一个一个乖乖地走过来,亚当叫它什么,它以后就叫什么名字——喜鹊,鸽子,老虎,大象……就这样点名了。

这许多动物,统归亚当一人管,怎么管得过来呢?

耶和华上帝说:

"一个人独居不好,我要为他造一个配偶,以帮助他工作。"

于是耶和华上帝使亚当沉睡,他就昏昏沉沉地睡熟了。上帝就从他身上取下一根肋骨,又把皮肉重新合起来,不留一点伤痕,也不疼痛。上帝用取下的肋骨造成一个女人,领她到男人跟前。

亚当一觉醒来,看见女人,非常高兴,欣喜地说:

"这是我骨中之骨,肉中之肉!"

---

* 节选自《圣经故事》(张久宣编,中国社会科学出版社,1982),有改动、修正。

当时夫妻二人，赤身裸体，天真烂漫，并不感到羞耻。

他们吃着树上的果子，身强体健，或漫步在林间草地上，或依偎在河旁岩石上，时有天使从高高的蓝天上飞下来，扑打着洁白的翅膀，站在他们面前说话儿，一会儿又跳舞唱歌，天上人间乐融融，鸟儿飞，昆虫鸣，狮子横卧在人的膝前，懒洋洋地酣然入睡，清晰透明的空气中，飘散着野花的芬芳。

那时人听上帝的话，鸟兽虫鱼都听人的话。天空一直是晴朗的，从来不下雨，也没有人耕田，万物滋长靠河流，四季皆有充足的水源。

亚当和妻子住在伊甸园里，无忧无虑，过着和谐美满的生活。

四　始祖犯罪

当初所有的动物，都很温驯善良，唯有蛇非常狡猾。蛇要破坏人的幸福，它对女人说：

"上帝当真说过，不叫你们吃所有树上的果子吗？"

女人看见蛇长得很美丽，有一对漂亮的翅膀，能在空中飞翔，说话的声音又很悦耳，便喜欢和它攀谈，她爽快地回答说：

"上帝说了，园中的果子随便我们吃，只是那善恶树上的果子，我们不能摸，也不能吃，吃了必死。"

"不见得吧，"蛇鼓了一下翅膀，一副不以为然的样子，"我看吃了也不一定死。那善恶果呀，酥美异常，好吃极了！"

"那为什么不叫我们吃呢？"女人急着追问，她觉得蛇比人见多识广。

"因为你们一旦吃了那善恶果，就立刻心明眼亮了，知善恶，辨真假，聪明得就跟上帝一样。不信，你吃一个看！"

"啊，原来这是智慧果呀！"她的心被激动了，眼望那善恶树上的果子，掩映在青枝绿叶间，甚是可爱，情不自禁地踮起脚尖，伸手摘下一个，咬了一口，"哎呀，味道真美！"

女人顾念自己的丈夫，她招呼亚当说：

"亚当，快来，给你吃这个果子。"

亚当从妻子手里接过善恶果，大口吃起来，满嘴流水地说：

"果然好吃！"

话音未落，他们两个人顿时心明眼亮，知善恶，辨真假，羞耻之情油然而生，顾盼周身，一丝不挂，一瞥那禽兽的眼睛，益发觉得无地自容。

用什么东西隔断外来的视线呢？他们洞察远近，发现无花果树的叶子可以遮蔽身体。那又大又厚的无花果叶子被采来了，编成了裙子，找根藤条穿起来，系在腰间。

天起了凉风,耶和华上帝在园中行走。亚当和妻子一听,知道上帝来了,他们赶紧藏在大树背后。

耶和华上帝呼唤亚当:

"亚当,你在哪里?"

"我在园里,"亚当战战兢兢地说,"我听见你来了,心里很害怕。因为我赤身裸体,不敢见你,所以便藏起来了。"

"赤身裸体?你怎么晓得这个呢?"上帝早已明察一切,继续追问道,"坦率地说,你是不是偷吃了禁果?"

"是偷吃了禁果。"亚当知道瞒不过去,只得招认了,接着他又辩解道:"不过那不是我自己要吃的,那是你赐给我的女人送给我吃的。她把那树上的果子给我,我就吃了。"

耶和华转向女人,对她说:

"你作了什么事?从实说来!"

女人指着蛇说:

"也不是我自己要吃的,是那蛇引诱我,说吃了禁果就心明眼亮,有智慧,所以我就吃了。"

上帝勃然大怒,对蛇喊道:

"你这引诱女人堕落的坏蛋,要永远受到诅咒!你必须用肚子走路,终身吃土。我又叫你和女人世代为仇,女人伤你的头,你伤女人的脚后跟。"

于是蛇便失去了翅膀,只得在地上用肚子爬行了,并且变成可恶可憎的样子。

惩罚完蛇以后,上帝又对女人说:

"我必须增加你怀孕的苦楚,叫你分娩时伴随着剧烈的疼痛!你将成为丈夫的附属品,依恋你的丈夫,受你丈夫的辖制。"

发落完蛇和女人以后,上帝又对亚当说:

"你既然听从你妻子的话,不守我的禁令,偷吃了禁果,那就要受到应得的惩罚。从今以后,土地要给你长出荆棘和蒺藜来。你必须终年劳苦,汗流满面,才能从地里得到吃的,勉强维持温饱,这样劳碌终生,直到死后归土。人啊,你本是尘土,终将归于尘土!"

这事过后,亚当给他的妻子起名叫夏娃,"夏娃"就是众生之母的意思。

亚当和夏娃自从偷食禁果以后,一直羞愧惶恐。因此,耶和华上帝为他们一人做了一身皮子衣服,给他们穿上。既然知道羞耻了,就应该穿上衣服。

耶和华上帝说:

"既然人已经吃了善恶果,那他们就知道善恶真假,聪明得与我相似,倘若再让吃那些生命树上的果子,那他们就长生不老了。"

为了实现对亚当夏娃偷吃禁果的惩罚,耶和华上帝把他们逐出伊甸园,打发他们去耕种土地。

亚当夏娃被逐出伊甸园之后,上帝在伊甸园东边安设基路伯①和四面转动发火的剑,把守着生命树。

···········

六 挪亚方舟

始祖②偷吃禁果,被逐出伊甸园。该隐③杀弟,揭开了人类互相残杀的序幕。人世间充满着强暴、仇恨与嫉妒,深深陷在罪恶之中。

上帝见此情景大为震怒,要将这败坏了世界一举毁灭。唯有挪亚④是个义人,尚可随他留下有限的生灵。

耶和华对挪亚说:

"看哪,世界败坏到如此地步,这些有血气的生物全部陷在罪恶之中。这完全违背了我当初造物的旨意。我现在后悔了,我要将这罪恶的世界一举毁灭!你要用歌斐木造一只方舟……"耶和华将方舟的规格和造法传授给挪亚,又对他说,"看哪,我要使洪水泛滥在地上,毁灭天下所有的生灵。然而我要与你立约,你和你的妻子、儿子、儿媳,都要进入方舟。凡是有血有肉的活物,鸟兽虫鱼,各从其类,每样一公一母,你要带进方舟,好在方舟里保全生命。"

挪亚依照上帝的吩咐,选歌斐木,赶造方舟。挪亚一边造方舟,一边劝告世人:

"洪水快来了,你们应当悔改!"

可是除了几位年高德劭的老人外,很少有人相信他的。邻居们和过路人都讥笑他说:

"嘻,这个人真傻,在旱地上造方舟,谁见过这玩艺儿呀!"

"他还替我们担忧呢,难道聪明人要听傻子的话吗?"

"喂,你老说洪水快来了,我倒要请问,洪水从何处来呀?"

"从天上来,"挪亚干着活,汗流浃背,头也不抬地回答,"那水要从天而降。"

"怪哉,从天上要流下一道河来!"

他们走开了,回头嘲弄着。这些人从来没有见过从天上滴下一滴水来。因为自创世纪以来,天上一直没有降雨在地上。那时的五谷和百草,全靠地上的河滋润。

---

① 传说中的带翅膀的动物。——原注
② 始祖,即亚当。——编者
③ 该隐,亚当和夏娃的长子,因嫉妒而将其弟亚伯杀死。——编者
④ 挪亚,亚当数千年后的后裔。——编者

人们不理会挪亚的劝告,照样的吃喝玩乐,婚丧嫁娶,耕耘牧羊……

挪亚在孤立无援的情况下,整整用了一百二十年的时间,终于造成了一只庞大的方舟。这只方舟长三百肘①,宽五十肘,高三十肘。共分上中下三层,每层都有一间一间的隔开的小舱房。方舟内外涂着松香,门开在旁边,舟上边有窗户,高一肘,用来通风和透光。

方舟造好了,耶和华对挪亚说:

"你和你的全家都要进入方舟,因为在这世代中,我见你在我面前是个义人……再过七天,我要降雨在地上四十昼夜,把我所造的活物从地上除灭。"

原来挪亚有一个妻子和三个儿子,儿子都娶了媳妇,全家共是八口人。家里人大都不相信挪亚的话,只是为了随和这位痴心的老人,才勉强进了方舟。

方舟矗立在旱地上,宛如一座突兀的木山,舟门洞开着。

人们看见各种各样的飞禽走兽,一对一对的,从天上各地聚集而来,有条不紊地进入方舟。它们全都听从挪亚的指挥,每样只有一公一母得入舟内,对于那些洁净的动物,在名额上则给予适当的照顾——每样有七公七母进入方舟。这倒不是挪亚自作主张,要知道,他完全是在上帝允许的范围内行事。从大象到蚊子,各从其类,在方舟中找到自己的位置。方舟中备有各种各样的食物,足够挪亚全家和天下入选的动物吃。

过了七天,正当人们指着方舟嘲笑取乐的时候,洪水突然来了!

是年挪亚六百岁。二月十七日,开天辟地第一回下雨了,千万条水线,从高天直通地面,如同无涯的瀑布,骤然间倾泻下来。大雨不停地下了四十昼夜,江河湖海,一齐暴涨起来,冲决堤坝,滚滚洪流,席卷了沟壑,洼地,平原,丘陵和山岭……人群、庄稼和牛羊,以及一切獐狍野鹿,全都陷入了没顶之灾,在劈头盖脸的浪花里挣扎着,喊叫着……峰巅上的树木也节节没入洪水之中。

当洪水来临之际,挪亚全家以及天下各种各样的飞禽走兽和昆虫,全都按照预定的数目,有公有母,在方舟里各就各位了,正如上帝所吩咐挪亚的。耶和华把他们关在方舟里头。

…………

方舟外面,洪水漫天,浩淼无际,人、鸟、兽、虫,一切血肉之躯,统统卷进了那咆哮的巨澜,葬身在深渊里。有几只巨鸟,凭借着垂天翅,迎着暴风雨奋飞,妄图逃避尘寰浩劫,然而毕竟是血肉之躯,过不了多久,便支撑不住了,吧嗒吧嗒,掉在水里淹死了。

天地间仿佛再也不存在高出水面的物体了,山峰低于水面十五肘,唯有那孤伶伶

---

① 肘,以色列古代的长度单位,也叫"腕尺"。三百肘,约一百三十三公尺;五十肘,约二十二公尺;三十肘,约十三公尺。——编者

的挪亚方舟,安然无恙地漂泊在万顷波涛之上。

上帝顾念挪亚和方舟中的一切飞禽走兽,下令止雨兴风,风吹着水,水势渐渐消退。

从二月十七日开始,洪水整整泛滥了一百五十天,到了七月十七日,才有山头从水面上露出来。挪亚方舟停靠在亚拉腊山边。到了十月初一日,山顶全都露出来了。

过了四十天,挪亚打开方舟的窗户,放出一只乌鸦去,指望它探听一下外面的信息。可是这负心的鸟儿飞来飞去,再也不回那憋闷的方舟。方舟得不到回音,挪亚只好另选别的鸟,他把一只鸽子放了出去,要它看看地上的水退了没有。但是除了冷风呼啸的山峰外,遍地都是水,鸽子找不到落脚之处,又飞向方舟的窗户,挪亚伸手把它接了进来。

七天之后,再把鸽子从方舟里放出去。舟中之人巴望着窗口,耐心而焦急地等待着,一直到日落黄昏,鸽子才飞回来,嘴里衔着一枝橄榄叶,翠绿翠绿,看出是新从树叶上拧下来的,由此判断,地上的水已经消退了。一片橄榄叶表达了和平的讯息。又过了七天,挪亚把舟中的鸽子全都放出去,它们就再也用不着回来了。

到挪亚六百零一岁的正月初一,他掀开舟盖,向外观看——

周围一片雾海茫茫,蒸腾着的水气宛如一层薄薄的轻纱,朦胧中显出大地的面庞,在那稠厚的泥浆下面,掩埋着多少曾经活动过的躯体呢?时隐时现的山川,树木,荡着徐徐的清风,沉浸在万物俱灭的宁静之中。

直到二月二十七日,大地才凝结坚实了,全干了。天空晴朗,太阳向大地投下灿烂的光辉,地上的山川树木,全都用水洗过,焕然一新,星星点点地闪烁着晶莹的露珠。

上帝对挪亚说:

"出来吧,挪亚! 你和你的妻子,儿子,儿媳,全都出来吧! 把方舟中的一切活物,飞禽走兽和昆虫,全都放出来吧!"

幸存者们在方舟中憋闷了一年零十天,终于蒙着上帝的召唤,纷纷跃出挪亚方舟,欢快地来到这新生的天地里。

一朵一朵的白云,漂浮在蔚蓝色的天空中,天际上映衬着旷古未有的彩虹。这彩虹就是上帝与人立约的记号,表明洪水大劫不会重演,上帝愿挪亚子孙昌盛。

📖 **作者简介**

张久宣,1937 年生,辽宁人,1965 年毕业于辽宁大学英国语言文学系,曾任中国社会科学院世界宗教研究所副研究员。著有《圣经后典》、《圣经故事》(1982 年版、1987 年版、1994 年版、1996 年版)、《英汉辞海》(合著)等。

作品要览

《圣经》是世界上流行最广、影响最大的书,据不完全统计,已经被译成2000多种语言出版。《圣经》是犹太教和基督教的经典,分《旧约》和《新约》两大部分。《旧约》是犹太教和基督教共用的经书,《新约》只是基督教的经书,合称为《新旧约全书》。《旧约》最早用希伯来文写成,是公元前四世纪希伯来的祭司们把犹太民族自古以来流传下来的各种具有宗教色彩的文献和传说加以整理汇编而成,其中包括历史传说、宗教教规、先知训诫、史诗、法律等等,内容很广泛。经过不断修订,《旧约》现有39卷,大致分为律法书、历史书、先知书、诗文著作等四个部分。《新约》成书较晚,基本上形成于公元2世纪,用古希腊文写成,共27卷,主要记载耶稣生平、教训及其门徒言行;分为福音书、使徒书信和启示录等三部分。对基督教来说,《旧约》是承自犹太教的,与《新约》同为信仰依据的经典。基督教是在公元一世纪到二世纪在罗马帝国时期形成的。早期基督教所宣扬的平等原则,在下层人民中有广泛的影响,对反对罗马的统治起过积极作用。《圣经》所宣传的"救世主"思想和来自上帝的福音,给苦难无助的大众以精神的安慰、依托和向往。

《圣经》不仅是西方精神文明的重要支柱,而且在世界文学史上也占有重要的地位。许多文学巨著,如但丁的《神曲》,歌德的《浮士德》,弥尔顿的《失乐园》和《复乐园》,莎士比亚的作品,法国雨果的《悲惨世界》,俄国托尔斯泰的《复活》和陀思妥耶夫斯基《罪与罚》等,其题材内容,思想情感,精神观念(主要指仁慈、宽恕、博爱)主要来源于《圣经》。《圣经》对中国文学的影响小于对欧美文学的影响,亦不及佛教经典对中国文学的影响。然而在《圣经》传入中国的过程中,其翻译文学和文体,对中国的白话文学产生了较大的影响。目前最流行的官话和合本的新旧约全书,由西洋人主译,中国人襄助,在中国新文艺运动的前夕译成,成为推动新文学运动的力量。新文学作品中陆续出现的《圣经》译文中的词汇,如"洗礼"、"天使"、"乐园"、"复活"、"天国""福音""悔改"等,逐渐为现代汉语词汇系统所吸收。

耶稣主要的生平事迹都记载在《新约》马太福音、马可福音、路加福音和约翰福音等四福音书中,主要有降生、受洗、受试探、呼召十二使徒、登山宝训、行神迹、遭弃绝、进入耶路撒冷、诅咒无花果树、最后晚餐、被捕、受审、钉死、复活、升天等主要事件。

据记载,大约在2000多年前,童贞女玛利亚由圣灵降临其身而感孕,并被告知"所要生的圣者必定称为上帝的儿子"。产期到时,玛利亚恰投宿伯利恒城客店,因已客满,只得暂栖马厩;就在这马厩里,生下一男孩。当晚,一群牧羊人从郊外赶来,声称夜空明亮如白昼,一个天使到来,指示他们来拜见马槽中的圣婴,这就是未来的救世主,就是基督。八天后,割礼毕,取名为耶稣。当时犹太是罗马帝国的属国,由大希律王统治。耶稣就是未来基督救世主的风声传到大希律王耳中,他便下令铲除耶稣。养父约瑟带着玛利亚和耶稣连夜逃走。大希律王残忍地将城中所有两岁以下小孩都杀了。直到大希律王死后,他们才回到以色列。

耶稣从小就知道自己的使命,十二岁时,随父母去耶路撒冷朝觐,在圣殿中滞留好多天,自称"要以我父的家为念"。耶稣长大后,先跟着养父做木匠。三十岁时来到约旦河,找到表兄约翰,请他为自己施洗;洗礼结束时,圣灵降临在他身上,一个声音在天上说:"这是我的爱子,我所喜悦的。"在经受了魔鬼撒旦的三次引诱和试探后,耶稣开始招收门徒、出外传道、宣扬福音;为众人百姓治病祛邪,排忧解难,褒善贬恶。又从门徒中选立十二人作为使徒。由于耶稣的感召力、影响力越来越大,而且他的信仰及其实践活动与当时的犹太宗教上层人物的所作所为尖锐对立,因而引起权贵们的不满和仇恨,想方设法打击和迫害耶稣。耶稣三十三岁那年,在逾越节晚餐后,被十二使徒之一的犹大以三十块银币的价格出卖给祭司长和长老等权贵。耶稣被捕后,以僭越狂妄、妖言惑众的罪名遭受侮辱、殴打和非法审判,又把他交给罗马帝国犹太省总督本丢·彼拉多。依照惯例,每逢节期,总督可以随众人意愿,释放一名犯人。彼拉多便将耶稣和一个杀人犯巴拉巴绑在一起,让众人在两者之间做出选择。结果众人选择的是:强盗巴拉巴无罪释放,而耶稣将接受惩罚。于是耶稣被交到了罗马士兵的手中,饱受鞭笞之苦。愚昧的众人仍然认为对耶稣的处罚远远不够,狂呼要处死他。彼拉多便下令将耶稣钉在十字架上。耶稣早晨被钉,中午天地开始昏暗,傍晚死去时,天空变得漆黑一团。

耶稣生前曾数次预言自己将要受难,但在三日后会复活。耶稣死了三天之后,人们发现墓门的石头被挪开,尸体不见了!传言不断地蔓延开来:天使降临了,耶稣复活了。此后耶稣又在门徒等人面前多次显现。后来十一个使徒来到加利利的山上,见到耶稣。耶稣对他们说:"天上地下的权柄都赐给我了。你们要往普天之下去,传福音给万民听。信而受礼的必然得救,不信的必被定罪。信的人必有神迹伴随他们。就是奉我的名驱鬼,说新方言,手能拿蛇,若喝了什么毒药,也必不受害,手按病人,病就好了。你们要使万民作我的门徒,奉父子圣灵之名,给他们洗礼。"后来,耶稣被接到天上,坐在上帝的右边。门徒们则在普天之下,传播福音。

阅读提示

1. 从某种意义上说,《圣经》是文化和历史的记录。《创世纪》卷则侧重反映了当时人类对客观世界和人类自身的认识。例如,本课文所选有关伊甸园和亚当夏娃的叙述,映射的是对"我们从何处来"这个古老问题的一种解答;挪亚方舟的描写,则记录了远古时期,洪水泛滥,许多生命遭其毁灭,只有极少数生灵幸存的史实。其他宗教信仰和思想体系的经典文献,也有类似的记载,因为人类各种族所经历的过程,大致相同。阅读时可以相互参看。

2.《圣经》里的上帝神圣不可侵犯,掌握着世间万物的生杀大权,爱憎分明。从课文来看,上帝喜欢什么、厌恶什么?他希望人类怎样的生活?

3. 上帝高高在上,凡人绝非轻易能够接触到。耶稣实际上替代上帝在人间对人类进行指导、帮助和拯救。耶稣的思想集中反映在《马太福音》的第五至第七章,即"登山宝训"中,对律法、奸淫、离婚、起誓、报复、施舍、祷告等发表了见解,并提出了最高的思想与行为标准。有兴趣可以拓展阅读。

4.《圣经》和其他宗教信仰的经典文献,都是人类创造的文化财富。"他山之石,可以攻玉",通过比较分析,可以更深刻更广泛地理解历史,领悟文化,掌握知识。例如,挪亚是基督教文化中的水灾救难英雄;而分布在全国各地的禹王庙象征的是我国传统民间信仰系统中,大禹则是另一种类型的战胜洪水的英雄。你能从多方面谈谈两者的不同文化蕴涵吗？

推荐书目

①《世界十大宗教》(黄心川主编,社会科学文献出版社,2007) ②《中国宗教与文化》(牟钟鉴,巴蜀书社,1989) ③《民间宗教常识答问》(李尚英,江苏古籍出版社,1990) ④《紫气东来:太上道祖圣传》(谢清果,宗教文化出版社,2006) ⑤《中国道教基础知识》(王卡主编,宗教文化出版社,1999) ⑥《中国伊斯兰教与传统文化》(秦惠彬,中国社会科学出版社,1995) ⑦《佛教常识答问》(赵朴初,外语教学与研究出版社,2012) ⑧《我们身边的禅》(沧浪主编,中国妇女出版社,2009) ⑨《佛教艺术》(张法,高等教育出版社,2004) ⑩《佛经文学故事选》(常任侠选注,上海古籍出版社,1982) ⑪《圣经的故事》([美]房龙,中华书局,2013) ⑫《中国宗教与基督教》(秦家懿、孔汉思,三联书店,1997) ⑬《宗教与科学》([英]罗素,商务印书馆,2010) ⑭《高科技与宗教》(任延黎等,天津科学技术出版社,2001)

梦是愿望的达成 *

［奥地利］弗洛伊德

　　当一个人爬山涉水,披荆斩棘,终于爬上一个视界辽阔的空旷地,而再发现下去便是一路坦途时,他最好是停下来,好好地想一想,下一步如何走才好?同样地,我们现在在学习"释梦"的途中,此时也该作这份功夫。如今,我们正发现那乍现的曙光。梦,它不是空穴来风、不是毫无意义的、不是荒谬的、也不是一部分意识昏睡,而只有少部分乍睡少醒的产物。它完全是有意义的精神现象。实际上,是一种愿望的达成。它可以算是一种清醒状态精神活动的延续。它是由高度错综复杂的智慧活动所产生的。然而,当我们正为这些发现而得意时,一大堆的问题又呈现在眼前。果真梦是理论上所谓的愿望的达成,那么这种达成以如此特殊而不寻常的方式出现又作如何解释呢?在形成我们醒后所记得的梦象前,究竟我们的梦意识经过多少变形呢?这些变形又是如何发生呢?梦的材料又是从何而来呢?还有梦中的许许多多特点,譬如其中内容怎么会互相矛盾呢?梦能对我们的内在精神活动有所指导吗?能指正我们白天所持的观念吗?我以为,目前这一大堆问题最好暂且搁置一旁,而只专注一条途径。我们已发现梦是愿望的达成,下一步骤就在决定,这是否为所有梦的共同特征呢?或者那只是刚刚一个我们分析过的梦的特殊内容(有关伊玛打针的梦)。因为甚至我们已经得出"所有梦均有其意义与精神价值"的结论,我们仍需考虑"每一个梦的意义并非都相同"的可能性。我们所考虑过的第一个梦是愿望的达成,但很可能第二个梦是一种隐忧的发觉,而第三个梦却是一种自我检讨,而第四个梦竟只是回忆的唤醒。是不是除了愿望达成以外,还有别种梦呢?或难道只有这一种梦呢?

　　梦所代表的"愿望达成"往往是毫无掩饰、极为明显的,以致反而使人觉得奇怪,为什么梦会到最近才开始为人了解。有些梦,我经常可以以实验手法,随心所欲地引出来。譬如,如果我当天晚上吃了咸菜或其他很咸的食物,那么晚上我会渴得醒过来。但在这"醒过来"之前,往往先有一个同样内容的梦——我在喝水,我正喝着大碗的水,那滋味就有如干裂了的喉头,饮入了清凉彻骨的冰水一般地可口。然后我惊醒了,而发觉我确实想喝水。这个梦的原因就是我醒来后所感到的渴。由这种感觉引起喝水的愿望,而梦告诉了我它已使这愿望达成,因此它确有其功能,而其本质我不久即会提到。我平时睡眠极好,不易被身体的需求所扰醒;如果我能用这喝水的梦,来缓和我的渴,我就可以不用渴得醒过来。它就是如此一种"方便的梦",梦就如此取

---

　　* 节选自《梦的解析》(《弗洛伊德文集》,夏光明等主编,安徽文艺出版社,1996)第三章。

代了动作。然而,很不幸地,饮水止渴的需求,却无法像我对 M 医师、奥图等报复的渴望一般,用梦就能满足,但其动机是一样的。不久前,我有一个与这稍微有点不同的梦,这次我在上床前,就已觉得口渴,而把我床头旁小几上的开水,整杯喝光,再去睡觉。但到了深夜,我又因口渴而不舒服,如果要再喝水,势必要起床,走到我太太床边的小几上拿茶杯不胜麻烦。因此,我就梦见我太太由一瓮子内取水给我喝。这瓮子是我以前从意大利西部古邦 Etrusia 所买回来收藏的骨灰坛。然而,那水喝起来是那么样的咸,(可能是内含骨灰吧!)以致我不得不惊醒过来。梦就是这般地善解人意。由于愿望的达成是梦唯一的目标,其内容很可能是完全自私的。事实上,贪图安适是很难与体贴别人不冲突的。梦见骨灰坛很可能又是一次愿望的达成,很遗憾我未能再拥有那坛,就像那放在我太太床侧的茶杯一样,我现拿不到了。而且,这坛子很适合我梦中的咸味,也因此才能促使我惊醒。

在我年轻时,这种"方便的梦"经常发生。当时,我经常工作到深夜,因此早上起床对我而言,成了一件要命的差事。因此清晨时,我经常梦到我已起床在梳洗,而不再以未能起床而焦念,也因此我能继续酣睡。一个与我同样贪睡的医院同事也有过同样的梦,而且他的梦显得更荒谬、更有趣。他租了一间离医院不远的房间,每天清晨在一定的时刻女房东就会叫他起床。有天早上,这家伙睡得正甜时,那房东又来敲门,"裴皮先生,起床吧!该上医院去了。"于是,他做了一个如下的梦:他正躺在医院某个病房的床上,有张病历表挂在他头上,上面写着"裴皮·M,医科学生,二十二岁",于是一翻身,又睡着了。事后,他坦白承认这梦的动机,无非是贪睡罢了!

尚有一个例子:我的一个女性病人曾作过一次不成功的下颚手术,而受医师指示,一定每天要在病痛的颊侧作冷敷,然而,她一旦睡着了,就经常会把那冷敷的布料全部撕掉。有一天,她又在睡中把敷布拿掉,于是我说了她几句,想不到,她竟有以下的辩词:这次我实在是毫无办法,那完全是由夜间所做的梦引起的。梦中我置身于歌剧院的包厢内,全神贯注于演唱中。突然想到梅耶先生正躺在疗养院里受着下颚痛的折磨。我自语道:"既然我自己并无痛感,我就不需要这些冷敷,也因此我丢弃了它。"这可怜的病人所做的梦,使我想起当我们置身于不愉快的处境时,往往口头上会说:"好吧!那我就想些更愉快的事吧!"而这梦也正是这种"愉快的事"。至于被这病人所指为颚痛的梅耶先生,只是她自己所偶然想起的一位朋友而已。

在一些健康人的身上,我也很容易地收集了一些"愿望达成"的梦。一位深悉我的梦的理论的朋友,曾解释这些理论给他太太听。有一天他告诉我:"我太太昨晚做梦说是她的月经又快来了,而这意思你大概很清楚吧!"当然,我很清楚当一个年轻太太梦见她月经快来时,其实是月经停了。我可以想象,她实在还很想再自由一段日子,而不受生下子女后的负荷。另一位朋友写信告诉我,他太太最近曾梦见上衣沾满了乳汁,这其实也是怀孕的前兆。但这并非他们的头一胎,而是这年轻的妈妈,心里多么盼望,这即将诞生的第二胎比第一胎有更多的乳汁吃。

一位年轻女人由于终年在隔离病房内,照顾她那患传染病的小孩,而很久未能参加社交活动。她曾做了个梦,梦见她儿子康复,她与一大堆包括道岱特、鲍格特、普雷弗特以及其他作家在一起,这些人均对她十分友善亲切。在梦里,这些人的面貌完全与她所收藏的画像一样。普雷弗特,这人的容貌,她并不熟悉,但看来就像那好久以来第一个从外界进到这病房来作消毒工作的人。很明显地,这梦可以解释为:"此后将不再是枯燥的看护工作而已,快乐的日子即将来临了!"

看来这些收集已足以显示出,梦无论是如何地复杂,大部分均可以解释为愿望的达成,而且甚至内容往往是毫不隐饰即可看出的。大部分,它们多是简短的梦,而与那些使释梦者需要特别花脑筋研究的复杂梦象,形成鲜明对比。然而,只要你肯对这些最简短的梦再作一番探讨,你会发现那实在是非常值得的。我以为,小孩子由于心灵活动较成人单纯,所以所做的梦多为单纯一点的。而且根据我的经验,就像我们研究低等动物的构造发育,以了解高等动物的构造一样,我们应该可以多多探讨儿童心理学,以了解成人的心理。然而,很遗憾地,迄今很少有识之士能利用小儿心理的研究达到这目的。

小孩子的梦,往往是很简单的愿望达成,也因此比起成人的梦来得枯燥,然而它们虽产生不了什么大问题,但却提供了我们无价的证明——梦的本质是愿望的达成。我曾经由我自己的儿女收集了不少如此的梦。

在一八九六年夏季,我们举家到荷尔斯塔特①远足时,我那八岁半的女儿以及五岁三个月的男孩各做了一个梦。我必须先说明的,那年夏天我们是住在靠近奥斯湖的小山上,在天气晴朗时,我们可以看到达赫山,如果再加上望远镜,更可清晰地看到在山上的西蒙尼小屋。而小孩们也不知怎地,天天就喜欢看这望远镜。在远足出发前,我向孩子们解释说,我们的目的地荷尔斯塔特就在达赫山的山脚下。而他们为此显得分外兴奋。由荷尔斯塔特再入耶斯千山谷时,小孩们更为那变幻的景色而欢悦。但五岁的男儿渐渐地开始不耐烦了,只要看到了一座山,他便问道:"那就是达赫山吗?"而我的回答总是:"不,那还是达赫山下的小丘。"就这样地问了几次,他缄默了,也不愿跟我们爬石阶上去参观瀑布了。当时,我想他也够累了。想不到,第二天早上,他神采飞扬地跑过来告诉我:"昨晚我梦见我们走到了西蒙尼小屋。"我现在才明白,当初我说要去达赫山时,他就满心地以为他一定可以由荷尔斯塔特翻山越岭地走到他天天用望远镜所憧憬的西蒙尼小屋去。而一旦获知他只能以山脚下的瀑布为终点时,他是太失望了、太不满了。但梦却使他得到了补偿。当时,我曾试图再问此梦中的细节,他却只有一句:"你只要再爬石阶上去六小时就可以到的。"而其他内容却

———————————————

① 奥地利的东南部。——编者

是一片空白,无可奉告的贫乏。

在这次远足里,我那八岁半的女儿,也有一些可爱的愿望,靠着梦来满足。我们这次去荷尔斯塔特时,曾带着邻居一个十二岁的小男孩爱弥儿同行,这小孩子文质彬彬,颇有一个小绅士的派头,相当赢得小女的欢心。次晨,她告诉我:"爹!我梦见爱弥儿是我们家庭的一员,他称呼你们'爸爸''妈妈',而且与我们家男孩子一起睡在大卧铺内。不久,妈妈进来,把满手的用蓝色、绿色纸包的巧克力棒棒糖,丢到我们床底下。"我那小男儿,这家伙我显然未传给他丝毫释梦的道理,就像我曾提过的一般时下的作家一样,大骂他姐姐的梦是荒谬绝伦。而小女却为了她的梦中的某一部分,仍奋力抗辩。此时如果以心理症理论的观点,来看这一段她所力争的部分究竟是什么呢?她说:"说爱弥儿是我家的一员,确实是荒谬,但关于巧克力棒棒糖却是有道理的。"而这后段实令我不解,还是后来妻才为我作了一番合理的解释。原来在由车站回家的途中,孩子们停在自动售货机前,吵着要买就像女儿梦见的那种用金属光泽纸包的巧克力棒棒糖。但妻认为,这一天已够让他们玩得开心遂愿了,不妨把这愿望留待梦中去满足吧!而这一段我未注意到的插曲,经由妻一说,小女梦中的一切,我就不难了解了。那天,我自己曾听到走在前头的那小绅士,在招呼着小女:"走慢点,等'爸爸''妈妈'上来再赶路。"而小女在梦中就把这暂时的关系变成永久的入籍。而事实上小女的感情,也只是梦中的亲近而已,决非她弟弟所谴责她的永远与那小男孩作朋友的意思。但为什么把巧克力棒棒糖丢在床下,当然不问小孩子是无法了解其意义的。

我的朋友也曾告诉过我一个像我的儿子一样的梦,那是一个八岁的女孩所做的梦。她爸爸带了几个小孩一起徒步旅行到隆巴赫①,想由此再到洛雷尔小屋,然而因为时间太晚,半途折回,而答应孩子们下次再来。但在归途中,他们看到了往哈密欧的路标,小孩们又吵着要去哈密欧,但同样地,她爸爸也只答应他们改天再带他们去。次晨,这小女孩却兴冲冲地告诉她爸爸:"爹,我昨晚梦见你带着我在洛雷尔小屋,而且又到哈密欧。"因此,在梦中,她的不耐烦促成了她父亲的承诺的提早实现。

还有,我那女儿三岁三个月时,对奥斯湖的迷人风光所做的梦,也是同样的妙。这小家伙,我们第一次带她游湖时,也许是因为逛得太快就登岸,而不过瘾,她竟吵着不上岸,而大哭大闹。次晨,她告诉我:"昨晚我梦见,在湖上倘佯。"但愿这梦中的游湖会使她更满足吧!

我的长男,八岁时,就已经做过实现幻想的梦。他在兴致勃勃地看完他姐姐送给他的希腊神话的当晚,就梦见与阿基利斯一起坐在达欧密地斯所驾的战车上驰骋疆场。

如果我们能把小儿的梦呓也算在梦的领域内的话,我就把底下这段当作我最早

---

① 在维也纳近郊。——著者

的收集材料。当我最小的女儿,只有十九个月大时,有一个早上,吐得很厉害,以致整天都不给她进食。而当晚,我就听到她口齿不清的梦呓:"安娜·弗(洛)伊德,草梅……,野(草)梅,(火)腿煎(蛋)卷、面包粥……",她这样子用她自己的名字——引出她所要的东西,而这些菜均为她最喜欢吃的东西,而这些均为目前健康上所不容许的,而且护士也曾再三叮咛不准吃这些含有过多养分的食物。因此,她就在梦中发泄了她的不满。

当我们说小孩因为没有性欲所以快乐时,我们可别忽略,小孩也有极多的失望,弃绝以及梦的刺激是由其他的生命冲动所引起的。这儿有另一个例证。我的侄儿,当他二十二个月大时,在我生日那天,人家叫他向我祝福生日快乐并且送给我一小篮子的樱桃(当时樱桃产量极少,极为稀贵),他似乎不太情愿,口中一直重复地说:"这里头放着樱桃",而一直不愿将那小篮子脱手。然而,他仍懂得如何不使自己吃亏,其中妙法是这样的:他本来每天早上,均习惯地告诉她妈妈,他梦见他一度在街上羡慕的一个穿白色军袍的军官,又来找他,但在不情愿地给了我那篮樱桃以后的隔天,他醒来后高兴地宣称:"那个军官把所有的樱桃都吃光了。"

至于动物究竟做些什么梦,我可无从知道。但我却记得一个学生曾告诉我一个谚语:"鹅梦见什么?"回答是,"玉蜀黍。"(著者注:费连奇曾记载过匈牙利谚语"猪梦见什么?""粟。")梦是愿望的达成的整套理论,也几乎概括于两句话中。

现在我们仅仅利用很浅显的话,我们就已可以简单地看出梦里所隐藏的真意。诚然,格言智笺中对梦不乏讽刺轻蔑之语,正如科学家们"梦有如气泡一般"说法,但就口语来说,梦实在是非常美妙的"愿望的达成"。当我们一旦发现事实出乎意料而兴奋时,我们不是会情不自禁地叹道:"就是在我最荒唐的梦中,我也不敢作如是想"吗?

📖 作者简介

西格蒙德·弗洛伊德(1856—1939),奥地利精神病医生及精神分析学家。精神分析学派的创始人。出生在奥地利摩拉维亚(今捷克)弗莱堡一个犹太商人家庭,四岁时全家迁居到维也纳。青少年时期,弗洛伊德受过严格的文化基础训练,学习成绩优秀。学校曾奖给他一本书《读物的生命史》。这本书诱发了他对自然科学的兴趣和对达尔文进化论的敬慕。报考大学时,先选择法律专业,后转向自然科学,决定学医。1873 年,考入维也纳大学医学系;这是他人生道路上的第一个重要转折点。1881 年毕业,获医学博士学位。弗洛伊德人生另一个转折点是 1884 年获得奖学金,来到巴黎比特里尔这个欧洲最著名的神经病理学研究中心,投师精神病专家沙考医生。在导师的指导下,他逐步发现,对歇斯底里的认识,是开启人类思维之谜的钥匙。两年后他回到维也纳,开了家私人诊所,边行医,边进行生理学和心理学的研究,并把研究重点放在潜意识和本能上。在对人类学、宗教、心理学和文学著作进行了广泛深入的研究，又连续两年对自己所做的梦作了分析之后，弗洛伊德写成《梦的解析》，并于 1900 年出版。出版后几乎无人问津，初版只印了 600 册，6 年内才售出 351 册。多年后开始受到重视，名声大振，好评如潮，被列为"改变历史的书"、"划时代的不朽巨著"之一，是一部与达尔文的《物种起源》及哥白尼的《天体运行》并列为导致人类三大思想革命的书。1908 年应邀赴美国马萨诸塞州克拉克大学讲学，并获该校荣誉学位。1914 和 1917 年，弗洛伊德曾两次被提名为诺贝尔奖的候选人。1930 年荣获歌德奖。晚年患癌症，先后做过多次手术，仍坚持写作。1938 年为躲避纳粹迫害而流亡伦敦，受到英国和其他国家的热情欢迎和照顾。慰问信和电报雪片般飞来，只要写"伦敦 弗洛伊德"，就能收到。1939 年不幸病逝。

弗洛伊德最重要的贡献之一是创立精神分析理论，该理论也被视为研究本能的心理学。围绕他的学说，曾出现过赞成和反对的激烈争论；他的研究成果也曾遭受非议和排斥。但正如一位英国的精神病理家所说："六十多年的变化和发展，丝毫没有减弱弗洛伊德的影响和地位。他开拓了潜意识的领域。他帮助人们认识了自身，并懂得如何完善自己。当然，后人将以新的经验修正或发展弗洛伊德提出的许多观点和概念。你可以这么说，他们正在写一本精神病理学的'新约全书'，但是弗洛伊德完成了'旧约全书'，是弗洛伊德做了该学科的奠基工作。"

弗洛伊德著述颇丰，其他重要著作有《歇斯底里的研究》、《日常生活中的精神病理学》、《精神分析论》、《在快乐原则之外》、《集体心理学和自我分析》、《自我与本我》、《恐惧》等。

📖 作品要览

《梦的解析》(又译《释梦》)是弗洛伊德精神分析学形成的标志性著作。他认为人类的心理活动有着严格的因果关系，没有一件事是偶然的，梦也不例外，绝不是偶然形成的联想，而是愿望的达成；在睡眠时，超我的检查松懈，潜意识中的欲望绕过抵抗，并以伪装的方式，乘机闯入意识而形成梦。可见梦是对清醒时被压抑到潜意识中的欲望的一种委婉表达。梦是通向潜意识的一条秘密通道。通过对梦的分析可以窥见人的内部心理，探究其潜意识中的欲望和冲突。通过释梦可以治疗神经症。这就是该书的基本观点。

在《梦的解析》中，弗洛伊德把人的心理活动分为三个层次：本我、自我、超我。第一层次特别强调性本能，这种本能近于原始动物状态，是潜意识的，遗传性的，是人在出生时就具有的一种本能意识；同时也带有盲目性、残忍性，为达到目的，追求欢快，可以不择手段，不顾后果。第二层的自我受到现实原则的制约，要求人们清醒地认识周围世界。"自我即是本能的无理要求和外部世界的抑制因素之间的协调者。"自我可以帮助使人的本能不断适应外界环境。第三层是超我。超我是个体在成长过程中通过内化道德规范，内化社会及文化环境的价值观念而形成的，其机能主要是监督、批判及管束自己的行为。这种超越自我的境界强调道德理想和行为准则，以达到人类思维和意识的最高阶段。超我的特点是追求完美，所以它与本我一样是非现实的，超我大部分也是无意识的。弗洛伊德认为，假如上述三个层次处于和谐状态，一个人便觉得合群，愉快；反之，就感到孤独，忧郁。本我、自我、超我三部分构成了人的人格结构。

《梦的解析》全书共七章：第一章"梦学综述"、第二章"梦的解析方法"、第三章"梦是愿望的达成"、第四章"梦的改装"、第五章"梦的材料与来源"、第六章"梦的运作"、第七章"梦程序的心理"。在这部独创性的著作中，弗洛伊德主要分析了梦的凝缩、梦的转移和梦的二重加工；讨论了梦的隐意内容；解析了愿望满足的原理；描述了俄狄浦斯情结；还说明了幼儿生活对成人条件作用的不可避免的影响。本课文节选自该书第三章，文中通过对若干个梦例的潜意识分析，说明"愿望的达成是梦唯一的目标"，使愿望在梦中得到满足，可以维持精神情绪的平衡，同时也是为了保护睡眠不受干扰。

弗洛伊德的思想广博深刻。探讨问题时，往往引述历代文学、历史、医学、哲学、宗教等材料。他思考敏锐、分析精细、推论严谨、构思缜密，较深入地揭示出人们心灵的底层，这些都是精神分析的内容极其丰富的根源。总的来说，精神分析理论属于心理动力学理论。它是现代心理学的奠基石，其意义并未局限于临床心理学领域，而是对于整个心理科学乃至西方人文科学的各个领域均产生了深远的影响。

📖 阅读提示

1. 对梦加以分析挖掘，被弗洛伊德描述为"理解潜意识心理过程的捷径。"他告诉我们，梦都是"愿望的满足"——尝试用潜意识来解决各部分的冲突。不过，由于潜意识中的信息不受拘束，通常让人难堪，潜意识中的"监察者"不允许它未经调整就进入意识。而在梦中，"监察者"比清醒时有所松懈，但它仍然在"执勤"；于是潜意识被扭曲其本意，以通过审查。正是因为这个缘故，梦中的形象通常并非它们显现的样子，需要对潜意识的结构进行更深的解释，才能还原梦的本来面目和真正意义。这就是释梦的原理。

2. 在本文（即该书第三章）中，作者列举了大量有关梦的实例来论证"梦是愿望的达成"学说。阅读时，注意所引之梦，看其是怎样用象征、符号等方式，曲折隐晦地表达欲望的？作者又如何抓住关键，层层剥笋，揭示其真相的？

3. 因为是节选，所以有的内容要联系上文才能明白。但在本文里，即使暂不查阅也影响不大。为避免繁琐，本书尽量减少了注释。阅读时，尽可能保持连贯，对那些涉及上下文的有关内容，可以暂不"锱铢必较"，能够理解主要意思就可以了。

4. 作者从"梦是主观心灵的动作"这一前提出发，认为所有的梦都是以自我为中心并都与自我有关，即使自我不在梦中出现，那也只是利用"自居作用"隐藏在他人的背后。他强调说，从每一个梦中，都可以找到梦者所爱的自我，并且都表现着自我的愿望。阅读之后，你能以自己的梦为例，来支持或反对这一观点吗？

5. 在弗洛伊德的带动下，对梦的心理研究受到重视并不断取得进展。奥地利心理学家阿德勒认为，梦是在潜意识中进行的自我调整和激励，以及对未来目标的设定。美国心理学家弗洛姆认为，梦的功能是探讨做梦者的人际关系，并帮其找到解决这些问题的答案。对梦做出比较科学认识的是 20 世纪 50 年代兴起的实验心理学。实验心理学研究发现，梦的发生与人在睡眠状态下快速动眼和非快速动眼的周期性相关。一般来说，梦发生在快速动眼睡眠阶段，梦的内容也有规律。在第一、第二次眼球快动时,梦大多重演白天的经历,第三、第四次快速动眼时,梦多半是过去的情景和体验;第五次快速动眼持续时间最长,过去与最近的事互相交织。人们在睡眠中感觉身体不适或疾病,大多发生在第一、第二次快速动眼时做的梦,而慢性病的感觉可能在第三、第四次快速动眼时做的梦里。有兴趣的话,可以专题阅读。

推荐书目

①《潜意识的诠释:从弗洛伊德主义到后弗洛伊德主义》(王小章等,中国社会科学出版社,1998) ②《普通心理学》(孟昭兰主编,北京大学出版社,2003) ③《论文学与艺术》([奥地利]西洛蒙德·弗洛伊德,国际文化出版公司,2001) ④《弗洛伊德论美文选》([奥地利]弗洛伊德,知识出版社,1987) ⑤《精神分析入门》([美]查尔斯·布伦纳,北京出版社,2000) ⑥《心灵的激情》([美]欧文·斯通,中国文联出版公司,1986) ⑦《艺术与精神分析:论弗洛伊德的美学》([美]斯佩克特,文化艺术出版社,1990) ⑧《心理学与生活》([美]理查德·格里格等,人民邮电出版社,2003) ⑨《图解心理学》([日]深堀元文,天津教育出版,2007) ⑩《学习心理学》([英]戈登·克罗斯,贵州人民出版社,1984) ⑪《社会心理学入门》([美]E.阿伦森,群众出版社,1985) ⑫《现代西方心理学名著介绍》(马文驹等,华东师范大学出版社,1991)

第十一单元　基础和"发动机"

这个单元所节选两篇文章分别描写了一位贡献突出的数学家和论述了一个重要的物理概念。醉翁之意,既在酒,又不止于酒;希望同学们能对这二者感兴趣,而且更对数学和物理的阅读产生兴趣。

数学作为人类文化的重要组成部分。数学科学历来是自然科学和社会科学的基础。概括来说,数学是一种思想、一种解释世界的方式、一种精密的语言系统,是对现实世界的数量关系和空间形式的概括和反映。数学作为人类思维的一种表达形式,反映了人们积极进取的意志、缜密周详的推理,以及对完美境界的追求。因此,数学有着极其重要的教育价值。数学训练有助于我们在思维和行动上形成周密严谨的逻辑素养、习惯,培养敢于探索、勇于发现、善于创造的科学精神,合理、完整和正确的形成思想,并能简洁明了、精确有序地表达它。

数学是最宝贵的研究精神之一(华罗庚语)。数学又是一种特殊的美,一种抽象性和形式化的美。在数学家看来,这种美是奇妙无比的:"音乐能激发或抚慰情怀,绘画使人赏心悦目,诗歌能动人心弦,哲学使人获得智慧,但数学却能提供以上的一切,给人快乐。"(M.克莱因)当然,并不是所有人都能领略到这种美的。任何美的获得都需付出努力。我们希望同学们能够在阅读中坚持不懈,克服困难,攀登美的高峰。

要领略数学的美,就要讲究阅读的方法。数学阅读时,我们大致要注意以下几点:

(一)循序渐进,拾级而上。数学著作一般都会对相关读者作出预设:假定读者已经了解或应该掌握了某些知识,达到了某种程度。因此,开始阅读时,应当选择自己能够读懂,或者经过努力能够理解的作品。阅读一部,提高一步;步步提升,终至高峰。

（二）熟悉和掌握数学语言。数学语言是为表达数学思想而精心设计的专门语言，具有抽象性、准确性、简约性和形式化等特点。而整个数学知识是由证明予以保证的，其基础和可靠性则依赖于语言知识和规则。因此，只有熟悉和掌握数学语言及其规则，才能有效和高效地进行数学阅读。数学语言分为符号语言、文字语言和图表语言；在阅读中，尤其要注意这三类语言之间的相互转换。

（三）耐心细致，反刍消化。数学阅读不能贪多求快。过快的阅读非但无益，而且有害——会因失败而挫伤你的阅读热情和信心。这主要有两方面的原因。一是，数学概念是精确而完备的，其定义总是简洁而准确。数学的美，就在于用简洁有效的方法来描述非常复杂的概念、定理。一条只需三行就能证明的定理也许意味着经年累月的努力，要读懂它就必须像作者一样思考；否则只能是囫囵吞枣。二是，数学阅读不是线性的；不要以为弄懂了每一个概念，理解了每一句话就能通读全文，数学思想往往需要经过多个从个别到整体、再由整体到个别的往返循环才能逐步理解透彻。所以，数学阅读需要不断地反复、对照、联系、思考。

（四）阅读也是创造。荷兰数学教育家弗赖塔尔认为：学习数学的唯一正确方法是实行"再创造"，也就是由学生本人把要学的东西自己去发现或创造出来。理解文意的最好办法就是把作者的思想消化掉。而消化作者思想其实就是一个创造的过程：这要求你回到最初的线索，然后自己独立推导出相同的结论。数学家们常说，要理解一个问题，先要读懂它，然后把它用自己的话写出来，最后还要能把它教给别人。每个人思考复杂问题的方式和水平都有不同，你得用自己的语言和经验来解释这个问题，这也是一种创造。所以，要培养在创造中消化作者思想的习惯和能力，这点很重要。

和数学一样，物理学也是一门重要的基础学科，是许多其他领域不可或缺的基石。物理学是一门不断改变人类生活和推动社会进步的科学。20世纪中，近代物理学革命的主要成果，相对论、量子论及其结合产生的量子场论和统一场论，对人类物质与精神生活发生了巨大变化。物理学的价值还在于它从理论认识中，延伸出许多技术原理，例如在20世纪，物理学就为我们提供了四个主要的新技术原理，即核能技术、半导体技术、包括大规模集成电路的技术、激光技术和超导技术；半导体技术和激光技术还衍生出网络技术。这些物理学上重大的发现和发明，使得人类今天的生活，在各个方面都跟一百年以前完全不一样。

物理学的魅力不仅体现在其物化成果可以极大地改变人类文明，而且更重要的是，它彰显出科学给人类带来认知能力上的不断升华。物理学从纷繁复杂的事物当中抽象出物质的统一特性，更正了我们日常生活当中所看到的一些肤浅的认识，透过表象为我们揭示出物质本质的奇妙特征，并且借助数学和逻辑，做出了最为理性、简洁和优美的数学物理表述。另外，物理学在为我们解释周边物质世界的同时，也为我们营造出了内容丰富、思维缜密、不断创新、妙趣无穷的理论方法和实验体系。可以说,物理是整个科学技术的领军学科,它犹如一台永不疲倦的发动机,推动了整个科技的发展。

我们在阅读物理学作品的时候,可以在以下几个方面有所侧重。

(一)了解物理学家是怎样在日常生活和科学实验中有所发现,产生新观念、新思想的。例如,爱因斯坦五岁的时候,父亲给了他一个指南针。指针在磁力的无形作用下转动的情景让他惊讶。就像牛顿看到掉落的苹果一样,爱因斯坦产生了一种奇怪的感觉,认为自己看到的现象是具有深远意义的。善于思考,不断探索,是爱因斯坦取得重大成就的源泉。这些对同学们应当有所启迪。

(二)注意物理学家是如何运用观察、实验等科学方法来验证、修改、完善自己的观点、假说和思想的。这些手段、方法及过程,阅读起来,可能是饶有兴趣的,也可能是枯燥乏味的;而对科学发现、科学发明来说,却是至关重要、必不可少的环节。在这些环节中,细致、缜密、严谨、准确,并有耐心和毅力,这些科学家所必须具备的科研素养和品质,往往起着决定成败的作用。

(三)体会和感受物理学成就给人类社会带来的重大影响和变化。例如,1929年,天文学家哈勃发表了他的宇宙膨胀观测结果——所有的星系都正离我们远去,我们的宇宙不是稳态的,是在膨胀的,这个观测完全改写了人类的宇宙观。而爱因斯坦因在光电效应和相对论等方面的研究成果,为电脑、卫星、电信、激光、电视、核能和原子弹的问世作出了贡献。因为有了这些科学家,有了这些发明和发现,我们的生活才发生了革命性的变化,与祖辈们完全不同。

哥德巴赫猜想（节选）*

徐　迟

…………

一

命 $P_x(1,2)$ 为适合下列条件的素数 p 的个数：$x-p=p_1$ 或 $x-p=p_2p_3$

其中 p_1,p_2,p_3 都是素数。〔这是不好懂的；读不懂时，可以跳过这几行。〕

用 x 表一充分大的偶数。

$$命\ C_x = \prod_{\substack{p\backslash x \\ p>2}} \frac{p-1}{p-2} \prod_{p>2}\left(1-\frac{1}{(p-1)^2}\right)$$

对于任意给定的偶数 h 及充分大的 x，用 $x_h(1,2)$ 表示满足下面条件的素数 p 的个数：

$$p\leqslant x, p+h=p_1 或 h+p=p_2p_3$$

其中 p_1,p_2,p_3 都是素数。……

二

以上引自一篇解析数论的论文。这一段引自它的"（一）引言"，提出了这道题。它后面是"（二）几个引理"，充满了各种公式和计算。最后是"（三）结果"，证明了一条定理。这篇论文，极不好懂。即使是著名数学家，如果不是专门研究这一个数学的分枝的，也不一定能读懂。但是这篇论文已经得到了国际数学界的公认，誉满天下。它所证明的那条定理，现在世界各国一致地把它命名为"陈氏定理"，因为它的作者姓陈，名景润。他现在是中国科学院数学研究所的研究员。

陈景润是福建人，生于一九三三年。当他降生到这个现实人间时，他的家庭和社会生活并没有对他呈现出玫瑰花朵一般的艳丽色彩。他父亲是邮政局职员，老是跑来跑去的。……

他甚至没有享受过多少童年的快乐。母亲劳苦终日，顾不上爱他。当他记事的时候，酷烈的战争爆发。日本鬼子打进福建省。他还这么小，就提心吊胆过生

---

* 节选自《哥德巴赫猜想》（徐迟，人民文学出版社，1978）。

活。……

陈景润的幼小心灵受到了极大的创伤。他时常被惊慌和迷惘所征服。……他被造成了一个内向的人,内向的性格。他独独爱上了数学。不是因为被压,他只是因为爱好数学,演算数学习题占去了他大部分的时间。

…………

十三岁那年,他母亲去世了。是死于肺结核的;从此,儿想亲娘在梦中,而父亲又结了婚,后娘对他就更不如亲娘了。抗战胜利了,他们回到福州。陈景润进了三一中学。毕业后又到英华书院去念高中。那里有个数学老师,曾经是国立清华大学的航空系主任。

三

老师知识渊博,又诲人不倦。他在数学课上,给同学们讲了许多有趣的数学知识。不爱数学的同学都能被他吸引住,爱数学的同学就更不用说了。

数学分两大部分:纯数学和应用数学。纯数学处理数的关系与空间形式。在处理数的关系这部分里,论讨整数性质的一个重要分枝,名叫"数论"。十七世纪法国大数学家费马是西方数论的创始人。但是中国古代老早已对数论作出了特殊贡献。《周髀》是最古老的古典数学著作。较早的还有一部《孙子算经》。其中有一条余数定理是中国首创。后来被传到了西方,名为孙子定理,是数论中的一条著名定理。直到明代以前,中国在数论方面是对人类有过较大的贡献的。五世纪的祖冲之算出来的圆周率,比德国人的奥托的,早出一千年多。约瑟夫(指斯大林)领导的科学家把月球的一个山谷命名为"祖冲之"。十三世纪下半纪更是中国古代数学的高潮了。南宋大数学家秦九韶著有《数书九章》。他的联立一次方程式的解法比意大利大数学家欧拉的解法早出了五百多年。元代大数学家朱世杰,著有《四元玉鉴》。他的多元高次方程的解法,比法国大数学家毕朱,也早出了四百多年。明清以后,中国落后了。然而中国人对于数学好像是特具禀赋的。中国应当出大数学家。中国是数学的好温床。

有一次,老师给这些高中生讲了数论之中一道著名的难题。他说,当初,俄罗斯的彼得大帝建设彼得堡,聘请了一大批欧洲的大科学家。其中,有瑞士大数学家欧拉(他的著作共有八百余种);还有德国的一位中学教师,名叫哥德巴赫,也是数学家。

一七四二年,哥德巴赫发现,每一个大偶数都可以写成两个素数的和。他对许多偶数进行了检验,都说明这是确实的。但是这需要给予证明。因为尚未经过证明,只能称之为猜想。他自己却不能够证明它,就写信请教那赫赫有名的大数学家欧拉,请他来帮忙作出证明。一直到死,欧拉也不能证明它。从此这成了一道难题,吸引了成千上万数学家的注意。两百多年来,多少数学家企图给这个猜想作出证明,都没有成功。

说到这里，教室里成了开了锅的水。那些像初放的花朵一样的青年学生叽叽喳喳地议论起来了。

老师又说，自然科学的皇后是数学。数学的皇冠是数论。哥德巴赫猜想，则是皇冠上的明珠。

同学们都惊讶地瞪大了眼睛。

老师说，你们都知道偶数和奇数。也都知道素数和合数。我们小学三年级就教这些了。这不是最容易的吗？不，这道难题是最难的呢。这道题很难很难。要有谁能够做了出来，不得了，那可不得了呵！

青年人又吵起来了。这有什么不得了。我们来做。我们做得出来。他们夸下了海口。

老师也笑了。他说，"真的，昨天晚上我还作了一个梦呢。我梦见你们中间的有一位同学，他不得了，他证明了哥德巴赫猜想。"

高中生们轰的一声大笑了。

············

第二天，又上课了。几个相当用功的学生兴冲冲地给老师送上了几个答题的卷子。他们说，他们已经做出来了，能够证明那个德国人的猜想了。可以多方面地证明它呢。没有什么了不起的。哈！哈！

"你们算了！"老师笑着说，"算了！算了！"

"我们算了，算了。我们算出来了！"

"你们算啦！好啦好啦，我是说，你们算了吧，白费这个力气做什么？你们这些卷子我是看也不会看的，用不着看的。那么容易吗？你们是想骑着自行车到月球上去。"

教室里又爆发出一阵哄堂大笑。那些没有交卷的同学都笑话那几个交了卷的。他们自己也笑了起来，都笑得跺脚，笑破肚子了。唯独陈景润没有笑。他紧结着眉头。……

············

四

福州解放，那年他高中三年级。因为交不起学费，一九五○年上半年，他没有上学，在家自学了一个学期。高中没有毕业，但以同等学历报考，他考进了厦门大学。那年，大学里只有数学物理系。读大学二年级时，才有了一个数学组，但只四个学生。到三年级时，有数学系了，系里还是这四个人。因为成绩特别优异，国家又急需培养人才,四个人提前毕了业;而且,立即分配了工作,得到的优待,羡慕煞人。一九五三年秋季,陈景润被分配到了北京!在第 X 中学当数学老师。这该是多么的幸福了呵!

然而,不然!在厦门大学的时候,他的日子是好过的。同组同系就只四个大学生,倒有四个教授和一个助教指导学习。他是多么饥渴而且贪馋地吸饮于百花丛中,以酿制芬芳馥郁的数学蜜糖呵!学习的成效非常之高。他在抽象的领域里驰骋得多么自由自在!大家有共同的 dx 和 dy 等等之类的数学语言。心心相印,息息相通。三年中间,没有人歧视他,也不受骂挨打了。他很少和人来往,过的是黄金岁月;全身心沉浸在数学的海洋里面。真想不到,那么快,他就毕业了。一想到他将要当老师,在讲台上站立,被几十对锐利而机灵,有时难免要恶作剧的眼睛盯视,他禁不住吓得打颤!

他的猜想立刻就得到了证明。他是完全不适合于当老师的。他那么瘦小和病弱,他的学生却都是高大而且健壮的。他最不善于说话,说多几句就嗓子发痛了。他多么羡慕那些循循善诱的好老师。下了课回到房间里,他叫自己笨蛋。辱骂自己比别人的还厉害得多。他一向不会照顾自己,又不注意营养。积忧成疾,发烧到摄氏三十八度。送进医院一检查,他患有肺结核和腹膜结核症。

这一年内,他住医院六次,做了三次手术。当然他没有能够好好的教书。但他并没有放弃了他的专业。中国科学院不久前出版了华罗庚的名著《堆垒素数论》。刚摆上书店的书架,陈景润就买到了。他一头扎进去了。非常深刻的著作,非常之艰难!可是他钻研了它。住进医院,他还偷偷地避开了医生和护士的耳目,研究它。他那时也认为,这样下去,学校没有理由欢迎他。

…………

厦门大学校长来到了北京,在教育部开会。那中学的一位领导遇见了他,谈起来,很不满意,提出了一大堆的意见:你们怎么培养了这样的高材生?

王亚南,厦门大学校长,就是马克思的《资本论》的翻译者,听到意见之后,非常吃惊。他一直认为陈景润是他们学校里最好的学生。他不同意他所听到的意见。他认为这是分配学生的工作时,分配不得当。他同意让陈景润回到厦门大学。

听说他可以回厦门大学数学系了,说也奇怪,陈景润的病也就好转了。而王亚南却安排他在厦大图书馆当管理员。又不让管理图书,只让他专心致意的研究数学。王亚南不愧为政治经济学的批判家,他懂得价值论,懂得人的价值。陈景润也没有辜负了老校长的培养。他果然精深地钻研了华罗庚的《堆垒素数论》和大厚本儿的《数论导引》。陈景润都把它们吃透了。他的这种经历却也并不是没有先例的。

当初,我国老一辈的大数学家、大教育家熊庆来,我国现代数学的引进者,在北京的清华大学执教。三十年代之初,有一个在初中毕业以后就失了学,失了学就完全自学的青年人,寄出了一篇代数方程解法的文章,给了熊庆来。熊庆来一看,就看出了这篇文章中的英姿勃发和奇光异彩。他立刻把它的作者,姓华名罗庚的,请进了清华园来。他安排华罗庚在清华数学系当文书,可以一面自学,一面大量地听课。尔后,派遣华罗庚出国,留学英国剑桥。学成回国,已担任在昆明的云南大学校长的熊庆来又介绍他当联大教授。华罗庚后来再次出国,在美国普林斯顿和依利诺的大学教书。中华人民共和国成立以后,华罗庚马上回国来了,他主持了中国科学院数学研究所的工作。

陈景润在厦门大学图书馆中也很快写出了数论方面的专题文章,文章寄给了中国科学院数学研究所。华罗庚一看文章,就看出了文章中的英姿勃发和奇光异采,也提出了建议,把陈景润选调到数学研究所来当实习研究员。正是:熊庆来慧眼认罗庚,华罗庚睿目识景润。

一九五六年年底,陈景润再次从南方海滨来到了首都北京。

一九五七年夏天,数学大师熊庆来也从国外重返祖国首都。

这时少长咸集,群贤毕至。当时著名的数学家有熊庆来、华罗庚、张宗燧、闵嗣鹤、吴文俊等等许多明星灿灿;还有新起的一代俊彦,陆启铿、万哲先、王元、越民义、吴方等等,如朝霞烂漫;还有后起之秀,陆汝钤、杨乐、张广厚等等已入北京大学求学。在解析数论、代数数论、涵数论、泛涵分析、几何拓扑学等等的学科之中,已是人才济济,又加上了一个陈景润。人人握灵蛇之珠,家家抱荆山之玉。风靡云蒸,阵容齐整。条件具备了,华罗庚作出了部署。侧重于应用数学,但也要向那皇冠上的明珠,哥德巴赫猜想挺进!

五

要懂得哥德巴赫猜想是怎么一回事?只需把早先在小学三年级里就学到过的数学再来温习一下。那些１２３４５,个十百千万的数字,叫做正整数。那些可以被２整除的数,叫做偶数。剩下的那些数,叫做奇数。还有一种数,如 2,3,5,7,11,13 等等,只能被 1 和它本数,而不能被别的整数整除的,叫做素数。除了 1 和它本数以外,还能被别的整数整除的,这种数如 4,6,8,9,10,12 等等就叫做合数。一个整数,如能被一个素数所整除,这个素数就叫做这个整数的素因子。如 6.就有 2 和 3 两个素因子。如 30,就有 2,3 和 5 三个素因子。好了,这暂时也就够用了。

一七四二年,哥德巴赫写信给欧拉时,提出了:每个不小于 6 的偶数都是二个素数之和。例如,6＝3＋3。又如,24＝11＋13 等等。有人对一个一个的偶数都进行了这样的验算,一直验算到了三亿三千万之数,都表明这是对的。但是更大的数目,更大更大的数目呢?猜想起来也该是对的。猜想应当证明。要证明它却很难很难。

整个十八世纪没有人能证明它。

整个十九世纪也没有能证明它。

到了二十世纪的二十年代,问题才开始有了点儿进展。

很早以前,人们就想证明,每一个大偶数是二个"素因子不太多的"数之和。他们想这样子来设置包围圈,想由此来逐步、逐步证明哥德巴赫这个命题一个素数加一个素数(1+1)是正确的。

一九二〇年,挪威数学家布朗,用一种古老的筛法(这是研究数论的一种方法)证明了:每一个大偶数是二个"素因子都不超九个的"数之和。布朗证明了:九个素因子之积加九个素因子之积,(9+9),是正确的。这是用了筛法取得的成果。但这样的包围圈还很大,要逐步缩小之。果然,包围圈逐步地缩小了。

一九二四年,数学家拉德马哈尔证明了(7+7);一九三二年,数学家爱斯斯尔曼证明了(6+6);一九三八年,数学家布赫斯塔勃证明了(5+5);一九四〇年,他又证明了(4+4)。一九五六年,数学家维诺格拉多夫证明了(3+3)。一九五八年,我国数学家王元又证明了(2+3)。包围圈越来越小,越接近于(1+1)了。但是,以上所有证明都有一个弱点,就是其中的二个数没有一个是可以肯定为素数的。

早在一九四八年,匈牙利数学家兰恩易另外设置了一个包围圈。开辟了另一战场,想来证明:每个大偶数都是一个素数和一个"素因子都不超过六个的"数之和。他果然证明了(1+6)。

但是,以后又是十年没有进展。

一九六二年,我国数学家、山东大学讲师潘承洞证明了(1+5),前进了一步;同年,王元、潘承洞又证明了(1+4)。一九六五年,布赫斯塔勃、维诺格拉多夫和数学家庞皮艾黎都证明了(1+3)。

一九六六年五月,一颗璀璨的讯号弹升上了数学的天空,陈景润在中国科学院的刊物《科学通报》第十七期上宣布他已经证明了(1+2)。

自从陈景润被选调到数学研究所以来,他的才智的蓓蕾一朵朵地烂漫开放了。在圆内整点问题,球内整点问题,华林问题,三维除数问题等等之上,他都改进了中外数学家的结果。单是这一些成果,他那贡献就已经很大了。

…………

他证明了这个命题,写出了厚达二百多页的长篇论文。

闵嗣鹤老师给他细心地阅读了论文原稿。检查了又检查,核对了又核对。肯定了,他的证明是正确的,靠得住的。他给陈景润说,去年人家证明(1+3)是用了大型的,高速的电子计算机。而你证明(1+2)却完全靠你自己运算。难怪论文写得长了。太长了,建议他加以简化。

…………

"文化大革命"开始了。……

善意的误会,是容易纠正的。无知的嘲讽,也可以谅解的。批判一个数学家,多少总应该知道一些数学的特点。否则,说出了糊涂话来自己还不知道。陈景润被批判了。他被帽子工厂看中了:修正主义苗子,安钻迷,白专道路典型,白痴,寄生虫,剥削者。就有这样的糊涂话:这个人,研究(1+2)的问题。他搞的是一套人们莫名其妙的数学。让哥德巴赫猜想见鬼去吧!(1+2)有什么了不起!1+2不等于3吗?此人混进数学研究所,领了国家的工资,吃了人民的小米,研究什么1+2=3。什么玩艺儿?!伪科学!

…………

〔他写着,写着〕……

由(22)式及上式,当 X 很大时,有

$$M_1 \leqslant (8+24\varepsilon)C_x(\log x)^{-1}$$

$$\sum_{\substack{x^{\frac{1}{10}} < p_1 \leqslant x^{\frac{1}{3}} \leqslant p_1 \leqslant \left(\frac{x}{p_1}\right)^{\frac{1}{2}} \\ m \leqslant \frac{x}{p_1 p_2}}} \left(\frac{A(n)}{\log \frac{x}{p_1 p_2}}\right) \Phi\left(\frac{x}{p_1 p_{2n}}\right)$$

由引理 1,本引理得证。

引理 8.设 X 是大偶数,则有

$$\Omega \leqslant \frac{3.9404 x C_x}{(\log x)^2}$$

〔引理 8 的一句话,读作"设 X 是一个大偶数,则有奥米茄小于或等于 3 点 9404xCx,除以括弧中的罗格 X 的平方!"请注意,这一公式是解决哥德巴赫猜想的(1+2)证明的主要关键。〕

证:当 X 很大时,由引理 5 到引理 7,我们有

$$\Omega \leqslant \left\{\frac{8(1+5\varepsilon)xC_x}{\log x}\right\}$$

$$\left\{\sum_{x^{\frac{1}{10}} < p_1 \leqslant x^{\frac{1}{3}} \leqslant \left(\frac{x}{p_1}\right)^{\frac{1}{2}}} \frac{1}{p_1 p_2 \log \frac{x}{p_1 p_2}}\right\} (23)$$

又有:

$$\sum_{x^{\frac{1}{10}} < p_1 \leqslant x^{\frac{1}{3}} < p_2 \leqslant \left(\frac{x}{p_1}\right)} \frac{1}{p_1 p_2 \log \frac{x}{p_1 p_2}}$$

$$\leqslant (1+e) \sum_{x^{\frac{1}{10}} < p_1 < x^{\frac{1}{3}}} \int_{x^{\frac{1}{3}}}^{\left(\frac{x}{p_1}\right)^{\frac{1}{2}}} \frac{\mathrm{d}t}{p_1 t(\log t)\log \frac{x}{p_1 t}}$$

何等动人的一页又一页篇页! 这些是人类思维的花朵。这些是空谷幽兰、高寒

杜鹃、老林中的人参、冰山上的雪莲、绝顶上的灵芝、抽象思维的牡丹。这些数学的公式也是一种世界语言。学会这种语言就懂得它了。这里面贯穿着最严密的逻辑和自然辩证法。它是在探索太阳系、银河系、河外系和宇宙的秘密，原子、电子、粒子、层子的奥妙中产生的。但是能升登到这样高深的数学领域去的人，一般地说，并不很多。

且让我们这样稍稍窥视一下彼岸彼土。那里似有美丽多姿的白鹤在飞翔舞蹈。你看那玉羽雪白，雪白得不沾一点尘土；而鹤顶鲜红，而且鹤眼也是鲜红的。它踯躅徘徊，一飞千里。还有乐园鸟飞翔，有鸾凤和鸣，姣妙、娟丽，变态无穷。在深邃的数学领域里，既散魂而荡目，迷不知其所之。

闵嗣鹤老师却能够品味它，欣赏它，观察它的崇高瑰丽。他当时说过，"陈景润的工作，最近好极了。他已经把哥德巴赫猜想的那篇论文写出来了。我已经看到了，写得极好。"

…………

"我确实还没有做完。我的论文是做完了，又是没有做完的。自从我到数学研究所以来，在严师、名家和组织的培养、教育、熏陶下，我是一个劲儿钻研。怎么还能干别的事？不这样怎么对得起党？在世界数学的数论方面三十多道难题中，我攻了了六七道难题，推进了它们的解决。这是我的必不可少的锻炼和必不可少的准备。然后我才能向哥德巴赫猜想挺进。为此，我已经耗尽了我的心血。"

"一九六五年，我初步达到了(1+2)。但是我的解答太复杂了，写了两百多页的稿子。数学论文的要求是(一)正确性，(二)简洁性。譬如从北京城里走到颐和园那样，可有许多条路，要选择一条最准确无错误，又最短最好的道路。我那个长篇论文是没有错误，但走了远路，绕了点儿道，长达两百多页，也还没有发表。国外没有承认它，也没有否认它，因为它没有发表。从那年到今天已经过去了七年。"

"这个事是比较困难的，也是难于被人理解的。从学习外语来说，我是在中学里就学了英语，在大学里学的俄语；在所里又自学了德语和法语。我勉强可以阅读而且写写了。又自学了日语、意大利语和西班牙语，到了勉强可以阅读外国资料和文献的程度。因而在借鉴国外的经验和成就时，可以从原文阅读，用不到等人翻译出来了再读。这是必不可少的一个条件。我必须检阅外国资料的尽可能的全部总和，消化前人智慧的尽可能不缺的全部的果实。而后我才能在这样的基础上解答(1+2)这样的命题。"

"我的成果又必须表现在这样的一篇论文中，虽然是专业性质的论文，文字是比较简单的；尽管是相对地严密的，又必须是绝对地精确的。若干地方就是属于哲学领域的了。所以我考虑了又考虑，计算了又计算，核对了又核对，改了又改，改个没完。我不记得我究竟改了多少遍？科学的态度应当是最严格的，必须是最严格的。"

"我知道我的病早已严重起来。我是病入膏肓了。细菌在吞噬我的肺腑内脏。

我的心力已到了衰竭的地步。我的身体确实是支持不了啦！唯独我的脑细胞是异常的活跃,所以我的工作停不下来。我不能停止。……"

…………

显见,我们有：

$$P_x(1,2) \geqslant P_x(x,x^{\frac{1}{10}})$$

$$-\left(\frac{1}{2}\right)\sum_{x^{\frac{1}{10}}<p\leqslant x^{\frac{1}{3}}} P_x(x,p,x^{\frac{1}{10}})-\frac{\Omega}{2}-x^{0.91}(28)$$

由(28)式、引理8和引理9,即得到定理1

$$P_x(1,2) \geqslant \frac{0.67xC_x}{(\log x)^2}$$

的证明。

完全类似的方法可得到定理2的证明。

以上就是陈景润的著名论文：《大偶数表为一个素数及一个不超过二个素数的乘积之和》的"(三)结果"。作为结果的定理就是那个"陈氏定理"。

…………

早在他的论文发表时,西方记者迅即获悉,电讯传遍全球。国际上的反响非常强烈。英国数学家哈勃斯丹和西德数学家李希特的著作《筛法》正在印刷所校印。他们见到了陈景润的论文立即要求暂不付印,并在这部书里加添了一章,第十一章："陈氏定理"。他们誉之为筛法的"光辉的顶点"。在国外的数学出版物上,诸如"杰出的成就"、"辉煌的定理",等等,不胜枚举。一个英国数学家给他的信里还说,"你移动了群山！"

真是愚公一般的精神呵！

或问：这个陈氏定理有什么用处呢？它在哪些范围内有用呢？

大凡科学成就有这样两种：一种是经济价值明显,可以用多少万,多少亿人民币来精确地计算出价值来的,叫做"有价之宝"；另一种成就是在宏观世界、微观世界、宇宙天体、基本粒子、经济建设、国防科研、自然科学、辩证唯物主义哲学等等等等之中有这种那种作用,其经济价值无从估计,无法估计,没有数字可能计算的,叫做"无价之宝",例如,这个陈氏定理就是。

现在,离开皇冠上的明珠,只有一步之遥了。

但这是最难的一步。且看明珠归于谁之手吧！

📖 **作者简介**

徐迟(1914—1996),诗人、散文家、翻译家,浙江吴兴人。原名商寿,出生于教师家庭。

1931年就读于东吴大学，开始诗歌创作。1933年翻译发表美国诗人维祺·林德赛的诗歌《圣达飞之旅程》。1936年与戴望舒等创办《新诗》月刊，出版诗集《二十岁人》，翻译了海明威的部分作品。抗日战争中主要从事编辑、翻译和创作工作。抗战胜利后，在家乡中学任教。新中国成立后，担任过《诗刊》副主编。1960年定居武汉后，主要从事报告文学创作，发表《火中的凤凰》《祁连山下》《牡丹》等作品。改革开放后，在报告文学领域重放异彩，创作了《哥德巴赫猜想》《地质之光》《生命之树常绿》等一系列反映科研事业、工作和生活的优秀作品，获得了广泛好评，产生了较好的社会影响。曾获1977—1980年全国优秀报告文学奖。

徐迟以诗人气质写报告文学，尤其是写知识分子题材的作品，善于将政论、散文和诗歌熔于一炉；立意高远，思想深邃，结构精巧，气势豪迈，语言隽永华美，风格独特宜人。

主要著作有《明丽之歌》（诗集）、《哥德巴赫猜想》（报告文学集）、《狂欢之夜》（小说）、《徐迟散文集》、《红楼梦艺术论》（论文集）、《瓦尔登湖》（译作）等。

📖 作品要览

《哥德巴赫猜想》（报告文学）描写的是中国科学院数学研究所助理研究员陈景润，在非常艰苦的条件下，克服种种困难，钻研世界难题"哥德巴赫猜想"，终于取得重要成就，达到世界领先水平的事迹。该文最初是以头条的位置，发表在《人民文学》1978年第一期上。发表后立即引起读者热烈反响，大家争相购买，竞相传阅。《人民日报》于1978年2月17日全文转载，其他各地报纸、广播电台也纷纷全文转载和连续广播。当时，"文革"结束不久，人们刚从压抑中解脱出来，都在反思和展望：十年浩劫，百废待兴，国家和民族的希望在哪里？《哥德巴赫猜想》恰在此时发表，它所讴歌的知识分子、科学家坚忍不拔、勇攀高峰的精神及其重大贡献，深深地震撼了每一位读者，让人们看到了一种希望，产生了发自内心的自豪感，给人们带来了激情和振奋。

1978年3月18日，全国科学大会在北京召开。6000人出席，盛况空前。邓小平在会上发表重要讲话，提出了"四个现代化，关键是科学技术现代化"；"科学技术是生产力"；"知识分子已经是工人阶级的一部分"等重要论断。这次大会，陈景润和老师华罗庚等一起坐上了会议主席台。邓小平、聂荣臻专门接见了一些著名的科学家代表。当邓小平接见陈景润时，不善言辞的陈景润伸出双手，握住邓小平的手，深深鞠了一躬。大会闭幕式上，宣读了当时的中国科学院院长郭沫若题为《科学的春天》的书面讲话。大会通过了《1978—1985年全国科学技术发展规划纲要（草案）》，表彰了826个先进集体、1192名先进科技工作者。

1978年科学大会举起了尊重知识、尊重人才的大旗。《哥德巴赫猜想》则及时地将华罗庚、陈景润等为代表的优秀科学家群体推到了人民群众的面前，使之成为那一代知识分子的最辉煌的代表和整个社会最敬仰的偶像。毫不夸张地说，《哥德巴赫猜想》和它所歌颂的那批科学家，影响了整整一代人。"科学家"一夜间成了最美好的理想、最时髦的职业。许多孩子被问到长大后要做什么时，都会自豪地说："长大后我要当科学家。"

阅读提示

1. "哥德巴赫猜想"的由来：1742 年，德国数学家哥德巴赫（1690—1764）在给瑞士数学家欧拉（1707—1783）的信中，提出了一个命题："任何大于 5 的奇数都是三个素数之和"，请欧拉给予证明。欧拉认为"这个命题看来是正确的"，但他给不出严格的、一般的证明。同时他又提出了一个命题：任何一个大于 2 的偶数都是两个素数之和。而这个命题也给不出证明。现通常把这两个命题统称为哥德巴赫猜想。

2. "哥德巴赫猜想"这道著名的数学难题引起了世界上成千上万数学家的注意。近 300 年过去了，没有人用演绎的数学方法证明它。1920 年挪威数学家布朗采用一种古老的筛选法证明，得出了一个结论：每一个比 5 大偶数 n（不小于 6）的偶数都可以表示为九个质数的积加上九个质数的积，简称"9＋9"。此后，世界各国数学家大都试图运用这种"缩小包围圈"的方法来接近哥德巴赫猜想，他们从"9＋9"开始，逐步减少每个数里所含质数因子的个数，直到最后使每个数里都是一个质数为止，即"1＋1"，那就最终证明了这个猜想。直至 1965 年，十数位数学家先后有所进展（其中包括中国数学家王元先后证明了"3＋4"、"3＋3"和"2＋3"，潘承洞证明了"1＋5"，以及王元证明了"1＋4"），已被证明了"1＋3"。陈景润于 1966 年证明了"1＋2"，则被认为是在这项工作中迄今为止最好的结果；而他也将现有的方法运用到了极致，虽然就差最后一步，但这最后一步却很可能也是最难的一步。

3. 哥德巴赫猜想的内容非常简洁，可证明起来却异乎寻常的困难。事实上，这个猜想只是一个孤立的难题，即使解决了它，对人类的现实生活并不会有多大的直接影响。但这并不意味着研究它只是毫无意义的游戏。证明它，不仅是对人类智慧的考验和训练，而且也是对人类理性的、批判的、追求自由的科学精神的磨砺和培养。数学家王元说过，"哥德巴赫猜想的重要性在于它是一个数学模型，以它作为模型，可以给数学带来新的方法、新的概念和新的理论。"的确，虽然哥德巴赫猜想至今尚未被证明；但是，在这近 300 年来的解题过程中却诞生了许许多多的数学方法，这为解决其他的数学问题提供了有力的帮助。从这个角度来看，哥德巴赫猜想的实际意义已经远远超过证明一个数学命题的本身了。

4. 数论属于纯数学，比较抽象难懂。而《哥德巴赫猜想》的作者却神采飞扬地把一个著名的世界难题演绎成一段充满魅力动人故事。问问自己，读了这个故事，你对这个猜想了解了多少？

5. 本文中颇为艰深的数学公式，并不要求看懂；甚至文中所渗透的数学思想，也可以不求甚解。本阶段学习所重视的，是希望你能够对科研工作必须具备的百折不挠、执著追求真理的意志品质有所认识，对勇于挑战、勇于突破、勇于探索的科学精神有所领悟，对为人类、为科学而毕生奉献的价值观、使命感有所认同，从而产生自觉地接触了解数学乃至其他科学的兴趣。你有这方面的收获吗？

6. 真正的科学研究是平等、自由和公平的。这些年来，也有人对陈景润的研究成果提出质疑，比如，说他的证明与哥德巴赫猜想毫无关系，在概念和推论上也都存在问题，等等。有兴趣的话，搜集这方面的材料，进一步阅读学习。

7. 阅读本文和阅读数学文献是有很大不同的。本文属文学作品,写了一个数学家的故事。故事情节、人物活动的描写也许淡化了所涉及的数学专业知识的艰深和枯燥。而阅读数学著作,肯定会遇到更大的困难。希望你能够以本文的主人公为榜样,坚忍不拔,不断总结阅读经验,不断有所收获。

推荐书目

①《数学与文化》(邓东皋等编,北京大学出版社,1990)　②《数学与教育》(丁石孙等,湖南教育出版社,1991)　③《数学的精神、思想与方法》(朱芷国,四川教育出版社,1986)　④《世界著名数学家评传》(袁小明,江苏教育出版社,1990)　⑤《华罗庚》(王元,开明出版社,1994)　⑥《数学中的美学方法》(徐本顺等,江苏教育出版社,1990)　⑦《西方数学哲学》(夏基松、郑毓信,人民出版社,1986)　⑧《数学与联想》([英]戴维·韦尔斯,上海教育出版社,1999)　⑨《逻辑的语法:数学漫谈》([德]沃尔夫冈·布鲁姆,百家出版社,2001)　⑩《数学的发现》([美]G.波利亚,科学出版社,1984)　⑪《数学的奇妙》([美]西奥妮·帕帕斯,上海科技教育出版社,2008)　⑫《数学的故事》([美]理查德·曼凯维奇,海南出版社,2009)　⑬《数的趣谈》([美]阿西莫夫,上海科技技术出版社,1980)　⑭《数学领域中的发明心理学》([法]雅克·阿达玛,江苏教育出版社,1989)　⑮《西方文化中的数学》([美]M.克莱因,复旦大学出版社,2004)

热是一种物质吗 *

[美]艾·爱因斯坦,[波]利·英费尔德

现在我们来着手了解一个新的线索,它是在热现象的范围内起源的。可是我们不能把科学分割成若干独立的、无关的部分。事实上,我们很快就会看到这里所介绍的新概念是和那些已熟知的概念以及我们将来还要遇到的概念交织在一起的。在科学的一个分支部门里所发展起来的一种思想方法往往能够用来解释表面上完全不同的结果。在这种过程里,原来的概念往往须加以修改,才能帮助我们既可理解这个概念得以产生的那些现象,也可理解目前正有待于这个概念来解释的那些现象。

用来描述热现象的最基本的概念是温度和热,在科学史上经过了非常长的时间才把这两种概念区别开来,但是一经辨别清楚,就使科学得到飞速的发展。虽然这两个概念现在是每个人都熟悉了,我们仍把它们细致地加以考察,并且着重地指出两者的区别。

我们的触觉会很清楚地告诉我们,一个物体是热的,而另一个物体是冷的。但是这纯粹是定性上的判断标准,还不足以作定量的描述,而且有时甚至会含糊不清。这已经从大家所熟知的一个实验中得到证明:设有三个容器,一个装冷水,一个装温水,一个装热水。如果我们把一只手浸入冷水内,而另一只手浸入热水内,那么我们得到的感觉是:第一个容器里的水是冷的,而第二个容器里的水是热的。如果随后我们把这两只手同时浸入到温水里,那么两只手得到的两种感觉是相互矛盾的。同样的道理,如果一个北极国家的居民和赤道国家的居民于春季时在纽约会面了,他们对于天气是冷是热也持有不同的意见。我们用温度计来解决所有这些问题,最早期的温度计是伽利略(又是那个熟悉的名字!)所设计的。温度计的使用是以某些明显的物理学假说为基础的。我们可以引用大约在150年以前布勒克(Black)的讲义中的几行文字来温习一下这些假说,他在消除热和温度这两个概念含混在一起的困难问题上有很大的贡献:

由于应用了这种仪器,我们发现,假如我们取1 000种甚至更多的不同种类的物质,例如金属、石子、盐、木、羽毛、羊毛、水和各种的液体,把它们一起放在一个没有火和没有阳光照射进去的房间内,虽然它们原来的热都各不相同,在放进这个房间以后,热会从较热的物体传到较冷的物体中,经过几个小时或一天以后,我们用一个温

---

* 节选自《物理学的进化》([美]艾·爱因斯坦、[波]利·英费尔德著,周肇威译,湖南教育出版社,2007)。

度计把所有这些物体一一检查过来,温度计所标出的度数都是相等的。

引文中有一个下面加点的"热"字,按照现代的术语,这个字应该用温度来代替。

一个医生从病人口中把温度计拿出来,他可以作这样的推理:"温度计用它的水银柱的长度指示出温度。我们假定水银柱长度的增加是与温度的增加成正比例的。但是温度计和我的病人接触了几分钟,所以病人和温度计具有相同的温度。因此我推断我的病人的温度就是温度计上所记录的那个温度。"医生也许只是在做无意识的工作,然而他没有想到他已经在运用物理学的原理了。

但是一个温度计所包含的热量是不是和一个人的身体所包含的热量一样呢?自然不是。如果因为两个物体的温度相等,便认为它们的热量也相等,像布勒克所指出的,这是:

把问题看得太马虎了。这是把不同物体中热的量和热的一般强度或集度相混了。很明显,这是不同的两件事,在研究热的分布时,我们应当经常加以区别。

只要考察一个很简单的实验,我们就可以理解这种区别。把1千克水放在一个火焰上加热,要使它的温度从室温改变到沸点需要一些时间。如果同一个容器装上12千克水并且用同一个火焰来加热,要使它达到沸点,那么,需要的时间就多得多了。我们把这个论据解释为现在需要更多的"某种东西",而这个"某种东西"我们称之为热。

从下面的实验中得出了一个更重要的概念——比热。一个容器中装1千克水,而另一个容器装1千克水银,将它们用同样的方式加热。水银热起来要比水快得多,这表明把水银的温度升高1摄氏度所需要的"热"较少。一般地说,把质量相等的不同种类的物质如水、水银、铁、铜、木等加热1摄氏度,例如从4摄氏度加热到5摄氏度,它们所需的"热"的量是不同的。我们说,每一种物质都有它独自的热容量或比热。

一旦有了热的概念,我们就可以更细致地研究它的本性了。设有两个物体,一个是热的,另一个是冷的,或更确切地说:一个物体的温度比另一个高些。我们使它们进行接触,并使它们不受到任何外界影响,我们知道,最后它们会达到同样的温度。但是这个情况是怎样发生的呢?从它们开始接触起到它们达到同样温度的时间里,究竟发生了什么呢?我们可以在脑海中想象这么一个图景:热从一个物体流向另一个物体,正如水由较高的水位流向较低的水位一样。虽然这个图景似乎很原始,但它跟很多的论据相符,因此可以提出这样的类比:

水——热

较高的水位——较高的温度

较低的水位——较低的温度

流动一直要继续到两个水位,也就是说,两个温度相等时才停止。这个朴素的观点在定量的考察上更有用处。如果把各自有一定质量和一定温度的水和酒精混合起来,那么知道了比热,就能预言混合物的最后的温度。反之,只要观察到最后的温度,用一些代数知识就可以求出这两个比热的比率。

我们看到,这里所出现的热的概念,和其他的物理学概念有相似之处。根据我们的观点,热是一种物质,就像力学中的质量一样。它的量可以改变,也可以不改变,正如钱一样,可以储存在保险柜里,也可以花掉。只要保险柜始终锁着,柜里面钱的总数就始终保持不变,和这一样,一个被隔离的物体中的质量的总数和热的总数也是不变的。理想的保温瓶就和这样的保险柜类似。而且,在一个孤立系统中,热即使从一个物体流向另一个物体,整个系统的热量也是守恒的,这正和一个孤立系统即使发生了化学变化,它的质量也保持不变一样。热即使不是用来提高物体的温度而是用来熔化冰或把水变成汽,我们仍然可以把它想象为物质,因为只要把水冻结为冰,或把汽凝为水时,又可以重新得到它。溶化潜热或汽化潜热这一类的旧名称都表明了这些概念是由于把热想象为一种物质而产生出来的。潜热是暂时潜伏,正如把钱存放在保险柜里,如果有人知道开锁的办法,就可以把它拿出来用。

但是热肯定不是一种与质量有相同意义的物质。质量是可以用天平来测定的,而热怎样呢?一块赤热的铁是不是比一块冰冷的铁重一些呢?实验证明并不如此。如果热是一种物质,那么它应该是一种没有重力的物质。"热物质"通常被称为**卡路里**,这是我们认识一整族没有重力的物质中最先认识的一种。以后我们还将有机会研究这一族的兴起和衰落的历史,目前只要注意这一种无重物质的诞生就够了。

任何一种物理学理论都要将现象的范围解释得愈广愈好。只要它使得各种现象能被理解,就证明它是正确的。我们已经知道,物质论解释了许多热现象。但是很快就会明白,这又是一个错误的线索。热不能看作是一种物质,即使看作一种没有重力的物质也不能够。我们只要回想一下原始人类开化初期简单而又熟悉的经验便能明白这一点。

我们把物质看作是一种既不能创造也不能毁灭的东西。但是,原始人用摩擦的方法创造出足够的热用来点燃木材。用摩擦生热的例子实在太多、太熟悉了,因而不必再一一列举。在所有这些例子中都创造出一些热量,这是一件很难用物质论来解释的事情。诚然,这个理论的拥护者还会想出一些论证来解释这件事情。他的推理可能是这样的:"物质论可以解释表观上的热的创生。举一个最简单的例子:拿两块木头来相互摩擦,摩擦影响了木头并改变了木头的性质。木头的性质很可能是这样被改变了,即热的量并不改变而能产生较前为高的温度。总之,我们见到的只是温度的升高。可能是摩擦改变了木头的比热,而不是改变了热的总量。"

在目前的讨论阶段来和一个物质论的拥护者辩论是无益的,因为这件事只能通过实验来解决。我们设想有两块各方面完全相同的木头,并且设想用不同的方法使这两块木头发生同样的温度改变,例如,一种是用摩擦的方法,而另一种是让它与放热器接触。如果两块木头在新的温度下有相同的比热,那么整个物质论就被推翻了。我们有好多测定比热的简单方法,而这个理论的命运正取决于这些测量的结果。在物理学史上通常有一些试验能宣判一个理论的生死,这种试验称为判决试验。评价一个实验所具有的判决意义只能从提出问题的方式上得到启示,而且只是讨论现象的一种理论才可以用这种实验来判断。同一种类的两个物体,一个用摩擦的方法,另一个用传热的方法使它们都达到相同的温度,然后测定它们在这个温度下的比热,这就是判决试验的一个典型例子。这个实验是大约在 150 年前由伦福德(Count Rumford)所完成的,它给予热的物质论一个致命的打击。

现在根据伦福德的笔记将经过情况引述如下:

在人们的日常事务和工作中往往会提供他们思索自然界的一些最奇妙的作用的机会,而且常常可以不必花多少精力和经费,只要利用工业生产上仅为完成生产任务而设计的机械就可以进行非常有意义的科学实验。

我常常有机会进行这一类的观察,并且我深信,只要养成一种习惯,时常去留心日常生活中所发生的一切事情,那么往往会引起有益的怀疑和研究与改进方面的意义深远的打算。这些情况有的是突然发生的,有的是在思索极普通的现象时所进行的遐想中发生的。这样所引起的怀疑和研究改进的机会,比那些整天坐在书室里专门从事科学研究的哲学家们全神苦思时所能引起的还会多些。

最近我应约去慕尼黑兵工厂领导钻制大炮的工作。我发现,铜炮在钻了很短的一段时间以后,就会发生大量的热;而被钻头从炮上钻出来的铜屑更热(像我用实验所证实的,发现它们比沸水还要热)。

在上述的机械动作中真实地产生出来的热是从哪里来的呢?

它是由钻头在坚实的金属块中钻出来的金属屑所供给的吗?

如果真是这样,那么根据潜热和热物质的现代学说,它们的热容量不仅要变而且要变得足够的大才能解释所产生的全部的"热"。

但是这样的变化不会发生。因为我发现:把这种金属屑和用细齿锯从同一块金属上锯下来的金属薄片的重力取成相同,并把它们在相同的温度(沸水的温度)下各自放进盛有冷水的容器里去,冷水的量和温度也取得相同,例如在 15.3 摄氏度(约华氏 59.5 度)。放金属屑的水看起来并不比放金属片的水热些或冷些。

最后,我们来读伦福德的结论:

在推敲这个问题的时候,我们一定不能忘记考虑那个最显著的情况,就是在这些实验中由摩擦所生的热的来源似乎是**无穷无尽**的。

不待说,任何与外界隔绝的一个物体或一系列物体所能无限地连续供给的任何东西决不能是**具体的物质**。并且,如果不是十分不可能的话,凡是能够和这些实验中的热一样地激发和传播的东西,除了只能把它认为是"运动"以外,我似乎很难构成把它看作为其他东西的任何明确的观念。

这样一来,我们看到旧的理论是崩溃了,或者说得更严格些,我们认识到物质论不适用于热流的问题。因此像伦福德所指出的那样,我们得重新寻找新的线索。要做到这点,我们暂且丢开热的问题,再回到力学上来。

作者简介

艾·爱因斯坦(1879—1955),杰出的物理学家,相对论的建立者,现代物理学的创始人,诺贝尔物理学奖获得者。出生于德国乌尔姆市的一个犹太家庭。爱因斯坦 1900 年毕业于苏黎世联邦理工学院,入瑞士国籍。1905 年获苏黎世大学哲学博士学位。曾在伯尔尼专利局任职,在苏黎世工业大学、布拉格德意志担任大学教授。1913 年返德国,任柏林威廉皇帝物理研究所所长和柏林洪堡大学教授,并当选为普鲁士科学院院士。1933 年因受纳粹政权迫害,迁居美国,任普林斯顿高级研究所教授,从事理论物理研究,1940 年入美国国籍。

爱因斯坦创立了狭义相对论和广义相对论,从根本上改变了关于空间、时间和物质的概念。他在 1905 年发现的质量与能量的相互关系定律 $E=mc^2$,是整个核物理学的基础。他的量子理论对天体物理学、特别是理论天体物理学都有很大的影响。理论天体物理学的第一个成熟的方面——恒星大气理论,就是在量子理论和辐射理论的基础上建立起来的。1921 年由于他的"光电效应定律的发现"而获得诺贝尔物理学奖。主要著作有《狭义相对论与广义相对论》《相对论的意义》《论理论物理学方法》等。

利·英费尔德(1898—1968),波兰理论物理学家,波兰科学院院士。出生于波兰克拉科夫。1921 年毕业于克拉科夫大学。1936—1938 年在美国普林斯顿高级研究院工作,与爱因斯坦共事。1939 年起任加拿大多伦多大学教授。1950 年回到波兰。1951 年任理论物理研究所所长。1934 年建立了经典电动力学的唯象模型,消除了点电荷能量的无限大(玻恩—英费尔德理论)。与爱因斯坦、霍夫曼合作,在广义相对论中由场方程导出了物体吸引的满意理论(爱因斯坦—英费尔德—霍夫曼理论)。英费尔德还是一位科学评论家和作家。与爱因斯坦合著的《物理学的进化》享有盛誉,被译成多种文字出版。

作品要览

《物理学的进化》最初于 1938 年出版。可以说这是一本独具特点的科学读物。它既不是一本单纯的物理学史,也不是一本物理学的普及教材。然而它却兼有了这两方面的功能:线索完整清晰,阐述精确透彻,而且形象生动,通俗易懂。本书主要介绍了物理学观念从伽利略、牛顿时代的经典理论发展到现代的场论、相对论和量子论的演变情况。其中选择了几个主要的转折点来阐明经典物理学的命运和现代物理学中建立新观念的动机,从而指引读者怎样去找寻观念世界和现象世界的联系。由于是两位作者合写,这就使得本书能够整合并体现他们各自所擅长的表达方式及特色:高屋建瓴的科学理论,在简洁透辟的论述和饶有情趣的描写中娓娓道来,具有较强的可读性。《物理学的进化》问世后,物理学有了空前的发展。而本书依然拥有众多的读者,诚如作者之一英费尔德在初版二十多年后所写道:"我感到很高兴,因为这本书在他去世之后像他所有的著作一样,还是一直在流传下去。"无论是对物理科学的学习者、工作者和爱好者,还是正在从事或准备从事教育工作的读者而言,本书都是值得一读的。

📖 阅读提示

1.《物理学的进化》的原序写得清晰、亲切,实际上是对本书的任务、内容、重点和阅读方法等方面作出了很好的提示。因此,我们建议,在阅读本文(或该书)之前,先读读这篇序言。

在你开始阅读以前,你一定期望我们答复几个简单的问题:写这本书的目的是什么? 它是为什么样的读者写的?

一开始便要明白地、确切地答复这些问题是很困难的。如果在你读完本书时来答复便会容易得多,但到那时候这又将是多余的了。我们觉得,说这本书没有什么企图倒简单些。我们不是编写物理学教科书。这里没有系统他讲述基本物理论据和理论。说得更恰当一些,我们的目的在于用粗线条描绘出人类如何寻找观念世界和现象世界的联系。我们试图说明是什么样的一种动力迫使科学建立起符合于客观实在的观念。但是我们的叙述必须简单。我们应当选择那些我们认为是最有特色和最有意义的重要路径来穿过论据和概念的谜宫。那些不在所选择的道路上的论据和理论,我们都把它略去了。本书的总的任务既然是叙述物理学的进化,因此我们不得不对论据和观念作一定的选择。一个问题的重要性不应该根据它所占的篇幅来判断。有几种主要的思想方法没有得到反映,并不是因为它们不重要,而是因为它们不在我们所选定的路径上。

在我们写这本书的时候,关于我们所想象的读者的特征,曾作过很长的讨论,并且处处都在替他着想。我们想象他完全缺乏物理学和数学的实际知识,但是却具有很强的理解能力,足以弥补这些缺憾。我们认为他对物理学和哲学的观念很感兴趣,同时他对努力钻研书中比较乏味和困难的部分很有耐性。他认识到,要理解任何一页,必须细读前面的每一页。他也知道,即使是一本通俗的科学书籍,也不能像读小说一样去读它。

这本书是你我之间的亲切的交谈。你也许会觉得它讨厌或有趣,枯燥或激动,但是,如果本书能使你多少知道一些人类有发明能力和智力,为了更完善地了解、掌握物理现象的规律所进行的无穷尽的斗争,我们的目的便算达到了。

2. 对物理学来说,"概念"是个非常重要的概念。诚如本文所言,在科学史上,经过了非常长的时间,才把某两种概念区别开来,"但是一经辨别清楚,就使科学得到飞速的发展。"概念的不断明确,记录并反映了科学的发展。边读边整理,看看本文着重叙述了哪几个重要概念? 这几个概念的明确,又有何意义或作用?

3. 从物理学(或其他科学)的角度来说明概念,或区分概念,是一项既重要又困难的工作,更何况是对本书假定的"完全缺乏物理学和数学的实际知识"的读者呢。但本文却善于通过运用类比的方法,深入浅出地把原本是枯燥抽象的概念表述得通俗易懂,甚至触手可及。读后小结一下,看看本文哪些地方运用了类比?假若不用类比的方法,表述效果会怎样?

4.阅读本文时,还要注意到,新概念、新知识、新理论的发现、修正、提升,其每一环节都离不开实验。事实上,物理学的形成与发展是以实验为基础的。物理学的研究方法通常是在观察和实验的基础上,对物理现象进行分析、抽象、概括和总结,从而建立物理定律,进而形成物理理论;然后再回到实验中去经受检验。本文还提示我们,物理实验的任务,并非仅仅是观察现象,更重要的是找出各物理量之间的数量关系,找出它们变化的规律。请试以文中一例(或数例),体会通过实验获得相关物理量进而进行定量分析的意义。

5.本文告诉我们,"任何一种物理学理论都要将现象的范围解释得愈广愈好。只要它使得各种现象能被理解,就证明它是正确的。"而科学的发展、发现是无止境的,旧理论终究要被新理论所替代,本文在有限的篇幅内,给我们提供了一个有效的例证。不仅物理学,其他学科,其他领域亦是如此。分析文中新理论完善、旧理论崩溃的过程,深入思考。

6.论述的顺序,对理论文章来说极为重要,因为这不仅涉及文章的结构、章法和表达效果等问题,更要紧的是还体现了作者思维的逻辑特点;而优秀的论述更是具有使其读者在潜移默化中得到思维逻辑训练的功效。阅读本文时,注意体会这一点。

推荐书目

①《物理与艺术》(施大宁编著,科学出版社,2010)　②《改变世界的物理学》(倪光炯等编著,复旦大学出版社,2009)　③《莎士比亚、牛顿和贝多芬:不同的创造模式》([美]S.钱德拉塞卡,湖南科技出版社,1996)　④《物理世界奇遇记》([美]乔治·伽莫夫、[英]罗素·斯坦纳德,湖南教育出版社,2000)　⑤《趣味物理学》([苏联]雅·别莱利曼,湖南教育出版社,1999)
⑥《现代物理学进展》([美]戈尔特等编,湖南教育出版社,1990)

第十二单元 科学"魔术"

　　本单元的两篇文章分别涉及化学和生物学。这两门学科目前的地位比较起来很有趣。

　　作为一门独立学科,化学诞生于 17 世纪后半叶。经过几百年的发展,化学逐渐走向成熟。化学研究的对象不断拓宽,内容日益丰富,能够动用的研究手段日渐多样,对人类社会的贡献也越来越大。然而,进入了信息化时代以来,化学的功绩几乎无人提及,反而因各种污染、造假等费用、负面因素而声誉不佳,甚至承担恶名。难怪有人为化学鸣冤叫屈,说化学学科是人类历史上遭遇最大不公的学科之一。的确,一个不可否认的事实是,即使没有目前享有盛誉的激光、数字、核能、航天等技术,人类还不至于无法生存;而要是没有起源于 19 世纪、发展完善于 20 世纪的化学合成技术,人类真的将会落入食不果腹、衣不蔽体、有病无药的尴尬境地。如此堪称 20 世纪人类在科学技术发现、发明方面最伟大的成就竟遭冷遇,确实不公平! 于是,联合国第 63 届大会决定将 2011 年作为国际化学年(IYC2011),委托联合国教科文组织(UNESCO)和国际纯粹与应用化学联合会(IUPAC)负责以"化学——人类的生活,人类的未来"为主题在全世界范围内安排,庆祝化学取得的成就和化学为人类文明进步所作出的重要贡献。组织此项活动旨在"增进公众对化学重要性的认识,鼓励青年人热爱化学,憧憬化学的美好未来"。

　　相比之下,原先排行在后的生物学却正大红大紫。虽然生物学也是自然科学的基础学科之一,几千年以来,人类一直在认识它、研究它、利用它,并且涌现出像英国的达尔文、德国的施旺、苏联的米丘林、中国的李时珍那样一些著名的探索者,但总的来看,生物学的发展还是比较缓慢,一般只是停留在对生物现象的描述上。直到 20世纪特别是 40 年代以来,生物学吸收了数学、物理学和化学等的成就,逐渐发展成一门精确的、定量的、深入到分子层次的科学。尤其是 1953 年沃森和克里克发现了遗传物质基因 DNA 的双螺旋结构之后,相关领域有了革命性的突破和进展,生物技术成为 20 世纪人类社会最令人瞩目的科学成就之一。生物与人类生活的许多方面都有着非常密切的关系。随着生物学理论与方法的不断发展,它的应用领域不断扩大。目前,生物学的影响已突破种植业、畜牧业、渔业、医疗、制药、卫生等传统领域,而扩展到食品、化工、环境保护、能源和冶金工业等方面。如果考虑到仿生学,它还影响到电子技术和信息技术。许多科学家甚至预言,21 世纪将是生物世纪,生物学的发展和人类的未来息息相关。

其实这两门学科有着不少相通和交叉之处。我们在阅读学习时,要注意这样几个方面。

首先,我们可以而且应该变换一种心态来阅读。因为这不是在变相的补上化学课和生物课,也没有考试的压力和负担。砸开了应试阅读的枷锁,自由的兴趣和爱好,会让你发现原先感觉味同嚼蜡的知识,其实是如此美妙。所以,你不必再带着心理阴影战战兢兢地读着那些元素符号、分子式和概念、术语、数据,可饶有兴致地去分享人类对大自然探索、研究、发现、发明的喜悦。

其次,在阅读中,可以关注和留意它们研究方法的异同、发展及相互影响。研究方法的更新和发展,往往导致了重大突破和飞跃。例如,早期的生物学主要的研究方法是对自然的观察和描述,用描述的方法来记录其性质,再用归纳法,将这些不同性质的生物归并成不同的类群。积累了大量分类学材料之后,比较的方法便被应用于生物学。运用比较的方法研究生物,是力求从物种之间的类似性找到生物的结构模式、原型甚至某种共同的结构单元。到了 19 世纪,物理学、化学比较成熟了,生物学实验就有了坚实的基础,因而首先是生理学,然后是细菌学和生物化学相继成为明确的实验性的学科。19 世纪 80 年代,实验方法进一步被应用到了胚胎学、细胞学和遗传学等学科。到了 20 世纪 30 年代,除了古生物学等少数学科,大多数的生物学领域都因为应用了实验方法而取得新进展。20 世纪 70—90 年代以来,随着系统生物学、信息论、耗散结构理论、系统遗传学及系统医药学、系统生物工程等新概念、新理论发展形成,系统的研究方法被普遍运用,从而进入了系统生物学时代。

最后,通过阅读学习,你应明白培养形成规范、严谨、科学的思维习惯和方法,以及敢于否定、勇于创新的科学态度的重要意义;思考观念、思想的更新与科学技术的进步、革命之间的关系;还可以结合现实,考察总结突飞猛进的科学技术成果,对人类社会带来哪些发展变化。

化学在发展*

叶永烈

原子核的加法

早在 2400 多年前,古希腊著名哲学家德谟克利特提出"原子"这一概念时,"原子"的希腊文原意便是"不可再分割"的意思。放射性元素的发现,说明原子并非"不可分割"。苏联科学文艺作家伊林,曾用非常通俗的比喻,说明了原子核裂变的原理:"就好像你把 3 枚 5 分的铜币锁在抽屉里。过了几天,你发现抽屉里的 5 分铜币不是 3 枚,而只有 2 枚了。那第三枚 5 分铜币自己兑成了 3 分的和 2 分的铜币了"。也就是说,原子核分裂,就好像 5 分铜币兑成 3 分、2 分的铜币。

这时,随着人们对放射现象的深入研究,逐渐认清了化学元素的真面目。

在 1911—1913 年,科学家们开始弄清楚,原子是由原子核和电子组成的。电子围绕着原子核飞快地旋转着。

原子核又是由什么组成的呢? 放射现象说明,铀、镭等放射性元素的原子核会不断分裂。这就是说,原子核是可分的,是由更小的微粒组成的。

在 1932 年,人们终于揭开了原子核的秘密:原子核是由质子和中子组成的。质子、中子都比电子大得多,质子的质量是电子质量的 1836 倍,中子的质量是电子质量的 1839 倍。质子是带正电的微粒。中子不带电,是中性的微粒。

自从揭开了原子核的秘密之后,人们开始认识元素的本质:氢是第 1 号元素,它的原子核中含有 1 个质子;氦是第 2 号元素,它的原子核中含有 2 个质子;碳是第 6 号元素,它的原子核中含有 6 个质子……铀是第 92 号元素,它的原子核中含有 92 个质子。也就是说,元素原子核中的质子数,就等于它在元素周期表上"房间"的号数——原子序数。

这样一来,错综复杂的种种化学元素之间的关系,变得非常简单:化学元素的不同,就在于它们原子核中质子的多少不同! 原子核中质子数相同的一类原子,就属于同一种化学元素。

看来,在原子核中举足轻重的是质子,它的多少决定了原子的命运。然而,那中子起什么作用呢?

---

* 节选自《化学趣史》(叶永烈,湖北少年儿童出版社,2005)第八章。

人们经过仔细研究,发现同一元素的原子核中,虽然质子数相同,但中子数有时不一样。比如,普通的氢的原子核,只含有 1 个质子;有一种氢原子的原子核,除了含有 1 个质子外,还含有 1 个中子,叫做"氘"或"重氢";还有一种氢原子的原子核,含有 1 个质子和 2 个中子,叫做"氚"或"超重氢"。氢、氘、氚都属于氢元素,但它们由于原子核中的中子数不同,脾气也不一样,被叫做"同位素"。

本来,人们对放射性元素镭,会变成铅和氦,感到莫名其妙,不可思议。这时,却可以正确地得到解释:镭是 88 号元素,它的原子中含有 88 个质子。它的原子核分裂后,变成 4 块碎片。在那块大的碎片中,含有 82 个质子,也就是 82 元素——正好是铅;在那 3 块小的碎片中,含有多少个质子呢?用 88 减去 82 剩 6 个质子,而 3 块碎片是一样大小的,也就是各含有 2 个质子——2 号元素,正好是氦!这样一来,放射现象——原子核分裂,无非是一种特殊的"减法"罢了。

这给了人们一个重要的启示:能不能进行特殊的"加法"呢? 比如说,那个 43 号元素,一直找不到,而 42 号元素——钼是人们熟知的。能不能运用"加法",往钼的原子核中"加"上一个质子,岂不就可以人工地制造出 43 号元素吗?

这种原子核的"加法",又燃起了人们寻找失踪元素的热情。于是,人们又继续探根求源,千方百计去捉拿失踪元素。

第一个人造元素

用算盘做加法,那很便当,只消把算盘珠朝上一拨,就加上一了。可是,要往一个原子核里加一个质子或别的什么东西,可不就那么易了。

从 1925 年起,整整经过 9 个年头——直到 1934 年,法国科学家弗列特里克·约里奥·居里和他的妻子伊纶·约里奥·居里(即镭的发现者居里夫人的女儿)才找到进行原子"加法"的办法。

当时,他们在巴黎的镭学研究院里工作。他们发现,有一种放射性元素——84 号元素钋的原子核,在分裂的时候,会以极高的速度射出它的"碎片"——氦原子核。在氦原子核里,含有 2 个质子。于是,他们就用这氦作为"炮弹",去向金属铝板"开火"。嘿,出现了奇迹,铝竟然变成了磷!

铝,银闪闪的,是一种金属,磷,却是非金属。铝怎么会变成磷呢?

用"加法"一算,事情就很明白:

铝是 13 号元素,它的原子核中含有 13 个质子。当氦原子核以极高的速度向它冲来时,它就吸收了氦原子核。氦核中含有 2 个质子。

$$13+2=15$$

于是,形成了一个含有 15 个质子的新原子核。你去查查元素周期表,那 15 号元素是什么?

15 号元素是磷!

就这样,铝像变魔术似的,变成了另一种元素——磷!

不久,美国物理学家劳伦斯发明了"原子大炮"——回旋加速器。在这种加速器中,可以把某些原子核加速,像"炮弹"似的以极高的速度向别的原子核进行轰击。这样一来,就为人工制造新元素创造了更加有利的条件,劳伦斯因此而获得了诺贝尔物理学奖金。

1937 年,劳伦斯在回旋加速器中,用含有 1 个质子的氘原子核去"轰击"42 号元素——钼,结果制得了第 43 号新元素。

鉴于前几年人们接连宣称发现失踪元素,而后来又被一一推翻,所以这一次劳伦斯特别慎重。他把自己制得的新元素,送给了著名的意大利化学家西格雷,请他鉴定。西格雷又找了另一位意大利化学家佩里埃仔仔细细进行分析。最后,由这两位化学家向世界郑重宣布——人们寻找多年的 43 号元素,终于被劳伦斯制成了。这两位化学家把这新元素命名为"锝",希腊文的原意是"人工制造的"。

锝,成了第一个人造的元素!

当时,他们制得的锝非常少,总共才一百亿分之一克。

后来,人们进一步发现:锝并没有真正的从地球上失踪。其实,在大自然中,也存在着极微量的锝。

1949 年,美籍中国女物理学家吴健雄以及她的同事从铀的裂变产物中,发现了锝。据测定,一克铀全部裂变以后,大约可提取 26 毫克锝。

另外,人们还对从别的星球上射来的光线进行光谱分析,发现在其他星球上也存在锝。

这位"隐士"的真面目,终于被人们弄清楚了:锝是一种银闪闪的金属。具有放射性。它十分耐热,熔点高达摄氏 2200 度。有趣的是,锝在摄氏零下 265 度时,电阻就会全部消失,变成一种没有电阻的金属!

填满了空白

自从锝被发现以后,元素周期表上只剩下三处空白了。

人们继续寻找那失踪了的 61 号、85 号、87 号元素。

1939 年,法国女化学家佩雷在起劲地研究 89 号元素——锕。锕是一种放射性的金属。佩雷想要提纯锕,结果在剩下的残渣中发现一种具有另一种放射性的物质。她仔细一检查,发现这是一种新元素:它是 89 号元素锕的原子核在分裂时,失去了一个氦原子核,也就是失去了 2 个质子,变成了一个只含有 87 个质子的原子核——87

号元素。

这 87 号元素，正是人们苦苦追索的一个失踪元素！

佩雷用她祖国的名字——"法兰西"来命名这一新元素。译成中文，那就是"钫"。

钫是一种寿命很短的放射性元素。如果有 100 个钫的原子放在那里，经过 21 分钟之后，只剩下 50 个了——那 50 个钫原子已经分裂，变成了别的元素。正因为这样，人们花了九牛二虎之力，才找到了这位"短命"的"隐士"。

1940 年，那位曾给锝进行鉴定的意大利化学家西格雷迁居到美国，与美国科学家科森、麦肯齐共同合作，着手人工制造 85 号元素的工作。

起初，他们想用 84 号元素——钋作为"原料"，往它的原子核中加入 1 个质子，制成 85 号元素。可是，钋在大自然中很少，价格比较昂贵。他们就改用 83 号元素——铋作为"原料"。铋比钋便宜易得。

他们在美国加利福尼亚大学用"原子大炮"——回旋加速器加速了氦原子核，轰击金属铋，制得了 85 号元素。

这又是原子的"加法"——铋核中含有 83 个质子，氦核中含有 2 个质子：

83＋2＝85

正当他们的研究工作获得了初步成绩时，由于发生第二次世界大战，不得不中断了工作。在战后，他们又重新开始研究，终于在 1947 年发表了关于发现 85 号元素的论文。西格雷把这一新元素命名为"砹"，希腊文的原意是"不稳定的"意思。

砹是一种非金属，它的性质跟碘很相似。砹确实很不稳定。当西格雷制成了砹以后，只过了 8 个多小时，便有一半砹的原子核已经分裂，变成别的元素了。

后来，人们在铀裂变后的产物中，也找到了极微量的砹。这说明在大自然中，存在着天然的砹。

正因为砹在大自然中又稀少又不稳定，所以找到它很不容易。剩下的最后一个失踪元素，是 61 号。

起初，有人想有 60 号元素钕或者 59 号元素镨作"原料"，来人工地制造 61 号元素。虽然他们在 1940 年就宣称制成了 61 号元素，但是没有把它单独地分离出来，没有得到世界的公认。

直到 1945 年，美国橡树岭国立实验室的科学家马林斯基、格伦德宁和科里宁从原子能反应堆中铀的裂变产物中，分离出 61 号元素。他们认为，61 号元素的发现和原子能的应用是分不开的，就用希腊神话中从天上盗取火种的英雄普罗米修斯的名字来命名它——当初，普罗米修斯盗来了天火，使人类进入取火、用火的时代；如今，61 号元素的发现，象征人类进入了原子时代。

直到 1949 年，国际化学协会才正式承认了马林斯基等的发现，并同意了他们的命名。"普罗米修斯"译成中文元素名称,便成了"钷"。

钷是一种具有放射性的金属。钷的化合物常常会射出浅蓝色的荧光,被用来制造光表上的荧光粉。用钷还可以制成只有纽扣那么小的原子电池,能连续工作达五年之久,是人造卫星上非常需要的体积小、重量轻、寿命长的电源。

自从人类发现了钷之后,失踪元素全部找到了,元素周期表上的空白全部被填满了。

铀不是最后的元素

打从发现钷以后,人类认识化学元素的道路,是不是到达终点了呢?

起初,有人兴高采烈,觉得这下子大功告成,再也不必去动脑筋发现新元素了!

可是,更多的科学家觉得不满足。他们想,虽然从第 1 号元素氢到第 92 号元素铀,已经全部被发现了,可是,难道铀会是最末一个元素? 谁能担保,在铀以后,不会有 93 号、94 号、95 号、96 号……

这么看来,周期表上的空白,并没有真的全被填满——因为在 92 号元素铀以后,还有许许多多"房间"空着呢!

早在 1934 年,意大利物理学家费米就认为周期表的终点不在 92 号元素铀,在铀之后还存在"超铀元素"。

费米试着用质子去攻击铀原子核,宣布自己制得了 93 号元素。费米把这一新元素命名为"铀 X"。

可是,过了几年,费米的试验被人们否定了。人们仔细研究了费米的试验,认为他并没有制得 93 号元素。因为当费米用质子攻击铀原子核时,把铀核撞裂了,裂成两块差不多大小的碎片,并不像费米所说的变成一个含有 93 个质子的原子核。

直到 1940 年,美国加利福尼亚大学的麦克米伦教授和物理化学家艾贝尔森在铀裂变后的产物中,发现了 93 号新元素!

他们俩把这新元素命名为"镎"。镎的希腊文原意是"海王星",这名字是跟铀紧密相连的,因为铀的希腊文原意是"天王星"。

镎是银灰色的金属,具有放射性。它的寿命很长,可以长达 220 万年,并不像砹、钫那样"短命"。在铀裂变后的产物中,含有微量的镎。在空气中,镎很易被氧化,表面蒙上一层灰暗的氧化膜。

镎的发现,有力地说明了铀并不是周期表上的终点,说明化学元素大家庭的成员不只 92 个。

镎的发现,还有力地说明镎本身也并不是周期表上的终点,在镎之后还有许多化学元素。

镎的发现,鼓舞着化学家们在认识元素的道路上继续前进!

青云直上的"冥王星"

就在发现 93 号元素镎的时候,麦克米伦便认为,可能还有一种新的超铀元素跟镎混在一起。

不出所料,没隔多久,美国化学家西博格、沃尔和肯尼迪又在铀矿石中,发现了 94 号元素。他们把这一新元素命名为"钚",希腊文的原意为"冥王星"。这是因为镎的希腊文原意是"海王星",而冥王星是在海王星的外面,是太阳系中离太阳最远的一个行星。

最初,西博格等只制得极微量的钚,总重量还不到一根头发重量的千分之一。这样稀少的元素,在当时并没有引起人们的注意,人们只是把它看作一种新元素罢了,谁也没有去研究它可以派么用场。

后来,当人们发明了原子弹之后,钚却一下子青云直上,成了原子舞台上的"明星"!

这是怎么回事呢?

原来,原子弹中的主角是铀。在大自然中,铀有两种不同的同位素,一种叫"铀 235",一种叫"铀 238"。在铀 235 的原子核中,含有 92 个质子、143 个中子,加起来是 235 个,所以叫"铀 235";在铀 238 的原子核中,含有 92 个质子、146 个中子,加起来是 238 个,所以叫"铀 238"。铀 238 跟铀 235 的不同,是在于它的原子核中多了 3 个中子。

铀 235 与铀 238 的脾气大不一样:铀 235 是个急性子,铀 238 却是个慢性子。铀 235 受到中子攻击时,会迅速发生链式的反应,在一刹那间释放出大量原子能,形成剧烈的爆炸。在原子弹里,就装着铀 235。可是,铀 238 受到中子攻击时,却不动声色地把中子"吞"了进去,并不会发生爆炸。

在天然铀矿中,绝大多数是铀 238,而铀 235 仅占千分之七(重量比)。人们千方百计地从铀矿中提取那少量的铀 235.用它制造原子弹,而大量的铀 238 却被废弃了。

铀 238 难道真的是废物吗?

人们经过仔细的研究,结果发现,铀 238 可以作为制造钚的原料,而钚的脾气跟铀 235 差不多,也是个急性子,可以用来制造原子弹!

本来,在天然铀矿中,只含有一百万亿分之一钚。如今,人们用铀 238 作原料,大量制造钚。于是,钚的产量迅速增加,从只有一根头发的千分之一那么重猛增到数以吨计。不久,人们不仅制造了以钚为原料的原子弹,而且还用它制成了原子能反应堆,用来发电。

这样一来,钚一下子成了原子能工业的重要原料。

钚是一种银灰色的金属,很重。在空气中也很易氧化,在表面形成黄色的氧化膜。

钚的寿命也很长,达24360年。

钚的发现和广泛应用,一下子就使人们对化学元素的认识,进入一个新阶段:原来,世界上还有许多很重要的未被发现的新元素哩!

继续进击

人们继续进击,寻找94号以后的"超钚元素"。

在1944年底,钚的发现者——美国化学家西博格和加利福尼亚大学教授乔索合作,用质子轰击钚原子核,先是制得了96号元素,紧接着又制得了95号元素。

他们把95号元素和96号元素分别命名为"镅"和"锔"(过去曾译为"锯",因与锯子的"锯"字相同,容易误会,改译为"锔"),用来纪念发现地点美洲("镅"的原意即"美洲"。因为镅在元素周期表上的位置正好在63号元素铕之下,铕的希腊文原意为"欧洲",所以就用"美洲"命名镅)和居里夫妇("锔"的原意即"居里")。

镅和锔都是银白色的金属。镅很柔软,可以拉成细丝,也可以压成薄片。镅有10种同位素,绝大部分都是"短命"的,很快就会裂变成其他元素,只有一种"镅243"的寿命很长,达8000年左右。

锔是一种很有意思的放射性金属,它辐射出来的能量很大,可以使锔变得很热,温度高达摄氏一千度左右。如今,人们已把锔用在人造地球卫星和宇宙飞船中,用来作为不断发热的热源。

西博格和乔索继续努力,在1949年制得了97号元素——锫;在1950年制得了98号元素——锎。锫的原意是"柏克立",因为它在柏克立城的回旋加速器帮助下制成的;锎的原意是"加利福尼亚",因为它是在加利福尼亚州的回旋加速器帮助下制成的。

锫和锎都是金属元素,都具有放射性。锫在目前还没有得到应用,锎可用作原子能反应堆中的原子燃料。另外,由于锎能射出中子,现在已被用来治疗癌症。

接着,人们又开始寻找99号元素和100号元素。

有趣的是,在人们用回旋加速器制造出这两种新元素之前,却在另一场合无意中发现了它们。

那是在1952年11月,美国在太平洋上空爆炸了第一颗氢弹。当时,美国科学家在观测这次爆炸产生的原子"碎片"中,发现竟夹杂着两种新元素——99号和100号元素。

在 1955 年，美国加利福尼亚大学在实验室中制得了这两种新元素。为了纪念在制成这两种新元素前几个月逝世的著名物理学家爱因斯坦和意大利科学家费米，分别把 99 号元素命名为"锿"（原意即"爱因斯坦"），把 100 号元素命名为"镄"（原意即"费米"）。

1955 年，就在制得锿以后，美国加利福尼亚大学的科学家们用氦核去轰击锿，使锿原子核中增加 2 个质子，变成了 101 号元素。他们把 101 号元素命名为"钔"，纪念化学元素周期律的创始人、俄罗斯化学家门捷列夫。

有趣的是，最初制得的钔竟如此之少——只有 17 个原子！然而，正是这 17 个原子，宣告了一种新元素的诞生。

紧接着，在 1958 年，加利福尼亚大学与瑞典的诺贝尔研究所合作，用碳离子轰击锔，使锔这个本来只有 96 个质子的原子核一下子增了 6 个质子，制得了极少量的 102 号元素。他们用"诺贝尔研究所"的名字来命名它，叫做"锘"。但是，他们的研究成果，一开始并没有得到人们的承认。直到几年以后，别人用别一种办法也制成了 102 号元素时，这才获得国际上的正式承认。

人们追索不息。1961 年，美国加利福尼亚大学的科学家们着手制造 103 号元素。他们用原子核中含有 5 个质子的硼，去轰击原子核中含有 98 个质子的锎，进行原子"加法"：

5＋98＝103

就这样，制得了 103 号元素。这个新元素被命名为"铹"，用来纪念当时刚去世的美国物理学家、回旋加速器的发明者劳伦斯。

铹是一个不稳定的元素。每经过 3 分钟，铹的原子中便有半数分解掉了。

在 1964 年、1967 年，苏联弗列罗夫所领导的研究小组，分别制得了 104 号和 105 号元素。其中 104 号元素被命名为"铍"，用米纪念于 1960 年去世的苏联原子物理学家库尔恰托夫。

与此同时，美国乔索领导的小组用另一种方法也制得了 104 号、105 号元素，命名为"铲"和"铧"①，分别用来纪念著名物理学家卢瑟福和德国物理学家哈恩。

至今，关于 104、105 号元素的命名，仍争论不休，没有得到统一。

104 号和 105 号元素都是"短命"的元素，只能活几秒钟，很快就裂变成别的元素。

1974 年，苏联弗列罗夫等人又用 24 号元素——铬的原子核去轰击 82 号元素——铅的原子核，进行原子加法：

---

① 在 1997 年，IUPAC（国际纯粹与应用化学联合会）把它定名为 dubnium（𨧀），以俄国杜布纳联合核研究所为名。——编者

$$24+82=106$$

于是,制得了 106 号元素。

有趣的是,在此同时,美国乔索及西博格等人用另外的"算式"进行原子"加法":拿 8 号元素——氧的原子核去轰击 98 号元素——锎的原子核。

$$8+98=106$$

于是,也制得了 106 号元素。

与 104 号、105 号元素一样,这一次又引起了争论。双方都说自己最早发现了新元素,相互争论不休。

1976 年,苏联弗列罗夫等人着手试制 107 号元素。他们从 24 号元素——铬的原子核,轰击 83 号元素的原子核。

$$24+83=107$$

就这样,107 号元素被制成了。

107 号元素是一种寿命非常短暂的元素,它竟然只能活 1 毫秒!

107 号元素以后

到目前为止,得到世界各国科学家公认的化学元素,总共是 107 种。

然而,世界上到底有多少种化学元素? 人们会不会无休止地把化学元素逐个制造出来?

这个问题引起了激烈的争论。

有人认为,从 100 号元素镄以后,人们虽然合成了许多新元素,但是这些新元素的寿命越来越短。象 107 号元素,只能活 1 毫秒。照此推理下去,108 号、109 号、110 号……这些元素的寿命更短,因此人工合成新元素的希望将会越来越渺茫。他们预言,即使今后人们还可能再制成几种新元素,但是已经为数不多了。可是,很多科学家认真研究了元素周期表,推算出在 108 号元素以后,可能会出现几种"长命"的新元素! 这些科学家经过推算,认为当元素的原子核中质子数为 2、8、20、28、50、82,或者中子数为 2、8、20、28、50、82、126 时,原子核就比较稳定,寿命比较长。根据这一理论,他们预言 114 号元素,将是一种很稳定的元素,寿命可达 1 亿年! 也就是说,人们如果发现了 114 号元素,这元素将像金、银、铜、铁一样"长寿",可以在工农业生产中得到广泛应用。

科学家们甚至根据元素周期表,预言了 114 号元素的一些特征:

它的性质类似于金属铅,目前可称它为"类铅"。

它是一种金属,密度为每立方厘米 16 克。

沸点为摄氏 147 度。

熔点为摄氏 67 度。

它可以用来制造核武器。这种核武器体积很小，一颗用 114 号制成的小型核弹，甚至可放在手提包中随身携带！

另外，科学家们还推算出，110 号和 164 号元素也将是一种长命的元素，可以活一千万年以上。

德国科学家"跳"过 108 号元素，在 1982 年 10 月，制得了第 109 号元素。

第 109 号元素是"短命"的元素，它只存在五千分之一秒，马上便分解了。

人们追索不已，正在朝着制造更多、更新的化学元素而努力。

化学在前进，化学在发展。在不久的将来，化学的历史将要揭开新的篇章。

作者简介

叶永烈，当代著名作家，以儿童文学、科幻和科普文学及纪实文学为主要创作内容。1940 年出生于浙江温州。1963 年毕业于北京大学化学系。11 岁起发表诗作，18 岁起发表科学小品，20 岁出版第一部科学小品集《碳的一家》，21 岁成为《十万个为什么》主要作者。先后创作科幻小说、科学童话、科学小品、科普读物等优秀作品，荣获"全国先进科普工作者"称号。他的著名科幻小说《小灵通漫游未来》写成于 1961 年，尘封 17 年后，于 1978 年由少年儿童出版社出版，首印 150 万册，仍供不应求；多次加印，发行量达 300 万册（不包括改编成连环画的数百万），至今仍雄踞中国科幻小说第一名。之后，在 1984 年写出了续篇《小灵通再游未来》，在 2000 年又写出《小灵通三游未来》。后又从事纪实文学的创作，出版了《历史选择了毛泽东》、《毛泽东与蒋介石》、《陈云之路》、《胡乔木传》、《反右派始末》、《"四人帮"传》（系列）、《陈伯达传》、《星条旗下的中国人》、《真实的朝鲜》等作品。现为一级作家、教授；中国科协委员、上海市科协常委、上海市科普创作协会副理事长、中国科普创作协会常务理事、世界科幻小说协会理事。

作品要览

《化学趣史》是"叶永烈趣味科学系列"之一，湖北少年儿童出版社 2005 年出版。作者在该书的后记中说："曾经传说有'两个叶永烈'：一个是写《'四人帮'兴衰》、《历史选择了毛泽东》那类作品的叶永烈；另一个则是写作本书以及参与写作《十万个为什么》的叶永烈。中国同名姓者固然不少，不过，以上两个叶永烈却是一个叶永烈。这不奇怪：我最初是学自然科学的，毕业于北京大学化学系，后来转向了'党史文学'的创作。在中国作家之中，出身于理工科的，其实不乏其人。我只是'曹营奔汉'者中的一个罢了。这本《化学趣史》，所写的倒是我的本行——化学。化学是一门富有趣味的科学，化学史也是富有趣味的历史。正因为这样，我愿以富有趣味的笔调，向你讲述化学那富有趣味的发展史——这本书也就取名为《化学趣史》。我愿本书能够成为招募化学新兵的'征兵广告',愿本书成为把你引入化学殿堂的向导。"诚如所言,本书内容对作者来说,正是"本色当行";所以,写得真可谓风生水起,趣味盎然。但切莫仅以少儿读物而等闲视之;因为,书中所叙述的化学知识,不仅是货真价实,而且是严谨深刻的,——原书五十多条细致准确的注释就是令人肃然的印证。作者"征兵广告"的笔法,其实是为他的老本行"招兵买马",用心可谓良苦。但愿你能入他彀中。

📖 阅读提示

1. 化学是一门以实验为基础的科学,化学领域的研究能否有所进展,有所突破,是与所用的方法、手段是否正确和先进分不开的。而带有革命性意义的方法,又离不开勇于创造的实验与逻辑严谨的思维。以本文为例,总结一下在发现新元素的过程中,正确和先进方法形成的经过。

2. 掌握了正确和先进的方法之后,并不意味着研究工作就会一马平川、万事大吉。本文生动地记叙了探索发现工作时而山穷水尽,时而又柳暗花明的曲折过程。你认为,在这些过程中,最重要的因素是什么?

3. 发现钜以后,有人认为所有的元素都被发现了。这种看法的根据是什么?而"更多的科学家觉得不满足",他们怀疑,"难道铀会是最末一个元素?"这些科学家怀疑的理由又是什么?

4. 本文写了十几个元素被发现的经过。你对其中哪一(几)个发现最感兴趣?如果确实感兴趣的话,不妨再回味一下,究竟是哪些因素触动了你?

📖 推荐书目

①《生活的化学》(陈润杰编著,上海远东出版社,2000) ②《地球上最重要的化学反应:光合作用》(沈允钢,清华大学出版社,2000) ③《化学与现代社会》(吴旦主编,科学出版社,2002) ④《元素的故事》([苏联]依·尼查叶夫,少年儿童出版社,1978) ⑤《化学的奥秘 》([俄]尼查耶夫,安徽人民出版社,2003) ⑥《化学的历史背景》([美]亨利·M.莱斯特,商务印书馆,1982) ⑦《阿西莫夫论化学》([美]阿西莫夫,科学普及出版社,1981) ⑧《拿破仑的纽扣:改变历史的16个化学故事》([加]潘妮·拉古德、[美]杰·布勒森,北京理工大学出版社,2007)

生 存 斗 争*

［英］达尔文

按几何比率的增加

一切生物都有高速率增加的倾向,因此不可避免地就出现了生存斗争。各种生物在其自然的一生中都会产生若干卵或种籽,在它的生命的某一时期,某一季节,或者某一年,它们一定要遭到毁灭,否则按照几何比率增加的原理,它的数目就会很快地变得非常之多,以致没有地方能够容纳。因此,由于产生的个体比可能生存的多,在各种情况下一定要发生生存斗争,或者同种的这一个体同另一个体斗争,或者同异种的个体斗争,或者同物理的生活条件斗争。这是马尔萨斯的学说以数倍的力量应用于整个的动物界和植物界;因为在这种情形下,既不能人为地增加食物,也不能谨慎地限制交配。虽然某些物种,现在可以多少迅速地增加数目,但是所有的物种并不能这样,因为世界不能容纳它们。

各种生物都自然地以如此高速率增加着,以致它们如果不被毁灭,则一对生物的后代很快就会充满这个地球,这是一条没有例外的规律。即使生殖慢的人类,也能在二十五年间增加一倍,照这速率计算,不到一千年,他们的后代简直就没有立脚余地了。林纳(Linnaeus)曾计算过,如果一株一年生的植物只生二粒种籽,它们的幼株翌年也只生二粒种籽,这样下去,二十年后就会有一百万株这种植物了;然而实际上并没有生殖力这样低的植物。像在一切既知的动物中被看作是生殖最慢的动物,我曾尽力去计算它在自然增加方面最小的可能速率;可以最稳定地假定,它在三十岁开始生育,一直生育到九十岁,在这一时期中共生六只小象,并且它能活到一百岁;如果的确是这样的话,在 740—750 年以后,就应该有近一千九百万只象生存着;并且它们都是从第一对象传下来的。

但是,关于这个问题,除了仅仅是理论上的计算外,我们还有更好的证明,无数的事例表明,自然状况下的许多动物如遇环境对它们连续两三季都适宜的话,便会有可惊的迅速增加。还有更引人注意的证据是从许多种类的家养动物在世界若干地方已返归野生状态这一事实得来的;生育慢的牛和马在南美洲以及近年来在澳洲的增加

---

* 节选自《物种起源》(［英］查理·罗伯特·达尔文著,周建人等译,商务印书馆,1997)第三章"生存斗争"。

率的记载,如果不是确有实据,将令人难以置信。植物也是这样;以外地移入的植物
为例,在不满十年的期间,它们便布满了全岛,而成为普通的植物了。有数种植物如
拉普拉塔^①(La Plata)的刺叶蓟(cardoon)和高蓟(tall thistle)原来是从欧洲引进的,
现在在那里的广大平原上已是最普通的植物了,它们密于数平方英里的地面上,几
乎排除了一切他种植物。还有,我听福尔克纳博士(Dr.Falconer)说,在美洲发现后
从那里移入到印度的一些植物,已从科摩林角^②(Cape Comorin)分布到喜马拉雅了。
在这些例子中,并且在还可以举出的无数其他例子中,没有人会假定动物或植物的能
育性以任何能够觉察的程度突然地和暂时地增加了。明显的解释是,因为生活条件
在那里是高度适宜的,结果,老的和幼的都很少毁灭,并且几乎一切幼者都能长大而
生育。它们按几何比率的增加——其结果永远是可惊的——简单地说明了它们在新
乡土上为什么会异常迅速地增加和广泛地分布。

在自然状况下,差不多每一充分成长的植株每年都产生种籽,同时就动物来说,
很少不是每年交配的。因此我们可以确信地断定,一切植物和动物都有按照几何比
率增加的倾向,——凡是它们能在那里生存下去的地方,每一处无不被迅速充满,并
且此种几何比率增加的倾向必定因在生命某一时期的毁灭而遭到抑制。我们对于大
型家养动物是熟悉的,我想,这会把我们引人误解之途,我们没有看到它们遭遇到大
量毁灭,但是我们忘记了每年有成千上万只被屠杀以供食用;同时我们也忘记了,在
自然状况下也有相等的数目由于种种原因而被处理掉。

生物有每年生产卵或种籽数以千计的,也有只生产极少数卵或种籽的,二者之间
仅有的差别是,生殖慢的生物,在适宜的条件下需要较长的年限才能分布于整个地
区,假定这地区是很大的。一支南美秃鹰(condor)产生两个卵,一支鸵鸟(Ostrich)
产生二十个卵,然而在同一个地区,南美秃鹰可能比鸵鸟多得多:一支管鼻鹱
(Fulmar petrel)只生一个卵,然人们相信,它是世界上最多的鸟。一只家蝇生数百个
卵,其他的蝇,如虱蝇(hippobosca)只生一个卵;但生卵的多少,并不能决定这两个物
种在一个地区内有多少个体可以生存下来。依靠食物量的变动而变动的物种,产生
多数的卵是相当重要的,因为食物充足时可以使它们迅速增多数目。但是产生多数
的卵或种籽的真正重要性却在于补偿生命某一时期的严重毁灭;而这个时期大多数
是生命的早期。

如果一个动物能够用任何方法来保护它们的卵或幼小动物,少量生产仍然能够
充分保持它的平均数量;如果多数的卵或幼小动物遭到毁灭,那么就必须大量生产,
否则物种就要趋于绝灭,假如有一种树平均能活一千年,如果在一千年中只有一粒种

---

① 拉普拉塔,位于阿根廷东部。——译者
② 克摩林角,位于印度的南端。——译者

籽产生出来,假定这粒种籽决不会被毁灭掉,又能恰好在适宜的地方萌发,那末这就能充分保持这种树的数目了。所以在一切场合里,无论哪一种动物或植物,它的平均数目只是间接地依存于卵或种籽的数目的。

观察"自然"的时候,常常记住上述的论点是极其必要的——切勿忘记每一个生物可以说都在极度努力于增加数目;切勿忘记每一种生物在生命的某一时期,依靠斗争才能生活;切勿忘记在每一世代中或在间隔周期中,大的毁灭不可避免地要降临于幼者或老者,抑制作用只要减轻,毁灭作用只要少许缓和,这种物种的数目几乎立刻就会大大增加起来。

抑制增加的性质

各个物种增加的自然倾向都要受到抑制,其原因极其难以解释。看一看最强健的物种,它们的个体数目极多,密集成群,它们进一步增多的倾向也随之强大。关于抑制增多的原因究竟是什么,我们连一个事例也无法确切知道。这本来是不足为怪的事,无论谁只要想一想,便可知道我们对于这一问题是何等无知,甚至我们对于人类远比对于任何其他动物所知道的都多,也是如此。关于抑制增加这一问题,已有若干著者很好地讨论过了,我期望在将来的一部著作里讨论得详细些,特别是对于南美洲的野生动物要进行更详细的讨论,这里我只略微谈一谈,以便引起读者注意几个要点罢了。卵或很幼小动物一般似乎受害最多,但决非一概如此。植物的种籽被毁灭的极多,但依据我所做的某些观察,得知在已布满他种植物的地上,幼苗在发芽时受害最多。同时,幼苗还会大量地被各种敌害所毁灭,例如,有一块三英尺长二英尺宽的土地,耕后进行除草,那里不会再受其他植物的抑制,当我们的土著杂草生出之后,我在所有它们的幼苗上作了记号,得知 357 株中,不下 295 株被毁灭了,主要是被蛞蝓(slugs)和昆虫毁灭的。在长期刈割过的草地,如果让草任意自然生长,那末较强壮的植物逐渐会把较不强健的消灭掉,即使后者已经充分成长,也会如此;被四脚兽细细吃过的草地,其情形也是这样;在刈割过的一小块草地上(三英尺乘四英尺)生长着二十个物种,其中九个物种由于其他物种的自由生长,都死亡了。

每个物种所能吃到的食物数量,当然为各物种的增加划了一个极限;但决定一个物种的平均数,往往不在于食物的获得,而在于被他种动物所捕食。因此,在任何大块领地上的鹧鸪、松鸡、野兔的数目主要决定于有害动物的毁灭,对此似乎很少疑问。如果今后的二十年中在英格兰不射杀一个猎物①,同时也不毁灭一个有害的动物,那末,猎物绝对可能比现在还要来得少,虽然现在每年要射杀数十万只。相反地,在某

---

① 猎物(gam animal),指松鸡、野兔等常被猎杀的动物。——译者

些情形下,例如象,是不会被食肉兽杀害的;因为甚至印度的虎也极少敢于攻击被母兽保护的小象。

在决定物种的平均数方面,气候有重要的作用,并且极端寒冷或干旱的周期季节似乎在一切抑制作用中最有效果。1854—1855 年冬季,我计算(主要根据春季鸟巢数目的大量减少)在我居住的地方,被毁灭的鸟达五分之四;这真是重大的毁灭,我们知道,如果人类因传染病而死去百分之十时便成为异常惨重的死亡了。最初看来,气候的作用似乎同生存斗争是完全没有关系的;而气候的主要作用在于减少食物,从这一点来说,它便促进了同种的或异种的个体间进行最激烈的斗争,因为它们依靠同样食物以维持生存,甚至当气候,例如严寒直接发生作用时,受害最大的还是那些最不健壮的个体,或者那些在冬季获得食物最少的个体。我们如从南方旅行到北方,或从湿润地区到干燥地区,必定会看出某些物种渐次稀少,终至绝迹;气候的变化是明显的,因此我们不免把这整个的效果归因于气候的直接作用。但这种见解是错误的;我们忘记了各个物种,即使在其最繁盛的地方,也经常在生命的某一时期由于敌害的侵袭或同一地方同一食物的竞争而被大量毁灭;只要气候有些许改变,而稍有利于这些敌害或竞争者,它们的数目便会增加;并且由于各个地区都已布满了生物,其他物种必定要减少。如果我们向南旅行,看见某一物种在减少着数量,我们可以觉察到必定是因为别的物种得到了利益,而这个物种便受到了损害。我们向北旅行的情形亦复如此,不过程度较差,因为各类的物种数量向北去都在减少,所以竞争者也减少了;因此当向北旅行或登高山时,比之于向南旅行或下山时,我们见到的植物通常比较矮小,这是由于气候的直接有害作用所致。当我们到达北极区、或积雪的山顶、或纯粹的沙漠时,可以看到生物几乎完全要同自然环境进行生存斗争了。

花园里巨大数量的植物完全能够忍受我们的气候,但是永远不能归化,因为它们不能和我们的本地植物进行斗争,而且也不能抵抗本地动物的侵害,由此可以清楚地看出,气候主要是间接有利于其他物种的。

如果一个物种,由于高度适宜的环境条件,在一个小区内,过分增加了它们的数目,常常会引起传染病的发生,至少我们的猎物一般是如此。这里,有一种同生存斗争无关的限制生物数量的抑制。但是,有些所谓传染病的发生,是由于寄生虫所致,这些寄生虫由于某些原因,部分地可能是由于在密集动物中易于传播,而特别有利,这里就发生了寄生物和寄主间的斗争。

另一方面,在许多情形下,同种的个体和它们的敌害相比,绝对需要极大的数量,才得以保存。这样,我们就能容易地在田间收获大量的谷物和油菜籽等等,因为它们的种籽和吃它们的鸟类数量相比,占有绝大的多数,鸟在这一季里虽然有异常丰富的食物,但它们不能按照种籽供给的比例而增加数量,因为它们的数量在冬季要受到抑制。凡是作过试验的人都知道,要想从花园里的少数小麦或其他这类植物获得种籽是何等麻烦；我曾在这种情形下失去每一粒种籽。同种的大群个体对于它们的保存是必要的，这一观点，我相信可以解释自然界中某些奇特的事实；例如极稀少的植物有时会在它们所生存的少数地方生长得极其繁盛；某些丛生性的植物，甚至在分布范围的边际，还能丛生，这就是说，它们的个体是繁盛的。在这种情形下，我们可以相信，只有在多数个体能够共同生存的有利生活条件下，一种植物才能生存下来，这样才能使这个物种免于全部覆灭。我还要补充说，杂交的优良效果，近亲交配的不良效果，无疑地会在此等事例中表现出它的作用；不过我在这里不预备详述这一问题。

作者简介

　　达尔文（1809—1882），英国博物学家，进化论奠基人。出生于英国的施鲁斯伯里，祖父和父亲都是当地的名医。1825 年进入爱丁堡大学学习医学。后遵父命转入剑桥大学神学系。1831 年毕业后，以自然科学学者身份参加了皇家科学院"贝格尔号"舰的环球考察，历时五年。在此期间，达尔文采集了大量的标本、化石等；这对他物种进化思想的形成起了巨大作用。此后他继续收集资料，进行实验，研究生物进化问题。1842 年，他写出了 35 页的《物种起源》的简要提纲。接着，又花了两年时间将其扩展写成 230 页的详细提纲。由于积劳成疾，达尔文病倒了。但他仍坚持研究和写作。又经过十多年的艰苦努力和反复修改，达尔文终于在 1859 年完成了科学巨著《物种起源》。达尔文成就斐然，是英国皇家学会、皇家地理学会、皇家地质学会、皇家昆虫学会和皇家动物学会的会员。1882 年 4 月 19 日，这位伟大的科学家因病逝世，人们把他的遗体安葬在牛顿的墓旁，以表达对他的敬仰。

作品要览

　　《物种起源》是进化论奠基人达尔文的一部科学巨著，是科学史上的一座里程碑。这部著作的问世，首次把生物学建立在完全科学的基础上，以全新的生物进化思想，推翻了"神创论"和物种不变的理论。《物种起源》是达尔文进化论的代表作，标志着进化论的正式确立。"人类的起源和历史将会得到科学的阐述"（达尔文）。在该书中，达尔文用大量的事实和丰富的材料，说明生物普遍存在的变异现象，而变异的基本原因是生活条件的改变；生物不仅有变异，而且有遗传性；"人工选择"和"自然选择"是进化的基础；人类通过"人工选择"可以培育新的物种；在自然界，物种通过"自然选择"而产生，"自然选择"则通过生存竞争而实现；"物竞天择，适者生存"是生物进化的基本规律。

　　《物种起源》的出版，在欧洲乃至整个世界都引起轰动。它沉重地打击了神权统治的根基。教会势力盛怒之下群起攻之，诬蔑达尔文的学说"亵渎圣灵"，有失人类尊严。当时，甚至连达尔文的母校图书馆内也禁止师生借阅《物种起源》。而以赫胥黎为代表的进步学者，积极宣传和捍卫达尔文主义。他们认为，进化论轰开了人们的思想禁锢，启发和教育人们从宗教迷信的束缚下解放出来。马克思读了《物种起源》之后,在给恩格斯的信中称这本书"为我们的观点提供了自然史的基础"。恩格斯也指出,是达尔文"首先发现了我们星球上有机界的发展规律"。

《物种起源》于 1859 年出版。第一版所印 1 200 本,当天便销售告罄。第二版仍被抢购一空。至 1882 年达尔文逝世,仅英国就销售了 24 000 多册,被译成世界上几乎所有的主要语言。

阅读提示

达尔文自己把《物种起源》称为"一部长篇争辩"。它论证了两个问题:第一,物种是可变的,生物是进化的;第二,自然选择是生物进化的动力。本文只是两段节选,当然不能全面反映作者的观点,但也涉及了基本的看法。既然是"争辩",就要加强说服力。在阅读本文时,建议同学们注意以下几个方面,看看作者是怎样注重论证的严谨性的。

1. 全面性和实证性。在开宗明义地提出论点"一切生物都有高速率增加的倾向"之后,作者便列举了选自欧洲、美洲、亚洲、澳洲等几乎覆盖全球大陆的尽可能丰富其种类的各种动物、植物的实例,并以翔实、可信的数据来阐述事实,总结规律。在全面考察,实证确凿的前提下,得出结论:"因此我们可以确信地断定,一切植物和动物都有按照几何比率增加的倾向"。

2. 客观性和辩证性。作者尽量用客观事实来说明问题,表明观点。运用来自对自然的观察,以及所收集的第一手资料(还有其他可靠的材料),客观地揭示了大自然的辩证法则:一方面,所以生物都力求高速增长;而另一方面,"各个物种增加的自然倾向都要受到抑制",最终使得生物的生长和自然的生态保持着某种平衡。同时非常坦率地承认,"关于抑制增多的原因究竟是什么,我们连一个事例也无法确切知道"。

3. 预见性和启发性。作者的一些叙述,表面上看是在述说一些当时尚未引起重视的现实情况,而实际上已经开始预示,如果处置不当,则可能会带来出乎意料的严重后果,如"以外地移入的植物为例,在不满十年的期间,它们便布满了全岛,而成为普通的植物了"。以后的事实证明,不合适的"人工选择"的确会导致灾难。类似的预见和启发在书中多处可见,耐人寻味。

推荐书目

①《物候学》(竺可桢、宛敏渭,湖南教育出版社,1999) ②《动物起源故事》(刘以林编,新世界出版社,1998) ③《动物世界的黎明》(陈均远,江苏科学技术出版社,2004) ④《阅读生物学札记》(郑也夫,中国青年出版社,2004) ⑤《植物之美》([法]让·玛丽·佩尔特等,时事出版社,2003) ⑥《迁徙的鸟》([法]雅克·佩兰、让·弗朗索瓦·蒙吉博,河北教育出版社,2004) ⑦《大自然的猎人:生物学家威尔逊自传》([美]爱德华·威尔逊,上海科学技术出版社,2006) ⑧《昆虫记》([法]法布尔,花城出版社,2003) ⑨《为什么要相信达尔文》([美]杰里·A.科因,科学出版社,2009)

生 命 之 树

第十三单元

这一单元选编了有关生命科学和医学的两篇文章。严格地说，生命科学和现代医学都是生物科学的分支；由于它们与人类的生存及发展密切相连、干系重大，故而得以"另立门户、开宗立派"。

现如今，人们已经认识到生命是物质的一种运动形态。生命的基本单位是细胞，它是由蛋白质、核酸、脂质等生物大分子组成的物质系统。生命现象就是这一复杂系统中物质、能和信息三个量综合运动与传递的表现。生命具有许多奇异、强大的特性和功能，如：能够在常温、常压下合成多种有机化合物，包括复杂的生物大分子；能够以远远超出机器的生产效率来利用环境中的物质和能制造体内的各种物质，而不排放污染环境的有害物质；能以极高的效率储存信息和传递信息；具有自我调节功能和自我复制能力；以不可逆的方式进行着个体发育和物种的演化导等。研究、揭示生命过程中的机制有着巨大的理论和实践意义。这一领域虽方兴未艾，但成果令人瞩目，以致产生了这样一种说法：21 世纪是生物学的世纪，生命科学的世纪。更有甚者，有人还认为，百年之后，化学将不再以一门独立学科存在；因为有机化学、化学生物学将融入到生命科学之中，分析化学亦将被环境科学和生命科学所瓜分。

与生命科学密切相关的医学，则被认为是"最年轻的科学"。

造化让人类不得不接受这样一个痛苦而无法摆脱的现实：疾病常不期然地出现在每个人的身上。人类试图认识和解释疾病现象、创造疗病的医术，可以追溯到久远的古代，由此形成了各个地域的传统医学或民族医学。发端于古希腊的西方医学，可以说是欧美的传统医学；它历经漫长的蒙昧幼稚阶段，在近代自然科学技术的肩上逐渐成长发展，最后成为全世界普遍接受的科学的医学，即现代医学，也叫西方医学或西医。尽管历史悠久，但在相当长的时期内，治疗还只是一种技艺，很难成为真正意义上的科学。1937 年,磺胺药临床应用产生的奇迹才是医学革命的开始,其后青霉素和抗结核病药物相继问世,才真正改变了医疗的面貌。由于其他科学技术发展对医学的推动,20 世纪 50 年代初期才是"医学开始成为一门科学的时期",因而有人称医学是"最年轻的科学"。

此后医学的迅速发展令人惊喜和欣慰。尤其生物遗传工程及信息技术的革命性突破,对当代医学产生巨大而深远的影响。例如,基因工程、胚胎干细胞的应用、个性化的医疗方案、疫苗接种和更先进、更精确的外科手段使用等临床医学最热门的课题,已经取得相当的进展及良好的医疗效果。人类正在从分子水平、进化因素等多角度多方位来认识自己和生命,许多昔日束手无策的疾病,如今有了治愈、缓解和预防的良术。然而,无论医学怎样发达,人的疾病、衰老和死亡都是注定不可避免的,不治之症永远都会存在。现代医学作为科学,敢于承认有其能,亦有所不能;同时,人们也有理由相信和期待:只要不断地探索和创造,人类就能凭借自己的智慧和勤奋,在这个世界里生活得更好。

关于生命科学和医学等相关内容的阅读,我们有三点建议供参考:(一)尽可能比较完整地了解该学科的发展过程。熟悉其历史,明晰其框架,将有助于你高屋建瓴,更深刻地理解和掌握相关知识。(二)可以把注意力主要放在实践活动与思想理论的辩证关系上。这将会有助于你提高认知水平,更新思维方式。本单元所选两篇文章,前一篇侧重体现的是实践实验活动的成果催生了新学说、新理论;后一篇则反映了运用现有理论指导实践活动,从而产生了新突破、新成就。两种模式和进程交替进行,相辅相成,所有学科都是在这样的推动下向前发展的。(三)关注该学科的前沿发展和最新成就,这将使你不仅能够保持知识结构和内容处于先进合理的状态,而且能充满信心,乐观地学习、工作和生活。

生命的起源 *

［美］比尔·布莱森

1953 年,芝加哥大学的研究生斯坦利·米勒拿起两个长颈瓶——一个盛着一点水,代表远古的海洋,一个装着甲烷、氨和硫化氢的气体混合物,代表地球早期的大气——然后用橡皮管子把两个瓶子一连,放了几次电火花算做闪电。几个星期以后,瓶子里的水呈黄绿色,变成了营养丰富的汁,里面有氨基酸、脂肪酸、糖以及别的有机化合物。米勒的导师、诺贝尔奖获得者哈罗德·尤里欣喜万分,说:"我可以打赌,这事儿肯定是上帝干的。"

当时的新闻报道听上去让人觉得,你只要把瓶子好好地晃一晃,生命就会从里面爬出来。时间已经表明,事情根本不是那么简单。尽管又经过了半个世纪的研究,今天我们距离合成生命与 1953 年的时候一样遥远——更不用说认为我们已经有这等本事。科学家们现在相当肯定,早期的大气根本不像米勒和尤里的混合气体那样已经为生命的形成作好准备,而是一种很不活泼的氮和二氧化碳的混合物。有人用这些更具挑战性的气体重新做了米勒的实验,至今只制造出一种非常原始的氨基酸。无论如何,其实问题不在于制造氨基酸,问题在于蛋白质。

你把氨基酸串在一起,就得到了蛋白质。我们需要大量的蛋白质。其实谁也不大清楚,但人体里的蛋白质也许多达 100 万种之多,每一种都是个小小的奇迹。按照任何概率法则,蛋白质不该存在。若要制造蛋白质,你得把氨基酸(按照悠久的传统,我在这里应当将其称之为"生命的砌块")按照特定的顺序来排列,就像你拼写一个单词必须把字母按照特定的顺序来排列一样。问题是那些以氨基酸字母组成的单词往往长得不得了。若要拼出"胶原蛋白(collagen)"(一种普通蛋白质的名字)这个名字,你只需要以正确的顺序排列 8 个字母。若要制造胶原蛋白,你就得以绝对准确的顺序排列 1 055 个氨基酸分子。但是——这是个明显而又关键的问题——你并不制造胶原蛋白。它会自发形成,无须你的指点,不可能性就从这里开始了。

坦率地说,1 055 个氨基酸分子要自发排列成一个胶原蛋白这样的分子的概率是零。这种事情完全不可能发生。为了理解它的存在是多么不可能,请你想象一台拉斯韦加斯普通的老虎机,不过要把它大大地扩大一下——说得确切一点,扩大到大约 27 米——以便容纳得下 1 055 个转轮,而不是通常的三四个,每个轮子上有 20 个符

---

* 节选自《万物简史》(［美］比尔·布莱森著,严维明等译,接力出版社,2005)第十九章"生命的起源"。

号(每一个代表一种普通的氨基酸)①。你要拉多少次把手那 1 055 个符号才会以合适的顺序排列起来？实际上,拉多少次都没有用。即使你把转轮的数目减少到 200 个——这其实是蛋白质分子所含的氨基酸分子的比较典型的数量,所有 200 个符号都按照特定的顺序来排列的概率是 10^{-260}。那个数字本身比宇宙里原子的总数还要大。

总之,蛋白质是十分复杂的实体。血红蛋白只有 146 个氨基酸分子长,按照蛋白质的标准只是个矮子,然而即使那样,氨基酸的排列方式也有 10^{190} 种可能性。因此,剑桥大学的化学家马克斯·佩鲁茨花了 23 年时间——大体上相当于一个人的职业生涯——才解开了这个谜。想要随随便便地制造哪怕是一个蛋白质分子也似乎是极不可能的——天文学家费雷德·霍伊尔打了个精彩的比方,就像是一阵旋风掠过一个旧货栈,后面留下了一架装配完好的大型客机。

然而,我们在讨论的蛋白质有几十万种,也许是 100 万种,就我们所知,每一种都别具一格,与众不同,对于维持你的健康和幸福必不可少。我们就从这里接着往下讨论。为了被派上用场,一个蛋白质分子不但要把氨基酸分子按照合适的顺序排列起来,还要从事一种化学打褶工作,把自己叠成特定的形状。即使实现了这种复杂的结构,蛋白质分子对你依然没有用处,除非它能复制自己,而蛋白质分子不会。为了达到这个目的,你需要 DNA(脱氧核糖核酸)。DNA 是复制专家——几秒钟就能复制一份自己,但除此之外没有别的本事。于是,我们处于一种自相矛盾的境地。蛋白质分子没有 DNA 就不能存在,DNA 没有蛋白质就无所事事。那么,我们是不是该认为,它们为了互相支持而同时产生呢？如果是的,哇,太好了！

还有,要是没有膜把 DNA、蛋白质和别的生命要素包裹起来,它们也不可能兴旺发达。原子或分子不会独立实现生命。从你身上取下一个原子,它像一粒沙那样没有生命。只有许多原子凑到一起,待在营养丰富的细胞里,这些不同的物质才能参加令人惊叹的舞会,我们称其为生命。没有细胞,它们只是有意思的化学物质。但要是没有这些化学物质,细胞就毫无用处。正如戴维斯所说:"要是一切都需要别的一切,分子社会最初是怎么产生的?"这就好像你厨房里的各种原料不知怎的凑到一起,自己把自己烤成了蛋糕——而且,必要的话,这块蛋糕还会分裂,产生更多的蛋糕。所以,我们把生命称为奇迹,这是不足为怪的。我们才刚刚开始搞个明白,这也是不足为怪的。

那么,是什么促成这神奇的复杂结构呢？哎呀,一种可能是,也许它并不那

---

① 实际上,地球上有 22 种天然存在的氨基酸,更多的尚待发现,但只有其中 20 种对我们及别的生物的形成是必不可少的。第 22 种叫吡咯赖氨酸,是 2002 年由俄亥俄州立大学的研究人员发现的。它只存在于太古代的巴氏甲烷八叠球菌之中(一种基本的生命形式,我们过一会儿还要讨论这个问题)。

么——并不那么——神奇,就像乍一看来的那样。以那些不可思议的蛋白质分子为例,我们假设,我们所看到的奇迹般的排列,是在形成完毕以后才出现的。要是在那台大老虎机里,有的转轮可以受到控制,就像玩滚木球游戏的人可以控制几根大有希望的木柱一样,那会怎么样?换句话说,要是蛋白质不是一下子形成的,而是慢慢地演化的,那会怎么样?

请你想象一下,要是你把制造一个人的所有材料都拿出来——碳呀,氢呀,氧呀,等等,和水一起放进一个容器,然后用力摇一摇,里面就走出来一个完整的人。那将会是不可思议的。哎呀,那基本上就是霍伊尔和其他人(包括许多热心的特创论者)提出的。他们认为,蛋白质是一下子自发形成的。蛋白质不是——也不可能——这样形成。正如理查德·道金斯在《盲人钟表匠》一书中所说,肯定有某种日积月累的选择过程,使得氨基酸聚集成块状。两三个氨基酸分子也许为了某种简单目的联结起来,一段时间以后撞在一起成为类似的小群体,在此过程中"发现"又有了某些改进。

这种与生命有关的化学反应实际上比比皆是。我们也许无法按照斯坦利·米勒和哈罗德·尤里的方式从实验室制造出来,但宇宙干这事儿很容易。大自然里许多分子聚在一起形成长长的链子,名叫聚合物。糖分子经常聚在一起成为淀粉。晶体会干许多栩栩如生的事——复制呀,对环境的刺激作出反应呀,呈现复杂的图案呀。当然,它们从来不制造生命本身,但它们反复展示,复杂的结构是一种自然、自发、完全可靠的事。整个宇宙里也许存在大量生命,也许不存在,但不乏有序的自发聚合。它存在于一切东西,从对称的雪花到土星的秀丽光环。

大自然聚合事物是如此干劲十足,许多科学家现在认为,生命比我们认为的还要不可避免——用比利时生物化学家、诺贝尔奖获得者克里斯蒂安·德迪夫的话来说:"只要哪里条件合适,物质的专性表现势必发生。"德迪夫认为,很有可能,这样的条件在每个星系里大约会遇到 100 万次。

当然,在赋予我们生命的化学物质里,没有什么非常奇特的东西。要是你想制造另一个有生命的物体,无论是一条金鱼,一棵莴苣,还是一个人,你其实只需要 4 种元素:碳、氢、氧和氮,加上少量几种别的东西,主要是硫、磷、钙和铁。把 30 多种这类混合物放在一起,形成糖、酸和其他的基本化合物,你就可以制造任何有生命的东西。正如道金斯所说:"关于制造有生命的东西的物质,也没有什么特别的地方。有生命的东西是分子的组合,与其他一切东西没有两样。"

归根结底,生命是不可思议的,令人满意的,甚至可能是奇迹般的,但并不是完全不可能的——我们已经反复以我们自己的朴素存在证明了这一点。没有错儿,有关生命起源的许多细节现在依然难以解释。你在书上读到过的有关生命所必需的条件,每种情况都包括了水——从达尔文认为的生命始发地"小水塘",到现在最普遍认为的生命始发地冒着气泡的海洋喷气口。但他们都忽视了一个事实：把单体变成聚合体包含一种反应，即生物学上所谓的"脱水缩合"。正如一篇重要的生物学文章所说，说得也许有点儿令人不大舒服："研究人员一致认为，由于质量作用定律，在原始的大海里，实际上在任何含水的媒体里，这样的反应在能量方面是不大有利的。"这有点像把砂糖放进一杯水里，指望它结成一块方糖。这不该发生，但在自然界却不知怎的发生了。这一切的化学过程到底怎么样，这个问题已经超出了本书的宗旨。我们只要知道这样的一点就够了：要是你弄湿了单体，单体就不会变成聚合体——除了在制造地球上的生命的时候。情况怎么是这样发生，为什么会发生，而不是那样发生？这是生物学上一个没有回答的大问题。

近几十年来，地球科学方面有许多极其令人感到意外的发现。其中之一，发现在地球史早期就产生了生命。直到20世纪50年代，还认为生命的存在不超过6亿年。到了70年代，几位大胆的人士觉得也许在25亿年前已经有了生命。但是，如今确定的38.5亿年确实早得令人吃惊。地球表面是到了大约39亿年前才变成固体的。

"我们只能从这么快的速度推断，细菌级的生命在有合适的条件的行星上演化并不'困难'"。斯蒂芬·杰伊·古尔德1996年在《纽约时报》上说，他在别的场合也说过。我们不得不下个结论："生命一有可能就会产生，这是化学上势必会发生的事。"

实际上，生命出现得太快，有的权威人士认为这肯定有什么东西帮了忙——也许是帮了大忙。关于早期生命来自太空的观点已经存在很长时间，偶尔甚至使历史生辉。早在1871年，开尔文勋爵本人在英国科学促进协会的一次会议上也提出过这种可能性。他认为："生命的种子可能是陨石带到地球上的。"但是，这种看法一直不过是一种极端的观点，直到1969年9月的一个星期天。那天，成千上万的澳大利亚人吃惊地听到一连串轰隆隆的声音，只见一个火球从东到西划过天空。火球发出一种古怪的格格声，还留下了一种气味，有的人认为像是甲基化酒精，有的人只是觉得难闻极了。

火球在默奇森上空爆炸，接着石块似雨点般地落下来，有的重达5千克以上。默奇森是个600人的小镇，位于墨尔本以北的古尔本峡谷。幸亏没有人受伤。那种陨石是罕见的，名叫碳质球粒陨石。镇上的人很帮忙，捡了90千克左右回来。这个时间真是最合适不过。不到两个月以前，"阿波罗11号"刚刚回到地球，带回来一满袋子月球岩石，因此全世界的实验室都在焦急地等着要——实际上是在吵着要——天外来的石头。

人们发现，默奇森陨石的年代已达45亿年，上面星星点点地布满着氨基酸——总共有74种之多，其中8种跟地球上的蛋白质有关。2001年底，在陨石坠落30多年以后，加利福尼亚的埃姆斯研究中心宣布，默奇森陨石里还含有一系列复杂的糖，名叫多羟基化合物。这类糖以前在地球之外是没有发现过的。

自 1969 年以来,又有几块碳质球粒陨石进入地球轨道——有一块于 2000 年 1 月坠落在加拿大育空地区的塔吉什湖附近,北美许多地方的人都亲眼目睹了那个景象——它同样证明,宇宙里实际上存在着丰富的有机化合物。现在认为,哈雷彗星的大约 25％是有机分子。要是这类陨石经常坠落在一个合适地方——比如地球,你就有了生命所需的基本元素。

胚种说——即生命源自天外的理论——的观点有两个问题。第一,它没有回答生命是如何产生的这个问题,只是把责任推给了别的地方。第二,连胚种说的最受人尊敬的支持者有时也到了猜测的地步。肯定可以说,这是很轻率的。DNA 结构的两个发现者之一费朗西斯·克里克和他的同事莱斯利·奥格尔认为"聪明的外星人故意把生命的种子"播在了地球。格里宾称这个观点"处于科学地位的最边缘"——换句话说,假如这个观点不是一位诺贝尔奖获得者提出的,人家会认为它简直荒唐透顶。我们已经在第三章里提到,费雷德·霍伊尔和他的同事钱德拉·威克拉马辛格认为,外层空间不但给我们带来了生命,而且带来了许多疾病,如流感和腺鼠疫,这就进一步削弱了胚种说的影响。生物化学家们很容易驳斥那些观点。

无论是什么事导致了生命的开始,那种事只发生过一次。这是生物学上最非同寻常的事实,也许是我们所知道的最不寻常的事实。凡是有过生命的东西,无论是植物还是动物,它的始发点都可以追溯到同一种原始的抽动。在极其遥远的过去,在某个时刻,有一小囊化学物质躁动一下,于是就有了生命。它吸收营养,轻轻地搏动几下,经历了短暂的存在。这么多情况也许以前发生过,也许发生过多次。但是,这位老祖宗小囊干了另一件非同寻常的事:它将自己一分为二,产生了一个后代。一小袋遗传物质从一个生命实体转移给了另一个生命实体,此后就这样延续下去,再也没有停止过。这是个创造我们大家的时刻。生物学家有时候将其称之为"大诞生"。

"无论你到世界的什么地方,无论你看到的是动物、植物、虫子还是难以名状的东西,只要它有生命,它就会使用同一部词典,知道同一个代码。所有的生命都是一家。"马特·里德利说。我们都是同一遗传戏法的结果。那种戏法一代一代地传下来,经历了差不多 40 亿年,到了最后,你甚至可以学上一点人类遗传的知识,拼凑个错误百出的酵母细胞,真酵母细胞还会让它投入工作,仿佛它是自己的同类。在非常真实的意义上,它确实是它的同类。

生命的黎明——或者说是很像生命的东西——摆在一位友好的同位素地球化学家办公室的书架上。她的名字叫维多利亚·贝内特。她的办公室位于堪培拉澳大利亚国立大学的地球科学系大楼。贝内特女士是美国人,根据一个为期两年的合同于 1989 年从加利福尼亚来到澳大利亚国立大学,此后一直留在那里。2001 年底我去拜访她的时候,她递给我一块不起眼的又重又大的石头,它由带细条纹的白色石英和一种灰绿色的名叫斜辉石的材料组成。石头来自格陵兰的阿基利亚岛。1997 年,那个岛上发现了极其古老的岩石。那些岩石的年代已达 38.5 亿年之久,代表了迄今为止发现过的最古老的海洋沉积物。

"我们没有把握,你手里拿着的玩意儿里过去是不是存在微生物。你非得将它敲碎了才能搞明白。"贝内特对我说,"但是,它来自过去掘到过最古老的生命的同一矿床,因此它里面很可能有过生命。"无论你怎么仔细搜寻,你也找不到真正的微生物化石。哎呀,任何简单的生物都会在海洋污泥变成石头的过程中被烘烤没了。要是我们把岩石敲碎,放在显微镜下面细看,只会看到微生物残留的化学物质——碳同位素以及一种名叫磷灰石的磷酸盐。二者一块儿表明,那块岩石里过去存在过生物的小天地。"至于那些生物是什么模样的,我们只能猜猜而已,"贝内特说,"它很可能是最基本的生命——不过,它毕竟也是生命。它活过。它繁殖过。"

最后,就到了我们这一代。

要是你打算钻进非常古老的岩石——贝内特女士无疑是这么做的,澳大利亚国立大学长期以来是个首选的去处。这在很大程度上要归因于一位名叫比尔·康普斯顿的足智多谋的人。他现在已经退休,但在 20 世纪 70 年代建立了世界上第一台"灵敏高清晰度离子显微探测器"——或者以它的开头字母更亲昵地被称之为 Shrimp(小虾)。这种仪器用来测定名叫锆石的微小矿石里铀的衰变率。锆石存在于除玄武岩以外的大多数岩石,寿命极长,能够挺过除潜没以外的任何自然过程。绝大部分地壳已经在某个时刻滑回地球内部,但偶尔——比如在澳大利亚西部和格陵兰——地质学家们会发现始终留在地表的岩石。康普斯森的仪器能以无与伦比的精确度测定这些岩石的年代。"小虾"的样品在地球科学系自己的车间里制造和定型,看上去是为了节省开支而用零件组装起来的,但效果相当不错。1982 年进行了第一次正式测试,测定了从澳大利亚西部取回来的一块迄今为止发现的最古老的岩石的年代,得出的结果是 43 亿年。

"用崭新的技术那么快就发现了那么重要的东西,"贝内特对我说,"这在当时引起了一阵轰动。"

她把我领进走廊,去看一眼目前的型号:"小虾 2 号"。那是一台又大又重的不锈钢仪器,也许有 3.5 米长,1.5 米高,坚固得像个深海探测器。来自新西兰坎特伯雷大学的鲍勃坐在前面的操纵台,目不转睛地望着荧光屏上一串串不停变化的数据。他对我说,他从凌晨 4 点起一直守在那里。现在才上午 9 点,他要值班到中午。"小虾 2 号"一天运转 24 个小时。有那么多的岩石需要确定年代。要是你问两位地球化学家这工作是怎么进行的,他们会滔滔不绝地谈到丰富的同位素、离子化程度,等等,这些听上去很可爱,但不容易搞明白。然而,简单来说,他们通过用一串串带电的原子轰击样品,就能测定锆石样品中铅和铀的含量的细微差别,从而精确地确定岩石的年代。鲍勃对我说,识读一块锆的数据大约要花 17 分钟;为了取得可靠的数据,每块锆石你得读上几十遍。实际上,这个过程似乎与分散进行有着差不多的工作量,差不多的刺激,就像去洗衣店那样。然而,鲍勃似乎很快活。实际上,从新西兰来的人似乎都很快活。

地球科学系的院子是个古怪的组合——部分是办公室,部分是实验室,部分是仪器间。"过去什么东西都在里面制造,"她说,"我们甚至有一名自己的吹玻璃工,不过他已经退休了。但我们仍有两名敲石头的正式工。"她发现我脸上露出有点吃惊的神色,"我们有大批的石头要敲。你不得不做非常仔细的准备工作,确保那些石头没有被先前的样品污染——上面没有灰尘,干干净净。这是个相当严谨的过程。"她只给我看几台碎石机。那些机器确实很干净,虽然两名碎石工显然是喝咖啡去了。碎石机旁边有几个大箱子,里面放着各种形状、各种大小的岩石。澳大利亚国立大学确实在处理大批的岩石。

我们转完以后回到贝内特的办公室,我注意到她的墙上挂着一幅宣传画,以艺术家的丰富想象力展示了看上去很像是 35 亿年前的地球。当时,生命才刚刚起步。那个古老的年代在地球科学上叫做太古代。该画表现了一幅陌生的情景,上面有巨大的活火山,红得刺眼的天空,下面有一个冒着水蒸气的古铜色大海。前景的阴影里塞满了一种细菌寄生的岩石,名叫叠层石。它看上去不像是个很有希望产生和孕育生命的地方。我问她这幅画是否画得准确。

"哎呀,有个学派认为,当时其实很凉爽,因为太阳已经弱多了。(我后来获悉,生物学家们开玩笑时把这种看法称为'中国餐馆问题'——因为我们有个光线暗淡的太阳。)要是没有大气,即使太阳很弱,紫外线也会撕碎早期的任何分子键。然而,在那儿,"她轻轻地拍了拍那几块叠层石,"生命几乎就在表面。这是个谜。"

"那么,我们其实不知道当时的世界是什么模样的?"

"嗯。"她想了想,表示赞同。

"无论如何,反正对生命似乎不大有利。"

她和蔼地点了点头:"但是,肯定有适合于生命的东西,要不然我们不会来到这个世界上。"

那个环境肯定不适合于我们。要是你从一台时间机器里出来,踏进那个古老的太古代世界,你会马上缩回去,因为当时的地球上与今天的火星上一样没有供我们呼吸的空气。而且,地球上还充满从盐酸和硫酸中散发出来的毒气,强烈得足以腐蚀衣服和使皮肤起泡。地球上也不会有维多利亚·贝内特办公室里那幅宣传画上所描绘的那种干净而又鲜艳的景色。当时的大气里都是混浊的化学物质,阳光几乎射不到地面。你只能借助经常掠过的明亮的变电,在短时间里看见有限的东西。总之,这是地球,但我们不会认出那是我们自己的地球。

作者简介

比尔·布莱森,著名旅游文学作家。1951 年出生美国艾奥瓦州,毕业于美国德雷克大学。热衷于旅游和写作。从 1973 年起,在英国居住 20 年之久,任职于《泰晤士报》与《独立报》,同时也为《纽约时报》、《国家地理杂志》等刊物撰文。一度曾迁回美国。2003 年,布莱森一家重新回到英国,居住在诺福克郡怀门德姆市。2005 年,布莱森被任命为英国久负盛名的杜伦大学校长,并且被众多大学授予荣誉学位。2006 年 12 月,为表彰他在文学上的杰出贡献,布莱森被英国女王伊丽莎白授予大英帝国官佐勋章(OBE)。2007 年 1 月,爱尔兰都柏林大学文学及历史协会将该年度的詹姆斯·乔伊斯奖授予布莱森。

布莱森擅长用不同的眼光来看待他所游历的世界。在他的书里,英国式的睿智幽默与美国式的洒脱搞笑绝妙地融合在了一起。他的尖刻加上他的博学,使他的作品诙谐嘲谑而雅俗共赏,智睿深刻而举重若轻,他也成了"目前活在世上的最有趣的旅游文学作家"(《泰晤士报》)。

主要著作有《哈!小不列颠》、《欧洲在发酵》、《一脚踩进小美国》、《别跟山过不去》、《请问这里是美国吗?》、《意识层次图》等。其中《哈!小不列颠》更被英国读者推选为"最能深刻传达出英国灵魂的作品"。

作品要览

《万物简史》是一本"外行"(作者的正式头衔是"旅游文学作家")写的书,却被誉为"一本具有里程碑意义的作品","一部现代科普著作的经典";而且,"如果所有学校都将列入科学教育的首选教材,那么它们将变得更加富有吸引力"。乍看其标题,十分宏大,真有点令人难以置信。然而,它却恰如其分地陈述了它所承载的内容,有着宽广的历史跨度,从创世大爆炸直到枯竭的后现代的今天。作者用清晰明了、幽默风趣的笔法,将宇宙大爆炸到人类文明发展进程中所发生的繁多妙趣横生的故事一一收入笔下。书中回溯了科学史上那些伟大与奇妙的时刻,引用了近年来发现的最新科学史料,几乎每一个被作者描述的事件都奇特而且惊人:宇宙起源于一个要用显微镜才能看得见的奇点;全球气候变暖可能会使北美洲和欧洲北部地区变得更加寒冷;1815 年印度尼西亚松巴哇岛坦博士拉火山喷发,喷涌而出的熔岩以及相伴而来的海啸夺走了 10 万人的生命;美国黄石国家公园是"世界上最大的活火山"……而那些沉迷于科学的科学家们也是千奇百怪:达尔文居然为蚯蚓弹起了钢琴;牛顿将一根大针眼缝针插进眼窝,为的只是看看会有什么事情发生;富兰克林不顾生命危险在大雷雨里放风筝;卡文迪许在自己身上做电击强度实验,竟然到了失去知觉的地步……作者以非凡的智慧和幽默,采用一种简单的、让人容易接受的对话体娓娓道来,结合有关现代科学的发现,勾勒了自然的演化史和人们认识宇宙、探索万物的科学历程。

该书 2003 年 5 月在美国出版后,连续数十周高居《纽约时报》、《泰晤士报》排行榜最前列,在世界范围内大受欢迎,畅销至今。前北京大学校长、中科院院士许智宏在该书的中译本序言中说："我十分乐意向中国的广大读者推荐这本既妙趣横生而又令人大开眼界的书,希望它能唤起广大青少年对科学的兴趣,在他们的心里播下热爱科学的种子"。

📖 阅读提示

1. 作者曾在生物化学研究生院学习过,对生物话题具有相当的专业素养。因此,"生命的起源"是全书最精彩、最趣味盎然的章节之一。阅读时不妨注意一下,对那些"听上去很可爱,但不容易搞明白"的专业性很强的知识,作者是怎样讲述得生动易懂的?

2.《万物简史》侧重讲述人类科学探求及其成就的同时,还浸润着浓郁的人文关怀,从科学发展史的角度对"我们是谁? 我们从哪里来? 我们到哪里去?"这一千古命题作了耐人寻味的阐释。相信读者读后会对生命、对人生、对我们所生活的世界产生全新的感悟。一位美国读者说,读过《万物简史》之后,他对死亡不再感到恐惧。作者认为,这是一本书所能获得的最高评价。

3. 虽然《万物简史》机智幽默、谈笑风生,但毕竟是科学作品,我们还是要用心去读、去思考、去探究。例如,作者说"生命是不可思议的,令人满意的,甚至可能是奇迹般的",那么生命的要素究竟有哪些? 真的是"你其实只需要 4 种元素:碳、氢、氧和氮,加上少量几种别的东西,主要是硫、磷、钙和铁。把 30 多种这类混合物放在一起,形成糖、酸和其他的基本化合物,你就可以制造任何有生命的东西"吗? 关于生命形成的学说主要有哪几种? 它们合理或不合理的地方在哪里? 又是怎样证实或证伪的?

4. 关于"生命的起源"的问题,本文显然没有讲完。建议课外继续阅读。若能读完全书的话,你一定会有更大的收获。

📖 推荐书目

①《生命的奥秘》(中央电视台《百家讲坛》栏目组编,中国人民大学出版社,2006)　②《史前生命探索》(《史前生命探索》编写组编著,世界图书出版公司,2010)　③《最新科学指南》([美]阿西莫夫,江苏人民出版社,1999)　④《生命的故事》([美]纽博尔德编著,中国人民大学出版社,2004)　⑤《双螺旋:发现 DNA 结构的故事》([美]詹姆斯·沃森,科学出版社,1987)⑥《生命是什么》([奥]埃尔温·薛定谔,湖南科技出版社,2007)　⑦《生命的未来》([美]爱德华·威尔逊,上海人民出版社,2005)　⑧《情有独钟——麦克林托克传记》([美]伊夫林·凯勒,三联书店,1987)

疾病的奥秘*

[美]R.M.尼斯,G.C.威廉斯

在我们这个设计得十分精巧的身体上,为什么还留下了这么多的弱点使得我们要遭受疾病的痛苦? 自然选择的进化过程既然能够塑造出像眼球、心脏、大脑这样精致灵巧的器官,又为什么没有安排好预防近视、心肌梗塞和老年痴呆这类疾病的措施? 既然我们的免疫系统能够识别和攻击好几百万种异种蛋白,为什么人们还要得肺炎呢? 既然在 DNA 的双螺旋型结构上对一个成年人的亿万个细胞的设计编码都十分可靠地登录在卷,那么我们又为什么不能重新长出一个手指来更换受伤或残废了的那一只呢? 既然我们能够活到 100 岁,又为什么不能活到 200 岁? 科学使我们对于人为什么会患某种疾病有了越来越多的了解,但是对于为什么人会有疾病这个问题,却仍然难以作出解答。尽管我们知道,高脂肪引起心脏病,晒太阳可引起皮肤癌,但是为什么我们仍然喜爱脂肪食物和晒太阳呢? 为什么我们的身体不能疏通堵塞了的血管和修复被阳光伤害了的皮肤? 日光灼伤为什么会造成伤害? 为什么几乎任何事情都可能引起伤害? 为什么在经过了漫长的千百万年之后,我们仍然要受到链球菌的感染?

摆在我们面前的医学奥秘,许多难以解答的谜一样的问题,归结起来就是我们这样一个精致的人体器官中,为什么会有这么多的瑕疵和弱点? 设计上的折衷和妥协方案造成了发生恼人的疾病的可能性。从进化史的角度去考察,这些奥秘就能变成一系列可以解答的问题。为什么达尔文学说的核心理论——自然选择没有在历史的长河中把使我们对疾病易感的基因逐一清除? 为什么没有选出能使我们完全抵抗损伤,促进修复从而消灭衰老的基因?

"自然选择不是万能的"这一简单的搪塞,总的说来并不正确。正确的答案是什么呢? 读者在阅读本书之后将逐渐理解。我们的身体,其实是一个精心安排的折衷方案,一个矛盾的统一体。

我们身体中最简单的构造也足以说明,设计方案之高明已经远远超过了人类文明已经达到的水平。以四肢的长骨为例,它那空心管状结构在使重量降到最小,最节约材料的前提之下,具有最大的强度和弹性。它比同等重量的实心钢杆的强度更高。有专门用途的骨骼又十分巧妙地设计成便于实现其功能的形状;在容易受伤的两端加厚,在受到肌肉

---

* 节选自《我们为什么会生病》([美]R.M.尼斯、G.C.威廉斯著,易凡、禹宽平译,湖南科技出版社,2003)第一章"疾病的奥秘"。

杠杆作用力的地方长出表面突起予以加固。安排一些小沟为娇嫩的神经和血管留下通道。有需要加强时，它会增加自己的厚度。一旦被折断，将沉积更多的骨痂。就是它那空心的内腔也被安排作为新生的血细胞的摇篮。

生理学更加令人惊叹不已。试想一台人工肾，像冰箱那么大，却只能完成天然肾脏的一小部分功能。再看现在质量最好的人工心脏瓣膜，也只能使用不多的几年时间，而且每打开、关闭一次都会挤碎一些红细胞，然而天然的心脏瓣膜却能在一生中柔和地启闭大约二十五亿次之多。或者再看看我们的大脑，能把生活中经历的许多细节编码记忆，在几十年之后可以在不到一秒的时间里检索出来。人类文明还没有发明运算速度这么快，记忆存储量这么大的计算机。

身体还有惊人的精密灵巧的调节系统。以和谐的激素调节为例，它要配合生命活动的每一个侧面，从食欲到生育，受到一层又一层反馈回路的控制，比任何现代化的化工厂都要复杂。再看那感觉运动系统错综复杂的线路板：影像落在视网膜上，每个视网膜细胞经视神经向大脑的解码成像中心送出信号，成像、辨色、判断它的运动速度，访问记忆中枢，识别了这个影像是一条蛇。然后立即联络恐惧中枢和决策中枢，决定开始一个动作。运动中枢立即指令应当收缩的肌肉收缩，把手赶快挪开——这全部活动是在不到一秒的时间里完成的。

骨骼的解剖、激素的生理学、神经系统的网络——我们的身体里有上千个美轮美奂的、令人惊喜、令人感叹的完美的设计方案。然而，也有不少地方相反地、似乎是不可饶恕地粗率。举个例子：把食物送进胃里去的食管和把空气送进肺里去的气管会在咽喉交叉。这种低劣的设计，无疑是埋伏了交通事故的一个重大隐患，我们每次吞咽都必须把气管关闭以免被呛。再看近视的问题：万一你是人群中 25％ 那不幸的带有近视基因的人之一，你就几乎肯定会变成近视眼，只能在老虎已经十分靠近，你快要变成它的佳肴时才能看见它。为什么这种基因没有在进化过程中淘汰掉？再看动脉粥样硬化：一个庞大的血管网络系统，精确地不多不少地把所需要的血液分送到全身各个部分，然而却会发生胆固醇沉积在动脉壁上这样的问题，结果使血流不畅，引起心肌梗塞和中风。这就好像是马自达和奔驰公司的设计师在汽车油路设计上使用了一段吸苏打水的塑料管！

我们身体的设计还有不少不恰当、不合适的地方。每个这种不相称的设计都成为医学上需要探索和研究的奥秘。我们为什么有变态反应（又称过敏反应）？免疫系统当然是有用的，但是为什么对花粉免疫就有害？还有，为什么我们的免疫系统，我们身体里的公安部门会"违法行政"，攻击我们自身的组织引起诸如风湿热、关节炎、甲状腺功能亢进症、糖尿病、红斑狼疮以及多发性硬化这些自身免疫病？还有妊娠时的反应，恶心和呕吐，真不好理解！当一位将要做妈妈的女士正是需要营养供应子宫里正在发育成长的胎儿的时候，却因为恶心而吃不下东西，甚至还要因为呕吐而把已经吃下去的东西吐出来！对于人人都会发生的衰老这种最公平的不幸，也是我们难以理解的一个问题。

甚至我们的行为和情绪也似乎是由一个好搞恶作剧的上帝设计的。为什么我们偏爱那些对我们的身体有害的食物：油脂、奶油和糖，却都不大喜欢蔬菜和粗粮？为什么明明知道自己已经太胖，在打算控制自己的食欲时，意志却显得那么不坚强？为什么男女之间的性反应那么不容易配合，为什么没有设计成双方一道达到性高潮，同时获得最大满足的模式？为什么我们之中有那么多人总是忧心忡忡，一生中都像马克·吐温所说的那样"为从未发生过的灾难痛苦"？为什么我们的快乐总是那么短暂，那么一瞬即逝？在刚刚达到一个长期为之奋斗的目标之后所产生的不是成功的满足，而是又一个还没有达到的目的的新欲望？对我们这个身体的设计，看来是既有超越一般水平的精确性，又有难以置信的疏忽。好像是宇宙间上帝麾下的那些最高明的设计师在礼拜天把事情交给了一个马虎草率的专门会把饭烧糊的徒弟。

疾病的两类原因：近因和进化史原因

为了解释这些矛盾，我们必须找出每种疾病的进化方面的原因。现在已经十分清楚，疾病的进化方面的原因与人们平常所说、所想的不一样。以心肌梗塞为例，吃多了脂肪食物又兼有易患动脉粥样硬化的基因是心绞痛或梗塞的主要病因。这些是生物学家所说的"近因"。我们在这里更加关心的是"进化史的原因"，追溯到远古时代，我们为什么被设计成现在这个样子。研究心绞痛和心肌梗塞，进化学家要了解为什么自然选择没有剔除掉促使人们喜好脂肪食物的基因和胆固醇沉积的基因。近因所阐明的问题，是机体现在怎样在运转，为什么有的人得病而另外一些人不得病。进化史原因要阐明就整体而言，为什么人类对某一些疾病易感，对另一些又不易感。我们要知道为什么人体的某些部分那么容易衰竭，为什么我们会患某些病而不患另外那些病。

当近因和进化史原因对疾病的解释更加仔细、更加明确地区别开来之后，生物学中的许多问题将更加具有意义。近因描述一种生物性状、品质、特性——它的解剖、生理和生物化学，以及它从受精卵中的一小片 DNA 上面的遗传信息发育成人的规律。进化论的解释所要阐明的是为什么这一小片 DNA 特地专门规定了这种生物性状，而我们又为何独有编码这一种结构的 DNA 而不是另外的一种。近因和进化史原因的解释是不能互相替代的——对于理解每一种生物性状，两者都是必要的。关于外耳廓的近因的研究，包括它怎样使声音聚焦，它由哪些组织构成，它的神经和血管，以及它怎样从胚胎型发育成成人型这样一些知识和信息。尽管我们已经对这些问题有了彻底的、充分的了解，我们还需要从进化史方面了解这样的一种构造对于人类有哪些好处,才在自然选择的过程中被选择留下来;是怎样从这远古时代的什么形式逐渐经过自然选择而演变成今天这个样子的。再看味蕾,近因解释是它的构造和化学,怎样检测到咸、甜、酸、苦味,怎样把这些信息转变为经过神经原传送给大脑脉冲的,而进化史的解释则要说明,味蕾为什么只检测咸、甜、酸、苦,而不检测其它的化学特性,检测这四种化学特性对于具备这种能力的动物在生存竞争中有些什么帮助。

近因所解答的是"什么?"和"怎样?"——是关于构造和机制的问题;进化史方面解答的是"为什么?"——是关于起源与功能的问题。大部分医学研究是寻找近因,解释机体的某些部分怎样工作,或者某种疾病怎样打乱了这一正常功能。生物科学的另外一半,则试图解释为什么以及怎样会是现在这样,在医学中是不够重视的,或者没有重视的。当然,这并非完全不关心另外的一半。生理学的基本任务就是要弄明白每一个器官正常做些什么,整个生物化学领域是为了了解代谢机制是如何工作的,为了什么而工作的。但是在临床医学中,对进化、对自然选择在疾病病因中的地位、作用、意义的探索,最多也不过是三心二意的。因为疾病总是被认为是一种不必要的、反常的现象,去研究它的"进化"史,便似乎迹近荒谬了。然而,从进化史的角度去研究疾病,并非研究疾病有什么好处,而是去了解生物设计定型过程所造成的对疾病的易感性的历史根源。机体设计定型方面显而易见的缺陷,同自然界的一切事物一样,只能通过近期原因和历史原因两方面的研究才能充分予以理解。

进化论的解释是不是纯推理性的且只有纯思辨的意义?不完全这样。例如,妊娠呕吐,如果确实是西雅图的研究员马季·普罗费(Margie Profet)所推断的那样,这种发生在妊娠早期的恶心、呕吐,以及厌食,是为了防止发育中的胎儿免受毒素的伤害发生畸形而选择进化出来的,那么症状便应当在胎儿组织分化时开始,应当在胎儿变得不那么容易受伤害时减轻,而且应当首先拒绝那些含有最可能干扰胎儿发育的有毒物质的食物。而我们所能看到的,有不少事实与这些推测相符合。

从进化论角度提出的假说,因而将有可能预测近因机制可能发生的问题。例如,如果我们的进化论假说认为感染时所出现的缺铁不是感染的直接原因(不是贫血所致抵抗力减弱),而是机体防御机制的一个组成部分,我们便可以预测补铁将可能使感染恶化——确实如此。试图判断疾病的进化史根源,远不是一种思辨游戏。它确实是一种有意义的,但是没有被我们充分利用的,对于疾病的了解、预防和治疗都是非常有用的工具。

📖 **作者简介**

R.M.尼斯,医学博士,密执安大学医学院精神病学教授和教育及学术事务副主任。作为一名医生,他一直为精神病学缺乏理论基础而感到苦恼,他对进化论思想在动物行为学研究中取得的突出进展十分感兴趣,从而与密执安大学的"进化和人类行为研究规划"取得联系,并取得研究成果。他组建了人类行为和进化学会,并曾任主席。"尼斯博士对中国和中国人民一直具有一种深厚的感情,因为他的父亲是在中国的河南省信阳地区出生和长大的。"(《我们为什么会生病》中译本序言)

G.C.威廉斯,医学博士,纽约州立大学的荣休教授。主要从事海洋生态学研究和进化的理论研究。20世纪80年代产生把进化论思想应用于医学研究的兴趣。威廉斯在进化遗传学方面的造诣,包括遗传病许多明确的原理的知识,以及他早年对衰老过程的进化论研究奠定了将进化论学说与老年医学结合起来的基础。1995年《自然》周刊曾称之为"我们这个时代最杰出的进化论专家之一"。

作品要览

《我们为什么会生病》的副标题开门见山地表明了本书所张扬的学说——"达尔文医学的新科学"。其实本书英国版书名《进化与治愈》似乎更直截了当地揭示了本书的题旨:依据进化生物学的观点来理解人类疾病的起因。

在这个新开创的考察进化论和医学的领域里,尼斯和威廉斯博士指出,疾病的许多方面不过是进化过程的副作用。人类经过百万年的进化,无数代的繁衍,在不断的修正身体的弱点和设计错误,但又会不断的面对新的问题和错误,然后再进化、再修正。人类身体会随着大自然遭到创伤,然后被进化治愈,再创伤、再治愈,这就是人类的进化史。事实上,人类和他们的敌人——病毒、细菌和寄生虫之间不断的战争——确实是一场进化史中的军备竞赛,在这场竞赛中,我们人类需要利用关于自然选择的知识使我们永远处于领先地位。作者指出,达尔文医学的贡献之一是,表明了自然选择怎么能够成为极其有效的适应性基础,而同时使我们容易遭受病痛。人的这种脆弱性不是来自机体的任何规划或代谢失衡,而是来自自然选择过程的基本的限制。我们不能改变这一切,但是我们能够理解它,由此找到种种方法来保护我们自己,使人类生活更加美好。所以,"我们一致认为进化生物学对医学进步的促进是很重要的,有必要把这种思维方法、思想传播给更多的人。"

事实上,作者也承认,达尔文医学是一个全新的领域,还处于婴儿期,在医学上还不能认为是权威的结论,指导临床实践就更要慎重。现在还只是把进化论思想在医学中做一些尝试性的运用,还不能直接指导人们怎样保护自己的健康,治疗疾病。然而它已不只是一些零星的观念,它正在以越来越快的速度显示许多令人惊叹不已的进展。达尔文医学之人文关注的更重要的体现在于它对现代生活方式的批评和适当改造的建议上;这一点更受世人重视。倘若问及,现代西方医学会认同达尔文医学吗?现代医学的最新进展以肯定的口吻回答了这个问题。

对于一般的读者来说,该书关于我们的身体为什么这样对创伤和疾病作出反应的探索及其论述,是通俗易懂、很有说服力且发人深省的。说它"用进化论颠覆你的健康常识"并不过分。因而,该书被誉为"近50年来在生物医学领域里写得很重要的一本书"。相信所有认真读过这本书的人都会同意作者的说法:

——"我们确信书中的信息对整个人类都是重要的。"

阅读提示

1. 阅读本文要有转变观念、颠覆常识的思想准备。因为按习惯思维,"疾病总是被认为是一种不必要的、反常的现象,去研究它的'进化'史,便似乎迹近荒谬了"。换个角度认识自己的身体及其染恙、痊愈的机制和原理,应该会得到有益的启发。

2. 按本文的思路,我们的机体,哪些设计和功能是精巧、合理的? 又有哪些是不恰当的,先天就留下了漏洞或"后门"?

3. 本文告诉我们,人体生病的原因有"近因和进化史原因",而"我们在这里更加关心的是'进化史的原因'"。这种关心意义何在?

4. 有兴趣的话,阅读全书,看看能否结合现实情况,思考达尔文医学有哪些人文的和实用的价值。

推荐书目

①《身边的医学》(杨威等编著,中国林业出版社,2004)　②《人体使用手册》(吴清忠,花城出版社,2006)　③《医学的故事:从巫术到现代医学的有趣历程》(王威,中国商业出版社,2008)　④《医学人文十五讲》(王一方,北京大学出版社,2006)　⑤《大医精诚》(中央电视台《大家》栏目组编,商务印书馆,2005)　⑥《大流感:历史上最致命瘟疫的史诗》([美]约翰·M.巴里,上海科技教育出版社,2008)　⑦《医疗大趋势:明日医学》([美]斯蒂芬编著,科学出版社,2009)　⑧《护理札记》([英]南丁格尔,中国人民大学出版社,2004)　⑨《医药文化史》([德]卡尔格·德克尔,三联书店,2004)　⑩《勾勒姆医生:作为科学的医学与作为救助手段的医学》([英]柯林斯、[英]平奇,上海科技教育出版社,2009)

第十四单元

天高地迥

　　这一单元的两篇文章,分别节选自谈"天"说"地"的两部名著。

　　天文学是观察和研究宇宙间天体的学科,是自然科学中的一门基础学科。早在远古时期,随着人们对日月经天、斗转星移、昼夜更替、寒来暑往等自然现象观测和认识的逐渐深化,在中国、巴比伦、埃及和印度等文明古国,天文学便开始萌芽、发展了。到了近代,天文学成为科学革命的摇篮,是推动人类科学进步的源泉之一。天文学对于人类文明进步与自然科学发展的推动作用主要体现在两个方面:一是天文观测对重大科学理论的建立提供依据和进行正确性检验,例如天文观测精确地检验了牛顿力学、爱因斯坦广义相对论等;另一方面在对地球、生命及其在宇宙中的地位的认识过程中,新的天文观测发现逐渐地、不断地深刻改变着整个人类的宇宙观。德国诗人歌德曾说:"哥白尼撼动人类意识之深,自古无一种创见、无一种发明,可与之相比。"

　　宇宙学是天文学的一个分支。它从整体的角度来研究宇宙的结构和演化,研究人类在一定时代观测直接和间接所及的最大天体系统以及用物理理论把握的宇宙作为整体的性质。作为宇宙里高等生物的人类不会满足于自身的生存和种族的绵延,与生俱来的好奇心和求知欲驱动人们一代代不懈地努力,探索着存在和生命的意义。

　　天文领域的观测、发现及研究成果,深刻地影响和改变着整个人类的宇宙观,不断加深人类对宇宙的认识。这种在理性指导下的实践活动体现了现代的科学探索精神,也必将为人类认识自然、与自然和谐相处带来无穷的益处。

　　相对于天文学来说,地理学则是一门"脚踏实地"的学科。地理很古老,起源于远古时代,比物理、化学、生物、地质和其他许多科学历史悠久得多。在漫长的历史进程中,地理学的内容和对象也在变化之中。在相当长的时间(几个世纪)里,由于受当时科学发展水平所限,地理学实际上仅是一门描述性(材料收集)的学科。其成就只不过是使之成为一种具有极其丰富知识的百科全书——它指出了地球表面各种地物的所在地,回答了"在哪里"的问题。而真正意义上的科学,则应当回答"怎么样"和"为什么"的问题。到了19世纪末,地理学才根据物理、化学、生物学的基本规律,开展对于地表各种自然现象在相互交错影响下各种复杂规律的研究工作,具有了现代科学的性质。而最近几十年,地理学开始发生特别急剧的变化;时至今日,地理学已是一个由共同起源和共同目标联系起来的自然科学(自然地理)和社会科学(经济地理)的复杂分支体系(或称为"家族")。

在我们普通读者看来,至少有一点吸引着我们:地理学日益发展成为精确的"实验室"的学科,它的主要"实验室"始终是自然界本身;于是,"地理学"这个词不仅要与一些枯燥无味的名称和统计资料、表格联系起来,而且还要与浪漫主义的长途旅行和神秘地方的探险、与遥远国度和海洋的异地风光、与垦荒者和航海家的丰功伟绩联系起来——诚如房龙《地理的故事》结尾,那个小女孩爱丽丝所问:"假如不去旅行,地理又有何用呢?"

这两门学科都内容丰富,分支庞杂。本单元所选,虽似一鳞半爪,却也能一斑窥豹。考虑到它们的专业特点,我们建议,在阅读时可注意两点。

(一)由于学科手段的制约和观察探测范围的局限,天文学及宇宙学至少在目前阶段,还不能完全摒弃"思辨"的认识方法。故而在阅读时,要留意天文科学家是怎样依据观察探测等手段获得的材料深入思考,从而总结、归纳、推断,得出新思路、新观点,进而再通过实验观察等方法来验证、修正、完善新理论、新学说的。体会、欣赏和学习科学逻辑思维的预见性、严谨性和实证性。

(二)地理学的研究,离不开大自然这个"实验室",而且它的研究对象是我们所赖以生存和发展的地理环境,这就决定了这门科学与我们每一个人都有着紧密的联系。所以,我们可以而且应该着眼于"人地关系",关注如何才能可持续保持和发展"地灵"与"人杰"的双边互惠,使人类得以长久地诗意地生活在这个"地"球上。有条件的话,你还可以身体力行"行万里路,读万卷书"的古训,使你的地理阅读更富有挑战性。

另外,对这两门学科所涉及的一些比较枯燥繁琐的数字和图表等,都可以暂且放过,先不纠缠,以领悟核心本质的理念观点为要。

我们的宇宙图象*

［英］霍　金

　　一位著名的科学家（据说是贝特郎·罗素）曾经作过一次关于天文学方面的讲演。他描述了地球如何绕着太阳运动，以及太阳又是如何绕着我们称之为星系的巨大的恒星群的中心转动。演讲结束之时，一位坐在房间后排的矮个老妇人站起来说道："你说的这些都是废话。这个世界实际上是驮在一只大乌龟的背上的一块平板。"这位科学家很有教养地微笑着答道："那么这只乌龟是站在什么上面的呢？""你很聪明，年轻人，的确很聪明，"老妇人说，"不过，这是一只驮着一只一直驮下去的乌龟群啊！"

　　大部分人会觉得，把我们的宇宙喻为一个无限的乌龟塔相当荒谬，可是为什么我们自以为知道得更多一些呢？我们对宇宙了解了多少？而我们又是怎样才知道的呢？宇宙从何而来，又将向何处去？宇宙有开端吗？如果有的话，在这开端之前发生了什么？时间的本质是什么？它会有一个终结吗？在物理学上的一些最新突破，使一部分奇妙的新技术得以实现，从而对于回答这些长期以来悬而未决问题中的某些问题有所启发。也许有一天这些答案会像我们认为地球绕着太阳运动那样显而易见——当然也可能像乌龟塔那般荒唐可笑。不管怎样，唯有让时间来判断了。

　　早在公元前 340 年，希腊哲学家亚里士多德在他的《论天》一书中，就已经能够对于地球是一个圆球而不是一块平板这一论点提出两个很好的论据。第一，他认为月食是由于地球运行到太阳与月亮之间而造成的。地球在月亮上的影子总是圆的，这只有在地球本身为球形的前提下才成立。如果地球是一块平坦的圆盘，除非月食总是发生在太阳正好位于这个圆盘中心之下的时候，否则地球的影子就会被拉长而成为椭圆。第二，希腊人从旅行中知道，在越往南的地区看星空，北极星则显得越靠近地平线。（因为北极星位于北极的正上方，所以它出现在处于北极的观察者的头顶上，而对于赤道上的观察者，北极星显得刚好在地平线上。）根据北极星在埃及和在希腊呈现出来的位置的差别，亚里士多德甚至估计地球大圆长度为 4 000 000 斯特迪亚。现在不能准确地知道，一个斯特迪亚的长度究竟是多少，但也许是 200 码左右，这样就使得亚里士多德的估计为现在所接受数值的两倍。希腊人甚至为地球是球形提供了第三个论据，否则何以从地平线外驶来的船总是先露出船帆，然后才是船身？

---

　　* 节选自《时间简史》（［英］史蒂芬·霍金著，许明贤、吴忠超译，湖南科技出版社，1995）第一章。本文有调整。

亚里士多德认为地球是不动的，太阳、月亮、行星和恒星都以圆周为轨道围绕着它转动。他相信这些，是由于神秘的原因，他感到地球是宇宙的中心，而且圆周运动最为完美。在公元后两世纪，这个思想被托勒密精制成一个完整的宇宙学模型。地球处于正中心，包围着它的是八个天球，这八个天球分别负载着月亮、太阳、恒星和五个当时已知的行星：水星、金星、火星、木星和土星（图略）。这些行星被认为是沿着附在相应天球上的更小的圆周运动，以说明它们在天空中被观察到的相当复杂的轨迹。最外层的天球被镶上固定的恒星，它们总是停在不变的相对位置，但是总体绕着天空旋转。最后一层天球之外为何物一直不清楚，但有一点是肯定的，它不是人类所能观测到的宇宙的部分。

托勒密模型为预言天体在天空的位置提供了相当精密的系统。但为了正确地预言这些位置，托勒密必须假定月亮轨道有时离地球比其他时候要近一倍，这意味着月亮有时看起来要比其他时候大一倍。托勒密承认这个瑕疵，尽管如此，他的模型虽然不是普遍地、却是广泛地被接受。它被基督教接纳为与《圣经》相一致的宇宙图象。这是因为它具有巨大的优点，即在固定恒星天球之外为天堂和地狱留下了很多地方。

然而，1514年一位名叫尼古拉·哥白尼的教士提出了一个更简单的模型。（起初，可能由于害怕教会对异端的迫害，哥白尼只能将他的模型匿名地流传。）他的观念是，太阳是静止地位于中心，而地球和其他行星绕着太阳作圆周运动。将近一个世纪以后，他的观念才被认真地接受。后来，两位天文学家——德国的约翰斯·开普勒和意大利的伽利雷·伽利略开始公开支持哥白尼的理论，尽管它所预言的轨道还不能完全与观测相符合。直到1609年，亚里士多德——托勒密的理论才宣告死亡。那一年，伽利略用刚发明的望远镜来观测夜空。当他观测木星时，发现有几个小卫星或月亮绕着它转动。这表明不像亚里士多德和托勒密所设想的，并不是所有的东西都必须古板围绕着地球转。（当然，仍然可能相信地球是静止地处于宇宙的中心，而木星的卫星沿着一种极其复杂的轨道绕地球运动，表观上看来它们是绕着木星转动。然而哥白尼理论是简单得多了。）同时，开普勒修正了哥白尼理论，认为行星不是沿圆周而是沿椭圆（椭圆是被拉长的圆）运动，从而使预言最终和观察相互一致了。

就开普勒而言，椭圆轨道仅仅是想当然的，并且是相当讨厌的假设，因为椭圆明显地不如圆那么完美。虽然他几乎是偶然地发现椭圆轨道能很好地和观测相符合，但却不能把它和他的行星绕太阳运动是由于磁力引起的另一思想相互调和起来。对这一切提供解释是晚得多的事，那是由于1687年伊萨克·牛顿爵士出版了他的《数学的自然哲学原理》，这部也许是有史以来物理科学上最重要的单独的著作。在这本书中，牛顿不但提出物体如何在空间和时间中运动的理论，并且发展了为分析这些运动所需的复杂的数学。此外，牛顿提出了万有引力定律，根据这定律，宇宙中的任一物体都被另外物体所吸引，物体质量越大，相互距离越近，则相互之间的吸引力越大。

这也就是使物体落到地面上的力。(由于一个苹果落到牛顿的头上而使他得到灵感的故事,几乎肯定是不足凭信的。所有牛顿自己说过的只是,当他陷入沉思之时,一颗苹果的落下使他得到了万有引力的思想。)牛顿继而指出,根据他的定律,引力使月亮沿着椭圆轨道绕着地球运行,而地球和其他行星沿着椭圆轨道绕着太阳公转。

哥白尼的模型摆脱了托勒密的天球,以及与其相关的宇宙存在着自然边界的观念。"固定恒星"除了由于地球绕着自身的轴自转引起的穿越天空的转动外,不改变它们的位置,很自然会使人设想到固定恒星是和我们的太阳类似的物体,只是比太阳离开我们远得多了。

按照他的引力理论,牛顿意识到恒星应该相互吸引,看来它们不能保持基本上不动。那么它们会一起落到某处去吗? 在 1691 年写给当时另一位最重要的思想家里查德·本特里的一封信中,他论证道,如果只有有限颗恒星分布在一个有限的空间区域里,这确实是会发生的。但是另一方面,他推断如果存在无限多颗恒星,多少均匀地分布于无限的空间,这种情形就不会发生,因为这时不存在任何一个它们落去的中心点。

当人们议论到无穷时,这种论证是你会遭遇到的一种陷阱。在一个无限的宇宙,每一点都可以认为是中心,因为在它的每一边都有无限颗恒星。正确的方法是很久以后才被意识到的,即是先考虑有限的情形,这时所有恒星都相互落到一起,然后在这个区域以外,大体均匀地加上更多的恒星,看情况会如何改变。按照牛顿定律,这额外的恒星平均地讲对原先的那些根本没有什么影响,所以这些恒星还是同样快地落到一起。我们愿意加上多少恒星就可以加上多少,但是它们仍然总是坍缩在一起。现在我们知道,由于引力总是吸引的,不可能存在一个无限的静态的宇宙模型。

在 20 世纪之前从未有人暗示过,宇宙是在膨胀或是在收缩,这有趣地反映了当时的思维风气。一般认为,宇宙或是以一种不变的状态已存在了无限长的时间,或以多多少少正如我们今天所看的样子被创生于有限久的过去。其部分的原因可能是,人们倾向于相信永恒的真理,也由于虽然人会生老病死,但宇宙必须是不朽的、不变的这种观念才能给人以安慰。

甚至那些意识到牛顿的引力理论导致宇宙不可能静止的人,也没有想到提出宇宙可能是在膨胀。相反的,他们试图修正理论,使引力在非常大距离时成为斥力。这不会对行星运动的预言有重大的影响,然而却允许无限颗恒星的分布保持平衡——邻近恒星之间的吸引力被远隔恒星之间的斥力所平衡。然而,现在我们知道,这样的平衡是不稳定的:如果某一区域内的恒星稍微互相靠近一些,引力就增强,并超过斥力的作用,这样这些恒星就会继续落到一起。反之,如果某一区域内的恒星稍微互相远离一些,斥力就起主导作用,并驱使它们离得更开。

另一个反对无限静止宇宙的异见通常是归功于德国哲学家亨利希·奥勃斯,

1823 年他发表了这个理论。事实上,牛顿的同时代的一些人已经提出过这个问题。甚至奥勃斯的文章也不是貌似有理地反驳这模型的第一篇。不管怎么说,这是第一篇被广泛注意的文章。这无限静止模型的困难,在于几乎每一道视线必须终结于某一恒星的表面。这样,人们可以预料,整个天空甚至在夜晚都会像太阳那么明亮。奥勃斯反驳说,远处恒星的光线由于被它所穿过的物质吸收所减弱。然而如果真是如此,这相干的物质将会最终被加热到发出和恒星一样强的光为止。唯一的能避免整个天空像太阳那么亮的结论的方法是,假定恒星并不是永远那么亮,而是在有限久的过去才开始发光。这种情况下,吸光物质还没加热,或者远处恒星的光线尚未到达我们这儿。这使我们面临着是什么首次使恒星发光的问题。

当然,宇宙开端的问题在这之前很久就被讨论过。根据一些早先的宇宙论和犹太人/基督教/穆斯林传统,宇宙开端于有限的、并且不是非常远的过去的某一时刻。对这样一个开端,有一种议论是感到必须有"第一原因"来解释宇宙的存在。(在宇宙中,你总可以将一个事件解释为由于另一个更早的事件所引起的,但是宇宙本身的存在只有当存在某个开端时才能被解释。)另一种论证是圣·奥古斯丁在他的《上帝之城》的著作中提出的。他指出,文明在进步,我们将记住创造这些业绩和发展技术的人们。这样人,也许宇宙,不可能已经存在了太长的时间。圣·奥古斯丁根据《创世纪》一书,接受公元前 5000 年作为宇宙的被创生的时间。(有趣的是,这和上一次的冰河时间的结束,大约公元前 10000 年相距不远。考古学家告诉我们,文明实际上是从那时开始的。)

另一方面,亚里士多德和大多数其他希腊哲学家不喜欢创生的思想,因为它带有太多的神学干涉的味道。所以他们相信,人类及其周围的世界已经并且将继续永远存在。古代的人们已经考虑到上述的文明进步的论点,用周期性洪水或其他灾难的重复出现,使人类回到文明的开初,来回答上面的诘难。

1781 年,哲学家伊曼努尔·康德发表了里程碑般的(也是非常模糊的)著作——《纯粹理性批判》,在这本书中,他深入地考察了关于宇宙在时间上是否有开端、空间上是否有极限的问题。他称这些问题为纯粹理性的二律背反(也就是矛盾)。因为他感到存在同样令人信服的论据,来证明宇宙有开端的正命题,以及宇宙已经存在无限久的反命题。他对正命题的论证是:如果宇宙没有一个开端,则任何事件之前必有无限的时间。他认为这是荒谬的。他对反命题的论证是:如果宇宙有一开端,在它之前必有无限的时间,为何宇宙必须在某一特定的时刻开始呢?事实上,他对正命题和反命题用了同样的论证。它们都是基于他的隐含的假设,即不管宇宙是否存在了无限久,时间均可无限地倒溯回去。我们将会看到,在宇宙开端之前时间概念是没有意义的。这一点是圣·奥古斯丁首先指出的。当他被问及:上帝在创造宇宙之前做什么?奥古斯丁没有这样地回答:他正为问这类问题的人准备地狱。而是说:时间是上帝所创造的宇宙的一个性质,在宇宙开端之前不存在。

当大部分人相信一个本质上静止不变的宇宙时,关于它有无开端的问题,实在是一个形而上学或神学的问题。按照宇宙存在无限久的理论,或者按照宇宙在某一个有限时刻,以给人的印象似乎是已经存在了无限久的样子启动的理论,我们可以同样很好地解释所观察到的事实。但在 1929 年,埃德温·哈勃作出了一个具有里程碑意义的观测,即是不管你往那个方向看,远处的星系正急速地远离我们而去。换言之,宇宙正在膨胀。这意味着,在早先星体相互之间更加靠近。事实上,似乎在大约 100 亿至 200 亿年之前的某一时刻,它们刚好在同一地方,所以那时候宇宙的密度无限大。这个发现最终将宇宙开端的问题带进了科学的王国。

哈勃的发现暗示存在一个叫做大爆炸的时刻,当时宇宙的尺度无穷小,而且无限紧密。在这种条件下,所有科学定律并因此所有预见将来的能力都失效了。如果在此时刻之前有过些事件,它们将不可能影响现在所发生的一切。所以我们可以不理它们,因为它们并没有可观测的后果。由于更早的时间根本没有定义,所以在这个意义上人们可以说,时间在大爆炸时有一开端。必须强调的是,这个时间的开端是和早先考虑的非常不同。在一个不变的宇宙中,时间的端点必须由宇宙之外的存在物所赋予;宇宙的开端并没有物理的必要性。人们可以想象上帝在过去的任何时刻创造宇宙。另一方面,如果宇宙在膨胀,何以宇宙有一个开端似乎就有了物理的原因。人们仍然可以想象,上帝是在大爆炸的瞬间创造宇宙,或者甚至在更晚的时刻,以便它看起来就像发生过大爆炸似的方式创造,但是设想在大爆炸之前创造宇宙是没有意义的。大爆炸模型并没有排斥造物主,只不过对他何时从事这工作加上时间限制而已!

为了谈论宇宙的性质和讨论诸如它是否存在开端或终结的问题,你必须清楚什么是科学理论。我将采用头脑简单的观点,即理论只不过是宇宙或它的受限制的一部分的模型,一些联结这模型和我们所观察的量的规则。它只存在于我们的头脑中,(不管在任何意义上)不再具有任何其他的实在性。如果它满足以下两个要求,就算是好的理论:它必须在只包含一些任意元素的一个模型的基础上,准确地描述大批的观测,并对未来观测的结果作出确定的预言。例如,亚里士多德关于任何东西是由四元素,土、空气、火和水组成的理论是足够简单的了,但它没有做出任何确定的预言。另一方面,牛顿的引力理论是基于甚至更为简单的模型,在此模型中两物体之间的相互吸引力和它们称之为质量的量成正比,并和它们之间的距离的平方成反比。然而,它以很高的精确性预言了太阳、月亮和行星的运动。

在它只是假设的意义上来讲,任何物理理论总是临时性的:你永远不可能将它证明。不管多少回实验的结果和某一理论相一致,你永远不可能断定下一次结果不会和它矛盾。另一方面,哪怕你只要找到一个和理论预言不一致的观测事实,即可证伪之。正如科学哲学家卡尔·波帕所强调的,一个好的理论的特征是,它能给出许多原则上可以被观测所否定或证伪的预言。每回观察到与这预言相符的新的实验,则这理论就幸存,并且增加了我们对它的可信度;然而若有一个新的观测与之不符,则我们只得抛弃或修正这理论。至少被认为这迟早总会发生的,问题在于人们有无才干去实现这样的观测。

实际上经常发生的是,所设计的新理论确实是原先理论的推广。例如,对水星的非常精确的观测揭露了它的运动和牛顿理论预言之间的很小差异。爱因斯坦的广义相对论所预言的运动和牛顿理论略有不同。爱因斯坦的预言和观测相符,而牛顿的预言与观测不相符,这一事实是这个新理论的一个关键证据。然而我们在大部分实际情况下仍用牛顿理论,因为在我们通常处理的情形下,两者差别非常小。(牛顿理论的另一个巨大的优点在于,它比爱因斯坦理论容易处理得多!)

科学的终极目的在于提供一个简单的理论去描述整个宇宙。然而,大部分科学家遵循的方法是将这问题分成两部分。首先,是一些告诉我们宇宙如何随时间变化的定律;(如果我们知道在任一时刻宇宙是什么样子的,则这些定律即能告诉我们以后的任一时刻宇宙是什么样子的。)第二,关于宇宙初始状态的问题。有些人认为科学只应过问第一部分,他们认为初始状态的问题应是形而上学或宗教的范畴。他们会说,全能的上帝可以随心所欲地启动这个宇宙。也许是这样。但是,倘若那样,他也可以使宇宙以完全任意的方式演化。可是,看起来他选择宇宙以一种非常规则的、按照一定规律的方式演化。所以,看来可以同样合理地假定,也存在着制约初始状态的定律。

毕全功于一役地设计一种能描述整个宇宙的理论,看来是非常困难的。反之,我们是将这问题分成许多小块,并发明许多部分理论。每一部分理论描述和预言一定有限范围的观测,同时忽略其他量的效应或用简单的一组数来代表它。可能这办法是全错的。如果宇宙中的每一件东西都以非常基本的方式依赖于其他的任何一件东西,很可能不能用隔离法研究问题的部分去逼近其完备的答案。尽管如此,这肯定是我们在过去取得进展所用的方法。牛顿引力理论又是一个经典的例子,它告诉我们两个物体之间的引力只决定于与每个物体相关的一个数——它的质量;而与物体由何物组成无关。这样,人们不需要太阳和行星结构和成份的理论就可以计算它们的轨道。

今天科学家按照两个基本的部分理论——广义相对论和量子力学来描述宇宙。它们是本世纪上半叶的伟大的智慧成就。广义相对论是描述引力和宇宙的大尺度结构,也就是从只有几英哩直到大至 1 亿亿亿(1 后面跟 24 个 0)英哩,即可观测到的宇宙范围的尺度的结构。另一方面,量子力学处理极小尺度的现象,例如万亿分之一英寸。然而,可惜的是,这两个理论不是互相协调的——它们不可能都对。当代物理学的一个主要的努力,以及这本书的主题,即是寻求一个能将其合并在一起的理论——

量子引力论。我们还没有这样的理论,要获得这个理论,我们可能还有相当长的路要走,然而我们已经知道了这个理论所应具备的许多性质。在以下几章,人们将会看到,我们已经知道了相当多的量子引力论所应有的预言。

现在,如果你相信宇宙不是任意的,而是由确定的定律所制约的,你最终必须将这些部分理论合并成一套能描述宇宙中任何东西的完整统一理论。然而,在寻求这样的完整统一理论中有一个基本的自相矛盾。在前面概括的关于科学理论的思想中,假定我们是有理性的生物,既可以随意自由地观测宇宙,又可以从观察中得出逻辑推论。在这样的方案里可以合理地假设,我们可以越来越接近找到制约我们宇宙的定律。然而,如果真有一套完整的统一理论,则它也将决定我们的行动。这样,理论本身将决定了我们对之探索的结果!那么为什么它必须确定我们从证据得到正确的结论?它不也同样可以确定我们引出错误的结论吗?或者根本没有结论?

对于这个问题,我所能给出的回答是基于达尔文的自然选择原理。这思想是说,在任何自繁殖的群体中,存在有不同个体在遗传物质和发育上的变异。这些差异表明,某些个体比其他个体对周围的世界更能引出正确的结论,并去适应它。这些个体更可能存活、繁殖,因此它们的行为和思维的模式将越来越起主导作用。这一点在过去肯定是真的,即我们称之为智慧和科学发现的东西给我们带来了存活的好处。这种情况是否仍会如此不是很清楚:我们的科学发现也可以将我们的一切都毁灭。即使不是这样,一个完整的统一理论对于我们存活的机会不会有很大影响。然而,假定宇宙已经以规则的方式演化至今,我们可以预期,自然选择赋予我们的推理能力在探索完整统一理论时仍然有效,并因此不会导致我们得到错误的结论。

因为除了最极端的情况外,我们已有了对所有一切都足够给出精确的预言的部分理论,看来很难以现实的理由为探索宇宙的终极理论辩护。(值得指出,虽然可用类似的论点来攻击相对论和量子力学,但这些理论已给我们带来了核能和微电子学的革命!)所以,一套完整的统一理论的发现可能对我们种族的存活无助,甚至也不会影响我们的生活方式。然而自从文明开始,人们即不甘心于将事件看作互不相关而不可理解的。他们渴求理解世界的根本秩序。今天我们仍然渴望知道,我们为何在此?我们从何而来?人类求知的最深切的意愿足以为我们所从事的不断的探索提供正当的理由。而我们的目标恰恰正是对于我们生存其中的宇宙作完整的描述。

📖 **作者简介**

史蒂芬·威廉·霍金(1942—2018),当代著名科学家,1942 年 1 月 8 日出生于英国牛津。曾先后毕业于牛津大学和剑桥大学三一学院,并获剑桥大学哲学博士学位。当代最重要的广义相对论和宇宙论家。他用毕生精力研究黑洞这普通物理学定理不再适用的时空领域和宇宙起源大爆炸原理。上世纪 70 年代他与彭罗斯一道证明了著名的奇性定理,为此他们共同获得了 1988 年的沃尔夫物理奖。他还证明了黑洞的面积定理。他提出黑洞能发射辐射(现在叫霍金辐射)的预言现在已是一个公认的科学假说。霍金担任着剑桥大学有史以来最为崇高的教授职务,即牛顿和狄拉克担任过的卢卡逊数学教授;是皇家学会会员、大英帝国高级骑士、大英帝国荣誉爵士、美国科学院外籍院士。

霍金是为极富传奇色彩的人物。他恰好诞生在科学伟人伽利略逝世 300 周年纪念日的那一天,这似乎注定了他的一生将坎坷而不凡。21 岁(1963 年)被诊断患"卢伽雷氏症"(肌萎缩性侧索硬化症,俗称"渐冻症"),病情发展使之彻底瘫痪:不能读写,不能行动,甚至无法开口说话;他只能坐在轮椅上,依靠特制的翻页机器阅读,凭借语言合成器"说话",艰难地研究、写作。然而,他的毅力、意志和智慧,却是超人般的匪夷所思、卓异绝伦;他的学说和思想(例如黑洞蒸发理论和量子宇宙论)振聋发聩,惊世骇俗,不仅震动了自然科学界,并且对哲学和宗教也有深远影响。(很有意思的是,霍金的宇宙论事实上使上帝没有存身之处,但梵蒂冈教廷仍对他表示了敬意,教廷科学院将他选为该院院士。)他也无可非议地成为继爱因斯坦之后世界上最著名的科学思想家和最杰出的理论物理学家。霍金的魅力不仅在于他绝对是个物理天才,而且还因为他是一个令人敬佩的生活强者;他不断进取的科学精神和勇敢顽强的人格力量,深深打动了每一个知道他的人。

主要著作有《时空本性》、《广义相对论评述:纪念爱因斯坦百年诞辰》、《霍金讲演录——黑洞、婴儿宇宙及其他》、《果壳中的宇宙》、《在巨人的肩膀上》、《时间简史续编》、《未来的魅力》、《乔治通往宇宙的秘密钥匙》(科幻小说,与他的女儿露西·霍金、他的学生克里斯托弗·加尔法德所合著)等。

作品要览

《时间简史:从大爆炸到黑洞》是霍金的代表作,出版于 1988 年,并获沃尔夫基金奖。该书以非专业读者为对象,力图以普通人能理解的方式来讲解黑洞、宇宙的起源和命运、黑洞和时间旅行等知识。作者想象丰富,构思奇妙,语言优美;论说和描述犹如清泉流水,透彻明丽。围绕"时间有否初始? 又在何处结束?"、"宇宙有限还是无限"等核心问题,作者回顾了有关宇宙的重大理论;深入浅出地解释了伽利略和牛顿的发现;又循循善诱地将读者引向广义相对论和量子力学,分别从宏观和微观来观察思考问题;最后探讨了目前所作的努力:把广义相对论与量子力学结合成重力量子理论,以解决尚未解释清楚的问题,并预言伟大的发现并不遥远。一般认为,该书是关于探索时间本质和宇宙最前沿的通俗读物,是一本当代有关宇宙科学思想最重要的经典著作,它改变了人类对宇宙的观念。

《时间简史》自 1988 年出版以来,广受欢迎,长期雄踞畅销书榜首,至今累计发行量已超过 2 500 万册,被译成近 40 种语言,创下了一个世界纪录。1992 年耗资 350 万英镑被拍成同名电影公映。霍金坚信关于宇宙的起源和生命的基本理念可以不用数学来表达,世人完全可以通过电影这一喜闻乐见的视听媒介来了解他那深奥莫测的学说。

阅读提示

1. 在阅读本文之前，必须先把对天文学的艰深感到畏惧的心理阴影驱散。其实，凭借我们已经掌握的天文基础知识，循序渐进，是能够读懂它并享受其乐趣的。你会发现，这一章很简单，主要是回顾了自古以来对宇宙来龙去脉及现状认识的各种看法和学说，我们可以将其理解为宇宙史的历史。

2. 你肯定已经注意到了，在目前天文学领域里，思辨仍占有相当重要的地位。这突出表现在科学家们以观察收集到的现象和事实为前提，进行严谨有效的逻辑推论，进而提出自己的见解（科学假说）。学习这种科学严谨的思维方法，对你今后的发展是非常有益的。在阅读时，应当关注学者们的推论过程，例如，亚里士多德认识到地球是圆形的，这个结论是如何推出的？牛顿凭什么推断恒星不会"一起落到某处去"？

3. 宇宙学是一个较为特殊的领域，对宇宙的认识的理论，大多以科学假说（也叫科学假设）的形式存在。试着整理一下，本文介绍了哪些重要的假说？

4. 通俗地说，假说的价值和意义，就在于该理论既对当前的部分现象加以解释，又对未来的结果作出预测。因此，"预言最终和观察相互一致"是假说成立的关键因素。然而，让科学家感到郁闷或沮丧的是，由于受各种条件所限，有时"对这一切提供解释是晚得多的事"，因为"正确的方法是很久以后才被意识到的"；有时则始终不能一致。于是，有的理论被肯定，有的则被淘汰，有的则仍在争论不休。

5. 其实每个假说都有不足之处。出于对旧假说的不满，从而提出了新假说；而"所设计的新理论确实是原先理论的推广"，科学理论就是这样相互启发、补充，趋于成熟完善的。按本文介绍，目前最有影响的两种学说各有什么特点？又各有什么不足？

6. 作者认为，什么是科学理论？"好的理论"的标准又是什么？为什么说"任何物理理论总是临时性的"？

7. 作者的理想是，"科学的终极目的在于提供一个简单的理论去描述整个宇宙"；他试图建立怎样的假说理论？

8. 任何一种科学假说都有已知为真理的科学理论作为核心原理。作为作者宇宙理论核心原理的理论是什么？

推荐书目

①《身边的天文学》（徐振成等编著，中国林业出版社，2002）　②《天体是怎样演化的》（李启斌，中国青年出版社，1990）　③《霍金讲演录：黑洞、婴儿宇宙及其他》（[英]史蒂芬·霍金，湖南科学技术出版社，1996）　④《地球以外的文明世界》（[美]阿西莫夫，知识出版社，1983）⑤《时间之箭：揭开时间最大奥秘之科学旅程》（[英]彼得·柯文尼等，湖南科学技术出版社，1995）　⑥《大自然的常数：从开端到终点》（[英]约翰·巴罗，上海译文出版社，2006）　⑦《宇宙新视野》（[美]皮特森、布兰特，湖南科学技术出版社，2006）

日本帝国[*]

［美］房 龙

在侵略邻邦、称霸世界之前，日本本来是一个半圆形岛国，由 500 多个岛屿组成。这些岛屿的总面积与英格兰、苏格兰和曼哈顿面积之和差不多，其中 6 000 万人居住在 518 个岛屿上。据最新统计，包括 2 000 万朝鲜人和一些波利尼西亚岛上的居民在内，日本总人口已逾 9 000 万。自世界大战以来，这些波利尼西亚岛屿一直就成为了日本人的属地。

其实，只要知道本州、北海道、四国和九州这几个岛屿的名字就绰绰有余了。日本中部的主要岛屿是本州。北海道是仅次于本州的第二大岛，位于日本北部。在本州南部，四国和九州这两大岛屿紧挨在一起。东京是日本的首都，拥有人口 200 万，坐落在本州中部肥沃的平原上。横滨是东京的港口。

大阪位于本州南部，是一个更大的城市，也是日本重要的纺织工业中心。京都是日本帝国的旧都，位于大阪的北部。其他一些城市的名字，偶尔在报纸上能够看到，比如大阪的港口神户；还有欧洲各式船只出入最方便的港口长崎（位于南部的九州岛上）。

江户，在历史书上你可能经常见到这个名字，它是幕府时代东京府的旧称。1866 年，幕府失势，天皇从京都移居江户，并改称东京。东京从此进入了一个特别快的发展时代，最终发展成了现代世界最大的一个城市。

然而，这些城市都处于随时被彻底摧毁的威胁之中。这是由于日本列岛位于大亚洲山脉的边缘（日本海、东海和黄海形成的时间都不长，就像使英国成为一个岛屿的北海），正好是从萨哈林岛至荷属东印度群岛（今马来群岛，过去西方国家使用的一个名称——译者注）的爪哇岛——一条火山带的一部分。这条火山带几乎一直是活动的。地震仪观察数据表明，1885—1903 年，日本总共发生地震 27 485 次，年均地震 1 447 次，日均 4 次。当然，大多数地震都不太严重。茶杯轻微地晃动，椅子碰到墙上发出了响声，如此而已。但如果你知道，日本的古都京都在过去的 1 000 多年中曾发生地震 1 318 次，你就会明白这个岛国所处的险境了。这 1 318 次地震中，34 次是纯"毁灭性"的地震，194 次是"强烈地震"。其中，1923 年 9 月的那次大地震，东京几乎被夷为了平地，死亡 15 万多人，有几个小岛，露出水面的只有几英尺高，其余部分都沉到了大海之中。由于地震发生的年代不是很久，人们至今还历历在目。

---

[*] 节选自《房龙讲述地理的故事》（［美］房龙著，汪德春译，东方出版社，2004）第三十九章。

人们常将地震同火山干扰联在一起。火山爆发无疑引起了一些地震,但是,人类生活的表土层下面的岩石层突然坍塌,这就是大多数地震产生的原因。如果这些岩石层的移位不过二三英尺的话,其后果不过是几棵树或几丛灌木被弄倒了而已,但如果正好在人口密集地发生,就可能制造出大灾难,像 1775 年里斯本地震,6 万人遇难,或像 1920 年中国广东地震,丧生者可能高达 20 万。一位最权威的地震专家最保守地估计,人们所谓的"有史以来"的时代,即在过去的 4 000 年里,死于地震的人至少有 1 300 万,不管怎么看,这个数字都相当可观。

当然,任何地方都可能发生地震。一年前,北海海底发生了强烈地震,波及到莱茵河和斯海尔特河河口岛屿上的泥滩,引起了泥滩上面的掘蛤人一阵恐慌,但是,北海海面却仍然风平浪静。日本地震频发,还存在另一个原因。日本列岛地处山脊顶部,这个山脊东部一直向下延伸,并延伸到了目前所能测定出的最深海沟。著名的塔斯卡罗拉海沟有 2.8 万英尺深,目前最深的海沟——马里亚纳海沟只比它深 6 000 英尺。在海岸垂直落差约 6 英里的东部沿岸地区,日本 50% 以上的灾难性地震都发生在这里,这绝非偶然。

然而,同生活在地震带的大多数人一样,日本人并未因这个永久的安全威胁的存在而失眠。他们一日三餐照吃不误,照常耕耘播种,和孩子玩耍,看到查理·卓别林的表演照样哈哈大笑。从多年的教训和实践中,他们摸索出一条经验:用薄纸板建房子。虽然冬天可能出现穿堂风,但当房子突然倒塌时,对居住者来说,危险能降至最低。当然,日本人也仿效西方,比如在东京盖起了摩天大楼,假如遇上大地震,损失将无法估量。但总体上来看,在适应并克服这一无法避免的地理缺陷方面,日本比其他任何国家都做得好一些,如同他们安排生活,成功地做得比大多数西方国家更协调也更具冒险性。这里所说的并非漂亮明信片,上面有在樱花树下喝茶的艺妓,也不是蝴蝶夫人那些美丽的木偶玩具,我只是在把那些游客告诉我们的一切加以重复。他们看到的是昔日的日本,那时,日本人还承袭着传统的风俗习惯和生活方式(其生活方式尤其高雅),还未萌发把这个岛国变成芝加哥和威尔克斯—巴里(美国宾夕法尼亚州东北部的一个城市——译者注)的郊区的企图。日本从旧到新的转变是一个令人难以置信的转变,对于美国的安全和幸福,这一转变无疑产生了巨大的影响,并将突飞猛进地继续下去。因此,我们美国人至少应该对日本人有所认识,不管我们是不是喜欢日本人,只要太平洋不干枯,日本人就和我们比邻。

同中国的历史相比,日本的历史并不悠久。中国的编年史能上溯至公元前 2637 年(大约是奇阿普斯大金字塔的建造时代),而日本最古老的编年史还是从公元 400 年开始的。在那个时候,现在所说的日本大和民族就出现了。其实,严格说来,并不存在"大和民族",日本人和英国人一样也是一个混合民族。阿伊努人是日本列岛最早的居民,由于来自中国南部和马来半岛、中国中部、满洲和朝鲜的人的三次连续入侵,把阿伊努人逐渐驱赶到了比较偏远的北部岛屿。所以,日本最初的文明其实就是中华文明的延续,日本人从中国人那里学来了一切。

后来,日本仿效中国,允许传播佛教,这时,两国关系就更为紧密了。当旧教义被一种新教义所取代时,至少在某种程度上可以说,新教义不可避免地要受旧教义的影响。对所有传教士来说,不论他传播的是基督教,还是伊斯兰教或佛教,都应懂得这个内在的规律。

公元 6 世纪,第一位中国佛教高僧进入了日本。他发现日本有一种本土宗教体系,也可以说是一种与日本人的需要很适合的宗教体系。这种本土宗教叫"神道教",来源于神道一词,相当于美国人所说的"神圣之路"。与亚洲普遍流行的鬼神崇拜相比,神道教是比较高雅的一种宗教。它认为世界是一种摧毁不了的力量,教导人为自己对这个世界所作所为负责,因为不管这个结果多么微渺,它都是永恒存在。日本现代宗教就是佛教和神道教的混合产物。首先,神道教极力强调个人对整个社会的责任与义务。日本人(不一定非是孤僻的人)具有一种信念,一种非常真挚又根深蒂固的信念:每个人对祖国都肩负有一种非常明确的责任。神道教还强调尊敬祖先。但日本人的这种尊敬,并未像中国人那样发展到了荒唐不可收拾的地步。偌大的一个中国被变成了一所巨大的坟墓——死人统治着活人,坟地占据了大量的土地,而这土地本来是用于种植庄稼,养活活人的。

然而,日本文明同中国文明之间一直未出现巨大的分歧,直至 16 世纪晚期,日本国内诸侯拥兵自重,割据一方,对待天皇的态度还不如神圣罗马帝国的骑士对皇帝的尊重。各派势力在经过一段看不到尽头的争吵和战争之后,政府终于被一个铁腕人物控制了。

在遥远的欧洲,800 年前,古法兰克国王的总管把自己的主子推进了寺院,而自己行使国家统治权。由于这些总管比他们的主子更精于统治之道,因此无人提出异议。日本人民受够了将近四百年的内战,只要能获得安宁,他们并不关心谁来充当统治者。因而,当帝国的总管、富有且颇具影响力的德川家族的头面人物成为了帝国的最高统治者时,日本人并不反对,也不站出来捍卫正统的天皇。这位日本大总管声称天皇是地球上的某种神灵,是所有日本人的精神之父,但天皇又是那么遥远,那么神秘,那么完美,就像西藏的喇嘛一样,所以他的真面目永远不能在他的臣民面前显露。

这种统治格局几乎维持了整整 200 年。国家的统治者是居住东京的幕府将军(就是对众所周知的那些统治者们的称呼,相当于美国人的"总司令或最高总司令"),而天皇寂处京都的深宫殿,在豪华的屏风后面,消磨光阴,打发自己的日子。幕府统治时代,日本建立了严格的封建制度,而且,为了完善这一新制度的细节,日本花费了一段很长的时间。在造就日本人民的性格方面,这一制度产生了非常深远的影响,甚至直至今日,日本已开展了近八十年的工业化,但在本质上,日本人仍然是封建主义者。在考虑问题的角度上,他们同欧美竞争者截然不同。

1600 年后,日本统治者明确地把社会划分为三个社会集团,最高层是"大名",由封建贵族成员组成,他们就是大地主;第二阶层是武士,是有继承权的斗士,相当于欧洲中世纪时代的骑士;其余的人都属于第三等级,即平民。

这是一个并不理想的制度,但历史是令人信服的。对政府的任何理论,广大老百姓从未产生过浓厚的兴趣。这就是历史让我们信服的事实。这个政府行吗? 能把安宁与和平给我吗? 能确保我的劳动果实归属于我,不会被他人合法地夺走吗? 这些就是老百姓最关心的问题。

在两百多年的岁月里,这个制度运行得一直很好。日本的政治首脑是幕府将军,被视为国家的精神领袖并加以崇拜的是日本天皇。"身处高位应不负众望",这是大名和武士不得不坚守的一条非常严厉的信念。假如行事违背了宣誓的誓言,就得在最庄严的切腹仪式中剖腹自杀。

那时日本就开始了有点过分拥挤的局面,人们只能勉强维持生活。在兴趣和爱好上,他们一般不会有太多的奢望,而是很有节制,很为俭朴。大自然似乎也是一个忠诚的朋友,黑潮(墨西哥湾暖流的支流,即日本暖流)从荷属东印度北赤道地区发源,先流经菲律宾和日本,后又横渡太平洋,赐福美国西海岸,日本的气候因这股暖流而温和适中。同时,另一条狭窄的冷水带(即北冰洋寒流——译者注)正好从日本东海岸不远处流过,致使日本的气候又没有加利福尼亚那么温暖潮湿。不过,纵然如此,日本的气候还是比中国大陆强得多。

因为迷失了方向,葡萄牙航海家门登斯·平托就登上了日本群岛,之后,一切发展似乎都顺乎自然了。日本原来的历史进程因葡萄牙航海家门登斯·平托的到来而发生了改变。因为葡萄牙人不仅对遥远的国家作拜访,同他们开展贸易,还把宗教信仰带到了这些国家。

葡萄牙基督教的总部设在印度的果阿和中国的澳门。最初,葡萄牙传教士在日本得到了很好的礼遇,幕府当局给他们提供了一切方便和机会,让他们宣扬基督教义较之于长期处于至高无上地位的日本宗教的优越之处。葡萄牙传教士到处布道,皈依的日本人也有许多。后来,一些从属于西班牙的菲律宾群岛的传教团也进入了日本,同样也受到了欢迎。但是,陪伴这些传教士前来的人并不太神圣,而且他们一律身着铠甲,手持奇形怪状的铁棍,铁棍能射出沉重的铅弹,能同时把三名日本普通士兵穿透。当幕府将军发现了这一点时,对这些外国传教士的存在,他们感到不安了。

日本人对当时所发生的那些痛苦事件的观点和看法,美国人直至最近半个世纪才开始有所理解。日本人因这些事件而背上了一个冷酷无情的名声,这和美国人从其他方面的资料所获得的情况完全不同。当时,幕府将军是因为害怕,而不是突然开始讨厌西方人,才决定禁止基督教传教士在日本进一步活动。他们害怕宗教纷争把整个国家弄得四分五裂,担心那些既是船长又是商人的人夺走日本人的财富。船长把和平与祝福的使者运送到日本海岸,然后又满载着分文未付的日本货物离去了。

耶稣在日本影响最大的地方是离葡萄牙在中国的殖民地最近的九州。起初,教父们在九州还谦卑地宣扬耶稣基督如何如何,可一旦占了上风,就动手把日本人原来的庙宇拆毁掉,把日本人的偶像破坏掉,成千上万的农民和贵族在他们枪口的威逼之下而接受了十字架。

当时的铁腕人物丰臣秀吉得知了所有这些情况后,他意识到出现了不可避免的后果。于是,他声明:"基督教牧师们来日本弘扬德行,其实呢,他们的德行却是一个工具,是一个掩盖他们对我们日本帝国存在险恶居心的工具。"

1587 年 7 月 25 日,也就是首位日本使节拜会了教皇以及西班牙和葡萄牙国王之后的第五年,日本把所有的基督教传教士都驱逐出境了。商人们在日本照样能经商,但必须置于日本政府的监督之下。葡萄牙传教士一离开,来自菲律宾的西班牙方济各会和多明我会的修士修女们很快就填补了他们的空缺。他们玩了一个花招,假扮成来日本觐见丰臣秀吉的特使,但这诡计一下就被识破了。不过,他们除了被警告不得再布道之外,也未再遭到其他什么责难。但他们并未遵守这条禁令,反而还在江户建起了一座教堂,给从四面八方过来的人施洗。接着在大阪,他们又建起了教堂。然后,他们在长崎又强占了一座耶稣会教堂。之后,他们开始对耶稣会这个竞争对手进行公开反对,并指责耶稣会,说在给日本人民传播福音时,耶稣会使用的方法一直太取媚于日本人。简而言之,日本人作出了完全错误的判断,还发现了专门隐藏那些职业传教者的仓库。根据丰臣秀吉的命令,最后把他们都驱逐出境,但他们走得快,返回得也快。对那些不受欢迎的西班牙人,日本人表现了极大的耐心和容忍,经过数年徒然无效的警告后,日本人终于明白:除非使用极端手段,否则别无良法了。

在以前的 100 年中,内战给日本带来了极大的灾难。如今,他们吸取了教训,不再重蹈覆辙了,而是自发地齐心协力,一致对外,抗击一切外国侵略者,宣布对那些无视禁令的基督教传教士处以死刑。

在接下来的近五十年里,日本心甘情愿地与世隔绝,可以说是几乎而非彻底地处在自我封闭状态。因为还对外开放着一小扇窗户,通过这扇小窗户,大量的日本黄金流出去了,流到了西方;凤毛麟角的西方先进科学技术悄悄潜进了这个奇怪的日本。在日本,荷属东印度公司曾是葡萄牙人的商业竞争对手,但荷兰人只做纯粹的生意,对日本人的灵魂不太关心。英国人也是这样。但是,英荷两国谁会独霸日本市场呢?在较长的一段时期内,这是一件难以取舍之事,可英国人由于经营不善,最终丧失了日本市场。

日本把葡萄牙派来的一连串外交使团的最后一名成员处死了(这其实就是证据确凿的官方谋杀),之后,又取消了荷兰人此前享受的许多特权。但是,只要荷兰企业在日本的年均回报率能接近 80%,荷兰人就决不会放弃日本市场。他们被迫居住在一个 300 码长、80 码宽的石头岛上,岛小得几乎连遛狗之地都没有,这个小岛叫出岛,位于长崎港口,而且他们还不得携带妻子,更不得踏上陆地半步。

对日本当局制定的数百条法规中的任何一条,只要荷兰人稍加违背,报复立刻就会来临,仅仅这一次,荷兰人一定修炼出了天使般的忍耐心(不一定是民族性格)。有一天,东印度公司新建了一座货仓,遵循当时的风俗,就将建筑日期刻在了货仓的正面,而且按习惯在日期前面还加上了字母"A.D.",即"公元"。由于这个符号直接牵涉到了基督徒的上帝,如同我们美国人对待来自莫斯科的布尔什维克鼓动家一样,日本人当时也以这种态度来对待,后果就不言而喻了。幕府将军下令不仅去掉那些让人不快的字母,而且要摧毁整个货仓,夷之为平地。为了让荷兰人记住葡萄牙人被驱逐出境的结局,日本人还放出了这样的话语:

只要太阳还照亮着大地,就决不让基督教如此大胆地踏上日本半岛。我们要让所有人都明白——不论谁违反了这条法令,哪怕是菲利普国王,甚至是基督徒的上帝,也得用他的头颅来抵罪。

荷兰人还是继续住在出岛达 217 年之久,看来,荷属东印度公司的官员们似乎打心眼里记住了这个教训。但是,荷兰人是彻底的现金交易者,不管日本人从国外定购什么,货到就必须付款,所以,在这 217 年里,日本人的黄金白银源源不断地外流。

也是经由这个渠道,从这些太平洋的隐士们口中,欧洲人零散地了解到了一些与日本人有关的消息。所有这些消息让人一致认为:日本帝国的条件远远差强人意。日本很快就充当了"没有一个国家能期望完全自给自足"这个观点的反面案例。而且,对日本年轻人的管束也变得越来越难了。他们隐隐约约听到西欧有一些非凡的科学知识,并开始借助出岛这个小窗口接触科学和医学知识。费了好大的劲,那些奇形怪状的荷兰文字的意思终于被他们琢磨出来了,并知道了除了日本仍停滞不前之外,整个世界以惊人的发展速度在前进。

为了警告日本人不可再继续这种闭关自守的愚蠢行为,1847 年,荷兰国王给江户的日本皇宫送去了满满一箱科学书籍作礼物,并附上了一份世界地图。有时,货船从旧金山开到中国广东,不慎在日本沿海失事,由于没有领事或外交保护,船员们的境遇就可想而知了。1849 年,两艘美国军舰舰长威胁说,除非日本人马上移交 18 位美国水手,否则就要将长崎炸毁。对日本同僚仍然推行这种孤立政策,荷兰国王再一次发出了警告,警告日本人不要再冒险了,否则,日本人将来收获的只有灾难。这些从海牙发来的信函只不过表明了全世界很久以前就知道的情况。迟早有一天,日本人肯定会将大门朝西方商界敞开的,如果和平式的开放要求被他们拒绝了,那么等待他们的就只有武力强迫式的开放了。

俄国一直在朝阿拉斯加海岸步步推进,对西太平洋的控制也正在有计划地慢慢强化。只有美国是惟一能采取行动的国家,而且它还不会被怀疑有领土野心。1853年,在海军准将佩里的统领下,四艘美国军舰和 560 名船员开进了浦贺湾。对美国海军的首次来访,日本上下产生了前所未有的恐慌,天皇公开祈求上天保佑。佩里一走(他在日本只停留了 10 天,把美国总统的一封信递交给了日本天皇),日本人就请荷兰人帮忙,武装了一艘军舰,在各要塞配置军事人员,架好了先前的葡萄牙火枪,一切准备妥当,以候大洋对岸那些军舰的再次造访。

是不惜一切代价继续与世隔绝,还是推行对外开放政策呢?对此,日本人分裂成了两派。大多数人赞成继续隔绝,但是,另一部分人则主张对外开放。幕府将军因主张对外开放而基本上处于失势的境况,还被痛斥为同外国人狼狈为奸。然而,天皇却是从佩里海军准将那次著名的访问中获益最多的人。

作为封建政府不容置疑的政府首脑,幕府将军走过了繁荣的黄金时代,很早就开始走向衰落了。大名和武士的际遇也差不多。他们仍然佩带刀剑,把镇压内战作为自己的光荣使命,好像不是生活在 1853 年,而是生活在 1653 年。全面改革的时代来临了。

纯粹是一个巧合,当时的天皇,名义上的国家首脑,正是一位知识渊博、智慧超群的年轻人。幕府将军听从了他的劝说,主动辞了职,这样,国家统治权重新回到了天皇的手中。天皇接受了劝谏,承认再继续这样自我封闭下去,国家就等于处在慢性自杀之中。他热情欢迎外国人到日本来,态度就像当初驱逐他们时那样坚定。这就是日本历史上的明治时代,或者说是明治天皇开创的文明时代,它把日本从 16 世纪的一个封建的农业小国转变成了一个现代化的工业强国。

如此大规模的、彻底的感情改变是否是一件让人高兴的好事呢?假如有人这样发问,那么,这个疑问实属多余。也许工厂、庞大的陆军和海军、煤矿和钢铁铸造能造福于人,也许不能,我不知道结果。有些人的答案是肯定的,有些人的答案是否定的。这个问题在很大程度上取决于一个人从什么角度来看。10 年前,俄国人热爱他们的圣徒,维护他们的精神。如今,他们的灵魂很满意地待在发动机的排气管里,而把圣徒放在厨房的壁炉里焚烧。

这样的事情是完全无法避免的,这是我个人的看法。就其本身来看,它们既非绝对地错误,也非绝对地正确,而是必要的,是一个必经步骤,通过这个步骤,我们才能把自己从对饥饿和经济变幻无常的担忧和恐惧中解脱出来。在这场变革中,机器既扮演了父亲的角色,又扮演了母亲的角色,同样地,许多美好的愉悦的事物也被它毁掉了。对于这一点,任何人都不敢否认。同处处都是汽油厂和煤气厂的日本相比,北斋和歌麿笔下的日本当然更有趣得多(北斋,日本画家,木刻家,1760—1849。歌麿,全名喜多川歌麿,1753—1806,日本浮世绘画家。由于绘制统治者妻妾木版画,触犯了幕府,被迫害而病死——译者注)。不过,北斋和歌麿早已物化为泥,而东京的家庭主妇更爱用煤气烧饭,而非用炭火慢慢煮饭,答案也在此。

白雪皑皑的富士山,一座古老而悠久的火山。从 1707 年以来,它就始终一言不发。以前它俯瞰孩子们向路边的神道庙敬献鲜花的那个地方,如今却满是香烟广告牌。寺庙里的那只神鹿,由于漫不经心的游客乱扔罐头盒,居然把它的腿也砸坏了。

但是,富士山知道——一切总会有结束的一天。

作者简介

亨德里克·威廉·房龙(1882—1944),美籍著名作家。出生于荷兰鹿特丹,1902 年移民至美国,毕业于康奈尔大学,从事新闻记者工作。1906 年携新婚之妻移居德国慕尼黑,在慕尼黑大学学习,1911 年获得博士学位。他的第一本书《荷兰共和国的衰亡》就是以其毕业论文为蓝本写成的。虽然出版后几乎无人问津,但他"好像自得其乐似的书写历史"的笔法却引起一位芝加哥书评家的注意,并预言道,要是历史都这么写的话,不久历史书将名列畅销书榜。回到美国后,房龙在大学教书、写作。其间,纽约公共图书馆的儿童图书管理员利奥诺·圣约翰·保尔给了他许多帮助,鼓励他用一种能让所有年龄的人理解和感兴趣的方式表现历史。在《发明的故事》(1917)、《人类的故事》(1920)发表之后,他 1921 年出版的《人类的故事》获得纽伯瑞奖(最佳少儿读物奖);这使他一举成名,奠定了他在这个领域内大师级的地位。此后一发而不可收,连续出版《圣经的故事》、《宽容》、《美洲的故事》、《地理的故事》等三十多部文化史著作;单枪匹马地将人类各方面的历史几乎全部涉述及,而且每部书都由他自己画了插图。如此浩大的工程由他一人完成,其勇气、学识和多才多艺都令人赞叹不已。虽然不是理论家,但房龙的系列作品中还是体现了他鲜明、深邃的思想。他的许多重要著述,所选择的是与人类生存发展最本质要素密切相关的话题,贯穿其中的精神是理性、宽容和进步。

作品要览

《地理的故事》(又名《人类的家园》)发表于 1932 年,全书凡 47 章,355 幅插图,是一本独具特色的地理文化著作。该书改变了普通地理书籍"纯粹"但枯燥的传统写法,而侧重讲述地理之上的人文,"告诉我们生活在那里的居民的情况,告诉我们他们为什么会居住在那里,他们来自哪里,他们在干什么"。用他自己的话来说:"我竭力所写的是一部'人的'地理,因为我坚信,任何一块土地的重要性完全取决于这块土地上的人民以科学、商业、宗教或某种艺术形式为全人类的幸福所作出的不论大小的一切贡献。"

悲天悯人,为人类前途担忧,是该书的写作动机。诚如作者所言,"人类使自己成为这个星球上每一块土地不容置疑的主人,只用了 2000 个世纪(在时间之河里,这只是一瞬间)",然而人类却骄横狂妄地一再违反、践踏大自然的生存法则。深思熟虑的作者用近乎魔幻的预言告诫人类:"同类之间和平共处,友善相待,这是大自然的首要法则。人类却公然违抗这个法则,使我们不得不忧心忡忡,人类有可能面临种族灭绝的噩耗,因为人类生存竞争中的敌人在时刻觊觎着。假如人类不愿意或无力继续主宰这个世界,那么,将有成千上万的候选者等待把人类打倒,自己登上地球之王的宝座。"

"人类到底何去何从呢?人类怎样摆脱这个可悲可耻的困境?这本小书试图拨开迷雾,为人类自己探求光明的前途。"为了完成这一使命,作者将笔触伸及世界的各个角落,首先突出的仍然是不同国家的人,并把这些国家的自然地理作为这些人的生存背景,从地理的角度来讲述各国的历史演变,分析不同人群的性格特征及其形成因素,阐释人与地球的关系,以及人与人的关系。这种揭皮见骨的方式使该书具有一种审视和批判的独特视角,各个国家、各个民族个性展露无遗。例如,意大利:由于有理想的地理位置,只要有机会,就能发挥海上强国和陆上强国的作用;比利时:由一纸条约建立的国家,什么都不缺,唯独缺少内部的和谐;波兰:经常被人看成是别人的走廊,现在才是个为自己服务的走廊;丹麦:习惯沉溺于静谧的书斋,小,而在某些方面却能胜过大国;日本:生存空间局促,在近代刻意向外扩张;瑞士:国土同样狭小,却能恪守中立……虽然这类描述乃作者一己之见,某些地方确实有失偏颇,但不乏真知灼见,算得上画猫画骨,警示和告诫的意味溢于言表;有些还不幸而言中。

至于人类究竟是否能够痛改前非,拯救自己?作者乐观而并不盲目:这"需要时日,需要上百年的时间,需要循序渐进、缓慢而痛苦的自我教育历程,才能寻找出真正的自救之路。人类将会觉悟到:在这同一个星球上,大家都是同行者,都是邻居,都是旅伴,更是朋友。当我们明白地球是人类惟一的、共同的家园,除此之外,再无其余的栖身之地时,我们就会像火车或者轮船上的游客,学会互相尊重。我们是同一个星球上的旅伴,应该荣辱与共,同舟共济"。

📖 阅读提示

1. 本文在有限的篇幅内,介绍了日本的地理特点、气候特征、民族源流、民族心理、社会制度及其对国民性格的影响、社会阶层、外交历史、宗教传统、对外贸易,以及近代在列强的压力下,观念改变,体制更替,开始改革,逐步走向近代化、现代化的过程。内容丰富,文笔流畅,生动传神,含义深刻。阅读时要细细体味。

2. 作者不仅描述了日本民族的某些性格特点(如,"他们安排生活,成功地做得比大多数西方国家更协调也更具冒险性"、"极力强调个人对整个社会的责任与义务"等),而且比较注意揭示其形成的原因。你能说说原因有哪些吗?

3. 本文用不少笔墨记叙了日本与中国的文化交往。这些交往产生了怎样的影响?两国关系后来发生巨大的变化。参考作者的看法,思考是哪些因素导致这种变化的?

4. 在相当长的时期内,日本推行"与世隔绝"的"孤立政策",但后来却不得不加以改变。作者有所侧重地描述了转变的过程。试分析,这个过程中哪些因素起了关键作用?

5. 虽然作者宣称"对地理学,我更关注它的人文意义,而不是它的贸易问题",可是本文仍然着重写了日本的对外贸易,尤其写了"一小扇窗户"。这是为什么?

6. 尽管作者试图站在超越国度的不偏不倚的立场上来讨论问题,但不可避免地带有某种倾向性。例如,在写到日本明治维新以来的发展时,作者的担忧溢于言表:"日本从旧到新的转变是一个令人难以置信的转变,对于美国的安全和幸福,这一转变无疑产生了巨大的影响,并将突飞猛进地继续下去。因此,我们美国人至少应该对日本人有所认识。"由此可见,归根到底,作者是站在一定某个特定的立场来认识和反映问题的。在阅读时,要注意辨析。

推荐书目

①《西方地理的故事》(文聘元,百花文艺出版社,2002) ②《身边的地理》(朱继东等编著,中国林业出版社,2002) ③《中国现代地理科学家的足迹》(刘纪远主编,学苑出版社,2002)④《中国历史人文地理》(邹逸麟主编,科学出版社,2001) ⑤《不可不知的 2000 个地理常识》(王晓梅主编,中央编译出版社,2008) ⑥《马可·波罗游记》([意]马可·波罗,中国文史出版社,1998) ⑦《地球编年史》([美]撒迦利亚·西琴,重庆出版社,2009) ⑧《人文地理学问题》([法]阿·德芒戎,商务印书馆,1999) ⑨《地理学思想史》([美]普雷斯顿·詹姆斯,商务印书馆,1989)

第十五单元

兵者，凶器也

本单元介绍给大家的是一对"孪生兄弟"——战争与灾难。

战争对人类社会的意义是复杂的。一方面，战争造就了伟大的国家，伟大的民族，伟大的人物；另一方面，战争也造成了生灵涂炭，人性泯灭。一个无可否认的事实是，不管是正义的战争还是非正义的战争，都免不了毁灭生命。所以，人们厌恶战争，可又总是摆脱不了战争。一部人类发展史，亦可说是一部战争史。战争曾深刻地影响了人类的历史，而且还将继续深刻地影响。因此，一个国家，一个民族，倘若淡忘了战争教训，忽视了战争准备，则必定陷入危险的境地。中国历史，尤其是近现代史，沉重而响亮地撞击着炎黄子孙心中的警钟，提醒人们，当前还远远不是天下安宁、歌舞升平的时候，必须保持警惕，时刻准备以战争的手段来捍卫祖国。当然，增强国防观念和国防意识，并不意味着好战求战。中华民族历来是以和为贵，反对战争的。古人说得好："故国虽大，好战必亡；天下虽安，忘战必危。"（司马穰苴）国无防不立，民无防不安。作为未来社会栋梁的大中专学生，更应该自觉地接受国防教育，培养正义的尚武精神，学习军事科学，了解战争艺术，以便在祖国需要的时候，能够挺身而出，为抵御外敌入侵、捍卫祖国独立、维护国家主权和领土完整的而作出贡献。

基于这样的现实，编选本教材时，我们特地安排了这一单元，选读一部经典的军事论著（片断），并推荐一批古今中外的军事著作，希望同学们能够传承"天下兴亡匹夫有责"的精神，通过阅读，在一定程度上了解战争历史、战争规律和及其经验教训，切实增强国防意识。

当然，尽管胜利的一方宣称战争创造了文明，战争因此被演绎为艺术，进而产生了《战争艺术概论》一类的军事名著，但是，毕竟"战争是蒙着一层阴影的科学，在这样的阴影下，人们每走一步都如履薄冰，如临深渊"（〔法〕萨克森伯爵）。我们在学习军事,了解战争的时候,应当牢记:以正义战争来制止非正义战争,方为人间正道。

无论是何种情形,战争的本质决定了它必然带来毁灭和灾难。即使是胜利的一方,也难以承受战争造成的巨大损失。尤其是在科技高度发达,大规模杀伤性武器发展几乎到了极致,核武器核装备扩散趋势日益严重的今天,战端一启,后果难以想象。热爱和平、反对战争的有识之士,利用各种渠道、方法来呼吁、警示整个人类社会,切莫失去理性而自我毁灭。《火与冰——核冬天》所论述和描绘的核灾难,悲惨可怕,震撼人心。这绝非杞人忧天!人类的存亡与否,很可能就在战争发动者的一念之间、一"指"之间。

事实上,未必只有核战争才会导致核灾难,也未必只有核武器才会毁灭人类。所以,本单元除了两篇选读文章之外,还推荐了一批有关生化武器与战争、和平环境的生态保护等方面的出版物,希望同学们认真选择阅读。

战争中的目的[*]

［德］克劳塞维茨

　　如果首先问一下,整个战争追求什么样的目标才能成为达到政治目的的合适的工具,那么我们就会发现,战争的目标正如战争的政治目的和战争的具体条件一样,也是多变的。

　　如果还是先从战争的纯概念谈起,那么我们就得承认,战争的政治目的本来就不包含在战争领域内。因为战争既然是迫使对方服从我们意志的一种暴力行为,它所追求的就必然始终是而且只能是打垮敌人,也就是使敌人无力抵抗。虽然打垮敌人这个目的是从概念中推出来的,但在现实中人们在许多场合所追求的目的同它非常接近,因此我们打算先在现实中探讨打垮敌人这个目的。

　　以后我们在《战争计划》一篇中再进一步探讨什么叫做使敌国无力抵抗,但在这里必须先弄清楚敌人的军队、国土和意志这三个要素,它们是可以概括其他一切对象的总的对象。

　　敌人的军队必须消灭,也就是说,必须使敌人军队陷入不能继续作战的境地。顺便说明一下,以后我们所说的"消灭敌人军队",都是指的这个意思。

　　敌人的国土必须占领,否则敌人在那里可以建立新的军队。

　　但是,即使以上两点都做到了,只要敌人的意志还没有被征服,也就是说只要敌国政府及其盟国还没有被迫签订和约,或者敌国人民还没有屈服,我们仍不能认为,战争,即敌对的紧张状态和敌对力量的活动,已经结束。因为,即使我们完全占领了敌人的国土,敌人在他的国内或在盟国支援下仍有可能重新起来斗争。当然这种情况在和约签订以后也是可能发生的,(这只能说明并不是每一次战争都能完全解决问题和彻底结束的),但是,随着和约的签订,很多可能在暗中继续燃烧的火星就会熄灭,紧张就会趋于缓和,因为一切倾向和平的人会完全放弃抵抗的念头,而这样的人在任何民族中,在任何情况下都是很多的。所以,无论如何我们总得承认,随着和约的签订,目的就算达到,战争就算结束了。

　　上述三个对象中,军队是用来保卫国土的,所以按自然的顺序应该是先消灭敌人的军队,然后占领敌人的国土,通过这两方面的胜利以及我们在当时所处的态势,才有可能迫使敌人媾和。通常,消灭敌人军队是逐步实现的,随此而来的占领敌人国土

---

　　[*]　节选自《战争论》(［德］冯·克劳塞维茨著,中国人民解放军军事科学院译,商务印书馆,1978)第一篇·第二章"战争中的目的和手段"。标题为编者所加。——编者

也同样是逐步实现的。这两者常常是相互影响的,因为地区的丧失反过来又会使军队受到削弱。但是上述顺序不是绝对的,因此也并非总是如此。有时敌人的军队可能没有受到显著的削弱就已退到国土的另一边,甚至完全退到国外。在这种情况下,就可以占领敌人国土的大部,甚至全部。

然而,使敌人无力抵抗这个抽象战争的目的,即实现政治目的的、包括其他一切手段的最后手段,在现实中决不是到处都有它的地位的,也不是达到媾和的必要条件,因此,决不能在理论上把它当作一个定则。事实上,在许多和约缔结的时候,交战一方并没有陷入无力抵抗的境地,有时甚至连均势都没有遭到显著的破坏。不仅如此,只要观察一下具体情况,我们就不能不承认,在许多具体情况下,尤其是当敌人比自己强大得多的时候,打垮敌人只是一种毫无益处的概念游戏。

从战争概念中推出来的目的所以不能普遍适用于现实战争,那是因为抽象战争和现实战争是不同的,这一点我们在前一章里已经讨论过了。假定战争真的像纯概念规定的那样,那么力量悬殊的国家之间发生战争就不合情理,因而也就不可能了,因为在纯概念中,只有双方物质力量的差距不超过精神力量所能弥补的程度时,才能发生战争。而在欧洲今天的社会状态下,精神力量所能弥补的物质力量的差距是有限的。因此,我们所以看到力量悬殊的国家之间发生了战争,是因为现实战争往往同它的原始概念是相距很远的。

在现实中,除了无力继续抵抗以外,还有两种情况可以促使媾和。一是获胜的可能不大,二是获胜的代价过高。

正如我们在前一章已经讲过的那样,整个战争不受严格的内在必然性规律的支配,它必须依靠概然性的计算,而且产生战争的条件越使战争适于概然性的计算,进行战争的动机越弱,局势越不紧张,情况就越是如此。既然是这样,就不难理解为什么概然性的计算也能够使人们产生媾和的想法了。因此,战争并不一定要一方被打垮才结束。我们可以想象,在战争动机很弱、局势很不紧张的情况下,即使是非常微小的、几乎看不出的可能性,就足以使不利的一方让步。如果另一方事先已经看到这一点,那么他当然会去努力实现这种可能性,不会首先去寻找并走上彻底打垮敌人这条弯路了。

对已经消耗的力量和将要消耗的力量的考虑,对是否媾和的决心更有影响,既然战争不是盲目的冲动,而是受政治目的支配的行为,那么政治目的的价值必然决定着愿意付出多大的牺牲作代价。这里所说的牺牲,不仅是指牺牲规模的大小,而且是指承受牺牲的时间的长短。所以,当力量的消耗过大,超过了政治目的的价值时,人们就必然会放弃这个政治目的而媾和。

由此可见,在一方不能使另一方完全无力抵抗的战争中,双方是否希望媾和,这是随获胜可能性的大小和需要消耗力量的多少而变化的。如果双方同样希望媾和,他们的政治分歧就会得到折衷的解决。当一方希望媾和较迫切,另一方媾和的想法就可以少一些,只要双方希望媾和的想法合在一起已经达到足够的程度,他们就会媾和。在这种情况下,原来媾和想法较少的一方当然比较有利。

我们在这里有意不谈政治目的的积极性质和消极性质在行动中必然引起的差别。纵然这种差别像以后要谈到的那样是极为重要的;但是我们在这里只能作比较一般的论述,因为最初的政治意图在战争过程中可能变化很大,最后可能变得完全不同,这是由于政治意图同时还取决于已得的结果和可能的结果。

现在产生了一个问题:怎样才能增大获胜的可能性?首先,自然是使用打垮敌人时所使用的方法,即消灭敌人军队和占领敌人地区。但是这两种方法用于增大获胜可能性时和用于打垮敌人时是不尽相同的。当我们进攻敌人军队时,是想在第一次打击之后继续进行一系列打击,直到把敌人军队全部消灭,还是只想赢得一次胜利以威胁敌人,使他觉得我们已占优势而对前途感到不安,这两者是完全不同的。如果我们的目的是后者,那么只要消灭足够达到这一目的的敌人军队就够了。同样的,当目的不是打垮敌人时,占领敌人地区作为另一种手段也是不同的。在以打垮敌人为目的的情况下,消灭敌人军队才是真正有效的行动,而占领敌人地区不过是消灭敌人军队的后果,没有消灭敌人军队就占领敌人地区,始终只能看作是迫不得已的下策。与此相反,如果我们的目的不是打垮敌人,而且我们确信敌人并不寻求流血决战,而是害怕流血决战,那么,占领敌人防御薄弱的或完全没有防御的地区这件事本身就能带来利益。如果利益很大,足以使敌人对战争的结局担忧,那么占领敌人地区也可以看作是达到媾和的捷径。

现在我们还要指出一种不必打垮敌人就能增大获胜可能性的特殊方法,这就是同政治有直接关系的措施。既然有些措施特别适于破坏敌人的同盟或使同盟不起作用,适于为自己争取新的盟国,或适于展开有利的政治活动等等,那么不难理解,这些措施会大大增加获胜的可能性,它们也是比打垮敌人军队更为捷便的达到目标的途径。

第二个问题是采取哪些方法才能增大敌人力量的消耗,也就是使敌人付出更高的代价。

敌人力量的消耗包括军队的消耗和地区的丧失,即军队被我们消灭和地区被我们占领。

同样是消灭敌人军队和占领敌人地区,它们在目的是增大敌人消耗的场合的作用同在达到其他目的的场合的作用是不一样的,这一点只要仔细研究一下就可以明白。这种差别在大多数场合下可能是很小的,但我们不应该因而受到迷惑,因为在现实中当动机十分微弱时,即使最微小的差别也往往对使用力量的方式有决定性的作用。在这里,我们只想指出,在一定的条件下,用其他方法达到目标也是可能的,这里既没有什么矛盾,也不是不合情理,更不是什么错误。

除上述两种方法以外,还有另外三种能够直接增大敌人力量消耗的特殊方法。第一种方法是入侵,也就是夺取敌人的某些地方,但并不想占领它,而只想在这里索取军税,乃至加以破坏。这时,入侵的直接目的既不是占领敌人的国土,也不是打垮敌人的军队,而只是一般地使敌人遭受损失。第二种方法是我们的行动主要是针对增大敌人损失的对象上。我们很容易就可以想象出,军队有两种用法,一种在目的是打垮敌人时比较有效,另一种在目的不是打垮敌人或不能打垮敌人时比较有利。按习惯的说法,前一种更多地是军事的,后一种更多地是政治的。但如果从最高的角度来看,两者都同样是军事的,而且只要同当时的条件相适应,每一种都是合适的。第三种方法是疲惫敌人,就应用广泛这一点来说,它是最重要的一种方法。我们选择"疲惫"这个字眼,不仅因为它可以简要地表达这种方法的特征,而且因为它可以确切地说明这种方法的实质,并不是像初看时那样仅仅是为了修辞。在作战中,疲惫这个概念的意思是:通过持久的军事行动来逐渐消耗敌人的物质力量和消磨敌人的意志。

如果我们想通过持久的作战来战胜敌人,我们就只能满足于尽可能小的目的,因为达到较大的目的当然要比达到较小的目的消耗更多的力量。但是,我们能为自己规定的最小的目的是单纯抵抗,即没有积极意图的作战。在这种情况下,我们的手段能相对地发挥最大的作用,取得结果也最有把握。可是这种消极性有没有限度呢?显然不能发展到绝对的被动,因为纯粹的忍受就不是作战了。抵抗也是一种活动,通过它应该消耗敌人很多力量,使他不得不放弃自己的意图。这就是在单纯抵抗的每一行动中我们要达到的目的,我们意图的消极性质就表现在这里。

毫无疑问,消极意图在单个行动中所产生的效果要比积极意图在同一情况下所产生的效果差一些(如果积极意图能够实现的话),但是,这两种意图的差别恰巧就在于前者比后者容易实现,也就是把握较大。消极意图在单个行动中效果较差这一缺陷,必须用时间,也就是通过持久的作战来弥补。所以,以消极意图为基础的单纯抵抗,是通过持久的作战来战胜敌人(即疲惫敌人)的自然手段。

在整个战争领域中到处都可看到的进攻和防御的差别,其根源就在这里。但是,我们在这里还不能深入探讨这个问题,而只想说明:这种消极意图本身就提供了一切有利条件和较强的作战形式,有助于实现这种意图,胜利的大小和获胜的把握之间的哲学上的力学定律就体现在这种意图里。所有这一切我们以后还要研究。

如果消极意图(即集中一切力量进行单纯抵抗)能够带来有利的斗争条件,而且这种优越性大到足以抵消敌人占有的优势,那么仅仅通过持久的作战,就足以使敌人力量的消耗逐渐增加,以致他的政治目的即使达到了,也抵不上付出的代价,因而不得不放弃这个政治目的。由此可见,这种疲惫敌人的方法是弱者抵抗强者时大多会采用的方法。

在七年战争中,腓特烈大帝①本来是不能击败奥地利帝国的,而且,假使他企图像查理十二那样行事,就必然会一败涂地。但是他天才地运用了合理使用兵力的巧妙方式,使联合起来同他为敌的列强在七年中看到力量的消耗远远超过当初想象的程度,于是只好同他媾和。

由此可见,在战争中可以达到目标的方法很多,并不是在任何情况下都只限于打垮敌人。消灭敌人军队、占领敌人地区、单纯占据敌人地区、单纯入侵敌人地区、采用直接同政治有关的措施和单纯等待敌人的进攻等都是方法,这些方法的每一种都可用来挫伤敌人的意志,但哪一种比较有效,则要根据具体情况来确定。除此以外,我们还可以举出一系列达到目标的捷径,这些我们可以称之为因人而异的方法。在人类交往的哪一个领域中不迸发着超越一切物的关系的个人特点的火花呢?在战争中,个人的特点无论在政府中还是在战场上都起着十分重大的作用,因此,更是不会没有这种火花的。这里我们只想指出存在着这些方法,因为要想把它们分类,那是书呆子的作法。由于有了这些方法,我们说,可以用来达到目标的方法是无穷无尽的。

为了不致把这些能达到目标的捷径估计过低,既不把它们仅仅看成是少见的例外,也不认为它们在作战中造成的差别是无关紧要的,我们就必须认识到,引起战争的政治目的是多种多样的,或者我们必须看到,争取国家生存的殊死的战争,同由于有强迫结成的同盟或行将瓦解的同盟而勉强履行义务的战争之间,是有很大距离的。在现实世界中,这两种战争之间存在着无数种类的战争。如果我们有权在理论上否定其中的某一种,那么就有权把它们全部否定,这就是完全无视现实世界。

作者简介

卡尔·冯·克劳塞维茨(1780—1831),德国著名军事理论家和军事历史学家。出生于一个小贵族家庭,12岁就参加普鲁士军队,当士官生;13岁参加战斗;15岁升为少尉;21岁时因作战勇敢、勤奋好学而被选送柏林军官学校深造。1803年毕业于后,被该校校长推荐为奥古斯特亲王的副官。1806年参加了普法战争,当普军在奥尔施塔特会战溃败时被俘。翌年获释。回国后曾在普军总参谋部工作。1810年任柏林军官学校战略学和战术学教官,同时为王太子(即后来的威廉四世)讲授军事课。后因反对普鲁士与拿破仑结盟而转到俄军供职,任中校军参谋长等职。拿破仑进攻俄国时,他参加了奥斯特罗夫诺、斯摩棱斯克和博罗迪诺三大会战。1813年随维特根斯坦军团回柏林,升为上校。1814年4月回普军,任军参谋长,经历了林尼和滑铁卢会战。1818年任柏林军官学校校长,晋升为少将。此后十二年间,致力于《战争

---

① 腓特烈大帝,腓特烈二世(1712—1786),普鲁士国王,1740—1786年在位,史称腓特烈大帝,军事家,作曲家。统治时期普鲁士军事大规模发展,领土扩张,文化艺术得到赞助,使普鲁士成为德意志的霸主。——编者

论》一书的著作。他先后研究了 1566—1815 年期间所发生过的一百多个战例,撰写了许多评论战史的文章,整理了亲身经历的战争经验。1830 年由于先后调任炮兵监察部总监、军团参谋长等职,《战争论》的修订工作被搁置起来。1831 年 11 月患霍乱去世。他的妻子玛丽整理出版了《卡尔·冯·克劳塞维茨将军遗著》,共十卷,《战争论》是其中的第一、二、三卷。

《战争论》被誉为西方近代军事理论的经典之作,对近代西方军事思想的形成和发展起了重大作用。克劳塞维茨本人也因此被视为西方近代军事理论的鼻祖,享有"西方兵圣"之誉。

作品要览

克劳塞维茨的《战争论》,是军事思想史上第一部自觉运用德国古典哲学的辩证方法系统总结战争经验,具有重要军事学术价值的经典名著,这部著作不仅奠定了近代西方资产阶级军事学的基础,而且也是马克思主义军事科学重要理论来源之一。

《战争论》共分三卷。其中论述的问题包括战争的性质、战争理论、战略、战斗、军队、防御、进攻、战争计划等八篇,这些都是克劳塞维茨"经过多年的思考和对战争的热心研究所获得的果实"(第一卷第 13 页)。《战争论》是在将近一个半世纪以前写成的,由于时代的限制,有些观点是过时了,但由于作者对战争问题的研究包含了丰富的军事辩证法,得出了许多至今仍然是正确的结论。

《战争论》一书最重要的贡献是通过战争与政治的关系揭示了战争的本质。他认为"政治是孕育战争的母体",因为战争总是在一定的政治形势下产生,并由一定的政治动机所引起。不仅如此,政治还贯穿在整个战争行为中,对战争不断发生影响;因此,战争不仅是一种政治行为,而且是一种政治工具。当某种政治关系引起战争的时候,战争并不像人们通常想象的那样,使这种政治关系即告中断,出现一种只受本身规律支配的完全不同的状态,而是恰好相反,在这种情况下,"战争无非是政治通过另一种手段的继续",战争不过是"以剑代笔"的政治罢了。在资产阶级军事科学中,克劳塞维茨第一次如此明确地阐明了战争的实质。

恩格斯曾称克劳塞维茨是普鲁士军事学术界的第一流人物,"在军事方面同若米尼一样,是全世界公认的权威人士"。恩格斯还在致马克思的信中写道:"目前我正在读克劳塞维茨的《战争论》。哲理推究的方法很奇特,但书本身是很好的。"马克思也认为,克劳塞维茨具有近乎机智的健全推断能力。列宁对《战争论》作了详尽的批注,充分肯定并高度评价"战争是政治通过另一种手段(即暴力)的继续"这一论断,同时指出,"马克思主义者始终把这一原理公正地看作考察每一战争的意义的理论基础。"

《战争论》的缺陷主要在于对战争的正义性和非正义性始终未有明确的论述;其战略思想也完全限于陆地作战。随着远程武器等现代化兵器设备的出现和不断发展,其局限性愈发显现。

阅读提示

1.《战争论》价值主要在于对战争规律的论述。而这些规律又来自于战争实例的归纳总结。阅读这类著作,可以从对战史、战例和战将的了解入手,培养兴趣,积累感性认识,进而深入学习战争理论。

2.既然"战争无非是政治通过另一种手段的继续",为什么又说"战争的政治目的本来就不包含在战争领域内"?

3.作者指出"敌人的军队、国土和意志这三个要素"值得重视,因为"它们是可以概括其他一切对象的总的对象"。在这三要素之中,作者又认为哪一个最重要? 作者是怎样论述的? 你同意吗? 能否举例说说?

4.在"当敌人比自己强大得多的时候"的情况下,"弱者抵抗强者时大多会采用的方法"是什么? 结合你所了解的战史、战例加以说明。

5."在战争中可以达到目标的方法很多,并不是在任何情况下都只限于打垮敌人。"整理一下,看看大致有哪些方法?

6."增大敌人力量的消耗"是胜利地结束战争的重要途径。作者认为有哪些方法可以有效地加大敌人的消耗而使之屈服?

7.本文最后说到"引起战争的政治目的是多种多样的",因而现实中的战争也"存在着无数种类"。当前世界范围内正进行着数场战争,试分析其分别有着怎样的政治目的。

推荐书目

①《孙子兵法》(陈曦译注,中华书局,2011)　②《毛泽东军事文集》(军事科学出版社,1993)　③《超限战》(乔良、王湘穗,中国社会出版社,2005)　④《现代科技与战争》(张效祥等,清华大学出版社,暨南大学出版社,2000)　⑤《西方军事名著精要》(张晓军编,江苏人民出版社,2001)　⑥《马克思恩格斯军事文集》(战士出版社,1981)　⑦《简明战争史》([美]小戴维·佐克等,商务印书馆,1982)　⑧《海权对历史的影响:1660～1783》([美]马汉,解放军出版社,1998)　⑨《制空权》([意]杜黑,解放军出版社,1998)　⑩《战略论:间接路线》([英]李德·哈特,上海人民出版社,2010)　⑪《总体战》([德]鲁登道夫,解放军出版社,2005)　⑫《绝对武器:原子武力与世界秩序》([美]弗雷德里克·邓恩等,解放军出版社,2005)

地球上的生命面临存亡的危机[*]

［英］迈克尔·罗文-罗宾森

核冬天对庄稼和植物的影响

在一场核战争中，熊熊的烈火和放射性尘埃会使庄稼和植物遭到巨大的破坏。纽约长岛美国布鲁黑文国家实验室的研究工作阐明了辐射现象对植物的影响。如果将一个大辐射源置于一片精心选择的森林中部，通常最易遭到破坏的是树木，尤其是松树大片地被摧毁。未遭破坏的只有灌木、杂草、药草、苔藓和地衣。较高的辐射能摧毁茂密的灌木，辐射量再大一些，能杀灭草本和木本科植物，在更大的辐射量照射下，幸存的就只有某几种青苔和地衣了。每类植物中，长得越慢、体积越小的，抵抗力就越强。生态环境发生某种剧烈变化时，最容易受到损害的是那些躯干高大而繁殖周期长的属种，抵抗力最强的是那些体积小、繁殖潜力强的生物体。后者包括能同人类进行有效竞争的小动物和植物，如害虫、园子里和路旁荒野上的杂革、昆虫等。

但是，多数植物属种即使不能在几个月内，也会在几年内摆脱辐射和烈火所带来的影响而恢复过来。我们甚至可以设想受到袭击而幸存下来的人能重新开始某些农业生产。在没有直接卷入冲突的国家里，生命会像往常一样延续。

核冬天将改变所有这一切，我们知道，植物生长靠光合作用。低于正常光照5％时，植物的生长过程就会中断。而核战后出现的漫长黑夜或昏暗就会导致这一后果。许多植物将在长期黑暗的笼罩下相继死亡。这无论是对陆地还是对海洋中的绿色微小植物，如海藻（学名叫浮游植物）来说，其结果都一样。

核战争突然使环境的温度降至冰点以下，会产生很严酷的效应。植物抵抗严寒的能力取决于植物所处的时令和所习惯的气温，像加拿大北部和西伯利亚这些严冬地区，冬眠的幼芽可以忍受−80 ℃（−112 ℉）低温，甚至比预测的最寒冷核冬天的温度还要低许多。但是在它们的生长季节，同样是这些植物，如果温度低于−10 ℃（14 ℉）就可能被冻死。像英国那样的温带地区，冬眠的幼芽可耐−8 ℃～−25 ℃（18 ℉～13 ℉）的温度。但在春季或夏季，这些幼芽遇到冰点以下的温度，可能会立刻被冻死。植物在冬天具有较强的耐寒力，这取决于植物事先进行的调节以适应寒冷温度的状况，就像从秋

* 节选自《火与冰——核冬天》（［英］迈克尔·罗文-罗宾森著，江凌飞、孟祥清、张蕾、尹显萍等译，中国人民大学出版社，1990）第四章《地球上的生命面临存亡的危机》。

天过渡到冬天那样自然。除了仲冬时节，任何时期严寒的突然袭击，都会促使很多植物死亡。植物在热带终年都处于生长状态，其御寒能力极其有限。热带植物所能忍受的最低温度为$-5\,℃\sim5\,℃\,(23\,℉\sim41\,℉)$。值得指出的是，各种植物、动物和微生物中有三分之二生活在赤道两侧 25 度的范围之内。

世界主要农作物都不耐寒。在关键时刻，水稻只要遇到 $13\,℃\,(55\,℉)$ 的气温，生长就会受影响。玉米和黄豆对 $10\,℃\,(50\,℉)$ 以下的温度很敏感。而在夏季，气温低于 $-5\,℃\,(23\,℉)$，小麦即会死亡。如果我们现在查一下核冬天计算中所预测的温度，就会发现不论战争发生在一年中的什么时刻，我们不可避免地要失去所有农作物一年的收成。地球上植物的产量会下降到异常低的水平。此外，即使阳光和温度一年后恢复到正常水平，考虑到植物还要遭受到的许多其他方面的威胁（辐射、由于空气层受到破坏而接受过量的紫外线、化学污染、被动物吃掉等），生物学家们估计覆盖地球和海洋的植物要回到正常生长状态也需要十年或更多的时间。

土壤有机体并不直接受阳光和光合作用的影响，并且通常可以长期保持休眠状态，所以它们受黑暗的影响相对地会少一些，但是容易受到酷寒的伤害。在很多地区，由于失去植被的保护，土壤易受风和水的严重侵蚀。

对陆地动物和淡水生物的影响

在核冬天，动物面临着各种各样潜在的致命威胁，很多动物受到的辐射达到了致死量。那些在核战争直接杀伤下的幸存者所面临的问题是，多数淡水源均冻到几尺深。由于辐射到大地的日光少，植物停止生长，很多草食动物遭受饥荒。草食动物的骤然减少，又给肉食动物带来灾难。冬眠的动物靠整个夏天积累起来的脂肪来渡过一个普通的冬天，它们几乎没有能力在春天或夏天应付突然降临的核严冬。这样，动物显然会普遍灭绝，特别是那些仅在北半球生长的动物。农民要让牲畜活下来是十分困难的，除非他们有充分准备，备有自给自足的燃料和饲料，以应付突如其来的核冬天。

由于一场核战争后数十亿人和动物的尸体得不到埋葬，那些耐寒的以腐物为食的动物将得以繁殖。我们面临的世界可能是一个以老鼠、蟑螂、苍蝇为主的幸存生物的世界。

许多淡水生物由于失去阳光和被厚厚的冰层覆盖，预计鱼类和一些淡水生物种会广泛灭绝。在热带，动物、鸟类和鱼类特别不具备应付严寒的能力。

对海洋生物的影响

海洋植物和动物受到海洋巨大热惯性的保护，免受严寒的袭击，生存的机会最多。我在第三章曾提到,即使失去一年的日照,海洋的平均温度也只会减少 1 ℃（2 °F）。然而,实际情况并不那么乐观,因为海洋中真正的温水区,即温度在 10 ℃（50 °F）以上的水域绝大部分局限于海洋上层的几千英尺,不到海洋总量的 10％。在严酷的核冬天景象中,一年中的最好时候,太阳也极其昏暗,温水的温度可能下降 5 ℃～10 ℃（9 °F～18 °F）。而这一降温量,正是人们根据热带海洋生物化石估算出的导致多数海生物种灭绝的温差（见第一章）。

长期黑暗对海生生物的影响已在实验室里进行过研究。由浮游植物（海藻）,浮游动物（靠海藻为生的微小动物）,以及鱼类（靠浮游动物为生）所组成的食物链,特别容易受到破坏。经过仅仅几天的黑暗之后,浮游植物即告死亡或进入休眠状态。在温带,暮春或夏天大约在两个月内,冬天在三至六个月内,鱼类和其他水生动物的数量便开始急剧下降。对很多种生物来说,这一进程是不可逆转的。在热带,由于动物营养储备较少,而热带动物能量的需求量又很大,因此,持续黑暗造成的影响会更严重。在两极地区,动物已适应漫长昏暗的冬天,这种影响的严重程度则小得多。

对于那些想在沿海海域捕鱼的核冬天的幸存者来说,海上可能出现狂风暴雨,将给他们增添更大的困难。为现代社会提供鱼类的大型捕鱼船很有可能还在国内港口中就遭到风暴的袭击,并由此而毁坏,或是难以获得燃料。从陆地冲刷出来的有害废物和淤泥,也会给沿海海洋生物增加灾难。

核冬天给人类带来的后果

要搞清核冬天对人类的全部影响,我们首先必须了解所有的生命都生活在彼此息息相关,相互依存的统一体中。科学家们创造了"生物圈"这个词来描绘地球、大气和海洋,而生命就在其中形成。生物学家发现,要想了解某一个别生物,就需要研究它所生活的整个植物、动物和微生物群落和所处环境的物理性质——阳光、辐射、组成空气的各种气体、土壤、海洋和河流里水中的化学成分。这种研究被称为生态学。近年来,我们对生态学对人类活动的影响已经变得更加敏感,原因并不仅仅在于我们关心地球和它的生命。我们要生存下去就需要依靠无数的生态系统。我们靠植物和动物为我们提供食物,因而我们不得不控制它们的数量和防止病虫害。目前世界上的人们要像史前时代的人类那样依靠打猎采集为生是完全不可能的。我们靠农业,靠控制生态系统为生。核冬天对人类社会最明显和最严重的影响可能是所有庄稼一年的收成几乎全部被毁,而且要重新恢复大规模农业生产是十分困难的。

当然,这些农作物不会在核冬天灭绝。地球上很多地区都会保存一些种子,即使是饥馑绝望的核战幸存者,也懂得要留一部分种子供以后播种用。问题在于昆虫、鸟类和兽类的灭绝,将导致新害虫的繁衍。很难相信现代农业赖之以存在的燃料、肥料、杀虫剂的供给在几年内能恢复正常。植物覆盖层被破坏，光秃暴露的土壤便会受到侵蚀。生物学家估计恢复农业生产将需要 10 年的时间。很明显，幸存者的食品分配和供给会成为一个十分棘手的问题。对于那些粮食生产上远不能自结自足，完全依靠进口粮食的国家来说，失去一年的收成会是一场巨大的灾难。

同样，核冬天也使从海洋获取的食品急剧下降，我们已经看到给人类提供基本营养的许多食物链将要被破坏。在最为严酷的情形下，大地一片漆黑，以致海洋中的光合作用连续数月的中断，众多的鱼种也许会灭绝。因此，人类在失去大部分陆地收成后，要向海洋寻求帮助，也无法得到保证。

生物生态系统除了供给我们食物，还在很多方面为我们服务，这些对我们都是同等重要的。它们的作用是形成和保护土壤、养料的再循环，控制可能发生的农业害虫和人类疾病带菌体，处理废物和死亡的有机物、生物，净化水源，甚至调节气候（众所周知，一个地区的绿化，是改良沙漠的第一步）。总之，自然提供了一个博大的生化源，新的植物和动物在这里自然地或艰苦地通过淘汰，繁殖进化。

当然，也不是生态系统为我们所提供的这一切都会受到核冬天的威胁。但问题是，我们很难预测像核冬天的气候性灾难给生物造成的全部后果。生态群落中的成员，彼此依存，它们能抵御环境较小的变化，却抵抗不了较大变化的伤害。

如果我们把注意力仅仅集中在对人类的直接影响上，那么，即使黑暗和寒冷遍及整个地球，这似乎也不会导致南半球所有人的立即死亡。在远离原子弹爆炸现场，相对来说没有放射尘埃的岛屿上，和由于海洋的调节，气温下降不很明显的地区，都可能有幸存者。所以，在南半球各处，甚至在北半球的某些地区，很可能有一些分散的幸存者。可是，这些分散的小股人群能够生存下去吗？他们可能被迫回到以打猎和采集为生的生活方式中去，但他们缺乏我们打猎祖先在数千年里积累下来的有关周围环境的知识。他们还将面临一个崭新而又有害的环境，具有较高辐射、受到严重破坏的自然世界，其气候条件是前所未有的。社会、经济、文化系统等都被破坏殆尽，人类将面临巨大的精神压力。1983 年 10 月，一些杰出的生物学家在华盛顿集会，他们的一致意见是：

我们不能排除这样一种可能性，即这些分散的幸存者根本不可能再繁殖人口。他们可能生存几十年或一个世纪，然后消失。换句话说，我们无法排除大规模的核战争会毁灭人类这一可能性。

这些令人沮丧的话，足以阻止我们把人类推向毁灭。难道还需再多言吗？我们怎么能允许核武器再多贮存片刻呢？在一场核浩劫后，地球上的生命当然还会继续生存下去，但是我们却不复存在了。在过去几千年中人类建立起来的全部文化、文明和成就都将付之一炬。

作者简介

　　迈克尔·罗文-罗宾森,英国天体物理学家,伦敦帝国学院教授,专攻宇宙论和红外天文学,是该研究方向的欧洲领军人物。4599 号小行星,就是以他的名字"罗文"命名的。他开创性地研究红外和亚毫米波天文观测并取得重大成果,2008 年被授予霍伊尔奖章。他的多部科学及科普著作成为畅销书。关于《火与冰——核冬天》,他曾表示:"由于我在以往的十多年间一直在研究星球周围的尘埃对星球所发出的光的影响(当然,这只是我研究的众多课题之一),因而,关于地球上空的尘埃和烟云作用的思考对我来说就是驾轻就熟的了。"所以,他对核烟云效应所做的解释具有一定的权威性,这也是该书出版后引起广泛关注,核冬天理论迅速进入公众意识的重要原因。

　　主要著作有《宇宙景观》(牛津大学出版社,1980)、《宇宙距离的阶梯》(牛津大学出版社,1984)、《宇宙中的涟漪》(黛安出版公司,1993)、《宇宙的九个数字》(牛津大学出版社,2001)、《宇宙学》(牛津大学出版社,2004)等。

作品要览

　　《火与冰——核冬天》一书是在西方社会对核冬天理论充分讨论的基础上写成的。作者用比较确凿的材料论证了核冬天的现实可能性,详细描绘了核冬天的起因和后果。

　　"核冬天"是 20 世纪 80 年代西方科学家对可能发生的核战争将会给地球和人类带来灭顶之灾的后果预测。核冬天理论的基本观点是,大规模核爆炸掀起的微尘和因大火产生的滚滚浓烟,会长时间遮挡住阳光,造成全球性气候变化,使地球处于黑暗和严寒之中,动植物濒临灭绝,人类生存面临严重威胁。科学家解释说,当核爆炸时,地面的上岩石、土块等迅速汽化,巨大的能量将大量的烟尘注入大气,可高达 12 公里以上进入平流层。由于核爆炸所产生的烟尘微粒有相当大部分直径小于 1 微米,它们能在高空停留数天乃至一年以上,因为它们的平均直径小于红外波长(约 10 微米),它们对从太阳来的可见光辐射有较强吸收力,而对地面向外的红外光辐射的吸收力较弱,导致高层大气升温,地表温度下降,产生了与温室效应相反的作用,使地表呈现出如严寒冬天般的景观,故称为核冬天。

　　1983 年 10 月 31 日,在华盛顿召开的有近 20 个国家的 500 名正式代表参加的"核战争以后的世界——关于核战争带来的长期的全球性生物学后果讨论会"上,卡尔·萨根等五位美国科学家联名宣讲了他们的学术研究报告《核冬天:大量核爆炸造成的严重后果》,正式提出"核冬天"理论。会上及会后的详细深入的后续研究证实了他们计算结果是正确的。地球上的生命确实正面临着核冬天的严重威胁。

　　在此之前,尽管人们明白发动核战争将会"相互毁灭",但毕竟是纸上谈兵、吓唬对方而已,自身并无切肤之痛。"核冬天"理论的提出,则使人们彻底明白了核战的毁灭效应,——没有哪个国家可以储存数百年的食物,没有哪个国家可以在核战袭击后还有干净的空气,没有任何一个人可以在核大战后活下来。

《火与冰——核冬天》共七章（走向毁灭的边缘、核冬天的真实景象、什么引起核冬天、地球上的生命面临存亡的危机、核冬天预言的可信程度、核战略家在想什么、科学家在核冬天），用通俗简洁的语言比较细致、全面、生动地预测、论证和描绘了核冬天的悲惨"现实"；同时也指出了以往关于核冬天论述中的不确切之处，并对核冬天理论对世界政治和军事可能产生的影响作出了自己的分析和判断，给人以深刻的印象。

📖 阅读提示

1. 在本文中，作者先分别论述了核冬天对庄稼和植物、陆地动物和淡水生物、海洋生物的严重影响，然后总述核冬天将给人类带来的灾难性后果。条理清晰，层次分明，论证严谨。阅读时注意体会。

2. 核冬天理论毕竟是对未来可能发生情况的预测，因而必须具有很强的说服力才能被读者、公众所接受。说说本文是如何在理论分析、事实验证、逻辑推导等方面一一阐述的？

3. 针对某些侥幸心理，作者提出了怎样的告诫？幸存者"他们可能生存几十年或一个世纪，然后消失"，这个结论又是如何得出的？

4. 除了"核冬天"，人类还有那些行为会给地球和自身带来危害，甚至是致命的灾难？

📖 推荐书目

①《死神俯视众生——核武器与核战争》（陈荣弟、李云龙，福建教育出版社，1995）　②《二十世纪化、生、核战争：被禁止的战争》（李朋，黑龙江人民出版社，1994）　③《生物武器与战争》（于新华等编著，国防工业出版社，1997）　④《化学武器与战争》（王强等编著，国防工业出版社，1997）　⑤《等待毁灭：高科技战争与人》（曾华锋等，广东教育出版社，2001）　⑥《只有一个地球，对一个小小行星的关怀和维护》（［英］B.沃德，［美］R.杜博斯，吉林人民出版社，1997）⑦《我们的共同未来》（世界环境与发展委员会，吉林人民出版社，1997）

第十六单元

亦 幻 亦 真

　　在即将结束阅读课程旅行之际，让我们携手走进科幻，登陆网络，在虚构和虚拟的世界里漫步徜徉。

　　科学幻想小说是西方近代文学的一种新体裁，其特点是，用幻想的形式，表现科学技术远景或者社会发展对人类的影响；其内容交织着科学事实、想象和预见。西方对后世产生巨大影响的早期科幻作家是法国的儒勒·凡尔纳和英国的乔治·威尔斯。而当今科幻小说最发达的国家首推美国和英国；阿西莫夫（美）、克拉克（英）和海莱恩被称作"科幻小说三巨头"，他们的作品风靡全球。中国自古不乏幻想文学的优秀之作，如《山海经》《西游记》和《封神演义》等，但科幻小说，却被认为是舶来品，最初是梁启超、鲁迅等人引入的；最早翻译为中文的科幻小说是梁启超翻译的凡尔纳《十五小豪杰》；鲁迅则于 1903 年在日本留学期间开始翻译凡尔纳的《月界旅行》。1954年，《中国少年报》发表了新中国第一篇科幻小说《从地球到火星》，竟引起北京地区火星观测热潮，其作者郑文光则被誉为"中国科幻之父"。而叶永烈的《小灵通漫游未来》则创下了另一个记录：自 1978 年出版以来，发行量总计逾 300 万册，至今仍雄踞中国科幻小说销量第一名。

　　一部优秀的科幻小说既有一定的科学前瞻性，体现了一种科学精神；又有较高的文学性，满足人的审美需要；还要有深刻的人文性，关注人类发展的未来。科幻大师的作品是全人类的精神财富，其价值是难以估量的。这里不妨引用美国著名天文学家、科普作家萨根在悼念阿西莫夫时所说的一段话："我们永远也无法知晓，究竟有多少第一线的科学家由于读了阿西莫夫的某一本书，某一篇文章，或某一个小故事而触发了灵感；也无法知晓有多少普通的公民因为同样的原因而对科学事业寄予深情……我并不为他而担忧，而是为我们其余的人担心——我们身旁再也没有阿西莫夫激励年轻人奋发学习和投身科学了。"

有人说"不读科幻小说的民族是没有希望的民族",此言未免绝对,却也未必不对。本单元选编了阿西莫夫的科幻短篇《如此美好的天气……》,其目的也正是希望同学们能一斑窥豹,由此而产生阅读科幻小说的兴趣。那么,阅读科幻小说要注意哪些问题呢?我们不妨按"科学"、"幻想"和"小说"三个要素分别提出一些最基本的建议:(一)科幻小说所弘扬的是一种严肃的科学精神,但不强求像科学实验、报告和论文那样真实、准确和严谨;因此,阅读时不要把它关于科技发明及应用的描述,误作已知为真的科学理论和事实来认识掌握。(二)丰富的想象力是科幻作品魅力的源泉,在阅读时也要充分发挥想象,深入作品意境,提高创造性思维能力。但要避免把读科幻当作逃避现实的一种方式;更要防止进入把灾难题材的科幻小说与宣传世界末日的异端邪说相等同的误区。(三)"科幻小说首先反映人"(阿西莫夫),也把刻画人的性格、关注人的命运当做首要任务。但和普通小说相比,科幻作品更注重紧张、复杂、扣人心弦的情节设计和特殊、奇异的环境渲染;因此,在阅读时,如果能够充分利用和发挥已有的文学欣赏素养和能力,将有利于我们从科幻作品中取得更大的收获。

网络的崛起和普及,改变我们的阅读生活。由于世界范围内数字时代的到来,大众的阅读方式已经不再局限于传统的纸质媒体,网络阅读已经成为我们生活重要的组成部分。的确,网络资讯以其容量大、速度快、成本低、阅读方便和形式多样等传统阅读无法比拟的优势,吸引了越来越多的读者,发挥着越来越广泛和重要的作用。新型的数字媒体,比如新闻网站、电子图书、数字杂志、在线音乐、网络游戏,还有以手机为载体的手机报纸、手机小说、手机音乐等众多新的阅读方式和阅读载体正在悄然兴起,以致有人认为,一场阅读革命来了。

然而,网络阅读也有其不足之处:互联网是一个巨大的多层次的超级文本,有扩展性、延伸性、跳跃性和芜杂性、随意性、混沌性,鱼龙混杂,难以控制,而其阅读主体恰恰又是身心发展尚未成熟、可塑性甚强的青少年群体;因此研究者指出网络阅读至少有以下弊端:它主要停留在浅阅读、片断阅读等层面而缺乏理性判断、深刻思考;它将破坏人们阅读线性文本时能够得到的逻辑思维的训练,可能导致社会群体的阅读能力下降;它无孔不入,容易制造大量的"黑色污染"、"黄色污染"、"灰色污染",使一些人沉迷于虚幻的网络世界里不能自拔而受毒害……故而2007年度诺贝尔文学奖得主多丽丝·莱辛在获奖致辞中写道:"因特网用其虚无引诱了整整一代人,理性的人们即使承认他们为此而上钩,却难以再得到自由。比如,他们可能发现一整天都在阅览博客中过去了。"

当然,我们也不能因噎废食。正确的做法是充分发挥网络载体的优势,同时结合、吸取传统阅读的长处和积淀,取长补短,相得益彰。目前有关部门表示,将采取措施,打破数字出版产业与传统出版产业的界限,实现两者之间的对接,让更多人类的智慧和思想"在线"。人们也认识到,应当把一些已经进入到公共领域的经典著作完整准确地放到网上,以方便网民阅读;另外,要大力提倡网络深层阅读,希望大家在网络上也能读得仔细认真。在上述基础上,我们再给同学们几点建议:(一)有意识、有落实地提高自己辨别是非、识别真伪、判别美丑的能力,对网络阅读所涉及的内容要有批判性取舍。(二)适当地对待、处理和利用通过网络阅读所获得的资讯信息,注意核对、勘误及尊重知识产权。(三)尽量完整地阅读作品,系统地把握知识,深入地理性思考。这对完善知识结构、提高素质修养具有重要意义。(四)要加强传统阅读。传统阅读更利于锻炼读者的抽象思维,也更利于培养和发扬人们的想象力、创造力;另外,图书的最高价值应当是传承深刻的思想精神和纯粹的文化积淀,而目前网络平台还远远无法达到这一境界。(五)在网络阅读时,还要注意避免由种种不良的阅读习惯而带来的对身体健康的影响。

如此美好的天气……*

［美］阿西莫夫

　　××××年4月12日,在汉森太太的自动门里,由于某种尚未查明的原因,磁场调制器上的制动键发生了偏振。这么一来,汉森太太一天的安排彻底给打乱了。而她的儿子理查德也突然得上了奇怪的神经官能症。

　　这不是通常文献资料中所描写的那种神经官能症。而且,年幼的理查德,一般说来,还能像受过良好教育的十二岁儿童那样进行日常的待人接物。

　　但是,从4月12日起,理查德却要用极大的克制力才能使自己跨进这个自动门。

　　汉森太太早晨醒来。像通常一样,她的家仆机器人默默地滑进主人的卧室,用小托盘给她献上一杯咖啡。

　　汉森太太打算今天到纽约去。由于不能对机器人过分信赖,在动身前,她必须亲自做完某些事情。因此,她喝了几口咖啡就起床了。

　　机器人默然地沿着反磁力场滑出卧室返回厨房。这种反磁力场使机器人那架由零件装成的身躯离地板半英寸悬空移动。机器人到厨房后,按动餐用仪表盘上的键钮,一份标准早餐就准备好了。

　　汉森太太照例先向已故丈夫的雕像投以感伤的目光,然后怀着平淡而满意的心情做完了早祷的各项例行礼仪。她听到她的儿子正在大厅的那一角洗漱,而且她知道,这些事并不要她去插手。

　　机器人正守候在那里服侍着小主人冲淋浴、换衣服和用早餐。她家去年安装起来的沐浴设施能够使洗澡和揩干的程序变得如此迅速和爽快,使她毫不怀疑不需任何说服和动员,迪克是乐意去洗澡的。

　　她现在要做的唯一一件事是在儿子去学校前亲吻一下他的面颊。她听到机器人正发出柔和悦耳的声响。这是告诉小主人,上课的时间快到了。于是,汉森太太匆匆乘电梯下到底层以便履行做妈妈的义务。

　　理查德肩挎左右摇摆着的袖珍放映机和教学胶卷站在自动门前。他的表情很忧郁。

　　“你听我说,妈妈,”他说,“我拨了学校的坐标,可连个影子也没看到。”

　　她差不多是机械式地说:

　　“你在说梦话,迪克。我从来没听说有这种事。”

　　“那你就试试看呗。”

---

　　* 选自《赤鲼》(孙宗鲁、董眉君编,江苏科学技术出版社,1984)。

汉森太太拨了几下字盘。怪事！学校的自动门通常都调在公共波段上。她开始拨其他的坐标,同样一无所获。她的友人家的自动门可能也拨不到了。通常,在这种情况下总是有信号发出使人一看就会明白,可这一天,不论她怎样拨弄键钮,自动门仍是一个毫无反应的灰色壁垒。毋庸置疑,自动门发生了故障。可是公司方面每年秋季的检修才刚刚过去五个月吧!

汉森太太着实恼火了。

这一天她安排了许多事要做,可为什么事故却偏偏发生在这一天?! 汉森太太懊恼地回忆起一个月前她为了节约额外开支而拒绝安装一个后备自动门的建议。她哪能想到自动门竟是这么不可靠呢?

她来到传真电话旁,没好气地对理查德说:

"迪克,你步行走大路到乌里亚姆逊家,借用他的自动门上学去吧。"

如果联想到接踵而来的一连串事件,理查德的反对态度是不足为怪的。

"啊,不过,妈妈,我身上会受污染的。在自动门修好以前,我看我还是留在家里好些,可以吗?"

汉森太太坚持自己的决定,这同样也不足为怪。她手指没离开传真电话的键盘,说道:

"只要穿上套鞋,不会弄脏的。在走进房屋以前不要忘记好好把身上抖干净就行了。"

"可是……"

"不要再讲什么条件了,迪克。你应该上学去。我要看着你走。要快点儿,不然,要迟到的。"

机器人,这架用最先进零件安装成的异常敏感的机器,已经站在理查德的面前,殷勤地伸着双手正把套鞋递给小主人。

理查德把透明的塑料护膜套在套鞋上,带着极为勉强的表情向门口走去。

"这玩意儿我甚至还不会开呢,妈妈。"

"只要按一下这个键钮。"汉森太太指给他看,"按动这个红色键钮就得了。这上面写是'太平门'几个字。好了,不要再耽搁了。你是不是想要机器人跟你一块儿去?"

"不,看你说的什么呀!"理查德有点不耐烦。"我是什么人?照你看,我还是个婴儿呢!"他忿忿的牢骚声被身后的关门声打断了。

汉森太太用指头轻轻触动传真电话的键盘,拨出需要的号码,并以相当大的声音向公司发泄了对它的产品的意见。

不到半小时,汉森太太的府邸里来了一位谦逊的青年人。此人名叫卓·布鲁木,技术学校毕业,又在强力磁场力学研究班进修过。尽管由于他年纪太轻而使汉森太太对他的技术产生了本能的怀疑,但他毕竟是有真才实学的。

　　他刚一发信号,女主人就打开了住宅的活动通道。这时她看到他用力抖动全身以便抖去露天下的尘土。套鞋已被他甩掉了。汉森太太又把通道关上,这样可以避开射进住宅的刺眼的阳光。

　　"只要有个人来,我就高兴,"汉森太太含辣带刺地冲着技师说,"我这一天算完了。"

　　"很抱歉,夫人。哪里出了故障?"

　　"这个门干脆不能用了。拨坐标的时候一点儿反应也没有,"汉森太太说,"发生故障事先连个信儿都没有。我只好打发儿子到邻家去,他打这儿通过……就这个玩意儿。"

　　她指着"太平门",正是在这里她迎接了技师。

　　他微笑了一下,开始以一个自动门专家的风度说话:

　　"这也是门,夫人。只不过不是用大写字母来表示罢了。这可以说是个机械门。从前其他的门是没有的。"

　　"可至少它还能供人使用啊!我不得已才命令儿子从这里走出去,进入肮脏的露天世界充当各种细菌的俘虏。"

　　"露天的天气并不坏呀,夫人,"技师的表情显示出他由于职业的缘故几乎每天都接触到露天的新鲜空气。"有时,外面的天气的确也不太好。不过我想您还是希望我快点把您的门修好的,夫人。"

　　他坐下来,打开随身带的工具箱,然后用点状排磁器不到半分钟工夫就取下了操作盘,使自动门内部密密麻麻的复杂零件暴露出来。

　　汉森太太看着他检修,把双手抚在胸部。

　　终于,技师喊了一声:

　　"就是它!"他以轻捷娴熟的动作取出了一个制动键。"这个键失磁了,夫人。就这么个毛病。"他用指头在多格的箱子里探摸了一阵,取出一个同样的零件。"这玩意儿常会出毛病,而且无法预见。"

　　他装上操作盘,站起来。

　　"现在一切都好了,夫人。"

　　他拨动数字控制盘,把原有的数字组合作废,又重新调上一组。

　　每拨动一次,自动门内阴森闷郁的色调都转变为浓深柔润的黑色。

　　"夫人,请签字,就签在这儿。劳驾写上您的账号。"

　　技师拨动新数字盘。这次出现的是自己工厂的坐标。他彬彬有礼地用手指轻轻碰了一下前额,走进自动门,湮没在黑暗中。继而,工具箱的轮廓也从眼前消失。过了片刻,自动门复又呈现出阴郁的灰色。

　　半小时后,当汉森太太终于做完曾经中断了的一些事情并带着尚未消失的烦恼回想着早晨发生的事故时,可憎的传真电话铃响了。就从这阵铃声开始,一场真正的灾祸向她降临了。

伊丽莎白·罗宾斯小姐心里一直在纳闷。年龄幼小的汉森·迪克一直被认为是个好学生。她压根儿没打算责怪他,可是她确信,今天他的举止总有点儿反常。既然是这样,她当然应该告诉他的母亲,但不必让校长知道。

她利用早自习的时间,指定一个学生代她管一下班上的事,她自己来到传真电话旁。拨出需要的号码后,她立即在屏幕上发现自己正在全神贯注地看着汉森太太的装饰华丽但又仿佛由于某种原因而烦恼的表情严厉的头像。

罗宾斯小姐有点胆怯,想回避已经来不及了。她羞怯地说:"汉森太太,我是罗宾斯小姐。"

汉森太太冷冰冰看了她一看,问道:

"罗宾斯老师吗?"她的语调冷酷而傲慢。

"完全对。我有事找您,汉森太太,"罗宾斯小姐继续说,"是想告诉您,今天早上迪克很晚才到校。"

"是这样吗?这不可能。是我亲眼看着他上学去的。"

罗宾斯小姐表现出有礼貌的诧异,问:

"您是想说,您看到他使用自动门上学来了?"

汉森太太马上说:

"不,不,我们的自动门暂时失灵。我要他到邻居家用他们的自动门上学去。"

"您确信是这样?"

"当然。难道我对您撒谎吗?"

"看您说的,汉森太太。我根本不是这个意思。我是想说:您是否确信他找到了去邻居家的道路?他可能迷了路……"

"胡扯。我家有详细地图。我毫不怀疑,理查德对 A－3 区每幢房屋的位置了如指掌。"

然后,她带着充分意识到自己有显赫社会地位的那种人特有的平静,骄傲地补充说:

"当然,他也根本勿须知道这些,只要在坐标簿上看一下所需要的坐标就得了……"

由于自动门耗能价值昂贵,罗宾斯小姐的家庭不得不严格控制对它的使用。直到不久前,她还是步行到学校来。汉森太太的高傲态度使她在感情上蒙受了屈辱。她直言不讳地说:

"不,汉森太太,我担心迪克并没有使用邻家的自动门。他迟到了一个多小时。从他那双套鞋的情况判断,他在露天下走了很久。他的套鞋很脏。"

"很脏?"汉森太太仍旧用充满优越感的腔调说,"您说什么?他讲出了什么没有?"

看到这位贵夫人神态慌张的狼狈相，罗宾斯小姐由衷地感到开心。她继续说：

"他不愿谈出任何这方面的情况。话说明了，汉森太太，我觉得他得了病。所以我这才给您打电话。可能您愿意请医生给他看看吧？"

"他发烧吗？"这位母亲使用高音符嗓门问。

"噢，不。我不是说他肉体上生了病。我指的是他对周围事物的表情和那不正常的眼神。"她犹豫了一下，竭力想把话说得更委婉些：

"我觉得，也许，做一个精神病的常规检查……"

她没把话说完。她的话被汉森太太的冷酷而严厉的声音打断了。如果不是教育还有点作用的话，这声音肯定会变成野兽的吼叫。

"您是想说，我的理查德是个精神病患者？"

"啊，不，汉森太太，不过……"

"我看您想要说的正是这个。简直是胡思乱想！他一直很健康。等他放学回来我自然会明白一切。我相信，他会向我作出合乎情理的解释。"

联系突然中断了。罗宾斯小姐内心感到屈辱，而且承认做了一件蠢事。归根到底，她只不过想履行一项自己的职责罢了。

她匆匆回到教室，很快看了一眼挂钟上的金属字盘。自习课快结束了。下一节是文学课。

罗宾斯小姐的思想并未全部集中在这节文学课上。她机械地叫起一个个学生，要他们朗读自己作文中的片断以供她选择做示范。她又以同样机械的神态把选出的一段文字稿嵌入软片，再用微型显音机播放出来，好让大家听到应该怎样用英语来朗读。

在显音机的机械发声器上总是发出一成不变的标准腔，这同样也一成不变地抹杀了语调的任何个性特色。长期以来，罗宾斯小姐总在思考着这样一个问题：让学生学会这毫无个性特色的语言，并用千篇一律的语调来说话，这到底是否明智？

可今天，她根本不想这些。她一直观察着理查德·汉森。孩子呆若木鸡地坐着，对周围的一切毫无反应，一反常态，陷入极端的沉思。她肯定，今天早晨他发生了一件不寻常的事。因此，她用电话告诉他的母亲是应该的，尽管她提到精神病检查似乎有点冒失。不过现在作这种检查也是很常见的嘛……常对所有的人进行普查。这丝毫也不会损伤自尊心。也许，有人不这样认为。

她终于把理查德从座位上叫起来。在他听到老师呼唤并站起来之前，罗宾斯小姐不得不两次呼叫他的名字。

她出的作文题目是：《假若要您选择一种古老的变通工具去旅行，您将选择什么？为什么？》罗宾斯小姐每学期都是出的这个题目。这个题目出得好，因为它可以培养学生对历史发展的敏感，它唤醒青年们去思考古人的生活方式。

罗宾斯小姐听着理查德用低沉而单调的语调朗读作文：

"假若要我选择一件古老的交通家具，"他把"工具"念成"家具"，"那我就选择同温层巨型飞机。它飞得宁静，像其他所有交通工具一样，不过它很清洁。因为它要在同温层飞行，它必须是绝对密封的，所以您就不必担心会染上疾病。如果是在夜间，您可以看到星星，就像处在天象仪里。如果您往下看，您会看到地球，就像在地图上一样，或者，还能看到云彩……"他又往下读了几百字。

他读完后，罗宾斯小姐及时指出：

"'交通工具'不能说成'交通家具'。再者，不能说'飞得宁静'或者'用力看'。应该怎样说才对，同学们？"

一阵七嘴八舌的回答声……

课就这样结束了。马上要开午饭。有些学生在学校用午餐，有些回家去。理查德自己留下来。罗宾斯小姐注意到了这一情况，因为他平时总是回家吃午饭。

正午一过，响起了最后一道铃声。二十五名男女学生在一片喧哗声中按次序站队。

罗宾斯小姐拍了一下手：

"快点儿，孩子们。泽尔达，快站到自己位置上去。"

"我的胶片掉了，罗宾斯老师。"女孩尖声为自己辩解。

"快点儿拾起来，拾起来。注意了，快，快！"

她按下电钮，一部分墙壁退入壁龛，呈现出一个淡灰泛黑的大自动门。这不是一个供孩子们回家吃午饭的普通的自动门，而是经过精心设计和安装起来的特殊自动门。它是这所欣欣向荣的私立学校的骄傲。

这个自动门比普通的宽一倍，装有大而精密的被称为"自动选标仪"的仪器。借助于这种仪器，可以在一瞬间确定几个不同的坐标。而普通的自动门则需要每隔一定的时间拨动一次才能确定这些坐标。

通常，在学期之初罗宾斯小姐总要花一整天的时间和技师一起对一些新来的学生家庭住宅调好坐标。不过，幸运的是往往一个学期都能顺利使用，不须再找技师检修。

学生们按字母顺序站好队，女生在前，男生在后。自动门呈现出柔和的黑色。于是，埃斯特尔·亚当斯挥了一下手走进门去。——"再……（见）……"

像平时一样，"再见"这个词只听到一半，人已消逝在缥缈中了。

自动门由灰色又变成黑色……随着自动门把学生一个个送回家去，队列越来越短了。当然，也常会有那么一位妈妈忘记在相应的时间把自己家中的自动门调到接收的刻度。这时，自动门就变成灰色。经过一分钟等待，自动门自动转换坐标，改送下一个孩子回家。而家中不开门的孩子则要等到所有同学走完以后，有一道专门的铃声提醒那位不经事的妈妈，要她立即扭转情况。这种现象给孩子们造成不良的印象，他们常为此而烦恼，认为家中对他们不够关心。罗宾斯小姐在家访时总要向家长提醒这一点。尽管如此,这种事每学期至少总要发生一次。还有一种麻烦事发生得更多些:某个男生或女生在队列中未站到自己的位置上。尽管教师们随时严加注意,这种情况仍时有发生,特别是学期之初孩子们对编成的队列还不太习惯的时候。

每当发生这种情况,五六个孩子就分别出现在别人的家中。这时必须让他们再返回学校。调整好这种混乱的局面要花去几分钟的时间。家长们对此也大为不满……

罗宾斯小姐突然发现队列的移动停止了。她急忙吆喝站在队列排头的一个:

"塞缪尔,快进! 等什么来着?"

塞缪尔委屈地皱起脸皮说,

"这不是我家的坐标,罗宾斯老师。"

"噢,是谁家的?"她焦急地扫了一眼由五个学生组成的队列。

"是谁没有站在自己的位置上?"

"这是迪克·汉森家的坐标,罗宾斯老师。"

"他在哪儿?"

另一名男生以幸灾乐祸的语调回答了这一问题,这种表情是孩子们在成年人面前告发自己伙伴时常常本能地流露出来的。

"他从'太平门'出去了,罗宾斯老师。"

"你说什么?!"

自动门打开了下一组坐标,塞缪尔·卓兹回家去了。其余的也都一个接一个离开了学校。

罗宾斯小姐一个人留在教室里。她走到太平门前。这是一个相当小的隐蔽在壁龛内用手来开关的门。

罗宾斯小姐把门打开一条缝儿,一条防火救生的路展现在面前。这时她接触的是一项与现代化建筑物中使用的现代化防火设备完全不同的、过了时的防火注意事项。门外,露天下,空无一物,除了……空旷的郊野。明媚的阳光照射,微风送来尘土的清香。

罗宾斯小姐关上门。她感到心安理得,因为早晨她已电话通知了汉森太太,尽到了自己的责任。现在已经勿须怀疑,理查德出了事。她决心不再打电话给汉森太太。

这天,汉森太太未能去纽约。她呆在家中,心里忐忑不安,甚至忍受着烦躁的折磨。这烦躁是由罗宾斯小姐的直率行为引起的。

离放学大约还有一刻钟。焦急的心情驱使她来到自动门前。去年,她在门上安装了一架自动装置,可以在三点差五分的时候自动出现学校的坐标,而且不用人来控制,在理查德回来以前一直保持着这种状态。

她的视线一直没离开阴森森雾茫茫的自动门(为什么这个性能可靠的强力磁场不能呈现出别的什么有生气的、令人愉快的颜色呢? ……)。她用两只胳膊抱住自己的双肩,她感到,它们是这样的冰冷。

自动门准确地在预定时间泛起黑色,可是不见孩子。几分钟过去了——连个人影也没有,又是几分钟,仍然毫无消息。终于,她感到愤懑和失望。

已经三点一刻了。汉森太太完全陷入惊慌失措的状态。以前,在必要的时候,她就打电话给学校。可现在,她不能,坚决不能。不能趁这位女教师怀疑理查德心理上有病的当儿打这个电话。这个教师简直太无理了!

汉森太太心急如焚,在房间里踱来踱去,一支接一支地抽香烟。后来突然又把香烟熄灭。也许,这是一场虚惊?理查德可能因某种原因暂时留在学校?如果真是这样,他一定会事先告诉她……猜疑渗透她的全身:他明明知道她打算到纽约去,并要在某处耽搁到深夜才能回来……不,不,如果有事,他无疑会通知她……

她那盛气凌人的骄傲派头现在已经分崩离析了。必须给学校打电话,甚至(她闭上双眼,泪水夺眶而出)通知警察局。当她睁开眼睛,理查德正站在她面前。他低着头,那副神态使人联想到正在等待着雷击的人。

"妈妈好!"

汉森太太的激动瞬即变成愤怒(这种转变的方法只有做母亲的才能掌握)。

"你到哪儿去了,理查德?"

接着,在她用丧尽天良的儿子和慈母破碎的心这类辞藻来教育理查德之前,她仔细看着他。突然她惊叫了一声。

然后悄声问:

"你去到露天下了?"

她的儿子看看自己满布尘土的靴子(没有套鞋套),看看胳膊肘上星星点点的污秽和几乎弄破了的衬衫。他说:

"真见鬼,妈妈,我不过是想,我要……"他不再说下去了。

汉森太太问:

"是学校的自动门出了问题?"

"不,妈妈。"

"你明白吗?为了你,快要把我急疯了!"她徒劳地等待着回答。

"那好吧,过一会儿再谈。现在你去洗个澡。你的全身衣服连同最后一根线都要丢掉。机器人!"

机器人对"洗澡"这个词早已做出了反应,正在采取相应的行动。

"把靴子脱在这儿,"汉森太太说,"你跟着机器人去吧。"

理查德执行这项命令时的面部表情,甚至比唇枪舌剑的抗议更加有力。

汉森太太用两个指头捡起靴子,一甩手扔进了垃圾通道。这个意外的负担使垃圾通道发生一阵忿忿的轰隆声。她仔细把手擦干净,然后又把手帕也跟着丢了进去。

她没有和理查德共进晚餐,而是令他和机器人一起吃。

　　她确信,这样更能显示她的气愤而且会收到比任何责备和惩罚更显著的效果。这将使他很快明白自己的错误行径。她常对自己说,理查德是个敏感的孩子。

　　可是,临睡前,汉森太太来到儿子的房间。她面带微笑,开始用抚爱的语调和他谈话。她认为,这样更好些,因为惩罚应该适可而止。

　　她问:"今天到底出了什么事,迪克乖乖?"还在迪克很小很小的时候她常这样称呼他。而今,这个称呼所勾起的抚爱之情差点儿使她流出泪来。

　　然而理查德却把脸扭到一边。他声音固执而又冷淡:

　　"我就是不愿钻进这些讨厌的自动门,妈妈。"

　　"那又为什么呢?"

　　他两只手在薄被下面搓了搓(这薄被每天早上更换一次,当然是毫无传染性的)说:

　　"反正我不喜爱这玩意儿,没别的。"

　　"不用自动门你怎样去上学呀,迪克?"

　　"我提早起床。"他嘟哝着说。

　　"自动门有什么不好呢?"

　　"我讨厌它。"他甚至不看妈妈一眼。她情绪沮丧地说:

　　"好吧,你安静地睡上一觉,明天早上会好些的。"

　　她吻了吻他,走出房间,顺手关上光电管:房内灯灭了。

　　这一夜,汉森太太怎么也睡不着。迪克为什么突然讨厌起自动门来了呢?从前自动门也没有给他招过麻烦呀?当然,今天早上坏了,可这更应该使他认识到这种现代化交通工具可贵的价值。

　　迪克的举止是这样不理智……

　　不理智吗?这使她想起罗宾斯小姐和她的"诊断"。在孤独的一片漆黑的卧室里汉森太太咬了咬牙。简直是胡说八道!孩子不过是心情不好。睡觉,这就是他唯一需要的良药。

　　不料第二天清晨她起床后发现儿子已经不在了。机器人不会说话,但是会用机械手做出手势表示"是"或"不是"。这样,汉森太太不到半分钟工夫就了解到:孩子比平时早起了三十分钟,随便洗漱一下就匆忙离开了家。

　　不过他没有进自动门。

　　他走了另一条路——出了普通门。这种门的名称不用大写字母开头。

　　这天下午三点十分,汉森太太的传真电话发出悦耳的铃声。她直觉地感到有人要找她。当她打开荧光屏后,证实了自己的预感。

　　她匆忙照了一下镜子,希望能够确信经过一天来心烦意乱的折腾之后她的脸仍旧是泰然自若的。她打开传真电话的发射器。

　　"是我,罗宾斯小姐。"她冷若冰霜地回答。

理查德的老师很激动。她把话讲得很急促：

"汉森太太,理查德故意从太平门走出学校。尽管我要他从自动门回家去,但他不听。我不知道他现在到哪儿去了。"

汉森太太用精心选择出的辞令回答说：

"他回家去了。"

罗宾斯小姐很失望：

"您同意他这样?"

汉森太太的脸气得苍白。她决意要这名教师自量点儿：

"如果我的儿子不愿意进自动门,这是他和我的事。我非常清楚,学校并不存在一项规定,非要他进自动门不可,是这样吗?"她的表情显然要使人相信,即便有这项规定,她也要毫不在乎地破坏它。

罗宾斯小姐也怒不可遏。在联络中断以前,她连珠炮似地说完了要说的话：

"我要给他做心理病探测,我一定要做……"

留下汉森太太站在电话机旁,一双一无所获的视线凝视在断了联系的屏幕上。激烈的争执迫使她在一段时间里袒护着理查德。如果他不愿意,难道非要他使用自动门不可吗? 但是,忐忑不安的心情仍然折磨着她;理查德的举止毕竟是不太正常的……

他面带挑衅性的表情回到家中,而母亲却拿出全部克制力像未发生任何事情一样来迎接他。

一连几个星期她都采用这种办法对待他。倒也没有什么可怕的事情发生。她自言自语说,这不过是孩子的调皮行为罢了。随着年龄的增长会过去的……

有时她下楼用早餐,常发现理查德愁眉苦脸地站在自动门旁——上学的时间到了,他必须乘自动门前往。也曾有过这样的事,他一连三天都走"正常的路"。妈妈也不说什么。

每当他这样做了,特别是一天之内两次使用自动门——上学和回家,她的心就感到热乎乎的。她说:"瞧,这不一切都好了吗!"

但是过了一天,两天或三天,他像一个渴求吗啡的嗜毒者,又悄悄地从普通门里溜了出去。

发生几次这类事情之后,汉森太太绝望地想到了精神病医生和神经科检查的问题。可是一当她想到罗宾斯小姐,她就打消了这个念头,虽然她未必认识到这个动机是真诚的。

汉森太太尽管经受着精神上的折磨,但仍能适应新的情况。她命令机器人带着一套换洗衣服守候在门口(不用大写字母标示的普通门)。理查德顺从地洗澡更衣。他的下身衣服、袜子和套鞋无条件地统统被丢掉。汉森太太默默承担着这项开支。

有一次,她建议理查德陪她到纽约去。她希望看到他伴随她一起旅行,这是一个非常渺茫的希望而不是一项深思熟虑的计划。出人意料的是理查德并未反对，反而感到高兴。他毫不犹豫地走进自动门。他的眼神里丝毫没有乘自动门上学去时那种烦恼的表情。

汉森太太高兴极了。这可能就是培养他再次愿意使用自动门的有效办法。她绞尽脑汁寻找多种借口以求和儿子一同去旅行。她甚至不惜花费巨额能源开支和儿子同去中国欣赏了一天中国戏剧会演。

观看中国戏剧会演是在星期天。可第二天一清早，理查德却又径直从他惯于出入的那个墙洞里出去了。这天汉森太太醒得比平时早，正好看到这一情况。她心急如焚，双眼挂着泪花在他身后呼唤：

"为什么不进自动门，迪克？"

他回答得很干脆：

"长途旅行的时候用自动门好。"说着走出了宅院。

就这样，她的计划又成泡影。有一次，理查德回到家里浑身湿透了。机器人无所适从地围着他转来转去。刚从衣阿华州姐姐处返家的汉森太太看到这种情形不禁叫道：

"理查德·汉森啊！"

他气呼呼地说：

"下雨了，突然下雨了。"

汉森太太未能马上理解这句话的内容。打从她步行去学校学习地理至今，整整二十年过去了。现在，经过一阵回忆，她想象到了无数的水珠儿猛力地、连绵不断地从天上落下来——这是一股疯狂的势不可挡的自上而下的水流。任你拧紧龙头，捺下电钮，切断电源……都无法使它停下来。

她问：

"你在雨中行走了？"

理查德回答：

"可是，妈妈，我使尽全力往家跑。我并不知道要下雨。"

汉森太太默然无语。她陷入恐怖。可怕的设想使她说不出话来。

两天后，理查德患了鼻炎，喉咙干疼发痒。她不得不承认，病毒已经在她的庭院里找到了栖身所，就像侵入铁器时代简陋的小破房一样。

她的傲慢和固执已经寿终正寝了。她悲痛地承认自己已经束手无策：理查德必须找神经科医生就医。

汉森太太选择神经科医生是慎重而又仔细的。起初，她想到稍远一点的地方去聘请。她甚至打算直接到医疗中心去交涉，说不定会找到一位理想的医生。

后来，她产生了一个想法：干脆以一个普通咨询者的姿态出现，在引起人们的注意方面，决不能超过居住在城市偏僻角落里乘坐公共自动门的任何一个市民。而如果在她自己的住区内求医,那么她每说一句话都是举足轻重的……

然而,在本住区内就医何乐而不为呢？A-3区享誉全球,它是权贵显达的象征。它是以最大限度地使用自动门为基础而建立起来的第一个社体,是最大、最富、最驰名的第一个区。在这个区内,既不需要工厂,也不需要商店,甚至不需要道路。每幢住宅都是一个小巧玲珑的独立城堡。它的自动门可以把主人载送至世界上任何一个装有同样自动门的角落。

汉森太太细心察看了居住在A-3区内的五千个家庭的名册。她知道这名册中也包括几名神经科大夫。在这个富豪的住区内,医疗技术自然也是无可非议的。

汉密尔顿·斯隆博士的名字第二次落入她的眼帘。汉森太太的手指在地图的某处停下来。他的诊疗室离汉森太太的馆邸不过两英里。她喜欢博士的这个名字。他能住在A-3区,这一事实本身就足以说明他的医术是具有权威性的。而且他事实上又是她的邻居。他无疑会明白,以这样紧急的事情去求见他自然是慎重而又机密的。

她果断地给诊疗室挂了个电话,约定好出诊时间。

汉密尔顿·斯隆博士比较年轻,还不到四十岁。当然他也听说过汉森太太。她的来访受到博士的热情接待。

当她说明了来意,斯隆博士问:

"这一切都发生在自动门坏了以后吗？"

"是这样,博士。"

"他是否表现出对自动门有恐惧感？"

"是啊,噢,不。看您想到哪儿去了!"她感到相当惊讶。

"不过,这是常有的事,汉森太太,这是常有的。说实在的,您如果仔细考虑一下自动门的工作原理,委实也有点儿可怕啊。您走进自动门,在一瞬间您身上的原子就变成了一个动力场,它被转移到空间另一个位置而形成另一种物质。正是在这一瞬间,您的全身机体是凝固的。"

"我相信任何人也不会考虑这种问题。"

"但是不能排除您的儿子正在考虑这个问题。他亲眼看到自动门发生故障。也许他警告自己:'万一自动门坏在半路上,那可怎么办？'"

"不过,这纯属无稽之谈。要知道他是经常使用自动门的呀!他甚至陪同我到国外去过。我不是已经对您说过,他乘自动门到学校去,一周内总有一二次……"

"态度不勉强吧？情绪很好吗？"

"是啊,是啊,"汉森太太以勉强的口气说,"给人的印象是自动门在某种程度上压抑了他。可是,博士先生,怎样才能解释这种现象呢？您如果能给他做一个快速的心理病探测,看看到底是怎么回事儿……"她接着用不自在的语调结束了这段谈话:"这就够了。我坚信不会有什么危险的。"

斯隆博士叹了口气。他讨厌"心理病探测"这个词儿。但是未必能找到另一个什么词儿是他听得更多些的。

"汉森太太,"他说,"根本不存在什么'快速心理病探测'。当然,我知道在一些传真报纸上尽是一派肆意的渲染。有些文章甚至把它捧上了天。其实都不过是无限度的夸张罢了。"

"您说这是当真?"

"完全是这样。心理病探测是个很复杂的过程,是一个监视思维连锁反应的过程。您知道,脑细胞是通过无数条渠道相互联系着的。其中有些'道路'比另一些'道路'用得多些。它们是思维的习惯,不论是有意识的或者是下意识的都是如此。从理论上讲,在一个具体的头脑里,这些'道路'可以用来确定思维方面的疾病……"

"那怎么办?"

"接受心理病探测是件可怕的事,特别是对小孩子,不可避免地要酿成心理创伤。探测本身就需要一个多小时。此外,材料还要送往心理病中心分析局作分析,几个礼拜后才能得到病情结果。这还不算,许多精神病理学家认为,用当今的仪器探测心理结构,所取得的结果并不完全可靠。"

汉森太太咬住嘴唇:

"您是想说,没有什么办法可想啰?"

斯隆博士微笑了一下:

"绝不是这个意思。比发明心理病探测技术早几百年就有了精神病理学家。请允许我和您的孩子谈谈话。"

"和他谈谈话,就这么算了?"

"如果有必要,我请您向我提供他过去的一些情况。但是,最主要的,我认为还是和您的迪克谈谈话。"

"不,斯隆博士,我估计他不会同您讨论这个问题的。他呀,连和我谈话都不愿意,可我还是他的妈妈呀。"

"这也是常见的现象。"精神病理学家说服她说。"小孩子有时候更乐意和生人攀谈。如果您不同意这样做,那我索性就不承担这项治疗工作了,因为我看不到有其他的途径。"

汉森太太站起来,显然很不高兴:

"那您什么时候能光临舍下,博士?"

"星期六好吗?那天孩子不上学。您方便吗?"

"恭候光临。"

她派头十足地走了出去。博士送她到自动门旁。她拨动自己住宅的坐标。博士看着她跨进自动门。她的身躯现在只剩下二分之一,四分之一,胳膊肘和一条腿,完了……

这确确实实是可怕的。

会不会有朝一日自动门在转动中突然坏掉而把一半身躯留在这里,另一半留在那里?斯隆并未听说过这种事,可他相信这完全会发生。

他回到办公桌旁,估计了一下该花多少时间用来接待下一个病人。他知道,汉森太太未能争取到给儿子做心理病探测而深感委屈和沮丧。

何苦呢?真见鬼!在他看来,像心理病探测这类玩意儿纯属十足的诈骗。可为什么它却吸引着成千上万的人呢?这应看作是人拜倒在机器脚下的例证之一。人能做到的,机器能做得更好。机器!越来越多的机器!机器充斥生活的每个角落!它冲击着时间,冲击着习俗风尚!

忽然,他对心理病探测所执的否定态度开始使他不安起来。这不正好说明他害怕由于医疗的迅速机械化、对自己失去信心和机器恐惧症引起失业吗?……

斯隆决定和自己的私人分析员讨论讨论这个问题。

最初的十分钟过去了。这场面,大家都感到紧张、拘束。斯隆决定开始行动。汉森太太强做笑脸,目不转睛地看着他,仿佛等待他马上创造出一个奇迹来。理查德在椅子上有点坐不安稳,他对斯隆博士经过精心筛选而提出的问题没有多大反应。他显得疲倦、苦闷,而且对此不加掩饰。

突然,斯隆博士问道:

"你愿不愿意和我一块儿去散散步,理查德?"

孩子的两只眼突然睁大了。他停止了坐立不安的姿态,对博士看了一眼:

"散步,先生?"

"我是说——到露天去。"

"您……常在外面走路吗?"

"有时是的,当我有兴趣的时候。"

理查德蓦地站了起来,高度的兴奋使他全身颤抖。

"我没想到竟然有人也在外面走……"

"可我常走,而且我不反对邀一位伙伴。"

孩子犹豫了一下,坐了下来。

"妈妈?"

汉森太太气得几乎说不出话来,不过,她终于还是说出来了。

"那,好吧,迪克。不过,当心点儿。"

说罢,她用快速的敌意的目光看了斯隆博士一眼。

斯隆博士撒了谎。自从他进入专科学校以后,他从未再到露天去过。诚然,他爱好运动,但在他求学的那个时候封闭式游泳池和装有紫外线照射设备的封闭式网球场已经相当普遍了。盒子内的运动使那些害怕大自然风云变幻的人感到放心。正是这些原因,斯隆没有任何理由再到露天去。

　　而现在……阵阵清风却使他起了一身鸡皮疙瘩，绿郁娇嫩的芳草却仿佛竟能刺穿他那双外加鞋套的靴子，扎在他的脚上……

　　"喂，请朝这边看。"理查德现在好像换了一个人，他心中的压抑感早已烟消云散。

　　斯隆博士瞥见小树林的密枝茂叶间有一个青蓝色的东西一闪而过。

　　"刚才掠过去的是什么东西？"

　　"鸟，"理查德说，"是一只青蓝色的鸟。"

　　斯隆博士惊奇地环顾四周。汉森家的住宅坐落在一个小土岗上，形式玲珑美观。那边，稀疏的树林里夹杂着一片片嫩绿柔茸的小草坪。

　　由浓绿色镶嵌起来的五光十色的斑点构成了一幅幅红黄交错的画卷。这就是大自然的一朵朵鲜花。斯隆轻而易举地认出了存在于活的自然界中的这些现象，因为他曾在书本上和传真游艺会上看到过它们。

　　但是，这草长得这么整齐，花儿也开得如此井井有条……斯隆下意识地等待着某种更意外的东西。他问：

　　"是谁经管着这些东西呢？"

　　理查德耸耸肩：

　　"我也不知道。也许是机器人干的。"

　　"机器人？"

　　"这里常有一大批机器人。有时它们拿着一种像自动刀一样的东西在地面上干活。这种刀是用来割草的。它们还经常修剪花朵和别的植物。瞧，那边就有一个机器人。"

　　孩子指着一个不可名状的小机器——它在一块平地上走动着，忙忙碌碌地正在做着什么。在它那金属制成的皮肤上闪烁着耀眼的太阳光点。

　　斯隆博士大为震惊。他甚至不知道还存在着这类机器人。

　　"这是什么？"他忽然又问道。

　　理查德转过头来：

　　"这是弗罗乌利克斯家的住宅。坐标为 A－3.23.461。而那边那座尖顶小建筑物是公用自动门。"

　　斯隆博士仔细观察它的外形。难道它就是这个样子？博士首先感觉到的是：这原来是一个立方体的高高的东西。

　　"我们往前走！"理查德叫了一声，带头在前面跑。

　　博士跟在他后面，不过，却踏着有节制的稳健的步子。

　　"这一带的房屋你都辨认得清吗？"

　　"差不多。"

　　"坐标 A－23.26.475 的房屋在哪里？"这自然是斯隆博士的住宅。

　　理查德想了一下。

"噢,当然知道……您看到那里的水吗?"

"水?"斯隆仔细观望着蜿蜒在芳草丛林间的一条银带。

"当然,真正的水。它不停地流着,永远流着。可以沿着一排石块跨越过去。它叫河。"

"这很像小溪。"博士想了一下。他学过地理,当然,仅限于经济地理和人文地理,而自然地理几乎已经变成死的学科了。除一些专业人员外,谁对它都不感兴趣。而且斯隆知道,这种河流和小溪都是理论上的……

理查德继续往下说:

"在河的那一边,就在生长着一大片小树林的山包后面,有一幢住宅,那就是A－23.26.475。那是一幢白顶的淡绿色建筑物。"

"难道是它?"斯隆博士着实感到诧异。他竟然不知道自己的住宅是用淡绿颜色装饰起来的。

有一个小动物为逃避即将逼近的赫然大脚而拚命地逃进草丛。理查德目送它的背影,耸了耸肩:

"简直无法捉到它。我曾经试过。"

一只蝴蝶舞动黄色翅膀从他们眼前掠过。斯隆博士向它投以惊愕的目光。

到处是一片欢乐的、由各种音调组成的唧唧吱吱的叫声。随着听觉的逐渐适应和锐敏化,他开始觉察出,在这成千上万的声音海洋里,没有一种是人造的声音。

一块大阴影投落地面,而且越来越近,盖着了斯隆博士。他顿感一身凉爽,颤栗了一下,仰望高空。

理查德说:

"这是一朵云彩。一分钟后它就会飘向远方。您最好还是欣赏一下这些花朵吧,它们可香啦。"

现在他们已经走到离汉森家住宅几百码的地方。头顶上的那块云彩已经飘然而去,大地上又是一片灿烂的阳光。斯隆回头望了一下。当他发现他们已经走了这么远的距离时,不禁大吃一惊。假如他看不到这幢住宅,而理查德又独自远去,试问,他这个成年人还能不能找到归途?

他不再想这些,又开始观赏这条快到眼前的水带。水带的那一边,朝那个方向望去,就应该是他自己的住宅了。斯隆新奇地想着:"淡——绿——色?"

过了一会儿,他说:

"你,可算是一位名副其实的研究员了。"

理查德带着竭力控制着的骄傲感说:

"当我步行上学和回家的时候,我总要想办法找一条新路走走,这样可以看到更多的新东西。"

"可你并不是每天都在外面走呀?我想你还是常常乘坐自动门上学的。"

"那当然。"

"那为什么要这样呢,理查德?"不知为什么斯隆博士确信,孩子内心深处的真实想法就在这里。

然而,理查德却使他失望了。孩子诧异地扬起眉头:

"唉,说起来真倒霉。有时一连几个早晨下雨,我不得不坐自动门上学去。我真讨厌透了这种情况,可有什么法子呢?!两星期前我正好碰上下雨,我……"他下意识地看看周围,把嗓门压低到几乎是讲悄悄话:"着凉了。妈妈可生气啦。"

斯隆博士叹了一口气:

"那么,现在我们该回去了吧?"

理查德脸上掠过一阵扫兴的表情:

"那为什么呢?"

"我想,你的妈妈一定在等着我们。"

"也许。"孩子勉强转回身来。

他们在归途上慢慢走着。理查德毫无拘束地谈个不停:

"不久前,我在学校写了一篇作文,谈到我将选择什么古老交通工——工具去旅行时(他差点又把"工具"说成"家具"),我这样写:'我将乘坐同温层巨型飞机,看着闪烁的星斗和飘荡的浮云……'当时我多傻呀!"

"现在你要选择另一种吗?"

"那当然。我要坐汽车,而且要不慌不忙地走。这样我就能看到周围的一切……"

汉森太太忧心忡忡,局促不安。

"您不认为这是不正常的吗,博士?"

"不太常见,是啊,不过我没发现任何不正常的情况。理查德很想到外面去呼吸新鲜空气。"

"那为什么?外面那么脏,那么惹人讨厌。"

"这是志趣问题。一百年前我们的前人大部分时间是在新鲜空气中度过的。甚至到现在,我敢说,还有许许多多的非洲人从来没见过自动门。"

"可是理查德从小所受的教育是要他无愧于做一个 A-3 区的居民。"汉森太太忿忿地说。"要知道他并不是非洲人,我的天哪,而且……而且他更不是古人……"

"这就是问题的所在,汉森太太。孩子感到他需要走向真正的大自然,但他又明明知道这是不允许的。也没有勇气把这种想法告诉您或自己的老师。他思想上形成了沉重的负担。而这是危险的。"

"有什么办法能使他打消这种念头呢?"

博士坚定地说:

"这是徒劳的。最好的办法是对他的这种欲望因势利导。自动门出毛病那天,他被迫走进露天。打那以后他就爱上了露天。他徒步上学、回家是想重温那第一次激动人心的印象。现在我建议您每逢星期六和星期天同意他出去两个小时。这样理查德会明白，即使没有一定的目的地同样也可以到露天去玩玩。那时您将感到，通过这些措施他会心甘情愿地乘自动门上学和回家了，您说是吗？我想，这才是解决问题的根本办法。"

"事情竟然弄到这个地步?! 这想法多可怕呀! 我的儿子还能不能恢复正常?"

斯隆博士站起来：

"汉森太太，即使现在，他也是绝对正常的。只不过他渴望品尝的是被禁了的果子而已。如果您真想治好他的病，那您就声明不反对他。这么一来，这件事对他的吸引力很快就有某种程度的减弱。往后，年龄稍大一点，他就会逐渐理解到社会期待他的和要求他的是什么。他将学会服从。我们中间的这位反抗者归根结底是造不起反的。不过，他的造反思想，一般来说，只能随着时间的推移，直到我们年老体衰的时候才能逐渐平息。当然，如果对他的这种思想进行不冷静的压制，那就有可能出现心理爆炸。千万不要犯这样的错误。理查德一切都会好的。"

斯隆博士向自动门走去。

汉森太太问：

"博士，您不觉得做一次心理病探测是理想的吗?"

他回过头，毫不掩饰自己的反感：

"不能，绝对不能! 在孩子身上没有任何迹象说明做这种探测是必要的。懂吗? 没有任何迹象。"

斯隆的指头在离拨盘一英寸的地方停住了。他面部表情急剧地变化着。

"怎么回事儿，斯隆博士?"汉森太太问。

但他没有听到她的话。在他思考着自动门，思考着心理病探测，思考着窒息性的技术工艺垄断。

然后，他收回了手，低声说道：

"您知道吗? 今天，如此美好的天气，我认为，最好还是迈开双腿走路吧……"说着，他已经离开了自动门……

📖 **作者简介**

艾萨克·阿西莫夫(1920—1992)，美籍俄裔犹太人，著名科普作家，科幻小说家。出生于俄罗斯斯摩棱斯克州彼得罗维奇的犹太乡镇一个以磨坊为业的犹太家庭。三岁随父母移民美国，在纽约布鲁克林长大。1939年十九岁时便从哥伦比亚大学毕业，同年在科幻杂志《奇异故事》上发表第一篇作品《被放逐出灶神星》(短篇)。适逢第二次世界大战爆发，在费城海军造船厂的大气实验室以平民身份工作数年。1941年在母校获文学硕士学位。后加入美国陆军，服役九个月后退伍。1948 年在母校获生物化学博士学位。此后在波士顿大学医学院任讲师、副教授、教授。教学之外，勤奋写作。三十岁时出版第一部科幻长篇小说《天空中的石子》。此后写作速度很快，五十岁已出版了一百部作品。其后速度更快。阿西莫夫创作了大量脍炙人口的科幻小说，其中最为著名的是《基地》、《机器人》和《帝国》三大系列。《基地》由《基地前奏》、《迈向基地》和《基地》等七部组成，其故事发生在遥远的未来，其时人类已遍布 250 万颗行星，人口达到 1 000 亿，形成了一个真正的宇宙帝国。可是这个统治银河系达一万两千年之久的银河帝国行将崩溃，人类社会将进入一个长达 3 万年的黑暗时期，所有的文明都将荡然无存；随着帝国的逐渐衰微，基地被好战的强邻包围。人类也面临痛苦抉择，向野蛮的势力投降，甘心受控制？还是不顾被摧毁的危险奋起而战？建立和保护基地就成了拯救人类的机会和希望。《基地》三部曲具有极其重要的意义，因为它是将机器人潮流从技术科学引向社会科学的最早、最有影响的有力实践。在他之前，科幻作品中的机器人多半是人类无法控制的魔鬼；而阿西莫夫将它们赋予人性，并为它们制定了内在的行为准则和道德规范，即"机器人学三定律"：1.机器人不许伤害人类，或因自身的懈怠而使人受到伤害；2.机器人必须服从人的命令，除非这命令与第一准则相违背；3.机器人必须保卫自身的存在，只要这种行为不违背第一、第二准则。这对以后的科幻小说创作产生了极大的影响。除了科幻小说，阿西莫夫还创作了大量的科普作品、非科幻类的推理小说和通俗历史等著作，这些作品同样大受欢迎，令人百读不厌。阿西莫夫本身就是个传奇。他一生创作和编著了 500 多部著作，著述范围几乎涵盖整个"杜威十进制图书分类法"；先后获得艾迪生基金奖，美国心脏协会布雷克利斯奖，波士顿大学出版价值奖，美国化学公会葛兰帝奖，西屋科学著作奖，雨果奖（6 次，该奖被称为科幻艺术界的诺贝尔奖），星云奖（2 次，该奖为科幻创作最高奖）和星云大师奖（终身成就奖）；小行星 5020 号以其名命名；还荣获多所大学共 14 项荣誉博士学位。

主要作品（中译本）有《基地前奏》、《迈向基地》、《基地》、《基地与帝国》、《第二基地》、《基地边缘》、《基地与地球》组成"基地"系列；《钢穴》、《裸阳》、《曙光中的机器人》、《机器人与帝国》、《机器人短篇全集》组成"机器人"系列；《繁星若尘》、《苍穹微石》和《星空暗流》组成"帝国"系列；《地球以外的文明世界》、《阿西莫夫最新科学指南》、《古今科技名人辞典》（原名《阿西莫夫科技传记百科全书》）、《亚原子世界探秘——物质微观结构巡礼》、《终极抉择——威胁人类的灾难》、《人生舞台——阿西莫夫自传》、《宇宙秘密——阿西莫夫谈科学》、《不羁的思绪——阿西莫夫谈世事》等。

📖 **作品要览**

《如此美好的天气》发表于 1985 年，是一篇反映人类未来日常生活的科幻短篇小说。故事写的是：许多年以后，随着科学技术不断发展，人们日常生活有了极大的变化，尤其是衣、食、住、行中的"行"，更是方便迅捷之极。人们使用一种高科技产品"自动门"，便可以鞋不沾尘地到达目的地。如主人公理查德所居住的"A‑3"区，就配套使用着这种现代化交通工具："A‑3区享誉全球，它是权贵显达的象征。它是以最大限度地使用自动门为基础而建立起来的第一个社体，是最大、最富、最驰名的第一个区。在这个区内，既不需要工厂，也不需要商店，甚至不需要道路。每幢住宅都是一个小巧玲珑的独立城堡。它的自动门可以把主人载送至世界上任何一个装有同样自动门的角落"。但是终于有这么一天,"受过良好教育的十二岁儿童"理查德对自动门产生了恐惧和排斥心理,开始瞒着母亲偷偷走"太平门",靠原始的步行去上学,母亲汉森太太发现后,担心他"进入肮脏的露天世界充当各种细菌的俘虏",不同意他这么做;但理查德固执地坚持走"太平门"。汉森太太认为儿子"得上了奇怪的神经官能症",焦虑万分,而且和理查德的老师也发生冲突。理查德郁郁寡欢,在一次露天行走时淋了雨,感冒生病了。汉森太太终于决定请住在同一社区的神经科医生斯隆博士来给儿子诊治。斯隆博士却表示理解理查德的想法,他对汉森太太说:"说实在的,您如果仔细考虑一下自动门的工作原理,委实也有点儿可怕咧。您走进自动门,在一瞬间您身上的原子就变成了一个动力场,它被转移到空间另一个位置而形成另一种物质。正是在这一瞬间,您的全身机体是凝固的。"因而"不能排除您的儿子正在考虑这个问题。他亲眼看到自动门发生故障。也许他警告自己:'万一自动门坏在半路上,那可怎么办?'"汉森太太尽管对此不满,但还是无可奈何地让斯隆博士给儿子看病。针对理查德的"病情",博士果断地采用了一种让汉森太太"气得几乎说不出话来"的治疗方法:与理查德一起通过太平门来到露天的大自然中。结果,医生在"病人"的带领和指导下,和"病人"一起享受到了久违的欢乐……

作为一名优秀的科学家和 20 世纪世界顶级科幻作家,阿西莫夫在这篇小说中,以其渊博的科技学识和对人类未来深切的关怀,敏锐地提出了一个在当时还不为世人重视的问题,那就是:科技越来越发达,人对机器的依赖也越来越严重,因而也越来越远离大自然,这必将会不可避免地带来人类心理的、社会的种种困惑、"疾病"、甚至灾难。《如此美好的天气……》所体现的对科技迅猛发展的反思以及对人类未来如何生活的忧患意识,超越一般科幻作品的局限,给读者以深刻的警示和启发。

📖 阅读提示

1. 科幻小说也是小说,也要靠刻画人物形象和讲述故事来表达主题思想,因此,人物形象和故事情节也是我们必须关注的要素。但阅读科幻小说,最重要的是,必须理解它以一定的科技理念为基础而设置的特殊场景和环境,只有这样,才能全身心地投入其中,设身处地、身临其境地感受小说带给我们的喜怒哀乐。边阅读,边归纳,看看这篇小说描写的未来普通居民生活在怎样的科技环境中? 哪些科技预想现在已经实现了?

2. 想一想,说说看,这篇小说描写的"自动门"系统,究竟是怎样一种交通工具? 它有何利弊? 理查德为什么"就是不愿钻进这些讨厌的自动门"?

3. 汉森太太具有哪些性格特点? 描画她的形象,对表现小说主题有什么作用?

4. 罗宾斯小姐为什么坚持给理查德做心理病探测? 她是怎样一位老师?

5. 小说中景物描写笔墨不多,但对情节发展却很重要。请结合斯隆博士的心理活动加以分析。

6. 有些细节描写饶有情趣、耐人寻味,如:"她没有和理查德共进晚餐,而是令他和机器人一起吃。"仔细体会这类细节描写对刻画人物和表现主题的作用及意义。

7. 作者既为高科技迅速发展所体现的人类智慧而感到自豪，又因"人拜倒在机器脚下"、"机器充斥生活的每个角落！它冲击着时间，冲击着习俗风尚！"而忧心忡忡。小说除了"自动门"，还暗示了其他什么高科技的弊端？

8. 小说的主题并不是要人们远离科技，因噎废食肯定不是作者希望看到的结果。建议在读完这篇小说之后，进一步做个专题阅读，深入分析思考，再谈谈你的科技发展的现状及未来的想法。

推荐书目

①《太阳探险记》(郑文光，湖南少年儿童出版社，1993)　②《一千年前的谋杀案》(潘家铮，北京科学技术出版社，1993)　③《美洲来的哥伦布》(刘兴诗，湖南教育出版社，1999)　④《蜂云》(倪匡，香港明窗出版社，1981)　⑤《未来世界》(张系国，安徽少年儿童出版社，1992)　⑥《秘密纵队》(叶永烈，湖北少年儿童出版社，1992)　⑦《珊瑚岛上的死光》(童恩正，安徽少年儿童出版社，1993)　⑧《末日之门》(乔良，昆仑出版社，1995)　⑨《生命之歌》(王晋康，中国华侨出版社，2011)　⑩《海底记忆》(星河，中国少年儿童出版社，1996)　⑪《死亡飘移》(周宇坤，四川科学技术出版社，1999)　⑫《时空捕手》(刘维佳，四川科学技术出版社，1999)　⑬《三体》(刘慈欣，重庆出版社，2008)　⑭《台湾科幻小说大全》(姜云生，福建少儿出版社，1993)　⑮《科幻世界》(杂志)　⑯《威尔斯科幻小说选》([英]威尔斯，中央编译出版社，2010)　⑰《海底两万里》([法]儒勒·凡尔纳，中国青年出版社，1979)　⑱《天堂的喷泉》([英]克拉克，科学普及出版社，1995)　⑲《双星》([美]海因莱因，黑龙江人民出版社，1983)　⑳《星球大战》([美]卢卡斯，内蒙古文化出版社，1997)　㉑《侏罗纪公园》([美]克莱顿，译林出版社，2005)　㉒《外星来客》([苏]斯特鲁格特斯基兄弟，福建少儿出版社，1990)　㉓《化身博士》([英]史蒂文森，安徽科学技术出版社，2002)　㉔《银河帝国·基地》([美]阿西莫夫，江苏文艺出版社，2012)　㉕《机器人大师历险记》([波兰]莱姆，河南人民出版社，1994)　㉖《解放了的弗兰肯斯坦》([英]奥尔迪斯，河南人民出版社，1996)　㉗《通天塔17》([美]狄兰尼，河北少儿出版社，1998)　㉘《星潮汹涌》([美]布林，河北少儿出版社，1998)　㉙《神经浪游者》([加]吉布森，上海科技教育出版社，1999)　㉚《人变火星人》([美]波尔，四川科学技术出版社，1999)

致　网　友*

陆天明

有些网友挖苦我，你丫挺的老不死，都这把年纪了，还来趟"韩白之争"这滩浑水，不是自找吗？他们中的一些人认为，我这么干，是为了出名。借韩寒出名。最起码也是为了增加我博客的点击率。有的说我是"误入歧途"，上了记者的当，被诱入陷阱或泥坑。还有些网友认为，"韩白之争"毫无意思。言下之意，你们这么吵来吵去，纯属吃饱了撑的。

介入韩白之争，我重要的收获之一，是得到了一片脏不可堪的辱骂。我究竟说错了什么？

我说韩寒"被宠坏了"。

我说韩寒的小说"不够文学"。（报纸发表时，编辑执意把它说成"不好"。为此事我通过记者去责问了编辑。）

我说即便像鲁迅曹雪芹托尔斯泰……那样的大文学家都可以批评，为什么韩寒就不能批评了？

我说他"十七岁"，是指他几年前写那本成名作《三重门》时的年龄。因为我只看过他这一本书。我指的也就是那时的他。当然我没说得很明白。但没说清楚年龄，就该让人来"操妈"或被骂作"老不死"，就可以被界定为"胡说八道"？

对于白烨，在答记者问中，我并没有去讨论他任何文学观点，我只是强调，他作为一个批评家，他有责任也有权利对任何一种文学现象进行批评。不能因为他做过什么错事，就不让他说话。法律没有剥夺他进行文学批评的权利，就像我们不能因为韩寒上学时曾经有几门功课始终不及格而剥夺他写小说和开跑车的权利一样。如果当初"新概念"作文大赛评委和作家出版社的编辑也这么蛮横不通人事，说这个韩寒连个合格的初中生都算不上，说话做事还那么"狂"，就别让他得奖了，也别出他的《三重门》了，那么，还会有今天的韩寒吗？

我对韩寒没有任何成见，更没有全盘否定他。我在那篇答记者问的文章中说得很清楚，韩寒的小说，有一些是我这样的作家写不出来的，是有意义的。

白烨是我二十年前认识的一个朋友。但这二十年来，我们几乎没有任何来往。事业上没有来往，生活上更没有来往，连电话都没打过一个，根本谈不上个人感情。

那么我为什么要"跳出来"趟这滩"浑水"？拿上海一个女作家的话来说，干这种

---

* 转载自陆天明新浪博客，2006 - 03 - 22。

"引火烧身"的"蠢事"。

首先我不认为"韩白之争"在本来的意义上就是一滩"浑水"。也就是说，我原先觉得"韩白之争"本可以做成一件非常有学术意义和文学意义的好事。中国的文坛这些年缺的就是真正的批评和讨论。文学理论批评的缺席，一直是大家颇为心痛的一件事。私下里都在关注和议论所谓"80后青年作家群"这个文学现象。但有谁对此认真做了研究，并公开说一些有深度的话呢？不是没有人说过，而是的确说得很不够。所以，我从记者嘴中得知，白烨出来说话了，但立即遭到铺天盖地般的"网殴"，查他祖宗三代，搜罗他过去的"错误"，说他没资格来批评韩寒。在中国，谁敢说自己是清白到一点错事都没做过的？如果遇到批评就回避实质问题，只去指责对方的以往。长此下去，以后谁还敢搞中国的当代文学批评？于是，我就想站出来说几句话。几十年来，中国文坛一个通病就是只能一派说话做事。"左派"掌权，"右派"肯定靠边站。"右派"掌权呢？也一定不会让"左派"们好受。（对不起，我这里只是借用民间口头上的说法。并非是真正意义上的什么"左派"或"右派"。）最近这十年好些了。基本上不分什么"左"的和"右"的了。但面和心不和的事情还是常常在发生的。纯文学瞧不起通俗的，通俗的不服气"纯"的；还有所谓的"主流派"和"边缘派"之间的隔阂……可以说比比皆是。

这里我举我自己的一个例子。以前很长一个时期，我的写作专注在所谓的"纯文学"上，但是这些年，我开始写所谓的"反腐文学"，有人就很不以为然，不把我的文字当文学看。这当是你的权利。但是我觉得我有话要对这个社会说，我要在当下的现实生活中让文学起一点它能起的作用，我就要这样写。至于到底什么是真正的文学，我们双方完全可以争论或讨论。然后让历史来作证。但他们不，看到你活得很好，就难受，就是要想方设法来羞辱你的人格。

有一回，中国作协会党组决定让我到一个会上去发言。这其实是一件很没有什么了不起的事。不就是发个言嘛。但一个部级单位的文学理论研究室的一个负责人奉命通知我做发言准备时，在电话里却说："陆天明，我们本来可以找到更好的作家来发言的。但是这个发言的只能在北京找，那就是你了。你来发个言吧。"言下之意是，我们本不想让你发言的，现在找不到人了，凑合着就是你。当时我非常生气。你就是瞧不起我，当面也不该这么说啊。大家都是一把年纪，有自尊的人，俗话说，打人还不打脸哩。况且谁是真正的好作家，最后得由历史和人民说了才算。干嘛一竿子就把人捅到阴沟里去了呢？我当时没有反驳，二话没说，就把电话撂了。我觉得我要再不撂这电话，就真不是个东西了。后来这事闹大了。这个理论研究室的另一个负责人和中国作协的主要领导都打电话来做解释。但我一直不愿再接这个理论研究室人的电话。再后来，那位另一个负责人居然对我说："好啊，你陆天明居然不接我的电话。这事，不算完！"

你们瞧,中国真有想欺负人和总想来横的。

能不能提倡共存共荣？能不能做到有话好好说？能不能在强调自己是个人、对方也是个人、双方都必须得到尊重的前提下再来讨论各种问题？

有人说,陆天明你老抓住别人骂人这一点,叨叨个没完,说点真事儿,行不行？

你们以为这事小？太不是了。

请说这种话的人仔细看看我博客上近两千条评论和留言。

我们一直向往中国有真正的主民①,有一个宽松的自由的生存环境。一百多年来,无数志士仁人都在为这个伟大的目标而斗争着。什么是主民？什么是自由？我不是理论家,所以我说不清。但我觉得最起码,它应该是在法律和人权得到充分尊重的前提下,让每一个人都有说话做事的权利。"老人"不能压制"年轻人"。这是对的。反过来,"年轻人"是不是就可以"压迫"老人了呢？"倚老卖老"不对。但"倚小卖小""我就是流氓,我怕谁？老子今天就骂你了,你能把我怎么着？"持这样的态度对不对？我想也是不应该的。正当的批评,不应该分年龄,也不能分性别。我们只应该就事论事。友好地讨论一些对我们的文学我们的社会我们的情感我们的生存必须的问题。讨论中观点可以不合,甚至可以有对立,但不能祭用封嘴战术,剥夺对方的言语权。更不能谩骂诬蔑甚至搞人身攻击。说到这里,我顺便要告诉一些网友,我不是有"地位"的人。我从来没当过官,也不是个官。除了年龄比你们大一点,写作时间稍稍长一点,我没有占有任何可以拿来压制谁的法权。我不是什么既得利益者。我的每一点所得,都是在爬格子(用你们喜欢听的话就是在码字)中用自己的生命换来的,用自己头上的白发换来的。我和你们一样,希望中国尽快进行政治改革,实现我们梦寐以求的理想目标。但是,主民绝对不是为所欲为。如果把"主民"当成公共厕所,谁都可以去排泄脏物,甚至随意向别人身上排泄脏物,(就这一点说,连公厕都不如了。)那么,这样的"主民"一定要垮台。因为这样的"主民"一定不会得到大多数人的拥护,一定会被受到管制。

改革开放后,我们也有过这样的几次教训。没有好好地利用已然得到的一些主民权利,把事情做过了头,反而丢失了许多主民权利。

怎么珍惜、怎么恰当地使用我们已经得到的一些主民权利,这件事其实比"韩白之争"更重要。让每一个中国人都拥有说话做事的自由权利,都学会尊重他人应有的权利,这是天大的事啊。这在许多发达国家,可是他们的立国之本啊。

这就要说到网络了。网络是眼下中国说话最"自由"的地方。我想我们应该好好地爱惜它。千万别在这儿再为所欲为,搅浑了这一滩水。如果让大多数人觉得这个"自由之地"是个藏污纳垢的防空洞,是妨碍人们正当言论,自由发表意见的臭不可闻

① 原文如此。下同。——编者

的浑水沟,(包括一些媒体也把眼前的事说成是一场"网殴",是在网上打人或打架。他们则在一旁起哄架秧子。)等着大多数人看不过去了,都要求进一步管理网络并好好整肃它,结果也像别的媒体一样,对每一篇言论都来一个"审查"才能发表的时候,我想我们都会后悔的。我会后悔,你们也一定会后悔的。我们都有责任为我们的后代,当然包括你们的后代留下这一块能自由说话的地方。现在已经有人提出要制定网络法来规范网络行为了。朋友们,规范自己的行为,并不是在为难自己,恰恰是最大的爱护和尊重自己的表现。不要以为网络是管不了的。在我们的体制下,一件事,只要他们想管,就一定能管起来。请相信我们这些过来人的忠告吧。

最后我要再说一句,我从来没有过把80后一棍子都"打死"的言论。从来没有攻击过80后全体。因为我从来反对这么看问题。生活中我有许多80后的朋友。我不知道怎么"玩"博客,是80后的一个朋友"手把手"地教我怎么在新浪上开设博客。我就韩白之争答记者问以后,立即把我的这个"答记者问"原稿,发给好几位80后的朋友,请他们"审读",听取了他们的意见后,我才交报社发表。我一直在各种场合强调,不要把80后说成是一种模式的。这样说是不科学的。他们和50后60后70后……一样,也是各种各样的。我特别强调,他们正在长大,他们一定会分化,他们中间一定会产生一大批优秀分子。而这些人一定是中国的希望,也是世界的希望。

这两天,我发现激烈的"谩骂"已经发展到"双方"了。(如果是心平气和的"讨论"发展到双方,那有多好。)现在从骂声中看,这些热心于"网殴"的网友已经完全把文学撂在一边,而在展开互相对骂。这就不好了。如果再容忍下去,我们就是在"挑动群众斗群众"了。所以,我决定,在发表这封公开信以后,如果有人还要在我的博客上继续对骂,恶意攻击对方,我就要关闭我博客的评论版了。我不能让我的博客变成一个"公共厕所"。我当然不是怕别人骂我才关闭它的。这几天,最难听的,我都受了。我相信,即使是那些惯于骂人的哥儿们姐儿们也已经骂不出更恶毒和更"新奇"的了。我只是觉得这是一个我自己写作和思考的空间,一个和朋友们交谈的场所,我不想听到聒噪和谩骂。

我郑重声明,从今天开始,到我的博客上来骂人攻击人的"评论"或"留言",不管是针对谁的,我将一律删除。现在确实到了该打扫一下博客环境的时候了。必须让它清静下来,干净起来。谢谢大家的光临。再一次谢谢。

📖 作者简介

陆天明,江苏南通人,国家一级编剧、中国作家协会会员、中国戏剧家协会会员、中国电视艺术家协会会员。1943年出生于昆明,在上海长大。十岁时父亲去世,兄弟姐妹四个,全靠在工厂医务室当护士的母亲抚养,家境比较困难。十二岁的陆天明就参加了中国福利会少年宫

（或称上海市少年宫）的文学小组,创作的诗歌曾被上海人民广播电台播放。十四岁时,响应号召,报名去安徽太平县插队落户,当农民、小学教师。后因病返沪,病愈后又去新疆生产建设兵团,当过农工班班长,师武装参谋,老兵连代理指导员,农场场部宣教组组长。1975 年调入中央广播文工团电视剧团编导组。20 世纪 80 年代初调中央电视台中国电视剧制作中心文学部任专职编剧至今。1997 年被评为享受国务院特殊津贴的有突出贡献的中青年专家。作品曾多次获各种国家奖项;《大雪无痕》获得金鹰奖长篇电视剧最佳作品奖,最佳编剧奖,等等。

主要作品有,小说:《啊,野麻花》《桑那高地的太阳》《泥日》《苍天在上》《木凸》《大雪无痕》《省委书记》《命运》;电影:《走出地平线》;剧本:《第十七棵黑杨》;电视剧:《华罗庚》(与人合作)、《不散的军魂》、《冻土带》、《苍天在上》、《李克农》、《闻一多》、《大雪无痕》、《省委书记》、《高纬度战栗》、《命运》等。

作品要览

《致网友》是陆天明 2006 年写的一篇与"韩白之争"有关的博文,发表在自己的博客网页上。事情的起因,是陆天明趟了"'韩白之争'这滩浑水",成了众矢之的,遭受网上围攻和辱骂。

所谓"韩白之争",指的是发生在白烨(中国社会科学院文学研究所研究员)和韩寒(青年作家)之间的一场网上争论。2006 年 2 月 24 日,白烨在自己的个人博客上贴出《80 后的现状与未来》(原发于《长城》杂志 2005 年第六期)一文;称"从文学的角度来看,'80 后'写作从整体上说还不是文学写作,充其量只能算是文学的'票友'写作。所谓'票友'是个借用词,用来说明'80 后'这批写手实际上不能看作真正的作家,而主要是文学创作的爱好者……我以前说过'80 后'作者和他们的作品,进入了市场,尚未进入文坛;这是有感于他们中的'明星作者'很少在文学杂志亮相,文坛对他们只知其名,而不知其人与其文;而他们也似乎满足于已有的成功,并未有走出市场、走向文坛的意向。"3 月 2 日,韩寒在新浪博客上贴出回应博文《文坛是个屁,谁都别装逼》,点名反驳白烨:"以时代划分人,明显不科学","文学和电影,都是谁都能做的,没有任何门槛","每个写博客的人,都算进入了文坛。文坛算个屁,茅盾文学奖算个屁,纯文学期刊算个屁。""什么坛到最后也都是祭坛,什么圈最后也都是花圈。"最后说:"我发表完观点了,不参与任何愚蠢的笔战论战之类。我很忙,我要进入车坛。"3 月 4 日中午,白烨贴出《我的声明——回应韩寒》:"不喜欢我的文章,但不可以用粗暴又粗鄙的字眼骂人……他和他们至少要接受道德法则的自审与公审。"两小时后,韩寒以《有些人,话糙理不糙;有些人,话不糙人糙》一文迅速回应。3 月 5 日,白烨发表声明:自己不了解也不适应博客,也对在网上"被人骂,还非得要骂人"很不理解,而"靠这种方式去交流文学或学术,也往往是一厢情愿",宣布将关闭博客。3 月 8 日,白烨接受记者访问,表示"'80 后'现在最大的问题不在于文学的造诣上,而是在做人的道德水准上"。3 月 9 日,韩寒连续贴出《辞旧迎新》(上中下)三篇博文,举出若干事例反过来责问白烨"文学批评的操守"。3 月 10 日,白烨在博客上贴出《白烨关闭博客告别辞》,成为新浪博客第一个关闭博客的名人。3 月 11 日,白烨在"最后回应"中继续批评:"他用这种语言本身,说明了他的学养、修养的亏欠"。

当前,数字化信息技术日新月异飞速发展,网络媒体方兴未艾,博客、微博、**QQ**、脸书、推特、微信、微信公众号等个人网页及社交平台层出不穷。若仅从阅读的角度看,有两个方面的问题尤其值得注意。一是网络信息具有开放性和多元性特点,难免鱼龙混杂、泥沙俱下,阅读时要独立思考、明辨是非、拒绝蛊惑,保持清醒头脑,培养和坚守正确的价值观念。二是由于互动性、参与性,在相当大的范围内,网络阅读已经不是单纯的被动阅读,而是可以通过即时对话、即兴交流等渠道,边阅读边创作,自由自在地发表自己的见解和观点;这就要求集读者、作者、评论者、仲裁者等多种身份于一体的参与者,做到相互尊重、向往高尚、珍惜权益,不断提高自身素质修养,遵守网络规范,重视网络伦理,维护网络环境,建设网络文明。

《致网友》虽然发表于若干年前,但所涉及的一些根本性和原则性的因素依旧存在,所以至今仍然具有一定的警示和教育意义。

阅读提示

1. 就作者的观点看,自己为什么要介入"韩白之争"?你认为他"干这种'引火烧身'的'蠢事'"值得吗?

2. 作者说:"几十年来,中国文坛一个通病就是只能一派说话做事。"而网络的普及,及其作用的发挥,则在一定程度上打破了这种"一言堂"局面。这本是一件好事,却为什么出现"网殴"的不堪局面?

3. 在这篇博文中,作者究竟提倡什么?反对什么?你同意吗?为什么?

4. 作者认为,"网络是眼下中国说话最'自由'的地方。"对这"自由"你怎么看?

5. 作者在这篇博文末尾呼吁:"现在确实到了该打扫一下博客环境的时候了。必须让它清静下来,干净起来。"这场争论的当事人之一白烨也说:"我希望这样一个事件,能为如何为网络立法和建设网络道德提供一个反面的例证","要建立网络道德规范"。你有什么想法和建议?

6. "韩白之争"已经过去,冷静之后,双方都能理性、正确地认识和对待这场争论,"一笑泯恩仇"了。然而这一事件的意义和影响却是深远的。从网络阅读的角度看,对我们有哪些启发和警示?

推荐书目

①《网络与书》(条例)(现代出版社,2005) ②《正在爆发的互联网革命》(西门柳上等,机械工业出版社,2009) ③《网络阅读》(陈露晓主编,中国社会出版社,2010) ④《网络文献阅读研究》(刘元荣等编著,吉林大学出版社,2011) ⑤《网络教育与网络学习》(范太华主编,中南大学出版社,2013) ⑥《谁偷窥了你的网络隐私》(赵水忠,电子工业出版社,2004) ⑦《从传统文化到网络文化》(金振邦,东北师范大学出版社,2001) ⑧《网络与当代社会文化》(鲍宗豪,上海三联书店,2001) ⑨《网络传播与社会文化》(欧阳友权,高等教育出版社,2005) ⑩《网络传播文化历史与未来》(殷晓蓉,清华大学出版,2005) ⑪《网络传播伦理》(钟瑛,清华

大学出版社,2005)　⑫《网络文化与青年》(杨鹏,清华大学出版社,2006)　⑬《网络时代的美学》(张江南,三联书店上海分店,2006—2)　⑭《网络伦理》(徐云峰,武汉大学出版社,2007)　⑮《互联网的文化与伦理价值》(马云驰、白斯木,中国民主法制出版社,2011)　⑯《网络伦理学研究》(宋吉鑫,科学出版社,2012)　⑰《网络文化概论》(曾静平、项仲平,陕西师范大学出版总社有限公司,2013)　⑱《青年网络伦理》(周兴生,光明日报出版社,2013)　⑲《破壁书:网络文化关键词》(邵燕君,生活书店出版有限公司,2018)　⑳《信息文化导论》(卢泰宏,吉林教育出版社,1990)　㉑《信息崇拜——计算机神话与真正的思维艺术》([美]罗斯扎克,中国对外翻译出版社,1994)　㉒《信息文化:人类文明的新形态》(柴庆云,军事科学出版社,2003)　㉓《信息文化论——数字化生存状态冷思考》(董焱,北京图书馆出版社,2003)　㉔《信息文化教程》(蒋永新、叶元芳,上海大学出版社出版,2004)　㉕《网络信息文化学》(韩萍,文化艺术出版社,2005)　㉖《网络美学研究》(周伟业,陈玉洁,中国社会科学出版社,2019)